문화관광
정책론

Cultural Tourism Policy Theory

머리말

　2030년경에는 세계 관광객 18억 명이 해외 관광을 할 것으로 예상된다. 이는 관광이 세계인에게 선택이 아닌 필수 요소가 되고 있다는 것을 의미한다.

　관광산업은 환경오염에 영향을 미치지 않으면서 국가경제발전에 많이 기여하고 있다는 것을 세계의 각국은 인식하고 있다. 특히 문화관광산업으로 인하여 관광객에 의한 구전은 국가 브랜드 이미지 제고에도 많은 영향을 미치게 된다. 이에 대한 경제적 가치는 돈으로 환산할 수 없는 무한한 가치를 가지고 있다. 최근 대한민국의 문화관광산업은 전 세계에서 최고의 인정을 받고 있는 상황이다. 예를 들어, BTS에 대한 세계적인 인기와 봉준호 감독의 오스카 상의 4개 부문 수상은 대한민국의 국가 브랜드 이미지에 엄청난 영향을 미치고 있다. 그럼에도 불구하고, 우리나라는 문화관광산업에 대한 중·장기적인 정책의 부재뿐만 아니라 현재 우리나라를 방문하는 외래 관광객에게 차별화된 관광상품조차 제공하지 못하고 있는 것이 대한민국 문화 관광정책의 현실이다.

　우리나라는 관광선진국들이 가지고 있지 않는 우수하고 독특한 그리고 차별화된 문화관광자원들을 수없이 보유하고 있다. 차별화된 우리만의 문환관광자원으로 18억 관광객들을 유인하기 위해서는 관광정책의 최종 결정자인 대통령이 문화관광산업에 대한 열정을 가지고 정책을 제시하고 규제 완화를 추진한다면, 대한민국은 세계 선진관광대국으로 성장할 수 있는 무한한 가능성을 가지게 될 것이다.

　본 교재는 세계에서도 유일하고 차별화된 대한민국의 문화관광산업으로 외래 관광객을 유인할 수 있도록 우리나라의 관광정책에 대한 문제점과 대처방안 그리고 미래관광산업을 주도적으로 선도하여 관광 선진국을 만들기 위한 기초 자료로 활용할 수 있도록 심혈을 기울여 집필하였다. 또한, 관광경영학을 전공하거나 지방자치단체 관광관련 분야에서 문화 관광정책을 담당하고 있는 관계자들에게 지자체의 문화관광부문 정책 입안에 많은 도움을 줄 수 있으리라 믿어 의심치 않는다.

'관광정책론'이라 함은 딱딱하고 지루하고 어려운 내용으로 인식하기 쉽다. 하지만, 본 교재는 부드럽고 소설같이 아주 쉬운 내용과 설명으로 누구나 쉽게 이해할 수 있도록 집필하였다. 본 교재는 모두 1장부터 13장까지 구성되어 있으며 이에 대한 내용은 다음과 같다.

제1장에서는 '관광정책의 개요'에 대한 내용으로서 일반적인 정책에 대한 개념, 성격, 특성 그리고 관광정책과 형성과정 등에 대해 설명하고 있다.

제2장에서는 '관광조직기구'에 대한 내용으로 다양한 세계 관광기구에 대해 설명하고, 우리나라 관광기구의 역할과 운영에 대한 내용으로 구성되어 있다.

제3장에는 '한국의 관광행정조직'에 대한 내용으로 관광행정조직의 의의와 특성 그리고 관광행정조직에 대한 기본적인 내용과 조직이 실행하고 있는 역할과 내용에 대해 설명하고 있다.

제4장에서는 '주요국가의 관광정책'으로 세계 관광선진국들의 관광정책과 관광조직, 관광 진흥정책 그리고 관광정책 동향 등에 대해 설명하고 있다. 주요 국가는 미국, 영국, 프랑스, 스페인, 그리고 중국의 관광정책으로 구성되어 있다.

제5장에서는 '한국 관광정책의 변천'으로 우리나라의 관광정책의 전반적인 내

용을 파악할 수 있도록 구성되어 있다. 1950년도부터 현재까지 우리나라의 관광정책에 대한 변천과정을 설명하고 있다. 2절에서는 우리나라 역대 대통령들의 관광정책에 대한 내용이다. 이는 역대 대통령들의 관광정책과 성과에 대해 설명하고 있다. 3절에서는 현재 한국관광의 문제점과 개선사항에 대한 제안으로 정책, 마케팅, 수용태세 및 확충부문으로 구성되어 있다.

제6장에는 '관광정책의 방향'으로 1절에는 우리나라의 새로운 관광정책 추진 방향에 대한 다양한 내용으로 되어 있으며, 2절에는 미래관광정책의 수요와 방안 및 국내 관광정책에 대한 내용으로 구성되어 있다. 3절에서는 관광브랜드 전략과 4절에는 국제 관광정책의 방향에 대한 다양한 정책수립과 전략 그리고 관광선진국의 정책사례에 대해 설명하고 있다.

제7장에서는 '지방화시대의 관광정책'으로 지방자치단체 시행 30여년이 되면서 관광정책 역시 지자체에서 자체적으로 시행되고 있다. 우리나라의 관광산업은 서울과 수도권 중심으로 이루어져 있어 지방 관광은 부산, 제주, 경주 등을 제외하고는 외래 관광객에게 선택되지 못하고 있는 것이 현실이다. 따라서 본장에서 지방자치단체들의 지역 관광산업을 활성화시키기 위한 다양한 관광정책, 관광 진흥, 관광도시 육성정책 등 지역 관광을 발전시키고 활성화시키기 위한 내용들로 구성되어 있다.

제8장에서는 '관광개발정책'으로 관광개발정책뿐만 아니라 지속가능한 관광개발정책을 수립하기 위한 내용으로 구성되어 있다.

제9장에는 '국민관광정책'으로 우리나라 국민들이 국내 관광 활성화와 국민복지를 향상시키고, 여가관광정책을 강화하여 행복한 국민으로 육성하기 위한 내용으로 구성되어 있다.

제10장에서는 '스마트시대의 관광정책'으로 스마트 기기의 대중화와 활성화

에 따라 국내·외 관광객이 보다 편리하고 높은 수준의 관광 콘텐츠를 이용하여 관광할 수 있도록 하는 내용으로 되어 있다.

제11장에는 'DMZ 평화관광정책'으로 DMZ는 세계에서 유일무이한 관광자원으로 인식되어 있다. DMZ는 70여 년간 자연 그대로 보존된 관광자원이면서 안보, 생태, 역사, 문화의 관광자원으로 구성되어 있다. 따라서 향후 DMZ 관광을 계획하고 발전시키기 위한 관광정책 개발과 육성방향 그리고 DMZ 관광 프로그램 제안 등으로 구성되어 있다.

제12장에는 '한국의 관광 진흥개념과 정책'으로 관광 진흥과 관광산업 지원정책 그리고 관광상품 개발정책을 위한 내용으로 구성되어 있다.

제13장에서는 '미래관광환경변화와 관광정책방향'으로 미래관광에 대한 관광정책 변화와 전망, 그리고 4차 산업혁명 시대를 대비한 관광정책과 한국관광산업의 업그레이드 전략에 대한 내용으로 구성되어 있다.

본 교재는 관광정책론을 가르치시는 교수님들께 품격 있는 강의를 하실 수 있게 도울 것이며, 학생들에게는 배우기 쉽고 이해하는데 어려움이 없도록 하였다. 그리고 지방자치단체에서 관광정책을 담당하시는 공무원에게는 관광정책을 입안하는데 있어서 기초자료로 활용하여 우수한 지방 관광도시를 발전할 수 있는데 도움이 되었으면 하는 바람이다.

앞으로도 우리나라 관광산업의 발전을 위해 노력하시는 관광정책론 전공 교수님과 관광전공 학생들 그리고 관광정책관련 공무원에게 인정받을 수 있는 교재를 집필하기 위해 더욱 열심히 연구할 것을 약속드린다.

2021년 1월
저자 씀

차례

Chapter 01

관광정책의 개요

제1절 정책의 개념과 특성 ··· 2
  1 정책의 개념 ··· 2
  2 정책의 성격 ··· 3
  3 정책의 특성 ··· 4

제2절 관광정책의 개념과 특성 ··· 6
  1 관광정책의 개념 ··· 6
  2 관광정책의 특성 ·· 10

제3절 관광정책의 목표와 유형 ··· 11
  1 관광정책의 이념 ·· 11
  2 관광정책의 필요성 ··· 14
  3 관광정책의 목표 ·· 16
  4 관광정책의 체계와 유형 ··· 19

제4절 관광정책의 형성과정 ··· 22
  1 관광정책의 형성 ·· 22
  2 관광정책의 결정 ·· 22
  3 관광정책의 집행 ·· 27
  4 관광정책의 수용 ·· 29
  5 관광정책 평가 ··· 30

Chapter 02

관광 조직 기구

제1절 세계 관광기구 ·· 38
  1 세계 관광기구(UNWTO) ·· 38
  2 경제협력개발기구(OECD) ··· 39
  3 아시아·태평양경제협력체(APEC) ·· 39
  4 아시아·태평양관광협회(PATA) ··· 40
  5 ASEAN(동남아 연합) ··· 41

① ASTA(미주여행업 협회) ································· 41

② WTTC(세계 여행관광협의회) ························ 42

제2절 정부 관광기구의 역할과 운영 ························ 43

① 정부 관광기구(NTO)의 설립 ····················· 43

② 정부 관광기구의 기능 ···························· 44

③ 정부 관광기구의 역할 ···························· 46

④ 정부 관광기구의 역할변화 ························· 48

⑤ 정부 관광기구의 운영 ···························· 50

Chapter 03

한국의
관광행정조직

제1절 관광행정조직의 의의와 특성 ························· 60

① 관광행정조직의 의의 ···························· 60

② 관광행정조직의 특성 ···························· 62

③ 관광행정조직의 기능 ···························· 63

제2절 정부 관광행정 기관과 역할 ························· 64

① 문화체육관광부 ································· 64

② 한국관광공사 ·································· 67

③ 한국문화 관광연구원 ···························· 70

④ 지방자치단체 ·································· 72

Chapter 04

주요 국가의
관광정책

제1절 미국의 관광정책 ································· 78

① 관광조직 ····································· 78

② 관광 진흥정책 ································· 81

제2절 영국의 관광정책 ································· 84

① 관광기구 및 역할 ······························ 84

② 관광 진흥정책 ································· 85

제3절 프랑스의 관광정책 ······························· 86

① 관광기구 및 역할 ······························ 86

② 관광 진흥정책 ································· 88

③ 관광정책 동향 ································· 90

제4절 스페인의 관광정책 ······························· 91

① 관광기구 및 역할 ······························ 91

② 관광 진흥정책 ································· 92

③ 관광정책 동향 ································· 93

제5절 중국의 관광정책 ······························· 95
1 관광기구 및 역할 ······························· 95
2 관광 진흥정책 ································· 96
3 관광정책 동향 ································· 97

Chapter 05

한국 관광정책의 변천

제1절 한국 관광정책의 변천 ···························· 106
1 1950년대 관광정책 ······························· 106
2 1960년대 관광정책 ······························· 106
3 1970년대 관광정책 ······························· 107
4 1980년대 관광정책 ······························· 109
5 1990년대 관광정책 ······························· 111
6 2000년대 관광정책 ······························· 111
7 우리나라 시대별 관광정책의 변화 ················· 113

제2절 우리나라 역대 대통령과 관광정책 ················· 115
1 박정희 대통령의 관광정책(1963~1979) ·············· 115
2 전두환 대통령의 관광정책(1980~1988) ·············· 116
3 노태우 대통령의 관광정책(1988~1993) ·············· 117
4 김영삼 대통령의 관광정책(1993~1998) ·············· 117
5 김대중 대통령의 관광정책(1998~2003) ·············· 118
6 노무현 대통령의 관광정책(2003~2008) ·············· 119
7 이명박 정부의 관광정책(2008~2013) ··············· 120
8 문재인 정부의 관광정책(2017~2022) ··············· 121

제3절 한국관광의 문제점 및 개선사항 ················· 123
1 정책방향 부문 ································· 124
2 마케팅 전략 부문 ······························· 125
3 수용태세 개선 및 확충부문 ······················· 127

Chapter 06

관광정책의 방향

제1절 새로운 관광정책의 추진방향 ···················· 132
1 관광정책 변화의 필요성 ························· 132
2 새로운 관광발전 모색 ··························· 133
3 새로운 관광정책 추진방향 ······················· 135
4 관광정책 추진전략 ······························· 139
5 관광정책 추진 개선방안 ························· 145

제2절 미래관광정책 수요 ·· 151
1 새로운 관광정책 수요 ··· 151
2 방한 및 국내 관광수요 확대 정책 ························· 152

제3절 관광 브랜드 전략 ··· 155
1 관광브랜드의 개념 ··· 156
2 관광브랜드의 특징 ··· 156
3 관광브랜드의 효율성 ·· 158
4 세계의 도시 관광브랜드 ······································ 158
5 관광브랜드 개발전략 ·· 162

제4절 국제 관광정책의 방향 ······································ 164
1 국제 관광정책의 중장기 계획수립 ························· 164
2 글로벌 관광중심지 역할을 위한 정책수립 ·············· 165
3 시장다변화 전략 ··· 165
4 차별화된 관광상품개발 ······································· 167
5 국제 관광 진흥정책 ··· 168
6 관광선진국의 국제 관광정책사례 ························· 171

Chapter 07

지방화 시대의 관광정책

제1절 지방자치제와 관광산업 ···································· 182
1 지방시대의 의의 ··· 182
2 지방시대의 관광정책 ·· 184
3 지방 관광산업에 대한 기대 ································· 185

제2절 지방자치 시대의 관광정책 ································ 186
1 지방자치단체 관광정책의 개념 ····························· 186
2 지방자치단체 관광정책의 역할 ····························· 187
3 지방자치시대의 관광정책 개발방향 ······················ 191

제3절 지방자치시대의 관광 ·· 198
1 지역 관광 활성화와 관광정책 ······························ 200
2 지역 관광 활성화 요인 ······································· 203
3 지역 관광 활성화 방향 ······································· 207
4 지역 관광 이해관계자 ··· 212
5 외국의 지역 관광 현황 ······································· 215

제4절 지방자치시대의 관광 진흥정책 ·························· 218
1 관광환경조성 ··· 218
2 지역주민 참여와 관광개발 ··································· 218

3 관광행정조직······················220

4 관광행정의 기능 ················221

5 관광산업 자원······················222

6 투자환경 조성······················222

7 관광 마케팅·홍보 ················223

8 관광개발······················223

9 관광규제 합리화 및 관광산업 경쟁력 강화 ··224

10 관광서비스의 고급화 ················225

제5절 지역거점 관광도시 육성정책 ············· 226

1 국제적 수준의 관광거점도시 육성 ········226

2 지역특화 문화자원의 관광상품화 ·········227

3 테마·체험형 관광자원 개발············228

4 환경이 살아있는 지속가능한 관광자원 개발 ·········228

5 문화관광 콘텐츠 산업육성과 지역 관광정보 시스템 구축··229

6 융·복합 관광산업육성 ···············230

제6절 지역 관광개발 패러다임의 변화 ·········· 232

1 지역 관광자원 개발 패러다임의 변화············232

2 질적 관광, 품질 관광에 대한 요구 확대··········232

3 지역 관광자원 개발 전담조직 신설확대·········234

4 지역 관광개발 사업에 대한 관리·운영의 중요성 확대······234

Chapter 08

관광개발정책

제1절 관광개발 ·································· 240

1 관광개발의 개념 ·················240

2 관광개발의 영향 ·················240

3 관광자원 개발···················243

4 관광개발 계획···················244

5 관광개발 유형···················245

6 관광인프라 개선 ·················246

제2절 관광개발정책····························· 249

1 관광개발정책···················250

2 관광개발정책의 수용태도 ···········252

제3절 지속가능한 관광개발정책 ················ 253

1 지속가능한 관광개발의 개념·········253

2 지속가능한 관광개발의 원칙 ·················· 254
3 지속가능한 관광개발의 기준 ·················· 255

Chapter 09

국민관광정책

제1절 국민관광 촉진 ······························· 262
1 국민관광정책의 개념 ·························· 262
2 국민관광정책의 현황 ·························· 263
3 국민관광의 효과와 중요성 ····················· 264
4 국민관광의 정책 방향과 대안 ················· 264

제2절 복지관광정책 ······························· 267
1 복지관광의 개념 ······························ 267
2 복지관광의 이념 ······························ 268
3 국내·외 복지관광정책 사례 ··················· 269
4 한국의 복지관광정책 ·························· 272

제3절 여가관광정책 ······························· 273
1 여가정책의 개념 ······························ 273
2 여가정책의 목적과 의의 ······················ 274
3 여가정책의 필요성 ···························· 275
4 여가정책의 역할 ······························ 277
5 국내·외 여가정책 현황 ························ 278
6 여가정책의 방향 ······························ 286

Chapter 10

스마트시대의 관광정책

제1절 스마트 관광의 개념 ························ 294
1 스마트 관광이란 ······························ 294
2 스마트 관광의 발전 ·························· 298
3 스마트 관광환경 조성 ························ 299

제2절 스마트 관광 콘텐츠 개발 ················· 304
1 스마트 관광 콘텐츠 ·························· 304
2 관광 콘텐츠 개발 투자 ······················ 308

제3절 국외 주요국가의 스마트 관광 사례 ········ 312
1 공급자 측면에서의 스마트 관광사례 ··········· 312
2 수요자 측면에서의 스마트 관광 ··············· 317

Chapter 11

DMZ 평화관광정책

제1절 DMZ 관광의 개념 ·· 324
　1 DMZ 관광 ·· 324
　2 DMZ 관광의 중요성 ·· 325
　3 DMZ 관광개발 계획 ·· 325

제2절 DMZ 관광정책 방향 ···································· 326
　1 DMZ 관광특구 정책 방안 ······························ 326
　2 DMZ 관광 활성화 정책 방안 ························· 329
　3 DMZ 관광의 장·단기 정책 제안 ··················· 330

제3절 DMZ 관광개발 및 육성방향 ······················ 333
　1 갈등에서 평화의 상징인 DMZ ······················ 333
　2 DMZ 평화개발의 실질적 효과 ······················ 333
　3 DMZ 개발 방향성 ·· 334

제4절 DMZ 관광 프로그램 제안 ·························· 335
　1 안보관광 ·· 335
　2 생태관광 ·· 337
　3 역사관광 ·· 339
　4 문화·레저 관광 ·· 339

Chapter 12

한국의 관광 진흥개념과 정책

제1절 관광 진흥의 개념 ·· 344
　1 관광 진흥법 ··· 344
　2 관광 진흥계획 ·· 344
　3 관광 진흥의 정책적 제언 ······························· 350

제2절 관광산업 지원정책 ······································ 351
　1 관광산업 규제정책 ·· 351
　2 금융 및 세제지원 정책 ···································· 352
　3 관광산업 일자리창출 방향 ······························ 354

제3절 관광상품개발정책 ·· 355
　1 관광상품의 특성 ··· 355
　2 해외 관광패키지 공연상품 사례 ······················ 356
　3 관광상품개발 ··· 357
　4 문화관광 축제 육성 및 개발 ··························· 359
　5 미래의 지속가능한 관광상품개발 ····················· 361

Chapter 13

미래 관광 환경 변화와 관광정책 방향

제1절 미래관광의 환경 변화와 수요전망 ·············· 368
　1 미래관광의 환경 변화 ················· 368
　2 미래관광정책 수요전망 ··············· 372

제2절 미래관광정책 환경 변화 및 전망 ·············· 373
　1 여건변화 분석 ······················ 373
　2 관광객 성향변화 분석 ················ 377

제3절 한국관광의 문제점 및 개선방안 ·············· 379
　1 정책방향 부문 ······················ 379
　2 마케팅 전략방향 부문 ················ 381
　3 수용태세 개선 및 확충부문 ············ 384

제4절 미래관광의 정책 방향 ······················ 386
　1 대한민국 관광혁신 전략 ··············· 387
　2 경쟁력 있는 관광산업 생태계 구축 ······· 388
　3 관광 콘텐츠와 창조역량 강화 ··········· 388
　4 관광산업의 지속적 성장을 위한 인프라 조성 ··· 389
　5 지역 관광 활성화를 위한 기반강화 ········ 389

제5절 4차 산업혁명시대의 관광정책 ················ 390
　1 관광환경의 변화 ···················· 391
　2 4차 산업혁명시대의 관광산업 ·········· 394

제6절 한국 관광산업의 업그레이드 전략 ············ 397
　1 미래 유망산업인 관광 ················ 397
　2 미래 관광의 7대 트렌드 ·············· 398
　3 한국관광산업의 업그레이드 전략 ········ 403

용어정리 ···································· 406

참고문헌 ···································· 408

Chapter 01

관광정책의 개요

제1절 정책의 개념과 특성
　1 정책의 개념
　2 정책의 성격
　3 정책의 특성

제2절 관광정책의 개념과 특성
　1 관광정책의 개념
　2 관광정책의 특성

제3절 관광정책의 목표와 유형
　1 관광정책의 이념
　2 관광정책의 필요성
　3 관광정책의 목표
　4 관광정책의 체계와 유형

제4절 관광정책의 형성과정
　1 관광정책의 형성
　2 관광정책의 결정
　3 관광정책의 집행
　4 관광정책의 수용

제1절 정책의 개념과 특성

1 정책의 개념

현대사회에서의 정책은 국가나 기관이 구체적인 활동을 체계적으로 수행하고 실현시키기 위한 가장 보편화된 접근방법이다. 국가나 기관의 활동과 기능이 정책에 의해서 의사결정이 이루어지고 수행된다.

정책policy이란, 공공문제를 해결하거나 목표달성을 위해 정부에 의해 결정된 행동방침이다. 따라서 정책은 미래를 예측하고 달성하고자 하는 목표를 설정하고 이를 하나의 일관된 계획에 의해 실행하는 프로그램으로 보며 미래지향성, 계획성, 목표성에 중점을 두는 개념이다. 정책은 현대사회의 복잡성과 다양성으로 인해 국가에서 추진해야할 활동이나 기능이 양적으로 팽창하고 있다는 것에서 그 의의를 찾을 수 있다.

정책의 개념적 특성을 다음과 같이 정의하고 있다.

첫째, 정책은 구체적인 행동의 지침이다.

둘째, 정책의 내용을 이루는 행동방안은 의도적으로 선택된 것이다.

셋째, 정책이 그 내용으로 포함하는 행동은 매우 중요하다고 여겨지는 것이다.

따라서 정책이란 "문제시 되는 현실의 내용을 바람직한 방향으로 변화시키기 위하여 가치관적 판단 속에 포함되어 있는 당위성과 현실적으로 가능한 행동을 통합하는 정치적 합의"로 인식되고 있다.

위트와 모티뉴Witt & Moutinho는 "특정한 목적을 달성하기 위해 고안된 행동방향"으로 정책을 정의하고 있다. 정책은 국가나 기관의 성격에 따라 다양하게 정의되고 있으나 "어떤 개인 또는 집단이 선택한 매우 중요한 행동지침"으로 여겨진다.

Lasswell 과 Kaplan1970은 정책을 사회변동의 계기로서 미래 탐색을 위한 가치와 행동의 복합체 혹은 목표와 가치 그리고 실제수단을 담고 있는 예정된 계획이라고 규정함으로써 정책의 미래 지향성, 목표체계, 가치 함축성, 실제 수단 함축성 등을 강조하고 있다.

국내 학자들의 정의는 바람직한 사회상을 이룩하려는 정책목표와 이를 달성하기 위해 필요한 정책수단에 대해 권위 있는 정부기관이 공식적으로 결정한 기본방침이다.

2 정책의 성격

정책의 성격은 정책의 내용이나 유형에 따라 다양하게 나타나지만 일정한 공통속성들을 지니고 있다. 정책의 성격에는 가치지향성, 미래지향성, 변화지향성, 정치성 그리고 가변성이 있다.

1) 가치 지향성

정책은 특정시대, 특정국가, 특정사회가 추구하는 규범적이고 공익적인 가치를 실현하고자하는 속성을 지니고 있기 때문에 특정한 가치, 사회적 공공가치를 실현하는 가치지향성 목적을 가지고 있다.

2) 미래(목표) 지향성

정책은 현재의 문제들을 수정하고 보다 나은 미래를 실현하고자 하는 노력이

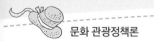

다. 정책은 상황에 따라 단기적인 정책과 장기적으로 수행해야 할 정책들이 있는데, 정책들의 목표를 달성하기 위해 노력을 집중하기 때문에 미래지향성을 가지고 있다.

3) 변화 지향성

정책은 현실이나 예측되는 미래에 있어 바람직하지 못한 상태를 개선하여 보다 바람직한 상태로 변화시킬 것을 의도하는 정부의 활동방침이기 때문에 그 속성상 변화성을 내포하고 있다.

4) 정치(권력)성

정책은 정치체제와 밀접한 관계를 가지고 있기 때문에 정치상황에 매우 민감하다. 따라서 정책은 정치적 실현가능성, 정치적 합리성, 정치적 책임성 등을 중요하게 취급한다. 정책은 항상 협상과 타협 혹은 권력적 작용과 연관된 성향을 가지고 있다.

5) 가변성

정책은 시대와 환경의 변화로 인하여 정책결정 당시 결정과는 달리 변화되어야 한다. 상황에 따라 바뀌는 것이 오히려 바람직하다. 따라서 정책은 시대와 상황의 변화에 따라 변화하는 것이다.

3 정책의 특성

정책은 미래의 바람직한 상태를 이룩하려는 정책목표와 이를 달성하기 위해 강구된 과학적 정책수단에 대하여 권위 있는 정부기관이 내린 미래의 행동지침이다. 정책은 다음과 같은 특성들을 가지고 있다.

1) 목적 지향성

목적 지향성 정책은 정책의 본질적인 목적을 완성시키기 위한 것으로, 선택한 행동지침을 토대로 하여 이루고자하는 목표를 실현시키기 위한 과정으로 목적 지향성을 가지고 있다.

2) 수단 지향성

정책은 어떠한 것을 어떻게 만들겠다는 것을 결정해놓은 것이기 때문에, 구체적인 수단과 방법이 내포되어 있다. 정책목표를 달성하기 위해 동원하는 수단이라 할 수 있는 수단 지향성을 가지고 있다.

3) 가치 배분성

정책의 결정과 집행에 의해 불공정성을 경험할 수 있다. 따라서 정책의 결정과 집행은 결과적으로 사회적 가치를 배분하는 기능을 한다. 정책의 가치 배분적 성격을 강조하여 전체사회에 대한 가치의 권위 있는 배분이라 정의하기도 한다.

4) 문제 지양성

정책은 부당하고 올바르지 못한 것을 정당하고 바르게 수정하여 바람직한 미래를 지향하고자 하는 문제 지양성을 추구한다.

5) 포괄성

정책은 결과와 과정으로서 포괄성을 지닌다. 정책은 의사결정 네트워크에 의하여 어떤 행동이 산출되거나 의사결정이 이루어지는 일련의 의사결정이고, 시간이 경과하면서 변화하는 성질을 가지고 있다. 따라서 정책은 하나의 산출물인 동시에 하나의 과정이다.

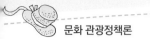

 ## 제2절 관광정책의 개념과 특성

1 관광정책의 개념

관광의 고전적인 개념은 이동·체재·정주지 귀환 등을 강조해 왔으며, 그 이후에는 이동의 개념과 더불어 광범위한 문화적 활동 내지는 관광의 시스템적인 특성을 강조하는 정의가 대두되고 있다. 관광은 기계문명 속에서 사람들이 인간답게 살고 건전한 정서함양으로 건강한 사회를 유지하는데 결정적인 역할을 한다. 따라서 관광을 통제하고 육성하며, 발전방향을 잡아주기 위해 공공정책의 수립이 필요하다. 관광정책은 관광의 부정적인 영향은 극소화하고 그 혜택은 극대화하는 역할을 해야 한다.

21세기 관광경쟁력은 관광자원의 우수성과 관광시장의 효율성, 그리고 이를 통합화하는 것이 효과를 극대화시킬 수 있는 정책추진이 중요한 역할을 한다.

세계 관광기구UNWTO에 따르면, 세계 관광시장은 지속적으로 성장하여 2030년에는 국제 관광객이 18억명에 달할 것으로 전망하고 있다. 따라서 관광산업에도 많은 변화가 예상되고 있는데, 신흥시장의 등장과 시장점유율 변화로 시장판도에 변화가 생기게 될 전망이다. 소비자들의 여행수요와 패턴, 관광상품의 내용과 품질, 유통구조에도 큰 변화가 예상된다.

스페인의 알리라가Arrillaga는 관광정책의 목표를 국가의 여러 가지 이익추구에 초점을 두고 있으며, 관광정책을 "관광을 통해 국가의 이익을 촉진하거나 보호하기 위해 행해지는 여러 활동"으로 정의하고 있다. 관광정책은 한 나라의 관광행정 활동을 종합적으로 조정하고 추진하기 위한 기본방향을 명시하는 여러 가지 방책이며, 관광을 촉진하기 위하여 조직체가 취하는 여러 가지 방안이라 할 수 있다.

관광정책은 관광문제에 대한 정부의 공적개입이라 할 수 있으며, 관광과 정책의 복합어로 관광개념과 정책개념에 대한 정의를 종합함으로써 개념적 정의를

표 1-1 관광의 개념

구분	접근 방향	개념
과거	최 협의적 접근 (관광객의 행위)	• 일상 생활권을 떠나 여행 및 체류지에서 일어나는 현상의 총체. • 관광객의 관광 목적지 활동과 연계되는 행위.
현재	협의적 접근 (관광산업)	• 관광객의 행동과 관련되는 다양한 공공 혹은 민간 관광서비스의 상호작용. • 매개로서의 관광산업과 목적지 서비스 제공자로서의 관광산업 강조.
미래	광의적 접근 (관광현상 그 자체)	• 일상 생활권과 비일상 생활권에서 벌어지는 여가 또는 여행적 행위. • 관광객의 행위와 관련되는 모든 사회서비스 요소의 총합. • 관광객의 소비행위와 관련된 모든 관련 산업포함.

출처: 심원섭(2012). 미래관광환경 변화 전망과 신 관광정책 방향, 한국문화관광연구원.

내릴 수 있으며, 관광의 목적과 목표를 달성하기 위해 고안된 지침이나 결정이라 할 수 있다. 관광정책은 거시적 측면과 미시적 측면으로 구분할 수 있다.

거시적 측면에서의 관광정책은 국가의 다양한 시책들을 청사진으로 작성하여 총체적으로 파악하는 것이며, 미시적 측면에서는 관광을 통하여 국가의 경제적 이익을 위해 관광산업의 발전을 도모하려는 것이다.

한 국가의 관광정책은 관광발전을 촉진하기 위해서 추진되는 많은 계획들을 종합·조정·압축해 놓은 최상위 계획으로서, 국가의 관광이익을 증대하고 보호하기 위해 취해지는 국가적인 활동이다.

관광정책은 국내·외 시장현황 및 전망, 관광환경 및 관광객들의 니즈 변화예측, 경쟁국 동향, 자국의 역량, 국력에 비춰 본 관광부문에 대한 기대치 등에 대한 조사·분석 결과를 토대로 도출된 장기적인 비전, 목표, 방향 전략 등을 담아내며, 통상 법률이나 공식문서, 또는 선언문 같은 형태로 존재한다.

관광정책의 내용을 종합해보면, 국가와 지자체가 추구하는 관광산업의 목표를 이루기 위해 기본방향을 설정하며, 현재와 미래 관광을 계획하고 실천하려는 청사진이다.

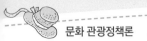

표 1-2 　관광개념의 범주

범주	내용
행위자로서의 관광	• 사회간접시설* + 일상권 거주자**
인프라로서의 관광	• 사회간접시설* + 관광수용태세* + 관광 콘텐츠** + 관광상품**
산업으로서의 관광	• 관광핵심산업* + 관광연계산업** + 관광융합산업**
가치로서의 관광	• 경제적 가치* + 비경제적 가치** (문화적 가치 + 정치적 가치 + 사회적 가치 + 복지적 가치)

주) *전통적 관광개념에서 강조되는 가치,
　**관광환경 변화를 고려하여 강조되는 가치.
출처: 심원섭(2012). 미래관광환경 변화 전망과 신 관광정책 방향, 한국문화관광연구원.

　관광은 국민이 가장 선호하는 여가활동이며, 관광산업은 경제활력 제고와 일자리 창출효과가 높은 저성장시대의 성장동력이라 할 수 있다. 관광시장은 양적으로 크게 성장하고 있으나, 관광시장의 불균형이 지속적인 해결과제로 남아있다.

　미래의 관광개념은 관광현상 그 자체로서, 일상 생활권과 비일상 생활권에서 벌어지는 여가 또는 여행적 행위, 관광객의 행위와 관련되는 모든 사회서비스 요소의 총합, 관광객의 소비행위와 관련되는 모든 산업을 포괄하는 등 광의적 관점에서의 관광개념이다.

　관광정책의 개념은 정책의 목적이나 관점 등에 따라 학자들이 다르게 정의하고 있는데, 그 내용들을 종합해 보면 다음과 같다.

　첫째, 관광정책은 그 주체가 개인이나 사적 집단이 아니라 공공기관이다.
　둘째, 관광정책의 목표는 관광문제에 대한 해결이나 공익을 달성하는 것이다.
　셋째, 관광정책은 주로 정치적, 행정적 과정을 거쳐서 이루어진다.
　넷째, 관광정책은 이루고자 하는 관광 목표로서의 성격과 관광에 대한 미래지향적인 성격을 지니고 있다.

관광정책을 크게 분류하면, 한 나라의 정부가 국내 관광 진흥을 위해서 실시하는 각종의 정책인 국내 관광정책과 국제 관광 진흥을 위한 국제 관광정책으로 나누게 된다.

최근에는 관광에 대한 개념적 정의가 확대되면서 관광정책의 개념도 재정의되고 있는데, 전통적 개념을 강조하는 관광정책 이외에 거버넌스적 관점, 정책주체적 관점, 권력적 관점 등이 그것이다.

첫째, 거버넌스적 관점에서의 정책은 정책의 행위와 활동에 영향을 미치는 비정부적 행위와 활동을 의미한다.

둘째, 정책주체적 측면에서는 관광정부의 행위와 활동뿐만 아니라 관광연관 정부의 행위활동을 범위로 확대하고 있다.

셋째, 권력적 관점에서는 권위적 및 비 권위적 행위와 활동을 포함하는 개념으로 관광정책의 개념이 확대되고 있다.

거버넌스governance는 공식적, 비공식적 정책행위자들의 네트워크를 기반으로 이들의 상호작용 및 협력을 통해 사회문제를 해결하는 정부의 운영방식으로 정의된다. 따라서 거버넌스는 정부와 사회와의 관계를 새롭게 설정하는 운영제도이다.

거버넌스 관광정책은 협업정책, 네트워크 정책의 특성을 지니며 이를 고려할 때 거버넌스는 관광정책 발전에 중요한 운영제도로서의 의의를 갖는다.

관광정책 거버넌스tourism policy governance는 관광정책영역을 대상으로 하는 기능적 거버넌스를 의미한다. 관광정책 거버넌스에서는 쿠이만Kooiman의 정부와 사회 간의 중심성을 기준으로 하는 협력적 거버넌스가 가장 일반적이다. 거버넌스를 구축하기 위해서 정부는 거버넌스를 구성하고 운영할 수 있는 역량확보가 요구된다.

관광정책 거버넌스의 구축은 관광정책 발전에 반드시 필요한 시대적 과제라고 할 수 있다.

2 관광정책의 특성

관광은 다른 산업에 비해 공간적으로나 계절적으로 심한 편중현상을 보여주고 있으며, 관광상품과 서비스는 수명주기를 갖고 있어 쇠퇴해가는 노후화된 관광지가 점차 중요한 과제로 부각되고 있다. 이것은 관광산업이 관광변수에 의해서 많은 영향을 받고 있다는 것이다. 따라서 이를 극복하고 지속적인 정책을 추진하기 위해서는 관광행정을 비롯하여 관광 마케팅, 홍보, 관광교통, 관광개발 등과 같은 기본적인 인식과 대책이 필요하다.

관광정책의 특성은 다음과 같다.

첫째, 관광정책은 목표지향적인 성격을 가지고 있다. 관광정책은 미래를 예측하고 달성하고자 하는 추진목표를 세운다. 또한 이러한 목표를 달성하기 위한 일련의 프로그램을 수립하여, 합리적인 분석을 통한 대안선택이 이루어진다.

둘째, 관광정책은 공공적인 성격을 가지고 있다. 관광정책은 공공적인 성격 때문에 가치분배에 있어서 권위를 갖게 되며, 절차와 방법에서도 공식적인 결정권을 갖게 된다. 또한 대상 집단에 대한 강제적인 권한도 갖게 된다. 관광정책의 핵심주체는 한마디로 정부라고 할 수 있다.

셋째, 관광정책은 실제적인 성격을 가지고 있다. 관광정책은 현안문제를 해결하고자 하는 문제 해결적 접근을 시도한다. 또한 환경 변화와 관련하여 변화에 대응하는 환경 대응적 특성을 지니고 있다. 여기에는 이해관계 집단들과의 협상과정도 포함된다.

관광정책의 특성 중에서도 대표적으로 권순2004의 세 가지 특성과 김광근2007 등이 제시한 다섯 가지의 특성이 있다.

첫째, 관광정책은 지역정책의 일환으로서 주민생활의 향상을 꾀할 뿐만 아니라 인간의 창조적 활동을 위한 여러 조건들을 정비하기 위한 종합적인 시책이다.

둘째, 관광정책은 관광대상이나 관광관련시설을 단독으로 정비하기 보다는 지

역 전체 또는 관광의 다면성을 배려한 조치를 취하고 있다.

셋째, 관광정책은 여러 관련 부처예: 문화관광부, 국토해양부, 기획재정부 등 들이 관련되어 있기 때문에 정책의 실효를 거두기 위해 각 부처간 상호협조가 필요하다.

김광근2007 등의 특성들에는,

첫째, 관광정책은 그 주체가 개인이나 사적 집단이 아니라 공공기관이라는 점이다. 즉, 권위 있는 기관에 의해 이루어진다는 것이다.

둘째, 관광정책을 통해 성취하고자 하는 것은 관광문제 해결이나 공익 달성을 위해 노력하는 것이다.

셋째, 관광정책은 주로 정치적·행정적 과정을 거쳐서 이루어진다. 그러므로 매우 복잡한 동태적인 성격을 가진다.

넷째, 관광정책은 당위성에 입각하여 의도적으로 이루고자 하는 관광 목표의 성격도 지닌다.

다섯째, 관광정책은 관광에 대한 미래지향적인 성격을 지니고 있다.

 제3절 관광정책의 목표와 유형

1 관광정책의 이념

관광정책의 이념이란 각국의 관광정책이 추구하는 궁극적인 가치이다. 그 이유를 살펴보면,

첫째, 세계 평화와 인류공영에 이바지함으로써 국제친선의 교류와 상호이해의

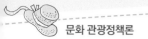

증진 그리고 탈 이념적 국제협력 증진 및 새로운 국제경제 질서 구현에 있다.

둘째, 사회적 형평 실현에 기여함으로써 국민경제 및 국민생활의 질적 향상과 관광환경의 개선 및 지방화 시대와 더불어 지역개발 및 국민관광개발의 실현에 있다.

셋째, 개인의 자아실현 및 자기계발 지원 사항으로 모든 국민의 관광 참여 기회 확대와 누구든지 공평하게 혜택을 받을 수 있도록 관광의 기본권화에 주안점을 두고 있다.

국내 관광정책의 근본이념은 국민후생이 주된 목적이 되어야 한다. 소셜 투어리즘이나 관광의 대중화라고 말하는 것은 관광정책 가운데서 가장 중요한 부분을 차지하는 것이라 할 수 있다.

관광정책의 근본적인 이념은 공익성, 민주성, 효율성, 지역성, 그리고 형평성을 토대로 이루어져야 한다.

1) 공익성

공익성은 공공의 이익을 위해 추구하는 이념으로서 관광정책의 기획자, 관광자원의 개발과정 등 정책결정자의 도덕적 행위를 규정하는 최고의 규범이라 할 수 있으며, 정책의 이념으로는 정치적, 경제적, 사회적 합리성이 요구된다.

2) 민주성

관광정책의 이념을 설정하고 목표에 도달하기 위해서는 민주적인 방법에 의해서 실천해야 한다. 참여하는 참여주체, 참여범위, 참여방법과 참여관계 등을 규정하고, 관광정책의 공개성, 투명성, 대응성이 요구된다.

3) 효율성

관광정책의 이념을 실현하기 위해서는 많은 시간과 비용이 소요되며, 갈등을

초래할 가능성이 매우 높다. 따라서 이러한 갈등에 대응하고 해소하기 위한 효과성과 능률성에 의해서 추진되어야 한다.

4) 지역성

관광정책을 세우기 위해서는 지역민과의 소통과 협력을 이끌어 내는 것이 중요하다. 지역주민들은 협동심이 강하고 지역애라는 정신적인 특성이 있지만, 지역의 이기주의와는 구별이 되어야 한다. 관광정책을 실행하는 과정에서 주관하는 지역에 따른 차이는 있으나 지역의 자본이나 주민이 직·간접적으로 참여하는 제도적인 장치를 개발하는 것이 필요하다. 아무리 좋은 정책을 세우고 실행을 하더라도 지역주민의 협조 없이는 결코 성공할 수 없게 된다. 따라서 지역의 특성을 파악해야 하고 지역민과의 소통을 중요시해야 한다.

5) 형평성

형평성이란 기회와 가치를 균등하게 배분하는 것을 의미한다. 행정이념으로서의 사회적 형평성은 정책의 이념에서 효용을 중요하게 인식하는 제도적인 관점에서 비롯되었다. 이로 인하여 소수집단에 대한 무관심에서 발생되었다. 관광정책의 이념도 경제, 사회적 약자에 대한 배려와 사회적 단층현상을 감소시키는 노력에 기초하여야 한다. 즉, 소수집단에 대한 관심과 배려를 제공하는 것이 중요하다.

현대에 있어서의 관광정책의 이념은 국제 간의 상호이해와 협조를 포함한 국제친선과 보건·교육을 포함한 국민후생의 증진에 있다.

관광은 관광행동 자체가 효과를 가지는 것으로 관광가치에 의해 생기는 본래의 효과는 관광행동의 주체자인 관광객에게 그 효과가 미치는 것이어야 한다. 사람들에게는 관광을 하고자 하는 의욕이 있고, 이것을 만족시키는 정도에 따라 관광의욕은 더욱 증가되고 문화적 교양도 한층 높아지게 되는 것이다.

현대인에게 있어서 관광이 가지는 의미는 개인의 자아실현, 삶의 질 향상, 가족화목 그리고 상호이해와 협조 등 많은 영향력을 가지고 있기 때문에 복지를 중요

시하고 있는 대부분 국가에서의 관광정책은 필수불가결한 요소로 부상하고 있다.

국제 관광의 경우에는 관광객이 소비하는 금액보다 관광에 의해서 생기는 효과에 대해 주목해야 하는 것이다. 따라서 내국인의 해외여행을 제한하거나 소비에 대한 우려를 하기 보다는 보다 개방된 생각으로 장려하는 것이 중요하다. 내국인의 해외여행은 이국적인 나라에서 얻는 편안함과 풍부한 상상력과 창조성을 가질 수 있게 하며, 새로운 견문을 넓힐 수 있는 기회를 가질 수 있다. 또한 무역촉진과 자국에 대한 애국심을 가질 수 있게 해주는 역할을 한다.

국제 관광정책의 기본이념은 관광객의 관광효용과 관광행동으로부터 파생되는 효과를 본질로 여겨야 한다. 관광객의 관광효용은 관광행동에 의한 관광객 자신의 유익성 즉, 관광객의 만족도이며, 관광행동으로부터 파생되는 효과는 관광객의 소비활동에 따라 생기는 경제적·사회적 영향, 즉 외화획득에 의한 국제수지 개선, 관광왕래에 의한 국제친선의 발전 등으로 국민소득향상과 조세수입 증대에 미치는 국가적 효용성을 말한다. 예를 들어, 미국, 영국, 일본 등의 선진국에서는 관광수지면에서 계속 적자를 면하지 못함에도 불구하고 자국민의 해외여행을 독려하여 관광객을 송출하는 정책을 지향하고 있다. 그 이유는 해외여행을 통해서 얻게 되는 효과가 관광유치면에서 외화수입이 차지하는 것과 비교하여 훨씬 더 크기 때문이다. 따라서 해외여행은 자국을 널리 선전하게 됨으로 인하여 국위선향에 기여할 수 있는 보다 적극적인 대외관광정책이 요망되는 것으로 인식되고 있다.

또한, 외래 관광객을 유치하는 것에서도 외화획득이라는 효과보다는 자국을 외국인에게 홍보하고 전파한다는 개념으로 이해해야 한다. 국제 관광정책의 근본이념은 국제친선이 주된 목적이 되어야 한다.

2 관광정책의 필요성

관광산업은 지역과 국가의 경제 속에서 중요한 부분을 차지하고 있으며, 국민생활의 여유와 풍요로움을 주는 관광에 대한 기대는 점차 높아지고 있다. 또한

지역의 자연, 역사, 문화 등을 소재로 한 관광 진흥은 국가나 지역의 경제발전을
가속화하고 지역의 주민이 관광에 참여하는 중요한 계기가 된다.

관광정책의 필요성을 요약하면 다음과 같다.

첫째, 관광정책의 목표를 효
율적으로 달성하기 위해서는
관광정책을 체계적으로 설정
해야 한다. 과학기술의 발달과
새로운 자원의 발견 및 개인의
창의력 발달로 인해 민간영역
에서의 조직이 활성화되기 시

작했다. 이러한 추세와 더불어 관광산업에 대기업 참여와 다국적 기업의 출현은
정책의 필요성이 더욱 중요함을 인식시켜 주었다. 따라서 관광정책은 중·장기적
관점에서 체계적으로 설정하고 진흥시켜야 한다.

둘째, 관광은 하나의 정책으로서가 아니라 정치, 문화정책, 사회정책, 교통정책
등과 복합적으로 다루어져야 한다. 따라서 관광정책 간의 조화가 이루어지고, 국
가의 관광행정활동을 종합적으로 조정하고 추진하기 위한 틀을 갖추게 할 필요
가 있다.

셋째, 지속적으로 성장하고 있는 관광활동을 국민생활의 안정과 향상에 도움
이 되도록 하는 관광정책을 펼쳐야 한다. 이는 국가의 발전을 위해서 관광행동
을 제한하는 것보다 관광을 장려하는 정책이 바람직하다.

넷째, 관광정책에는 사회과학은 물론 인문과학, 자연과학의 기여가 필요하다.
따라서 정부뿐만 아니라 관광업계가 관광정책 연구의 필요성을 인식하고 발전적
인 관광정책을 만들 수 있도록 노력해야 한다.

관광정책에 있어서 주민참여의 의미가 정치학적 관점의 접근뿐만 아니라 경제
적·사회적 관점으로부터의 접근이 요구되고 있으며, 지역주민이 관광정책의 주
체로서의 역할이 새롭게 부각되고 있다.

3 관광정책의 목표

일반적으로 정책목표는 정책을 통해 실현하고자 하는 바람직한 상태로, 이념 체제 등 가치판단을 기본전제로 하고 있다. 관광정책의 구체적인 목표는 시대상황과 당대의 사회적 요구에 따라 달라지는데, 일반적으로 경제위기, 경제호황, 지역 발전 필요성과 증대 등 경제상황에 따라 달리 적용하게 된다.

관광정책은 미래의 정책수립과 집행과정을 통하여 달성하고자 하는 바람직한 상태이다. 또한 국민복지 또는 생활의 질을 향상시키고 사회적 형평성과 개인의 자아실현을 달성하는 것을 목표로 하고 있다. 따라서 관광정책은 인간위주로 수립되어야 한다.

또한 관광정책은 유치하는 관광객의 수를 증대시키는 일, 관광객의 소비능력이나 활동범위, 방문시기와 특정 목적지를 조정하는 일 그리고 이같은 내용을 결합하여 체계적으로 추진해야 하며, 정책기획 패러다임에 의한 목표, 정책개발자의 가치관적 목표, 행정체계 유지 지향적인 목표가 요구된다.

관광정책은 궁극적으로는 삶의 질이 향상되어야 하고, 국민이 즐겁게 놀고 쉴 수 있는 생활의 품질관리, 관광환경의 조성, 관광의 품질관리 그리고 지역 균형 발전을 중심으로 이루어져야 한다.

1) 생활의 품질관리

관광정책의 목표는 국민생활의 질 향상에 있다. 생활의 질quality of life이란 국가 발전 정책을 수립하고 평가하는 개념의 틀로서 지역사회의 수요와 욕구에 대한 실질적인 만족정도를 의미한다. 이는 생활수준의 정도가 복지와의 연관성이 있다는 포괄적인 표현이라 할 수 있다. 대부분 국가정책의 목표는 실천적인 의미에서는 양적인 혜택보다는 질적인 여건조성에 역점을 두고 기회균등을 통한 인간다운 삶의 보장에 맞추어져 있다.

선진 국가에서의 국가정책 목표는 양적인 혜택을 중시하기보다는 질적인 여건조성에 역점을 두고 기회균등을 통한 인간다운 삶의 보장에 중점을 두고 있다.

국민 생활의 품질을 향상시키기 위한 수단으로 복지관광을 균등하게 제공하

🐱 표 1-3 주요 국가의 관광정책 목표

국가명	정책 목표
미국	• 국민관광육성을 위한 관광자원 개발과 국제 관광 진흥을 위한 연방정부·주정부 간의 조화로운 협력관계 구축.
프랑스	• 유럽 제1의 관광 목적지로 정착시켜 외래객을 지속적으로 유치하는 것이다. 관광개발을 통한 국토의 균형발전을 도모, 휴가의 권리 증대를 목적으로 하는 사회·정책적 차원의 관광지 개발과 신규 관광상품개발, 관광부문의 확대·강화를 통한 국제수지의 개선, 경기회복을 위한 선전·홍보활동 강화와 미래시장에 대한 투자, 이용 가능한 다양한 숙박시설 확충과 휴가촌 조성.
영국	• 역사, 문화자원의 보존과 개발의 조화적인 균형발전을 모색하여, 외래관광객 유치는 물론 국내 관광 진흥을 목표.
독일	• 외래관광객 유치를 통한 외화획득은 물론 내·외국인의 국민복지와 휴양이라는 측면에서 국제 관광과 국내 관광을 조화로운 발전 도모.
캐나다	• 국제 관광정책과 국내 관광정책의 조화를 도모할 수 있는 새로운 관광자원 개발을 통한 새 이미지를 구축하여 외래관광객을 적극 유치.
중국	• 외래관광객 유치를 통한 국제수지 개선효과와 고용확대, 즉 국제 관광정책은 외래관광객 촉진정책이며, 국제 관광사업계획의 일환으로 간주.

자료: 고석면, 이재섭, 이재곤(2001). 관광정책론, 대왕사.

는 것이다. 복지관광의 사각지대에 있는 사람들에게 균등한 기회를 제공하고 생활의 질 향상에 기여할 수 있는 정책이 필요하다.

2) 관광환경의 조성

관광정책의 목표는 관광객의 욕구충족과 체험의 질을 창조하는 관광객 만족의 방향으로 수립되어야 한다. 인간은 기본적인 욕구충족과 의식주가 해결되면 그 다음단계는 새로운 욕구와 기대를 가지게 되는 속성이 있다. 관광을 인간 활동 차원에서 보면 개인의 잠재능력을 발견하고 실현하고자 하는 자아실현의 욕구와 관련된다. 관광욕구는 어떤 동기가 부여되지 못하면 구체적인 관광행동으로 발전하지 못한다.

표 1-4 관광정책의 국내/국제적 목표

목표	구체적인 내용
국내적 목표	• 국민단합 및 국민주체성의 인식고취 • 국가의 제도 및 국민의 정책적 책임에 관한 국민의 이해 • 국민위생 및 복지 향상 • 경제성장의 균형 및 국민소득 재분배 • 환경에 관한 국민의 관심 제고 • 지역 및 고유민속의 보존 • 여가에 대한 개인의 권리 보호
국제적 목표	• 수출수익의 증대는 국제수지의 개선효과 • 경제개발은 고용기회의 증대 • 국민소득의 증대, 세수 증대, 간접투자시설 확대 • 국외 이주자들처럼 외국에 살고 있는 동포들의 보다 친밀한 관계 결속 • 국가가 문화적 업적 및 기여에 대한 타국가의 인식 고취 • 국가 문화유산 보존 • 국위선양 및 국제친선도모

관광 동기는 관광행동을 일으키게 하는 중요한 요인으로서 인간이 관광을 통하여 만족을 얻으려 할 때 발생된다. 따라서, 관광정책은 관광객의 욕구충족과 경험에 대한 만족감을 제공할 수 있는 관광환경을 제공해야 하며, 사회구성원들에게 관광에 대한 욕구를 발생시킬 수 있어야 한다. 이러한 관광욕구는 관광객이 지향하는 관광환경의 완성에서 관광실천으로 이루어지면서 관광만족으로 마무리되는 정책으로 이루어져야 한다.

3) 관광품질관리

관광정책의 목표는 관광환경의 품질을 창출하는데 있다. 관광이 성장하는 과정에는 불가피하게 환경 변화가 생기고 환경의 질이 나쁘면 관광체험의 질도 떨어지게 된다. 따라서 관광과 개발은 상호의존적이며 공생적인 관계를 유지하면서 환경의 질을 창출해야 한다. 물론 관광이 환경을 개선한다는 주장에서와 같이 다른 산업에 비해서 공해를 유발하지 않는다는 무공해 산업이라는 견해도 있다.

관광환경이 조성되고 관광객이 증가하게 되면서 시간이 지나면 관광매력물의

품질저하와 식상함으로 관광객의 관심도 줄어들게 마련이다. 이런 불가피한 환경을 개선하고 관광객을 유지하기 위해서 관광개발과 품질관리 그리고 지속가능한 개선이 필요하다. 따라서 관광정책의 목표가 경제적 편익만을 강조한 개발이 아니라 자연적·문화적 가치를 충분히 반영한 관광개발을 해야 하는 것이다.

4) 지역 균형 발전

관광정책은 지역 간의 균형적인 발전을 위한 목표가 되어야 한다. 지역 간 균형발전의 중요성은 경제적 측면과 사회적 측면의 불균형요소를 해결하게 되면서 인간다운 삶의 조건과 동일한 기회를 제공한다는 권리를 가질 수 있게 된다.

관광정책은 지역주민의 소득증대, 고용기회 확대, 재정수입의 증가 등 경제적 편익과 여가공간 확충, 이미지 향상, 지역주민의 자부심 고취 등 사회·문화적 편익을 제공할 수 있다.

4 관광정책의 체계와 유형

관광정책의 효율적인 추진을 위한 관광지원시스템을 구축해야 한다. 이를 위해, 분권화 및 관광정책 자율성 증대에 따른 관광정책 추진 역량을 강화하고, 관광정책의 지식·데이터·기술·

노하우 축적 및 관광정책의 비효율을 해소해야 한다. 관광사업 추진의 효율성과 효과성 제고를 위해 사업기획-예산확보-예산집행-관리·운영에 이르는 관광사업 추진과정을 개선하는 것이다. 향후, 사업기획 단계강화 및 관리·운영단계까지의 관광사업 추진의 노하우를 축적시켜야 한다.

표 1-5 관광정책의 유형

정책 유형	세부기준	비고
관광산업정책	• 관광산업지원 및 규제정책, • 금융 및 세제지원 등	규제정책, 분배정책
관광개발정책	• 관광자원 개발, 관광 인프라개선, 관광수용태세 개선 등	분배정책, 규제정책
관광 마케팅정책	• 관광홍보, 관광 마케팅, 관광상품개발, 관광인식개선	상징정책, 구성정책
관광상품정책	• 관광상품개발, 관광품질관리 등	상징정책, 구성정책
국민관광정책	• 국민관광촉진, 복지관광, 여가관광정책 등	분배정책, 재분배정책
국제 관광정책	• 출입국관리정책, 관광수지대책, 관광경쟁력, 국제협력 등	규제정책, 구성정책

자료: 심원섭(2011). 해외 관광정책 추진사례와 향후 정책방향, 한국문화관광연구원.

관광정책의 체계는 다음과 같다.

첫째, 정책은 제도로 구체화하고 이를 뒷받침하는 법률제정으로 완성되며, 체계성과 지속성을 가지게 되기 때문에 법·제도 위주로 접근하는 것이 바람직하다.

둘째, 모든 관광문제를 포괄하고 종합하기 위해 목표나 수단보다 정책영역을 단일기준으로 분류하고 있다. 단 목표나 수단을 기준으로 하는 분류는 영역으로 분류한 관광정책 체계에 대해 여러 기준으로 다차원적 유형화를 시도할 때 부차적으로 활용한다.

셋째, 관광정책의 범위를 중범위로 설정하되 세부정책은 가급적 배제하는 것이 바람직하다.

넷째, 장기적 관점에서 추진해야 할 제도와 경기대응적 제도를 구분하여 제시해야 한다.

관광정책의 유형에는 관광산업, 관광개발, 관광 마케팅, 국제 관광, 관광상품, 국민관광정책으로 분류할 수 있다.

1) 관광산업정책

관광산업정책은 관광산업을 위한 지원 및 규제정책을 비롯하여, 금융세제 지원 등과 관련된 정책으로서 투입과 산출효과라는 기준에서 본다면 규제정책과 분배정책으로 구분할 수 있다.

2) 관광개발정책

관광개발정책이란 광범위한 분류에서 관광자원 개발, 관광 인프라 개선, 관광 수용태세 개선 등과 관련이 되는 정책이라 할 수 있으며, 효과적인 측면에서 본다면 분배정책과 규제정책으로 구분할 수 있다.

3) 관광 마케팅 정책

관광 마케팅 정책은 관광홍보와 마케팅, 관광에 대한 인식을 개선하는 과정과 관련된 정책으로서의 상징적 의미와 연관성이 높은 정책이다.

4) 국제 관광정책

국제 관광정책은 출입국 관리 정책을 비롯하여 관광의 수입과 지출에 대한 정책, 국제 관광을 발전시키기 위한 경쟁력 대책, 국제 간의 협력정책이다.

5) 관광상품정책

관광상품 정책은 관광상품의 개발 및 관광상품의 품질관리와 관련된 정책으로서 산출효과 측면에서 본다면 상징정책에 해당된다.

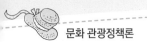

6) 국민관광정책

국민관광정책은 자국민의 국민관광 촉진, 복지관광, 여가관광정책 등이 해당되며, 효과 측면에서는 분배정책, 재분배정책 등과 상관성이 있다.

제4절 관광정책의 형성과정

1 관광정책의 형성

일반적으로 정책은 주어진 결과보다는 주변 환경과의 상호작용을 통해 만들어가는 일련의 행동과정이다.

관광정책 형성은 관광환경으로부터 요구와 기대를 수용하는 과정이며, 환경과 관광결정 체계가 상호작용을 하는 환경과 투입과정이 되는 것이다.

관광정책 형성은 정부가 해결하기로 규정하여 정책의제를 전환시키는 과정을 의미한다. 또한, 개인이나 집단의 요구가 정부에 의해 정책문제로 채택되어 공식적으로 표명되어가는 과정을 말한다. 관광정책이 형성되려면, 정책 담당자들이 어떤 욕구의 존재를 인지하고 이 욕구로부터 제기되는 문제를 정의해야만 된다.

모든 관광의 문제를 관광산업의 발전에 중요한 경우 정부차원에서 적극적인 해결을 위한 정책적 관심을 기울여야 된다.

2 관광정책의 결정

1) 관광정책 결정의 개념

정책결정은 다양한 이질적인 이해관계의 대립을 조정하고 타협시켜 나가면서

表 1-6 관광정책 단계별 내용

관광정책 단계	내용
의제 설정	• 관광의 대중화로 인한 각종 개인이나 집단의 요구 및 사회문제가 정부에 의해 정책문제로 채택되어 공식적으로 표명되어 가는 과정
정책 결정	• 공공문제로 인지된 문제의 해결을 위한 각종 정책대안을 분석·검토한 후, 결정·채택하는 과정
정책 집행	• 결정된 관광정책을 실현하기 위한 구체적인 사업이 추진되는 과정
정책 평가	• 관광정책이 의도한 목표달성 정도와 효과를 관광정책 집행결과에 대하여 산출평가·성과평가·사후평가를 하는 과정 • 관광정책 평가 결과가 관광정책에 적용되는 과정의 순환성이 있음

자료: 박주영(2015). 관광부문 제3섹터 현황진단과 정책방향에 관한 기초연구, 한국문화관광연구원.

정부가 당면한 공공의 문제를 합리적으로 해결하려는 일련의 노력으로 이루어지는 것이다. 관광정책 결정이란, 정책의 내용을 결정하고 상관되는 요인을 파악하는 것이다. 즉, 관광정책의 목표를 달성하기 위해서는 대안의 선택을 의미하고, 선택된 대안을 결정하는 과정이라고 할 수 있다.

선진국의 경우는 목표가 설정되면 그에 대한 대안을 탐색하고 체계적인 과정을 거치게 됨으로써 관광정책 목표에 대한 갈등이 적다. 또한 단체와 지역주민들과의 여론수렴과정을 통해 정책결정이 이루어지면서 국가의 상위 정책목표와의 연계성이 확보되고, 관광행정 내의 정보 전달 체계가 공개되므로 이에 대한 이의제기가 최소화된다.

2) 관광정책의 결정과정

관광정책의 결정과정은 정부에 의하여 목표를 달성하기 위한 대안을 탐색하고 그 결과를 예측·분석하고 채택하는 동태적인 과정이다. 즉, 정책결정은 정책이 추구하는 미래의 바람직한 상태로서 목표 상태를 결정할 뿐만 아니라 정책목표 달성의 수단으로서의 정책대안을 개발·분석·채택하는 일련의 과정을 말한다.

정책결정에는 개인이나 집단이 다양한 방법과 수단을 동원하여 참여하고, 공공성, 정치성을 가지고 있는 복잡한 과정이다. 이는 미래지향적·행동지향적인 특징을 가지고 있을 뿐만 아니라 정부활동의 주요지침을 결정하는 과정이면서 의사결정의 한 형태로서 최선의 대안선택을 하는 과정이라 할 수 있다.

정책결정은 오직 정부기관에 의한 결정이며, 공익이라는 보편적 결정기준이 반드시 적용되어야 하는 정치적 성격을 띠는 것이다.

관광정책 결정은 관광정책 형성의 최종단계로서 관광정책 형성에서 첫 번째 단계인 관광정책의 문제제기와 두 번째 단계인 관광정책 의제 설정 단계와 연결되어 있는 단계이므로 관광정책 결정이 이루어지는 과정을 문제의 인식, 정보의 수집, 대안의 작성, 대안의 선택으로 나누어진다.

(1) 문제의 인식

관광에 대한 새로운 법규를 제정하거나 개정하려면 사안이나 상황에 대한 문제인식이 있어야 한다. 문제 인식은 단순히 객관적으로 어떠한 관광관련 사안이 발생하였다고 하여 곧 법규로 제정되거나 개정하기 위한 절차를 갖는 것은 아니다.

관광관련 사안이나 상황에 대한 문제가 인지되면 관광국 내의 실무자가 문제에 대한 해결방안을 모색하기 위한 다음단계인 정보의 수집과 분석 단계가 이루어진다.

(2) 정보의 수집

어떠한 문제를 인식하고 이에 관한 대책을 강구하려고할 때 우선 착수하는 것이 이에 관한 자료·정보 및 지식의 수집이다.

정보관리체제에 의한 정보를 수집하거나 또는 실무자를 통한 정보자료를 수집하면 관광관련 사안과 상황의 문제점을 해결하기 위한 분석을 실시하고 대안을 작성한다.

(3) 대안의 작성

새로운 관광정책 결정을 필요로 하는 사안이나 상황의 문제에 관한 정보의 수

집과 분석이 끝나면 이를 해결하기 위한 대안 또는 해결안이 모색되어야 한다. 대안의 작성과 단계에서 중요한 것은 이미 존재하는 대안을 열거하는 것이 아니라 보다 좋은 대안을 찾기 위해 노력하는 것이다.

대안의 작성내용은 사안이나 상황에 대한 현황분석, 문제점검토 그리고 해결방안이 필요하다.

(4) 대안의 선택

대안 작성이 끝나면 관광국 내의 실무책임자가 기안을 통해 공식적인 의견을 제시하게 되는데, 이것은 여러 단계의 검토와 조정을 거쳐 부처 안으로 결정되게 된다.

이 과정에서 만일 타부처와 관계되는 사항이 있으면, 실무자 간의 협력과 조정이 이루어져야 한다.

3) 관광정책 결정과정의 인식 측정

관광정책 결정과정에 대한 인식 측정과정은 관광정책의 의제설정, 현황분석, 목표설정, 대안탐색의 4단계로 구분된다.

(1) 관광정책의 의제설정

관광정책의 의제설정에 대한 결정은 관광정책의 문제제기에 나타난 제반 관심영역을 통일하는 과정이다. 이 과정에서의 의제가 지향하고 있는 성격파악과 관광정책 의제의 목적과 성질에 대해 파악해야 한다. 그리고 관광정책 의제에 대한 결정자나 형성자 모두 관광분야 전문가의 자문과 관광기업인들의 요구사항과 일반국민의 대응성, 관광객의 만족성을 검토하는 과정이 필요하다.

(2) 관광정책의 현황분석

관광정책의 현황분석은 분석시간과 분석자의 가치기준에 따라 달라질 수 있기 때문에 관광정책의 현황분석과 문제점 도출에 있어서 신중해야 한다.

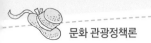

(3) 관광정책의 목표설정

관광정책의 목표는 명확하여야 하고, 실현가능한 것이어야 한다. 또한 목표달성 시기를 명백히 나타낼 수 있어야 하며 목표달성을 위한 수단이나 대안들이 현실적인 것이어야 한다. 그리고 관광정책의 목표가 국가의 정책목표와 유기적으로 종적·횡적인 연계성을 갖도록 설정되어야 한다. 관광정책의 목표달성을 위한 대안이 기획화 과정으로 갈 수 있는지의 여부와 기획화 시에 타 기획과의 관계를 사전에 충분히 검토한 후에 목표설정이 되어야 한다.

(4) 관광정책의 대안 탐색

대안선택은 관광정책의 목표를 효율적으로 달성시킬 수 있는 대안을 결정하는 의사결정 활동이다. 이는 반드시 탐색된 대안들의 장·단점을 비교·검토한 후 설정된 관광정책 목표를 효과적으로 달성할 수 있는 최적의 대안이 선택되어야 한다.

4) 관광정책 결정단계

관광문제의 방향을 정하는 관광정책 결정은 관광행정이 가장 중요한 영역으로 관광정책의 내용을 결정한다. 관광정책 결정은 관광과 관련된 여러 가지 사회문제의 바람직한 해결방향을 정하는 행위이다.

관광정책은 정부의 중요한 관광분야 활동을 의미하며 관광정책결정은 이질적 이해관계의 대립을 조정하고 타협시켜 나가면서 정부가 당면한 관광문제를 해결하려는 데서 이루어진다. 또한 정부기관이 실현하고자 하는 관광 목표를 달성하기 위하여 장래에 일어날 것이라고 예측되는 관광문제를 정책결정과정을 통하여 선택하는 미래지향적 행동노선이며 실현을 위한 방법의 탐색과 선택이라 할 수 있다.

정책결정 방법으로 정책결정자의 강점이나 충동에 의해 결정되어 잘못된 방향으로 가는 점을 고려하여, 최근에는 합리적·포괄적 정책결정을 통하여 정책의 효과를 극대화하기 위해 사전 타당성 조사 등 완벽한 분석방법을 채택하고 있다.

3 관광정책의 집행

1) 관광정책 집행과 집행요소

(1) 관광정책 집행의 의의

어떤 문제의 해결이나 행정의 목표 달성은 정책결정으로만 끝나는 것이 아니며, 정책은 집행을 통해서 결과를 얻을 수 있다. 집행은 권위 있는 정책지시를 실천하는 과정 또는 정책과정과 사업계획의 가치를 판단하는 것이다. 정책집행은 정책목표를 명확히하여 목표달성을 위한 정책수단을 마련하여 정책대상에 다양한 혜택과 감독으로 상호작용하는 활동이다. 정책의 집행에는 새로운 정책수행을 위한 조직, 정책목표달성을 위한 인사와 재원관리, 그리고 조정이 필요하다.

관광정책집행이란 정부가 정책결정과정을 통하여 수립된 관광정책을 실행하는 활동으로 정의할 수 있다. 관광정책의 집행은 진행되는 과정이나 결정에 있어서 부분적이나 대폭적인 수정이 될 수도 있다. 이는 정책의 구체성과 명확성의 결여, 정책적용기준의 상호모순성, 유인의 부족, 상호 모순 그리고 인원, 예산 등의 원인으로 작용된다.

관광정책의 집행단계는 다음과 같이 이루어진다.

첫째, 관광정책지침 개발단계: 결정된 정책은 추상적이므로 현실적으로 집행이 가능하도록 정책내용을 구체화시켜 집행자에게 알리는 단계이다.

둘째, 관광자원 확정단계: 집행담당기관이나 집행대상자에 대한 예산·인력·시설·정보 등에 필요한 자원을 확보하는 단계이다.

셋째, 관광정책 실현 활동단계: 확보된 자원을 활용하여 정책지침에 따라 정책대상자에게 서비스를 제공하거나 행동을 규제하는 단계이다.

넷째, 관광정책의 감독·통제단계: 관광정책의 실현 활동이 지침에 따라 수행되었는가의 여부를 점검·평가하고 시정하는 단계이다.

(2) 관광정책집행의 요소

① 관광정책 목표의 구체화

관광정책이 실질적인 효과를 나타내기 위해서는 집행단계에서 그 목표의 내용이 구체화 되어야 한다. 관광정책 내용을 구체화하기 위해서는 실현가능성의 검토와 다각적인 정보수집을 통한 불확실성의 축소, 다양한 정책 목표의 우선순위 고려, 관광정책 대상 집단과 관련 당사자의 선호 그리고 이해관계의 조정 등의 작업이 필요하다.

② 관광정책 집행의 자원

관광정책 집행을 위한 자원 중에서 가장 중요한 것은 예산이다.

인적자원이나 조직도 예산이 확보되지 않으면 집행이 불가능해진다. 적절한 자원이 적시에 공급되어야 원활한 정책집행이 가능하다. 따라서 미리 주어진 여건에서 예산과 조직 등의 동원과 활용을 극대화할 수 있는 방안이 필요하다.

③ 관광정책 집행기관의 성격과 협조 체계

효율적인 관광정책 집행 요건으로는,

첫째, 조직의 크기와 구성원의 자질이 필요하다.

둘째, 위계적 통제의 정도가 필요하다.

셋째, 조직의 활력소가 있어야 한다.

넷째, 개방적 의사소통기구가 이루어져야 한다.

다섯째, 관광정책결정 기구와의 공식·비공식 연계관계가 이루어져야 한다.

관광정책은 주로 여러 행정기관의 복합체계에 의하여 집행되므로 이들 사이에 유기적인 협조와 연계가 이루어져야 한다.

④ 정치·경제·사회적 여건

관광정책 집행에 있어서는 관광정책 대상자에 영향을 미치는 환경적 요인인 정치·경제·사회적 상황이 관광정책 집행에 미치는 영향은 다음과 같다.

첫째, 정치·경제·사회적 상황의 변동은 관광정책의 중요성에 대한 인식을 감소

시킬 수 있으며, 관광정책 집행에도 영향을 미친다.

둘째, 환경보존, 사치성 규정과 같은 규제정책은 관광정책 집행에 많은 영향을 미치고 대상 간의 경제적 능력과 국민 경제에서 차지하는 비중에 따라 효율성이 달라진다.

셋째, 대중매체의 관심과 여론의 방향, 각종 이익집단이나 압력단체의 영향, 대통령 의지, 의회의 지원 등이 관광정책 집행에 영향을 미친다.

2) 관광정책의 집행기관

관광정책을 결정하는 기관은 관광업무의 주무 부처인 문화체육관광부가 맡고 있으며, 관광정책의 집행기관으로는 지방자치단체, 한국관광공사, 그리고 각종 사업자 단체가 있다. 또한 한국관광연구원은 비영리 재단법인으로 정부의 관광정책 활동과 관광업계의 육성을 효율적으로 지원할 수 있는 정책대안 제시와 이와 관련한 조사·연구를 수행하기 위해 설립되었다.

4 관광정책의 수용

1) 관광정책 수용의 개념

정책 수용이 갖는 의미는 다음과 같다.

첫째, 정부의 정책집행 결과가 정책대상자에게 정책 의도대로 제대로 구현되고 있는가를 판단할 수 있는 본질적 기준으로서 정책 수용의 중요성이 대두된다. 왜냐 하면 정책 수용 주체는 정책의 궁극적인 수혜대상자이자 정책성공 여부에 대한 최종적 판단자이기 때문에 정책은 주민의 수용여부에 의해 정책의 바람직함과 존폐여부가 결정된다.

둘째, 정책 수용은 정부의 정책수행 능력을 측정하는 하나의 수단적 역할을 수행한다. 번번이 발생하는 정책표류나 정책의 수용거부현상은 정책 수용 주체의 요구나 기대를 반영하지 못하는 대응부족으로 평가된다.

셋째, 정부가 결정하고 집행하는 정책에 대해 정책 수용 주체가 수용거부를 하는 경우에는 상호신뢰 관계는 파괴되고, 나아가 향후 정책신뢰에 영향을 주게 된다.

정책 수용과정은 가치의 배분을 놓고서 많은 이해관계 집단간의 협상과 타협이 이루어지는 정치적 과정인 동시에 동태적·순환적 과정으로 정치체계의 핵심적 활동이다. 이 과정에서 산출되는 정책결과는 모든 주민들에게 직·간접적으로 영향을 미친다. 이런 가운데 서로의 신뢰가 형성되며 신뢰는 정책에 대한 수용을 결정하는데 중요한 영향을 미친다.

관광정책의 수용성은 관광정책의 성패를 좌우하는 최종적이고 핵심적인 요소이다. 정책에 대한 수용은 정책에 대해 호의적 또는 긍정적으로 개인이 지향하는 태도나 행동으로 발전될 수 있기 때문에 지역주민이 관광정책에 대해 수용을 한다면, 관광정책을 실행하는데 불필요한 사회적 비용이 사라지고 성공적인 관광정책을 추진하는데 기반을 만들 수 있다.

5 관광정책 평가

관광정책 결정은 여러 가지 대안 중에서 미래에 가장 바람직한 상태를 실현할 수 있는 하나의 최종대안을 선택하는 행위이다. 그러므로 관광정책이 집행되었을 때의 미래상태, 관광정책의 목표 달성도, 실행가능성, 타당성, 관광정책 내·외부적 환경 등에 대해 충분히 검토한 후에 결정되는 것이다.

관광정책 평가는 관광정책 결정시에 검토하였던 관광정책의 내용과 영향을 객관적이고 체계적으로 재검열하는 과정으로 관광정책이 의도한 효과를 어느 정도 달성하였는가를 분석하는 것이다. 정부는 주어진 한정된 자원을 가장 경제적이며 능률적으로 운영하여 최대의 서비스를 제공해야 하는 행정의 기본원리를 실현하여야 한다.

관광정책 평가방법에는 과정평가의 결과평가, 단기 및 장기 영향평가, 내부평가와 외부평가, 사전평가·집행과정, 평가·사후평가 등으로 분류된다.

관광정책 평가제도로는 대표적으로 문화체육관광부가 관장하는 문화관광 축제 평가제도가 있다.

1) 관광정책 평가의 목적

관광정책을 평가하는 목적은 세 가지로 구분할 수 있다.

첫째, 향후 관광정책결정 집행에 필요한 정보제공 역할을 한다. 관광정책을 평가함으로써 집행되었던 정책에 대해 수정할 부분과 보완할 내용들을 파악할 수 있는 기회를 제공한다. 따라서 향후 관광정책에 대한 추진여부를 결정해 주는 중요한 역할을 한다.

둘째, 정책에 대한 책임감 확보의 목적이다. 정책과정은 정치체제의 핵심적 활동으로 국민에 대해 책임문제가 발생하게 되며, 정부는 이에 대한 활동이나 결과에 대해 궁극적으로 국민에게 책임을 져야 한다. 따라서, 평가목적에 따른 평가기준도 법적 책임확보를 위해서 법규·회계규칙의 기준, 관리상 책임확보는 능률성, 효과성기준, 정치적 책임확보를 위한 평가목적은 민주성, 형평성이 평가기준이 된다.

셋째, 이론형성에 기여하는 목적이다. 새로운 이론의 개발이나 기존이론의 발전에 기여할 수 있는 좋은수단이 될 수 있다. 그러나 정책평가는 합리적인 목적으로만 사용되는 것은 아니며, 이해관계자, 정책결정자, 전문가, 집행자, 평가자 등이 정당하지 못한 이유, 즉 자신들에게 유리한 개인적·정치적 목적으로 정책을 평가하는 경우도 있는데, 이를 흔히 유사평가라고도 한다.

2) 관광정책 평가의 필요성

관광정책에 대해 이해관계를 갖거나 관광정책의 영향을 받는 개인이나 집단이 다양하고 지방자치단체가 관광정책에 많은 관심을 가지고 있다. 따라서 관광정책 과정에서 다양한 행위자를 설득하고 지지를 확보하는 것이 중요시 되면서, 남을 효과적으로 설득하고 지지를 얻기 위해서 설득력있는 자료 확보를 위해 관광정책 평가의 필요성이 제기된다.

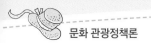

3) 관광정책 평가기준

정책평가의 이론에서 평가의 본질이 평가대상인 정책이나 사업의 관심측면에 대한 어떤 확정적 판단을 내리는 것이다. 그렇게 하기 위해서는 타당한 연구 설계의 채택, 필요한 자료의 수집 및 해석 등의 작업이 이루어져야 한다.

관광정책 평가기준은 평가자의 평가의도나 평가대상으로서의 관광정책이 어떤 단계의 평가에 따라 기준을 명확하게 설정해야 한다. 관광정책 평가기준은 효과성, 능률성, 관광객 만족도, 형평성으로 구분할 수 있다.

(1) 관광정책의 효과성

관광정책 평가기준은 가치 있는 성과를 얼마나 달성했느냐 하는 효과성이라 할 수 있다. 효과성 측정단위는 정책이 산출한 단위서비스의 양이다. 효과성을 측정하는 것은 사업계획의 목표가 어떤 것인지를 분명히 인식해야 한다.

효과성을 평가하기 위해서는 다음과 같은 내용이 포함되어야 한다.

첫째, 의도했던 관광정책 효과가 과연 그 관광정책 때문에 발생했는지의 여부를 판단해야 한다.

둘째, 발생한 관광정책 효과의 크기는 관광정책 목표와 대비하여 어느 정도 인지를 판단해야 한다.

셋째, 관광정책 효과의 크기는 해결하고자 했던 원래의 관광정책 문제해결에 충분했는지를 판단해야 한다.

효과성 평가는 단순하게 의도했던 효과가 어느 정도 발생했는지를 판단하는 것에만 그치지 않고 해결하고자 했던 관광정책 문제가 어느 정도 해결되었는지, 그리고 문제가 완화 또는 악화되었는지 등의 관광정책 문제의 파악과 분석도 이루어져야 한다.

(2) 관광정책의 능률성

능률성은 일정한 산출을 위해서 제공된 노력·시간·비용 등의 투입에 대한 산출의 비율이다. 능률성 평가는 관광정책 집행에 소요되는 비용을 사전에 평가하

여 관광정책 집행의 효과를 미리 측정하여 본다는 것에 의미가 있다.

(3) 관광정책에 대한 관광객 만족도

관광정책에 대하여 수혜자라는 특정집단이 얼마만큼의 가치와 선호 그리고 요구를 수용하였는가에 대한 만족도를 평가하는 것이 기준이 된다.

만족도를 평가하는 방법으로는 관광정책을 실시하기 이전에 국민들의 여론과 요구를 조사하여 그 결과에 따라 평가방법을 수립하는 것이 바람직하다.

평가자는 관광정책 결정자의 관점에서 관광객들의 만족도를 측정해야 한다. 따라서 관광정책 목표달성에만 집착하지 않고 관광객들의 요구에 얼마나 잘 대응하고 있는가에 관심을 가져야 한다. 이 기준의 성공척도는 관광정책 결정자들이 결정한 관광정책에 관해서 관광객들의 광범위한 만족도를 주고 있느냐는 것이다.

(4) 관광정책의 형평성

관광 소외계층에 대한 관광정책 개발정도를 측정하는 이 기준은 복지관광 측면에서 관광에 참여하지 못하는 계층과 참여하는 계층 간의 폭을 좁히는데 관광정책이 얼마나 기여했는가를 평가하는 것이다. 또한 관광정책의 집행 후에 나타난 관광정책 결과의 평가 속에는 관광정책 효과와 비용이 사회집단 간의 배분이 공평한지를 평가하는 형평성 평가가 이루어져야 한다.

정책평가에 있어 형평성의 원칙은 분배의 공정성에 입각하여 특수성에 구애되지 않고 정책에 드는 비용이 국민의 이익에 타당하게 분배되는 것을 말한다.

토의 내용

1. 정책과 관광정책 각각의 개념과 특성에 대해 논의해 보세요.

2. 관광정책이 필요한 사항들을 기록해보고 이에 대해 심층적인 토의를 해 보세요.

3. 우리나라와 해외의 주요국가의 관광정책들을 비교·분석해서 토의해 보세요.

4. 관광정책의 단계별 형성과정을 이해하고, 관광정책의 결정, 집행, 수용의 과정에 대해 토의해 보세요.

5. 우리나라가 관광선진국이 되기 위해서 필요한 관광정책에 대해 토의해 보세요.

6. 관광정책의 목표인 복지관광 국가가 되기 위해서 필요한 관광정책에 대해 토의해 보세요.

문화 관광정책론

Chapter

02

관광 조직 기구

제1절　세계 관광기구

1　세계 관광기구(UNWTO)

2　경제협력개발기구(OECD)

3　아시아·태평양경제협력체(APEC)

4　아시아·태평양관광협회(PATA)

5　ASEAN(동남아 연합)

6　ASTA(미주여행업 협회)

7　WTTC(세계 여행관광협의회)

제2절　정부 관광기구의 역할과 운영

1　정부 관광기구(NTO)의 설립

2　정부 관광기구의 기능

3　정부 관광기구의 역할

4　정부 관광기구의 역할변화

5　정부 관광기구의 운영

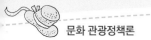
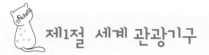

제1절 세계 관광기구

관광산업의 진흥을 효과적으로 달성하기 위해서는 국가 간 협력과 국제 관광기구 참여를 통한 적극적인 활동이 필요하다. 관광분야에서의 국제적인 협력은 국가 간의 상호이해를 증진하고 국제친선을 도모를 함으로써 관광교류를 촉진하는 계기가 되기 때문에 많은 경비와 인력을 투입하고 있다.

우리나라는 세계 관광의 흐름을 파악하고 이에 능동적으로 대처하고자 각종 국제기구에 가입하여 활발한 활동을 하고 있다. 대표적인 참여활동에는 세계 관광기구UNWTO, 경제협력개발기구OECD, 아시아·태평양경제협력체APEC, 아세안+3ASEAN+3, 아시아·태평양관광협회PATA, 국제회의 전문가협회ICCA, 세계여행관광협의회WTTC 등이다.

1 세계 관광기구UNWTO

세계 각국의 정부기관이 회원으로 가입되어 있는 정부 간 관광기구인 세계 관광기구UN World Tourism Organization는 국제 관광연맹IUOTO: International Union of Official Travel Organization이 1975년에 정부 간 관광협력기구로 개편되어 설립된 기구이다. 세계 154개국의 정부기관이 정회원으로 가입하였으며, 350개 관광유관기관이 찬조회원으로 가입되어 있다. 격년제로 개최되는 총회와 6개 지역위원회를 비롯하여 각종 회의 및 세미나를 개최하고 있다. 본부는 스페인의 마드리드에 두고 있다. UNWTO는 공신력을 가진 각종 통계자료 발간을 비롯하여 교육, 조사, 연구, 관광편의 촉진, 관광지 개발, 관광자료 제공 등에 역점을 두고 활동하고 있으며, 관광분야에서 UN 및 전문기구와 협력하는 중심역할을 수행하고 있다.

우리나라는 1975년 정회원으로 가입하였으며, 한국관광공사는 1977년 찬조회원으로 가입하였다. 1980년~1983년은 집행이사국으로 선임되었으며, 2004년~2007년 까지는 집행위원회 상임이사국으로서 활동하였다.

2 경제협력개발기구OECD

OECDOrganization of Economic Cooperation and Development는 유럽경제협력기구를 모체로 하여 1961년 선진 20개국을 회원국으로 설립되었다. 회원국의 경제성장 도모, 자유무역 확대, 개발도상국 원조 등을 주요 업무로 하고 있으며, 프랑스 파리에 본부를 두고 있다.

조직구성은 의사결정기구인 이사회, 보좌기구인 집행위원회 및 특별집행위원회를 두고 있으며, 실질적 활동을 수행하는 26개의 분야별 위원회가 있다. 이중에서 관광위원회는 관광분야에 대한 각국의 정책연구 및 관광 진흥정책연구 등을 주요 기능으로 하고 있으며, 위원회 산하에 통계작업반을 두고 있다.

우리나라는 1994년 6월에 관광위원회에 대한 옵서버 참가자격이 부여되어 1995년부터 관광위원회 회의 및 통계실무 작업반 회의에 참가하여 주요 선진국의 관광정책 및 통계기법 등을 습득하고 있으며, 1996년부터 정회원으로 활동하고 있다. 1998년에는 OECD 관광회의를 서울에서 개최하였다. 2009년에는 '한식 세계화 추진계획'의 전략 중 '우리 식문화 홍보'를 통해 관광자원으로서 한식의 중요성을 인식시킨다는 목표를 세우고, 우리 관광의 견인차 역할을 한식에 부여하기 위한 한식 세계화 사업을 진행하였다.

3 아시아·태평양경제협력체APEC

APECAsia Pacific Economic Cooperation은 1989년 호주의 캔버라에서 제1차 각료회의를 개최함으로써 발족하였으며, 정상회의를 개최하는 등 경제협력관계 강화의 구심점이 되어 있다.

APEC은 11개 실무그룹Working Group을 두고 있는데, 관광실무그룹회의는 1991년 하와이에서 회의를 가진 이후 관광발전을 저해하는 각종 제한조치의 완화, 환경적으로 지속가능한 관광개발 등의 주제를 수행하고 있다.

우리나라는 1998년 11월 말레이시아 콸라룸푸르에서 개최된 APEC 정상회의에서 APEC 국가 간 관광 활성화를 제창하였으며, 2000년 7월 서울에서 제1차

APEC 관광장관회의가 개최되었다. 또한 2004년 5월 경남 진주에서 제24차 APEC 관광실무회의를 개최하였다. 2005년 5월에는 부산에서 제4차 관광포럼 및 APEC 관광실무그룹 회의를 성공적으로 마치면서 한국관광 홍보 및 APEC 내 관광외교 강화에 기여하였다.

2005년 11월 18~19일에는 부산 동백섬 누리마루 APEC하우스에서 제13차 APEC정상회담 회의장에서 개최되었다.

4 아시아·태평양관광협회 PATA

PATA Pacific Asia Travel Association 는 아시아·태평양 지역의 관광 진흥활동, 지역 발전 도모 및 구미관광객 유치를 위한 마케팅 활동을 목적으로 1951년 설립되었다. 태국 방콕에 본부를 두고 있으며 북미, 태평양, 유럽, 중국, 중동에 각각 지역 본부가 있다. 주요 활동으로는 연차총회 및 관광 교역전 개최, 관광자원 보호활동, 회원들을 위한 마케팅 개발 및 교육사업, 각종 정보자료 발간사업 등이 있다.

우리나라에서는 문화체육관광부, 한국관광공사 등 총 34개 관광관련 기관 및 업체가 PATA 본부회원으로 가입되어 있으며, 매년 연차총회 및 교역전에 참가하여 세계 여행업계 동향을 파악하고 한국관광 홍보 및 판촉상담활동을 전개하고 있다.

PATA 한국지부에는 총 120개의 기관 및 업체가 회원으로 가입되어 있으며, 지부총회 개최, 관광전 참여, 관광정보제공 등의 활동을 하고 있다.

우리나라는 PATA 관련 국제행사로 1965년, 1979년, 1994년, 2004년 PATA 총회 및 이사회, 1987년 PATA 관광교역전, 1998년 PATA 이사회를 개최하였다.

2004년 제주 PATA 총회에서는 제주도를 세계적인 관광지로 부각시키고자 적극적으로 국내·외 홍보를 추진하였다. 그 결과 PATA 총회 사상 최대인 48개 국 2,145명이 참가하여 성공적인 행사로 평가받았다. 2007년에는 마케팅 미디어 비디오 부문에서, 2009년에는 마케팅 캠페인 부문과 가이드 북 부문에서 PATA Gold Award를 수상하였다.

5 ASEAN_{동남아 연합}

아세안은 1966년 8월 제3차 ASA_{Association of Southeast Asia} 외무장관회의에서 ASA의 재편 필요성이 제기되어, 1967년 말리크 인도네시아 외무장관이 태국 측과 아세안 창립선언 초안을 마련하였다. 1967년 8월 인도네시아, 태국, 말레이시아, 필리핀, 싱가포르 5개국 외무장관회담을 개최하여 아세안 창립선언을 통하여 결성되었다.

아세안은 1993년 아세안 자유무역지대_{AFTA: ASEAN Free Trade Area}를 결성함으로써 국제적인 교섭력이 한층 강화되기 시작했다. 21세기 세계 관광 목적지로 아시아·태평양 지역의 중요성이 커지면서 한·중·일과 아세안의 관광협력을 논의하는 '한·중·일 +아세안'회의가 개최되었고, 이를 통해 우리나라 및 주변국과 아세안 지역의 관광협력 방안 논의가 활발히 진행되었다.

2005년 5월에는 강원도 속초에서 제7차 ASEAN+3NTO_{한·중·일 +아세안}회의가 개최되어, 우리나라와 아세안 국가와의 관광협력 체계를 한층 더 돈독하게 하였으며, 한국의 위상을 제고한 것으로 평가받았다.

아세안 측의 공동요청사항인 아세안 관광가이드에 대한 한국문화·한국어 교육을 2006년부터 지속적으로 시행함으로써, 아세안 지역에 있어서 우리나라의 관광 외교역량을 확대하고 우리나라 관광객의 편의 제고를 위해 노력하고 있다.

2019년 11월에는 부산에서 한+아세안 회의를 성공적으로 개최하였다.

6 ASTA_{미주여행업 협회}

ASTA_{American Society of Travel Agents}는 미주지역 여행업자의 권익보호와 전문성 제고를 목적으로 1931년에 설립되었으며, 미주지역이라는 거대한 시장을 배경으로 세계 140개국 2만여 회원을 거느린 세계 최대의 여행업 협회이다.

회원들의 전문성 제고와 판촉기회를 확대하기 위해 연례행사로 연차총회 및

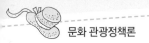

트레이드 쇼, 크루즈페스트 등을 실시하여 각국 NTO와 관광업계의 판촉활동의 장을 마련하고 업계동향에 대한 세미나 개최 등 유익한 교육프로그램을 제공하고 있다.

1973년 한국관광공사가 준회원으로 가입되었으며, 1979년 ASTA 한국지부가 설립되어 운영되고 있다. 우리나라는 미주시장 개척의 기반을 다지기 위하여 홍보활동을 지속적으로 추진하고 있으며, 매년 연차총회 및 트레이드 쇼에 업계와 공동으로 한국대표단을 파견하여 판촉 및 정보수집활동을 전개하고 있다. 1993년에는 총회 및 교역전을 서울에 유치하여 대형 국제회의 개최능력을 전 세계에 홍보하였으며, 2007년 ASTA 제주 총회를 성공적으로 개최하면서 미주 관광시장에 대한 동북아 관광거점 확보에 기틀을 마련하였다.

7 WTTC세계 여행관광협의회

WTTCWorld Travel and Tourism Council는 전 세계 관광 관련 유명 100여개 업계 리더들이 회원으로 가입되어 있는 대표적인 관광관련 민간기구이다.

1990년에 설립되었으며 영국 런던에 본부를 두고 있다. 주요 활동으로는 관광잠재력이 큰 지역에 대한 관광자문 제공 및 협력사업 전개, 'Tourism for Tomorrow Awards' 주관, 세계 관광정상회의Global Travel and Tourism Council 개최 등의 업무를 하고 있다.

특히, 매년 5월에 개최되는 관광정상회의는 개최국의 대통령, 국무총리를 비롯한 각국의 관광장관, 호텔 및 항공사 CEO 등이 참석하여 관광현안을 논의하는 권위 있는 회의로 알려져 있다.

세계 관광산업과 관련된 모든 이슈를 다루며, 고용인원 2억 4천여 명, 세계 GNP의 9.2%를 차지하는 관광산업에 대한 인식을 높이기 위한 활동을 하고 있다.

한국관광공사는 지난 2006년부터 정상회의에 참가하여 세계 관광인사와의 네트워킹 및 최신 관광트렌드를 파악하기 위해 노력하고 있다.

제2절 정부 관광기구의 역할과 운영

정부 관광기구는 관광부문의 균형성장과 관광개발의 사회·경제적 건전성을 보장하기 위해서는 정책적인 관리의 필요성이 확산되고 관광계획 및 사업수행에 직접적인 역할을 담당할 조직이 필요하다. 이러한 역할을 수행하기 위해서 관광발전을 위한 특수 정책기구가 설립된다.

관광개발은 초기에 민간부문에서 시작되었으나, 국제 관광뿐만 아니라 국내 관광에서도 경제적 효과에 대한 인식이 널리 확산되면서 각 국가들이 관광개발에 많은 관심을 가지게 되었고, 이에 대한 지원을 위해서 관광 특별법을 제정하게 되었다.

관광정책이 필요하게 된 계기는 유급휴가의 증대, 가처분소득의 증대 및 운송기술의 발전에 따라 관광수요의 증가, 관광정책의 수립 및 관광개발에 따른 자금의 증액이 필요했기 때문이다. 따라서 관광부문에 정부가 참여하기 위해서 정부 관광행정기관NTA과 정부 관광기구NTO가 등장했다. 초기에 두 조직의 기능은 관광개발에 필요한 관계법령의 입안立案과 관광 진흥 업무에 한정되었으나, 국민의 관광권 보장 등 관광과 관련된 국가의 역할이 증대되면서 점차적으로 기능이 확대되었다.

1 정부 관광기구NTO의 설립

NTONational Tourism Organization는 일종의 공기업이라고 할 수 있다. 공기업이란 공적기관, 즉 국가나 공공단체가 중심이 되어 자금을 출자하고 경영·지배를 하는 기업으로서 공익이 우선적인 사업 활동이다.

공기업이 존재하는 이유는,

① 경제정책

② 재정정책국가의 재정수입의 목적

③ 사회정책국민의 생활안정과 복지증진의 목적

④ 공공정책공공의 편익을 도모하기 위한 목적으로 전신·전화·우편·체신 사업 등과 같이 공익사업을 직접관리·운영하는 목적

⑤ 기타 정책국가의 기관이 필요로 하는 물자와 용역을 직접 생산하기 위한 목적 등 민간기업이 진행할 수 없는 사업 활동들을 국가·사회의 발전을 위해 설립되는 공공기관이다.

정부에서 설립된 공기업은 자본금의 50% 이상이 정부에 의해 출자되거나 그 재산 중 50% 이상이 정부에 귀속되어 있는 기업을 말한다.

2 정부 관광기구의 기능

국가의 관광업무를 담당하는 조직의 일반적 의미로 사용되었던 정부 관광기구NTO는 오늘날 행정권은 없지만 사업집행기관으로서의 역할을 수행하는 정부의 산하기관이라는 제한적인 의미만을 갖는 것으로 보인다.

정부 관광기구는 통상적으로 특별법에 의해서 설립이 되고, 자체의 정관과 이사회를 갖춘 관광행정기관NTA 산하의 독립법인의 성격을 띠고 있다. 정부 관광기구의 예산은 대부분의 국가에서는 정부재원인 정부 보조금 또는 교부금으로 충당되며, 일부 국가에서는 자체 수입 세권에 의한 관광세 수입이나 업계 기부금으로 충당되는 경우도 있다. 이러한 여건은 정치제도, 경제조직, 전체적인 경제·사회발전의 정도, 관광발전 수준 및 특정 관광개발목표의 달성 등과 관련이 있다.

정부 관광기구는 진흥marketing, 관광객 서비스visitors servicing, 개발development, 기획planning, 조사research, 통제 및 조정control & coordinating의 기본적인 기능을 하게 된다.

1) 진흥(marketing)

진흥은 대부분의 국가의 공기업에서 가장 중요한 기능으로 작용하고 있다. 관광객을 유치하기 위해 관광 목적지로 발전시키는 것으로 국가홍보, 국민들에 대한 관광인식의 제고, 관광선전물의 제작 및 배포, 해외 관광 선전사무소의 운영, 광고·홍보·판촉사업 등의 업무를 한다.

2) 관광객 서비스(visitors servicing)

관광객은 여행을 하기 전前 또는 여행을 하는 동안 현지에서의 다양한 정보를 필요로 하며, 다양한 정보를 요구하게 된다. 따라서 관광객에 대한 서비스를 제공하기 위해서 관광정보를 수집하여 제공하거나, 현지에서의 활용도를 증진시키기 위한 관광안내센터의 운영, 관광관련 예약 서비스, 관광객에 대한 불편사항의 접수 및 처리의 업무 등을 한다.

3) 개발(development)

관광수요의 증가는 관광객의 편의 제공을 위해 필요로 하는 시설에 대한 개발이 필요하다. 개발하는 과정에서 기반시설의 정비와 관광·환경과의 관계설정, 정부의 민간관광개발사업의 지원계획에 대한 의견 제시 및 민간 사업자에 대한 관광부문의 투자에 대한 자문 등의 기능을 한다.

4) 기획(planning)

관광의 목표를 달성하기 위해서는 관광분야의 전반적인 기획업무가 필요하다. 기획이란 관광분야에 대한 관리와 관광자원을 관리하기 위한 관광시설계획의 필요, 상품성을 홍보하기 위한 관광 진흥전략, 관광관련 인력에 대한 교육 계획 및 훈련 등이 포함된다.

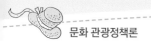

5) 조사(research)

관광의 중요성·효과성의 척도는 조사기능과 관련성이 높다. 관광 수요시장 및 공급시장 분석을 비롯하여 관광객의 동향·성향, 관광의 경제·사회적 효과의 분석과 관광자원 조사, 관광상품조사, 관광통계 파악 및 분석 등의 업무이다.

6) 통제 및 조정(control & coordinating)

통제는 관광업체에 대한 인·허가업무, 지도 및 감독, 요금에 대한 조정기능이 있다. 이를 위해서는 정부 관광행정기관NTA, 지방 관광행정기관KTA, 관광관련 단체, 관광업계 등과의 유대관계를 구축하고 협력활동을 수행하고 있으며, 이러한 기능을 수행하기 위해서 세미나·워크숍·포럼 등을 개최하여 의견을 제시·교환할 수 있도록 한다.

3 정부 관광기구의 역할

공기업은 대부분 개발도상국에서 운영되고 있으며, 대부분의 기업은 정부기업 또는 반관반민半官半民 기업형태의 영리기업이다. 영리목적을 가진 공사의 성격상 경영의 자율성을 보장한다는 것은 비능률적이기 때문에 통제가 필요하다는 인식을 하게 되었으나, 사업의 방침을 결정하기 위해서는 신속성과 신축성을 확보할 수 있는 자율성을 보장하는 것도 중요하다.

공기업의 특징인 공사public corporation의 장점은 경영과 재정 문제에 있어서 어느 정도 자율성이 인정되고 있기 때문에 효율적인 조직운영이 가능하다.

공기업의 기능과 역할은 다음과 같이 개발도상국과 선진국에서도 차이점이 나타난다.

1) 개발도상국

경제를 비롯하여 각 분야에 대한 정부의 강력한 개입이 허용되며, 관광산업을

주된 외화획득산업으로
인식하고 있는 국가는 해
외 홍보사업에 대한 정부
예산을 사용할 수 있다.
이는 해외 프로모션을 확
대하기 위한 정부의 중요
한 역할이기 때문이다.

개발도상국은 관광개발
의 기초가 되는 관광공급 요소의 확대를 위해 공기업을 설립하여 국가가 직접
관광부문 개발에 관여하는 것이 일반적이다.

2) 선진국

선진국일수록 정부의 간섭이 불필요하고, 민간부문과의 가교 역할이 중심이
되며, 지방화 및 민영화 추세로 조정자 역할을 하게 된다.

국가예산 사용에 대한 계량적인 효과의 측정·증명을 요구하게 된다. 관광을
공공부문과 민간부문의 공동책임 영역으로 취급하고 있는 국가에서는 공공부
문은 민간부문의 관광시설 투자유치를 위해 이를 간접적으로 자극하는 것이 일
반적이다.

오늘날 정부 관광기구NTO는 행정부에 속하는 것과 그렇지 않은 것으로 크게
구분할 수 있다. 전자는 그 관할권이 전국에 미치는 정부부처부·성·청 등 또는 기타
중앙관서를 포함하며, 후자는 독립된 법인격을 갖고 행정부와 밀접한 관련이 있
거나 또는 행정부의 지도·감독을 받는 각종 기관을 포함한다.

행정기관인 NTA는 관광 진흥 분야에서 전통적인 관광 진흥의 역할을 수행할
뿐만 아니라 관광정책 수립, 관광부문에 관한 감독·통제의 기능을 담당하고 관
광개발의 공급측면에 대해 책임을 진다.

행정기관이 아닌 정부 관광기구는 공기업인 관광공사·관민합동위원회 또는
정부위원회 등의 형태를 띠고 있는 것이 일반적이다. 행정기관이 아닌 모든 정부
관광기구의 공통된 특징은 그들이 독립된 법인격Legal Personality을 갖고 재정과

경영의 독립성을 유지한다는 점이다. 이들 관광기구는 행정기관인 관광기구와는 달리 그 장이 직접 각료회의에는 참여하지 않지만, 관할관청을 통해 각종의 의안을 발의할 수 있고, 그들의 소관업무범위 내에서 관광관련문제에 관한 타 부처의 자문에 응할 수 있는 권한이 있다. 대체로 이들 행정기관에 속하지 않는 정부관광기구의 재정은 국고로 전액 또는 대부분 충당되고 있다.

4 정부 관광기구의 역할변화

관광산업의 태동기에 있는 국가의 경우 관광산업의 발전은 정부의 개입 즉, 사회기반시설에 대한 투자와 관광객을 보호하기 위한 정책이나 규제가 없이는 기대하기가 어렵다. 예를 들어, 천재지변이나 테러 등 예측할 수 없는 사건들에 의해 관광수요는 예상치 못한 피해를 입게 되므로, 외부로부터 위기에 대응할 수 있는 정부의 역할이 매우 중요하다.

경제협력개발기구OECD 관광위원회에서는 정부가 관광분야에 개입하는 변화과정을 국가 관광이미지 홍보, 관광산업 기반조성, 소비자의 보호, 그리고 조정자로서의 역할인 4단계로 구분하고 있다.

1) 국가 관광이미지 홍보

1950년대 후반부터 각국은 관광 진흥을 위한 전담부서를 설치·운영하여 외화를 획득하고 자국의 이미지를 홍보할 목적으로 해외에 홍보사무실을 개설·운영하였다. 1960년대 초까지는 TV 및 대중매체를 이용한 광고와 정보제공에 집중 투자하였다.

관광홍보란 일반소비자에게 관광정보를 제공하여 잠재해있는 관광욕구를 자극해서 관광객으로서 관광대상 또는 관광대상지로 유도하거나, 주변 관광지로 가고 싶도록 자극하여 관광지로 이동하도록 하는 역할을 수행하는 활동이다. 관광홍보는 관광객을 유치하기 위한 기본방법이며, 관광객의 왕래를 촉진시켜 경제적, 사회적 효과를 얻고자 하는데 그 목적이 있다.

표 2-1 관광에 있어서 정부개입의 변화단계

구분	1단계	2단계	3단계	4단
역할	관광촉진	관광발전 유도	선도/주도	조정
주요 정책사항	국가 이미지 정의	관광기반 시설 개발	관광객 보호	자원의 효율적 이용
역할 사례	• 광고 및 공중 정보 제공	• 위락단지 개발 • 기반시설 개선 및 종사원 기술 수준 향상	• 여행자 보험 • 가격통제 • 여행업체 규제	• 위기관리 • 주도가 아닌 지원역할 • 민간부문 역할 보완

자료: 경제협력개발기구(OECD) 관광위원회

해외 홍보는 국가나 지도자의 이미지를 통해 국제적인 공동체 안에 있는 국가의 위상에 대한 결정에 도움을 주는 것이다. 더 나아가 해외에 잠재하고 있는 관광객들에게 자국에 대한 이미지를 인식시킴으로써 관광하고 싶은 동기를 불러일으키게 하며, 이러한 이미지 향상을 통한 다각적인 효과, 즉 경제적 효과는 물론 정치·사회·문화적 효과를 창출할 수 있는 수단이다.

또한 국제 관광홍보는 자국관광의 동기와 관광의욕을 갖도록 하는 다각적인 홍보활동으로서 관광 진흥이나 개발 및 교육훈련 사업을 이끄는 매우 중요한 부문으로 자국의 참모습을 소개·선전함으로써 국제사회에 대한 이해와 상호협력을 증진시켜 국제적 지위향상 및 관광산업을 진흥하는데 커다란 비중을 차지하고 있다.

2) 관광산업 기반조성

1960년대 말부터 투어 오퍼레이터Tour Operator 및 전세기의 출현 등 관광의 자유화가 시작되면서 관광객 수용태세에 대한 국가의 관심이 많아지면서 관광시설 등이 건설되는 계기가 되었다. 관광객들은 질 높은 서비스를 제공받기를 원했기 때문에 서비스 기업들은 관광종사원을 양성하고 정기적인 서비스 교육을 실시하여 서비스의 질을 향상시키기 위해 노력했다.

3) 관광객 보호

관광수요가 급격하게 증가하게 되면서 서비스의 질은 자연적으로 저하될 수밖에 없었기 때문에 관광객들의 불만이 쌓이게 되었다. 따라서 정부는 서비스업계를 통제하기 위해서 진흥활동의 관점도 양적인 측면_{외래 관광객 유치}에서 질적인 측면_{관광객 보호}이 중요하다는 인식을 갖게 되었다. 이처럼 관광객 보호가 강화되면서 관광 보험 및 가격통제 등의 조치를 시행하면서 관광 수요자는 양질의 서비스를 받을 수 있었으며, 관광객들을 보호하고 우선시하는 정책을 실현할 수 있었다.

4) 조정자로서의 역할

최근에는 관광산업의 지방화와 지방자치단체의 자체 활동이 강화되면서 정부 관광기구의 역할은 갈수록 감소하게 되었다. 따라서 정부 관광기구는 해외 진흥·홍보를 전적으로 하는 기능으로 전환되고 있으며, 민간부문의 미비점을 보완하고 지원하는 체제로 바뀌고 있다.

5 정부 관광기구의 운영

1) 설립과 목적

정부 관광기구의 설립목적은 전반적으로 국외 관광시장을 개척하는 것이며, 국외 관광 진흥을 위한 일반적인 마케팅 업무가 대부분이고, 대국민에 대한 관광홍보업무 등도 병행하여 수행하고 있다. 또한 장기적인 관광계획수립 및 집행을 위한 국제 관광 진흥업무와 관광개발에 주력하고 있다.

정부 관광기구의 일부는 직접 관광개발에 참여하거나 민간자본의 유치를 유도하며, 외래 관광객을 유치하고, 방문객으로부터 최대의 이익을 얻으며 관광의 환경·사회적 역효과로부터 자국을 보호하기 위한 목적으로 설립되었다.

정부 관광기구는 공기업인 관광공사, 관·민 합동위원회 또는 정부위원회 등의

표 2-2   해외정부 관광기구의 주요 기능

국명	주요기능
홍콩	• 해외 관광 진흥·홍보 • 관광객 수용태세 개선 • 관광업계 활동 조정 • 관광관련 문제에 대한 대(對)정부 자문
영국	• 해외 홍보 및 국내 관광 마케팅 조정 역할 • 국내 및 해외의 관광기구와 협력 및 전 세계 관광 마케팅 • 관광관련 시장조사 업무 수행 • 정부에 대한 관광관련 조언 • 비자, 환대 정도, 지속가능성, 교통인프라, 과세 및 자금조달 개선 • 내국인의 장기 국내 관광 촉진 • 각 지역 RTO와의 협력 및 관광업계 정보 제공
프랑스	• 관광 마케팅 전략수립 • 해외 관광 진흥사업 • 해외 관광 홍보 • 관광시장 조사·연구
스페인	• 관광 목적지로서의 이미지 증진 • 관광상품의 국외 마케팅 지원 • 관광 진흥을 위한 계획과 개발 • 국내의 지방정부 민간기업, NGO와의 협력 • 컨벤션센터 등 관광유관기업 운영 • 파라도르(paradores) 사업의 해외 프로모션과 운영 및 감독 • 관광 마케팅과 관광분야 사업자문
독일	• 독일관광의 해외 홍보 및 마케팅 • 국내 관광 촉진
캐나다	• 관광 진흥활동, 관광통계자료 작성 및 제공, 관광관련 조사사업 수행 • 국내·외 관광관련 업계·기관 등에 활동정보 및 관광관련 정보자료 제공 • 캐나다 관광공사의 홈페이지 운영을 통한 관광관련 정보 제공 등
대만	• 외래객 유치를 위한 해외 관광홍보 • 내·외국인 관광객 대상 여행정보 제공 • 관광사업 면허발급·감독 및 종사원 교육 • 풍경 특정구 개발·관리 • 관광시장 조사·연구

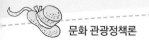

국명	주요기능
말레이시아	• 국내·외 관광홍보 및 촉진 • 관광 마케팅 활동관련 정부·비정부 등 제반 기관 조율 및 협력 • 관광개발과 발전에 관한 의견 제안 및 실행 업무 담당 • 국내 관광 및 인바운드 관광 증진을 위한 관광개발 • MICE 관광객 유치사업 및 관광안내소 운영 • 관광문제에 대한 대정부 건의활동 등
싱가포르	• 관광 마케팅 • 컨벤션 산업 육성 • 지역 관광협력 • 관광업계 지원 및 관광정보 제공

자료: 한국관광공사, 2003. 심원섭, 2011: 325 참조.

형태를 띠고 있는 것이 일반적이다. 모든 관광기구의 공통된 특징은 독립된 법인 성격legal personality을 갖고 재정과 경영의 독립성을 유지한다는 점이다.

2) 기능

정부 관광기구의 공통적인 기능은 조사, 통계, 계획, 관광자원의 목록작성, 관광자원의 보호, 관광시설의 개발, 인력개발, 관광기업과 여행의 규제, 여행의 촉진, 국제협력 등을 제시하고 있다. 또한 기본적인 기능은 진흥, 관광객 서비스, 개발, 기획, 조사, 통제 및 조정 등으로 구분할 수 있다.

정부 관광기능의 가장 중요한 기능으로는 국제 관광 진흥으로 해외 조직망을 운영하여 주력시장을 중점적으로 관리하고, 시장별 유치 전략을 수립하여 국제 관광 진흥을 위한 총체적인 홍보체계를 구축하는 기능을 수행한다.

3) 조직

정부 관광기구의 조직은 국가의 관광부문의 위상과 정책 목표에 따라 다양한 조직형태를 취하고 있는 것이 보편적이며, 국가의 행정조직과의 연관성도 매우 높다. 또한 이들 조직의 공통적인 특징은 관광 진흥이라는 관점에서는 맥락을 같이 하고 있다.

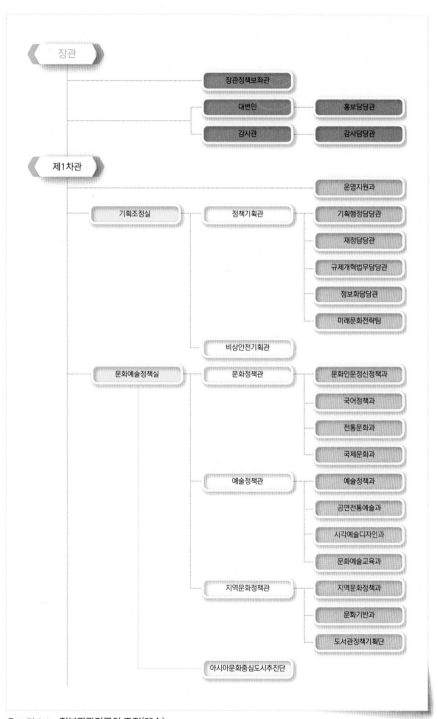

○ 그림 2-1 정부관광기구의 조직(계속)

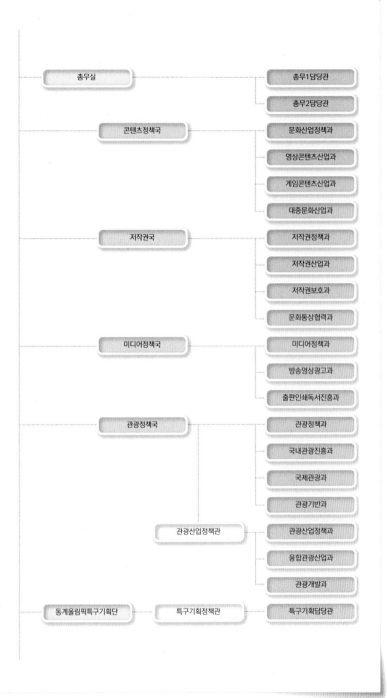

△ 그림 2-2 정부관광기구의 조직(계속)

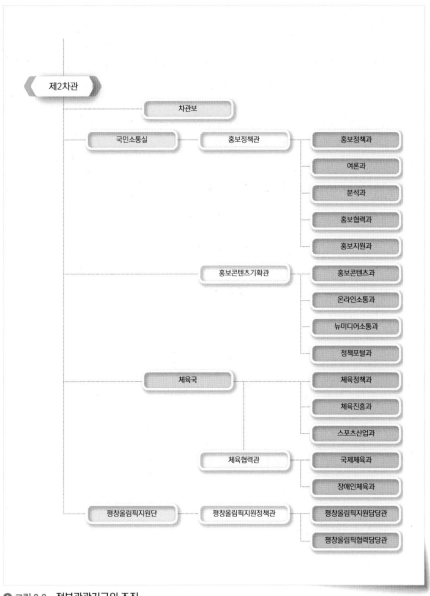

● 그림 2-3 정부관광기구의 조직

　주요 조직으로는 관광 진흥_{광고·선전}, 기획, 국제회의, 관광개발, 국제관계, 총무·회계, 관광사업체 운영_{국영기업}, 관광사업체 지도 및 감독, 관광선전사무소_{마케팅 대행소·PR대행소}, 관광안내센터, 관광교육원, 관광연구원 등으로 구성되어 있다.

토의 내용

1. 세계 관광기구의 역할과 필요성에 대해 토의해 보세요.

2. 세계 관광기구에는 어떠한 조직이 있는지를 파악하고, 그에 대한 내용과 활동에 대해 토의해 보세요.

3. 우리나라는 세계 관광기구에 가입하여 다양한 활동을 하고 있는데, 이에 대해 조사하고 장점과 단점에 대해 토의해 보세요.

4. 우리나라 정부 관광기구의 역할과 운영에 대해 토의해 보세요.

5. 우리나라 정부 관광기구의 운영방향과 장·단점에 대해 토의해 보세요.

6. 개발도상국과 선진국 관광공기업의 기능과 역할에 대한 차이점에 대해 토의해 보세요.

7. 우리나라와 해외 주요 관광선진국 관광기구의 주요기능을 비교·분석해 토의해 보세요.

문화 관광정책론

Chapter
03

한국의 관광행정조직

제1절 관광행정조직의 의의와 특성

　　1 관광행정조직의 의의

　　2 관광행정조직의 특성

　　3 관광행정조직의 기능

제2절 정부 관광행정조직과 역할

　　1 문화체육관광부

　　2 한국관광공사

　　3 한국문화관광연구원

　　4 지방자치단체

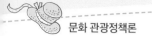

제1절 관광행정조직의 의의와 특성

관광행정은 지역정책의 일환으로, 국가 또는 지역을 대상으로 관광의 공공정책을 구현하는 행정서비스를 말한다. 이는 국가나 지방정부가 공공적인 측면에서 관광발전과 촉진을 위해 관광행동과 사업을 조성하고 지도·감독하는 종합적인 조정기능을 수행하는 것이다. 관광행정조직은 대외적으로 관광행정 업무를 담당하여, 한 나라의 관광정책과 행정을 대표하는 기관으로 관광행정 수급체계의 원활한 기능을 수행할 수 있는지 판단의 기준이 되며 시대와 환경에 따라 변화하고 발전하는 특성이 있다.

1 관광행정조직의 의의

관광행정은 국가 또는 지방공공 단체가 관광발전을 위해서 관광행동과 관광산업을 조성, 촉진하고 혹은 지도, 감시·관리하는 활동이며, 관광정책은 한 국가의 관광행정활동을 종합적으로 조정하고 관광사업 진흥시책의 기본방향을 적극적으로 추진하는 모든 방안이다. 또한 관광행정은 관광발전을 목표로 하여 정부 및 지방자치단체가 주체가 되어 인적, 물적 및 정보자원을 매개로하여 관광시장, 관광기업, 관광교통, 관광자원 등을 대상으로 의도적인 역할을 수행하는 하나의 체제로 볼 수 있으며, 국가 또는 지방자치단체 등이 관광과 관련된 공공정책을 결정하고 이를 구체화하는 방법 및 내용을 의미한다.

관광은 지역과 주민의 생활환경과 밀접한 관련이 있는 사업으로 시작하는 단계부터 다양한 사업들이 존재한다. 따라서 이러한 다양한 사업들을 주관하는 행정조직 또한 여러 형태로 이루어져야 한다.

관광행정을 추진하기 위해서는 관광과 관련된 업무들이 각 행정조직에 분산되어 있고, 이를 유기적으로 조정하여 추진해야 하는 협조체계가 필요하다.

관광행정조직은 대외적으로 관광행정업무를 담당하며, 한 나라의 관광정책과 행정을 대표하는 기관으로 관광행정 수급체계의 원활한 기능을 수행할 수 있는지 판단의 기준이 되며, 시대와 환경에 따라 변화하고 발전하는 특성이 있다.

관광행정조직은 정책을 입안하고 실행하는 공식적인 주체로서 정책과정의 전 과정에 걸쳐서 관계하며, 구조적으로는 대통령을 정점으로 하여 중앙행정부처, 지방자치단체, 공기업, 공공단체까지 포함하고 있으나, 이 가운데 실질적인 정책 기능은 행정부처가 중심이 된다.

관광조직은 국가나 지방 자치단체가 공공적인 측면에서 관광발전을 위해 관광활동과 사업을 조성하고 지도·감독하는 종합적인 조정기능을 수행하고, 관리체계, 통제체계, 조정체계, 복지체계, 보호체계의 특징을 가지고 있다. 또한 관광행정은 국가 또는 지방공공단체가 관광발전을 위해서 관광행동과 관광산업을 조성·촉진하고 지도·감사 관리하며, 관광정책을 통해 국가의 관광행정활동을 조정하고 관광사업 정책의 기본방향을 추진하고 있다.

관광행정조직은 관광행정을 구성하는 관광관련 공무원, 관광분야의 공기업에 종사하는 종사원의 집행된 인력과 필요한 물적 자원과 관광행정기구의 수직적·계층적 관계에 의해 발생하는 에너지를 바탕으로 관광행정의 목표를 수행하는 과정에서 정부의 형태, 최고 결정자의 통치권력 배분, 정치문화와 행정문화에 따라 그 성격과 역할이 다르게 나타날 수 있다. 이런 관광행정조직은 중앙정부관광 조직과 지방자치 단체의 관광조직, 관광공사조직 등이 있고, 민간 관광조직은 관광관련협회, 관광관련기업, 관광관련단체 등으로 구분되어 진다.

우리나라 중앙정부의 관광행정은 관광정책, 관광산업육성, 관광개발, 축제, 관광 마케팅, 국민관광, 국제 관광 교류·협력, 관광 인력양성 등 다양하고 세분화하고 있다. 또한 관광관련 법령 제·개정, 국가 관광정책 방향수집, 관광 진흥계획,

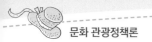

관광개발 기본계획수립, 관광산업 육성지원, 재정지원, 관광 진흥개발기금의 조성 및 관리, 국제 관광 교류·협력, 국가차원의 관광홍보·마케팅, 전문 인력양성·관리 등 정책수립 및 기획에 중점을 두고 있다.

관광행정은 정부행정기구NTA와 국제 관광기구NTO등의 기능을 종합적으로 가지고 있으며, 이와 관련된 정부 관광행정기구는 입법기능, 재정기능, 조정기능, 계획기능을 행사한다. 반면 NTO는 NTA가 결정한 관광정책을 집행하는 실무적 기능을 하고 있다. 따라서 관광행정은 관광산업의 육성과 발전에 가장 큰 영향을 미치는 것으로 행정, 법규, 제도, 정책 및 지원행정으로서 금융, 세제, 재정 등을 집행하는 것이다.

2 관광행정조직의 특성

관광행정조직은 관광 목적지로서의 지역 즉, 국가지역 및 개별 관광지의 환경적 구성을 중요시한다. 관광행정조직구성의 주요 요소는 관광행정구조, 관광행정조직 구성원, 관광재정이 조직화되어 조직 활동의 기반이 된다.

대부분의 국가에서 나타나는 관광행정조직의 특성은 다음과 같다.

첫째, 관광행정조직이 각국의 역사적 배경과 정치적, 경제적, 사회적 기반에 따라 발전하는 것처럼 관광행정조직 또한 구체적으로 그 나라의 역사적 배경과 정치적, 경제적, 사회적 기반과 국가요소에 따라 각각 다른 형태를 취한다.

둘째, 관광행정 체계는 관광에 있어서 민간부문이 부담할 수 있는 영역을 보완하는 보완체계로서의 성격을 가지고 있다. 관광에 대한 정부개입의 근본적인 목적은 국가 관광정책의 우선순위를 달성하기 위하여 민간 활동을 보충하고 장려하는 것이다. 왜냐하면, 일반적으로 정부는 민간부문이 할 수도 없고 또한 할 능력도 없는 활동을 담당하기 때문이다.

셋째, 관광행정조직이 관광수요를 충족시킬 공급대안을 관광정책으로 수행하는 과정은 관광행정조직을 둘러싸고 있는 관광환경과의 상호작용에 의해 크게

영향을 받지만 궁극적으로 관광행정조직은 관광행정 기구와 제도, 관광인사 행정과의 관계에서도 실체가 인식되어야 한다.

넷째, 관광행정조직은 그 체계의 구성에 따라 다를 수 있으나, 일종의 조정체계coordination system이다. 관광의 다면성으로 인하여 관광행정은 그 특성상 정부의 단일 부서에서 관장하기 어렵다. 따라서 여러 관련 부처 간 밀접한 협력으로 관광행정을 원활하게 수행할 수 있어야 한다. 또한 관광의 지리적 특성으로 인하여 관광행정은 외국과의 협력과 조정이 필수적이다.

다섯째, 관광활동이 사회적으로 활발하게 파급됨과 동시에 생활의 일부로 등장하면서, 관광 참가자와 이들을 상대로 하는 관광사업자 및 관광관계자의 수가 증가되어 관광 질서를 마련할 조직의 필요성이 대두된다. 따라서 관광조직이란 관광에 종사하는 사람들과 기업이 그들의 공동이익을 도모하기 위한 형태로 정부차원의 조직이나 법적조직이 포함된다.

관광행정조직은 관광관련 부문을 관리하는 추세에 있으며, 관광수급에 있어 지시·통제하는 기능이 있다. 또한 이들 간의 이해관계를 조정하여, 민간부문이 담당하지 못하는 영역을 보충하는 동시에 민간부문에 의한 관광발전을 적극적으로 조성한다. 국민의 복지향상을 위한 여행기회를 제공하여 관광객과 관광산업을 각종 제약으로부터 보호하는 체계로 볼 수 있다.

3 관광행정조직의 기능

우리나라 중앙정부의 관광행정은 관광정책, 관광산업육성, 관광개발, 축제, 관광 마케팅, 국민관광, 국제 관광 교류·협력, 관광 인력양성 등 다양하게 세분되어 있다. 또한 관광관련 법령 제·개정, 국가 관광정책 방향수립, 관광 진흥계획, 관광개발 기본계획수립, 관광산업 육성지원, 재정지원, 관광 진흥, 개발기금 조성 및 관리, 국제 관광 교류·협력, 국가차원의 관광홍보·마케팅, 전문 인력 양성·관리 등 정책수립 및 기획에 중점을 두고 있다.

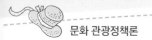

각국 마다 관광행정을 담당하고 있는 조직의 규모나 지위에 따라 여러 가지의 관광행정조직을 가지고 있다. 또한 관광행정조직이 독립된 부서에서 수행되지 않을 경우에는 관광행정의 성격규정에 따라 여러 조직으로 흡수될 수도 있다.

제2절 정부 관광행정 기관과 역할

관광행정은 관광발전을 목적으로 하며, 정부 또는 지방정부가 주최가 되어 관광시장·관광사업·관광대상 등을 객체로 하여 행정기능 및 역할을 수행하고 인적·물적자원과 정보자원을 수단으로 하는 일종의 체계라고 할 수 있다.

관광행정은 의사결정이 중요하기 때문에 정책결정의 의미가 강하며, 정책결정은 정부 또는 지방정부가 공공목표를 달성하기 위하여 두 가지 이상의 대안에서 하나의 대안을 의식적으로 선택하는 행위이다.

일반적으로 정부 관광행정기관은 국가차원의 관광정책을 수립하고 관광행정 업무를 담당하는 국가기관 또는 전국단위의 관광개발을 담당하는 중앙정부의 관광 주무관청을 말한다. 우리나라 관광행정조직에는 문화체육관광부, 한국관광공사, 한국문화관광연구원, 지방자치단체 등이 있다.

1 문화체육관광부

문화체육관광부는 1948년 11월 대통령령 제15호에 의해 공보처 신설로 시작되었다. 1990년 1월에 문화부로 변경되었으며 1993년 문화체육부가 발족되었다. 1998년 문화관광부에서 2008년 문화체육관광부로 명칭변경 되었다. 문화체육관광부는 문화·영상·광고·출판·간행물·체육·관광·전통문화보전 및 계승·국

표 3-1 문화체육관광부 실국소개

실국	실무내용
장·차관	문화, 예술, 종교, 콘텐츠, 저작권, 미디어, 관광, 체육, 홍보 등 문화체육관광부의 모든 업무를 총괄·조정.
기획조정·지원	각종 정책과 계획의 수립 및 조정, 조직과 정원의 관리, 예산의 편성 및 운영, 국회 및 정당 협조 업무의 총괄, 법령질의 및 회신, 4차 산업혁명 등 문화적 정책 대안 수립의 총괄, 문화 정보화 총괄 등의 업무 담당.
문화예술정책	국민의 문화적인 삶의 질 향상, 문화다양성 보호와 증진, 언어정책 및 국어 관련 종합계획의 수립·조정, 민족문화 자원의 발굴과 활용, 국제문화교류, 문화예술인의 복지 증진, 문화적 환경 조성, 지역문화정책, 박물관·미술관·문화원 등 문화기반시설 정책 조정, 도서관 건립 지원, 아시아문화중심도시추진 등의 업무 담당.
종무	종교 행정 업무를 총괄하며 종교 교류 및 협력을 통해 종교 간 화합에 기여.
콘텐츠정책	영화·비디오물·애니메이션·캐릭터·게임·음악·만화·대중문화예술·패션·엔터테인먼트·이야기 등의 문화산업 진흥, 문화산업 기술의 연구개발(R&D), 문화산업 분야 전문 인력 양성 등의 업무 담당.
저작권	저작권 정책의 종합계획수립과 조정, 전문 인력 양성, 저작권 관련 공정거래 질서 확립, 불법 복제물 단속, 해외 저작권 보호 및 진흥을 위한 국제 교류 등의 업무 담당.
미디어정책	문화미디어산업 진흥 계획수립과 조정, 방송영상산업 및 광고산업 진흥, 독립제작사 육성, 출판 및 인쇄산업의 진흥, 독서문화진흥 종합계획 추진 등의 업무 담당.
국민소통	국민과의 소통을 위해 주요정책 홍보 지원, 정부매체를 활용한 정책정보 제공, 정부발표 관련 사무 등을 담당.
체육	체육진흥정책의 종합계획수립, 체육유공자 지원, 국가대표선수 육성, 체육인 복지, 생활체육 활성화, 전국체육대회 개최 지원, 스포츠 산업 활성화, 국제체육 교류, 장애인 체육환경의 조성 등의 업무 담당.
관광정책	국민의 국내 여행 촉진, 문화관광해설사 육성, 지역전통문화 관광자원화, 문화관광축제 육성, 외래 관광객 유치, 외국인 대상 지역특화 관광 콘텐츠 개발, 관광교통 통합 안내체계 구축, 숙박업 육성지원, 관광 전문 인력 양성, 국제회의 유치, 음식관광 활성화 등의 업무 담당.
옛전남도청 복원추진단	옛 전남도청 건물(광주광역시 소재)의 복원을 신속하고 효과적으로 추진하기 위한 한시적인 전담조직.

자료: 문화체육관광부 홈페이지 참고하여 재구성

정에 대한 홍보 및 정부 그리고 정부발표에 관한 사무를 관장하는 중앙행정기관이다. 1948년 11월 4일 1실 4국으로 문교부에 설치된 문화국과 공보처 조직을 근간으로 한다.

문화체육관광부의 상징MI은 태극을 청색과 적색의 하나된 모습으로 역동적으로 표현하여 국가와 국민, 대한민국과 세계, 과거와 현재를 융합하여 미래를 만들어가는 대한민국 정부를 상징. 태극 원형의 색상을 연계하여 대한민국다움을 극대화함과 동시에 대한민국 특유의 문화적 세련미를 표현하고 있다.

1) 문화체육관광부 산하기관

문화체육관광부에는 수많은 소속기관과 유관부처, 산하기관이 있다.

(1) 한국 콘텐츠 진흥원

한국 콘텐츠 진흥원은 문화콘텐츠 사업 육성정책을 효율적으로 수행하기 위해 정부에서 설립한 특수법인이다.

현재 6대 전략목표는 ①융복합 창의 산업 기반강화 ②선진사업 환경조성 ③글로벌 전략기지 구축 ④동반성장 가치 창출 ⑤문화 창조 융합벨트 활성화 ⑥가치창출 경영혁신 등을 목표로 하고 있다.

(2) 영화진흥위원회

문화체육관광부로부터 영화에 관한 지원역할을 위임받아 준정부 조직으로 영화진흥위원회는 1973년 영화법 제14조에 근거하여 설립된 '영화진흥공사'가 전신이다.

주요업무는 대종상시상, 영화인 교육 및 해외연구관리, 한국영화수출 및 외국영화수입지원, 청소년 영화제 개최 등의 업무를 하고 있다.

(3) 한국영상 자료원

영화 및 비디오물에 관한 법률 제34조에 근거하여 영화 및 비디오물과 그 관계 문헌·음향자료 등 영상자료의 수집·보존·전시와 영화 및 비디오물의 예술적·

역사적·교육적인 발전을 위하여 설립된 기관이다.

이외에 영상물 등급위원회, 게임물 관리위원회, 한국문화 산업교류재단 등이 있다.

2 한국관광공사

1) 설립목적과 조직구성

한국관광공사KTO: Korea Tourism Organization는 한국관광공사법에 의해 설립1962 되었다. 국가경제발전과 국민복지증진에 기여하고 국민경제발전에 기여를 목적으로 설립된 준시장형 공기업이며, 한국관광발전에 중추적인 역할을 수행하고 있다. 한국관광공사의 설립목적은 관광 진흥, 관광자원 개발, 관광산업 연구·개발, 관광전문 인력양성으로 국가경제발전과 국민복지를 증진하는데 그 목적이 있다.

한국관광공사는 관광선진국이 되기 위해 한국관광산업을 발전시키기 위한 변화와 혁신을 추구하고 있으며, 경영혁신과 윤리경영 등 한국관광의 새로운 성장을 이루기 위해 노력하고 있다.

한국관광공사는 경영혁신본부, 국제 관광 전략본부, 국제 관광산업본부, 14개실, 국내지사9개 지역, 해외지사28개 지역, 해외사무소4개소 조직문화체육관광부으로 구성되어 있다.

2) 주요 사업

한국관광공사의 주요사업은,

① 관광산업 연구·개발 사업
  • 관광산업 관련 정보수집, 분석, 연구
  • 연구에 관한 용역사업

② 관광자원 개발사업
  • 관광지/관광단지개발·관리

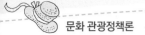
 표 3-2 한국관광공사의 주요 사업내용

지원 사업	사업 구성	사업 내용
관광 마케팅	K-MICE	국내·외 행사를 홍보할 수 있도록 하는 사용자 기반과 MICE 관련업체, 숙박·컨벤션 시설을 DB화하여 필수적인 정보를 제공·지원하는 사업.
	굿 스테이 (Good Stay)	문화체육관광부와 한국관광공사가 지정한 우수 숙박업체로서 건전한 숙박문화 조성을 위해 제정한 고유 브랜드 사업.
	베니키아 (BENIKEA:Best Night in Korea)	국내·외 여행객들을 위한 편안한 쉼터와 합리적인 가격, 우수한 서비스와 시설의 중저가 관광호텔 체인 브랜드 사업.
	Tour API	다양한 관광정보를 여러 가지 어플리케이션 개발에 편리하게 활용할 수 있도록 개방된 관광정보(Open API: application) 사업.
	코리아 스테이 (Korea Stay)	글로벌 민간교류시대를 맞이하여 외국인 관광객들에게 친절하고 편안한 한국의 가정문화 체험을 통하여 한국의 문화를 소개하는 우수 외국인 관광도시 민박인증사업.
	의료관광	의료관광의 활성화를 도모하고 인지도를 제고하기 위해 의료관광 홍보·광고, 해외 관광 및 의료·건강 박람회에 참석하여 홍보하며, 의료기관·관련업체의 온라인 홍보마케팅 지원사업.
	한옥 스테이	전통문화 체험사업으로 한옥의 종류와 지역별·유형별 정보를 지원하고 연계관광정보 제공사업.
	관광두레	지역 관광 활성화와 지역경제 발전을 위해서 주민들이 자발적이고 협력적인 사업체를 만들어 숙박·식음·기념품·여행알선·체험·레저·휴양 등의 사업을 성공적으로 창업하고 자립할 수 있도록 육성·지원 사업.
관광 홍보	외국어 홍보 간행물 지원	한국관광 안내와 관련된 가이드북의 팸플릿과 한국관광 포스터 및 한국 관광지도 지원사업.
	외국어 관광안내 표기와 간행물 번역·감수	외래 관광객을 위해 외국어 관광안내 표지판·관광지명·음식명·관광안내문 제작과 외국인 출입이 빈번한 공공시설의 외국어 안내문, 표지판(공항·항만·철도역·지하철·버스터미널·고속도로 휴게소 등) 지자체 및 관광유관기관에서 발간하는 관광관련 외국어 홍보간행물에 대한 간행물 번역 및 감수 사업.

지원 사업	사업 구성	사업 내용
관광 교육	문화관광해설사 양성사업	전국 문화관광해설사 신규양성 교육과정의 지역별 질적 격차해소를 통하여 교육 서비스의 표준화 및 전문화를 도모하는데 목적이 있다. 관광객들에게 역사·문화·예술·자연 등 관광자원에 대한 지식을 체계적으로 전달하고 지역에 대한 올바른 이해를 돕기 위해 문화관광해설사 신규양성 교육과정에 대한 인증기준을 마련하고 인증심사를 통하여 적격한 교육과정 인증제도.
	우수호텔 아카데미	호텔사업 현장에서 요구하는 실무형 인재를 양성하기 위해서 구직자에게 실무 위주의 체계적인 교육훈련을 제공하고 교육생의 국가직무능력표준(NCS)기반 직무역량의 획득을 보증하여, 양질의 취업처에 취업할 수 있도록 사후관리까지 책임지는 고품질의 호텔리어 양성기관. 우수호텔 아카데미는 문화체육관광부와 한국관광공사 주도하에 우수 교육기관을 선정하여 교육예산 지원.
	프리미엄 관광통역안내사 제도	한국관광공사에서 프리미엄 관광통역안내사 양성교육과정(영어, 중국어, 일본어, 스페인어, 독일어)을 이수하도록 하여 VIP 외래관광객에게 맞춤형 서비스 제공.

자료: http:// www.visitkorea.co.kr/

- 관광자원 조사
- 관광자원 및 관광시설 개발을 위한 시범사업

③ 국민관광 진흥사업

- 국민관광 실태조사
- 국민관광에 관한 지도 및 교육
- 관광취약 계층지원

④ 국제 관광 진흥사업

- 외국인 관광객 유치/홍보
- 국제 관광시장 조사·개척
- 국제 관광에 관한 지도 및 교육

[표 3-2]에서 제공하는 사업 이외에도 관광부문 투자 진흥을 위한 정보제공과 지방자치단체의 투자 컨설팅, 유치 설명회를 지원하는 관광투자 지원 사업과 관광컨설팅 지원 사업, 남·북 관광사업, 그리고 한국관광품질 인증제 지원 사업을 하고 있다.

3 한국문화관광연구원

1) 설립목적

한국문화관광연구원(KCTI: Korea Culture & Tourism Institute)은 관광과 문화 분야의 조사·연구를 위하여 체계적인 정책개발 및 정책대안을 제시하고 문화·관광산업의 육성을 지원하여 국민의 복지증진 및 국가발전에 기여할 목적으로 설립되었다.

한국문화관광연구원은 문화체육관광부 산하 재단법인이며 2002년 한국문화 관광정책연구원에서 한국문화관광연구원으로 2007년 명칭을 변경했다.

2) 주요 기능

① 문화예술의 진흥, 문화산업 및 관광산업의 육성을 위한 조사·연구
② 문화·관광을 위한 조사·평가·연구
③ 문화 복지를 위한 환경조성에 관한 조사·연구
④ 전통문화 및 생활문화 진흥을 위한 조사·연구
⑤ 여가문화 및 지역 관광에 관한 조사·연구

⑥ 북한 문화예술 및 관광 연구

⑦ 국내·외 연구기관, 국제기구와의 교류 및 연구협력사업

⑧ 문화예술, 문화산업, 관광 관련 정책정보·통계의 생산·분석서비스

⑨ 조사·연구결과의 출판 및 홍보

⑩ 기타 연구원의 목적에 부합하는 학술연구사업 및 위 각호에 부대되는 사업

3) 관광지식정보시스템

관광지식정보시스템은 관광부문의 정보화 사업추진전략을 제시한 국가관광 정보화 추진 전략계획문화체육관광부, 2002에 근거하여 구축된 관광지식 포털이다.

관광지식정보시스템에서는 관광관련 정책 및 연구동향 파악 및 분석하여 다양한 자료로 활용이 가능하며, 서비스 내용은 다음과 같다http://www.tour.go.kr/.

① 국제 관광통계

세계 관광지표, 국가별 관광통계, 국가별 관광산업 기여도, 국가별 관광경쟁 력 순위, 국가별 여행수지 등.

② 관광객통계

출국관광통계, 입국관광통계, 한국관광수지, 주요 관광지점 입장객 통계

③ 조사통계

국민여행실태조사, 외래관광객 실태조사, 관광사업체 기초통계조사

④ 관광예산/인력현황

관광예산 현황, 관광 인력 현황

⑤ 전망 및 동향

관광사업체 경기 동향, 관광소비지출 전망

⑥ 관광자원통계

관광지, 관광단지, 관광특구, 문화관광축제, 안보관광지, 관광통역안내사, 유 관시설정보 등.

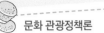

4 지방자치단체

지방자치단체는 관광에 관한 국가시책에 관하여 필요한 시책을 강구하고 이에 협조하도록 규정하고 있다. 주요 업무는 ① 위임받은 국가적 관광사무 ② 관광공사, 다른 지방자치단체 등 공공단체가 위탁한 사무 ③ 지방자치단체가 관광 진흥을 위한 고유사무를 관장하는 기능을 수행하고 있다.

지방자치단체와 관련된 관광정책은 본 교재 Chapter 07에서 계속된다.

 표 3-3 지방자치단체의 관광행정조직

구분	행정조직
서울특별시	관광체육국장, 관광정책과(관광정책팀, MICE산업팀, 지역 관광 진흥팀, 관광산업지원팀), 관광사업과(관광 마케팅팀, 관광정보팀, 관광안내서비스팀, 특화관광사업팀)
세종특별시	균형 발전국 문화체육관광과, 관광산업담당
부산광역시	문화관광국 관광정책관(관광 진흥과, 관광산업과, 관광개발추진단)
대구광역시	문화체육 관광국 관광과(관광정책, 관광개발, 관광 콘텐츠, 해외 관광, 국내 관광)
인천광역시	관광 진흥과(관광정책팀, 지역 관광 진흥팀, 관광산업팀, 국제 관광팀, 관광개발팀)
광주광역시	문화 관광정책실 관광 진흥과(관광기획, 관광 마케팅, 관광산업, 관광개발)
대전광역시	문화체육 관광국 관광 진흥과(관광기획, 관광 마케팅, 관광개발)
울산광역시	문화관광체육국 관광 진흥과(관광기획, 관광 마케팅, 관광개발, 관광산업, 관광특화)
경기도	문화체육관광국 관광과(관광기획팀, 관광 마케팅팀, 관광자원팀, 관광축제팀)
강원도	문화관광체육국 관광 마케팅과(관광정책, 국내마케팅, 관광산업, 해외마케팅), 관광개발과(관광개발, 관광시설, 관광자원, 인허가 지원)

구분	행정조직
충청북도	문화체육관광국 관광항공과(관광정책팀, 관광 마케팅팀, 비즈니스 TF팀, 관광개발팀, 공항지원팀)
충청남도	관광 마케팅과(관광기획팀, 국내마케팅팀, 해외마케팅팀, 관광개발팀, 안면도개발팀, 군 문화엑스포 준비TF팀)
전라북도	문화체육관광국 관광총괄과(토탈관광팀, 관광산업팀, 관광자원 개발팀, 관광 마케팅팀, 컨벤션팀)
전라남도	관광문화체육국 관광과(관광정책, 관광개발, 관광 마케팅, 관광산업)
경상북도	문화체육 관광국 관광 진흥과
경상남도	관광 진흥과(관광행정, 관광 마케팅, 관광시설, 관광자원, 축제지원)
제주특별자치도	관광국 관광정책과(관광정책, 융복합 관광산업, 마이스 산업, 관광 마케팅, 중국협력), 투자 유치과(투자정책, 투자유치, 관광지개발, 유원지관리), 카지노감독과(카지노산업, 카지노관리)

자료: 문화체육관광부, 2017: 434~546 참고

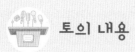 **토의 내용**

1. 우리나라 관광행정조직에 대해 토의해 보세요.

2. 우리나라 관광행정조직의 기능과 역할에 대해 토의해 보세요. 예: 문화체육관광부, 한국관광공사, 문화관광연구원 등

3. 각 지방자치단체의 관광행정조직에 대해 토의해 보세요.

4. 지방자치단체의 관광행정 절차에 대해 토의해 보세요.

문화 관광정책론

Chapter

04

주요 국가의 관광정책

제1절   미국의 관광정책
　　　1 관광조직
　　　2 관광 진흥정책

제2절   영국의 관광정책
　　　1 관광기구 및 역할
　　　2 관광 진흥정책

제3절   프랑스의 관광정책
　　　1 관광기구 및 역할
　　　2 관광 진흥정책
　　　3 관광정책 동향

제4절   스페인의 관광정책
　　　1 관광기구 및 역할
　　　2 관광 진흥정책
　　　3 관광정책 동향

제5절   중국의 관광정책
　　　1 관광기구 및 역할
　　　2 관광 진흥정책
　　　3 관광정책 동향

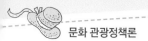

세계 각국은 관광산업을 21세기 국가 전략산업으로 육성하고자 다양한 관광 상품 개발과 관광인프라 확충 등 관광 진흥 정책을 수립하여 추진하고 있다.

관광이 굴뚝 없는 산업으로 인식되면서 대부분의 국가들이 관광산업에 대한 투자와 외래 관광객 유치경쟁이 치열해지고 있다. 관광산업은 대규모의 고용창출과 지역경제에 활력을 주는 것은 물론 관광연관 산업과의 시너지효과 또한 매우 크다. 그리고 관광에 대한 좋은 이미지는 국가에 대한 브랜드 이미지 역시 상승하게 되면서 돈으로 환산할 수 없는 효과를 가지게 된다.

관광산업 활성화를 위한 국가적 차원의 관심은 세계적인 추세이다. 영국, 호주, 싱가포르 등 관광산업의 효과에 많은 가치를 두고 있는 나라들은 종합적이고 일관성 있는 국가관광정책을 가지고 있다.

우리나라 역시 관광산업을 육성하기 위해 많은 정책을 세우고 집행을 하고 있는 실정이지만, 해외 투자기업들은 까다로운 규제의 벽으로 투자를 못하는 경우가 발생하고 있다.

제1절 미국의 관광정책

미국은 외래관광객으로부터 벌어들이는 수입이 세계 1위를 차지하고 있는 관광선진국이다.

1 관광조직

미국의 관광기구는 연방정부의 상무성과 각 주의 관광국으로 구성되어 있다.

상무성은 관광정책의 수립·조정·집행과 해외 관광 진흥과 홍보를 담당하고, 국내 관광 및 관광개발은 각 주 및 타부서_{농무성·내무성}에 위임하고 있다.

해외 관광 진흥의 경우, 상무성 내의 미국관광청USTTA:United State Travel and Tourism Administration이 전담하고 있으며, 미국에서 해외 관광 진흥에 연방예산을 사용할 수 있는 유일한 기관이다. 관광개발의 경우는 연방정부가 자금지원을 하고, 주정부는 개발계획의 수립 및 집행을 담당한다.

미국의 관광조직에는 관광청, 관광정책심의회, 관광자문위원회, 관광공사 그리고 주州의 관광행정으로 나누어진다.

1) 관광청

관광청USTTA:United State Travel and Tourism Administration은 연방관광정책을 전담하는 상무부 산하의 정부관광기구로서 순수한 해외 관광 진흥업무를 담당한다. 관광청의 기본업무는 국제 관광정책을 통해 무형수출의 성격을 갖는 외국인 관광을 진흥하고, 관광수입을 증대시키는데 있으나, 현재 관광청은 1996년 의회의 예산삭감으로 공식 폐지되었으며, 그 기능과 인력을 일부 흡수하여 상무부 국제통상 국내 관광산업과가 신설되어 관광 진흥관련 업무를 대신하고 있다.

USTTA관광청의 주요활동으로는 해외선전 및 홍보, 국제회의 유치 및 운영지원, 관광상품의 개발 및 공항안내 서비스, 국제 관광여건의 개선, 노력 등이다.

2) 관광정책심의회

관광정책심의회Tourism Policy Council는 관광산업 이익의 연방정책과정에서 충분히 검토될 수 있도록 하기 위해 '연방관광정책법'National Tourism Policy Act의 제정으로 설치된 연방기구이다. 연방정부 부처 간 업무조정기구의 성격을 갖는 관광정책심의회는 연방정부의 각 부처·기관 또는 기타 단체의 소관업무로 되어 있는 관광·레크리에이션 또는 전통문화자원과 관련된 정책·계획·당면문제 등을 조정하는 업무를 맡고 있다.

3) 관광자문위원회

관광자문위원회Travel and Tourism Advisory Board는 연방관광정책법의 제정으로 설치된 연방기구로서 종래 연방자문 위원회법Federal Advisory Committee Act을 대체한 기구이다. 관광자문위원회의 위원은 다방면에서 관광산업의 이익을 대표하며, 위원 중에는 업계·노조·자치제·소비자·학계 등의 대표자가 포함되어 있다.

관광자문위원회의 주요업무 중의 하나는 상무부가 연방관광정책법이 위임하고 있는 사항을 이행하고 있는지의 여부를 평가하는 것이다. 이 자문위원회는 상무장관이 임명하는 15인의 위원으로 구성되어 있다.

4) 관광공사

1996년 미국의 하원 통상소위원회에서는 관광공사 법안을 통과시켜 새롭게 설립되는 국가 관광기구NTO는 연방정부의 조직에 속하지 않은 비영리 특수법인이다. 해외 관광 진흥·해외 시장조사·국제 관광교역전에 미국 대표자격으로 참가하여 미국 관광 진흥 전략의 수립 등 종전에 미국 상무부관광청USTTA이 담당했던 기능을 수행하고 있다.

관광공사는 ① 마케팅협의회와 공동으로 1년간 한시적인 관광 진흥계획의 수립 ② 미국관광산업이 주요시장의 업계전문지를 통한 미국관광 홍보와 기초적인 시장지원·정보수요 충족 및 미국기업의 국제 판촉사업 조정 등을 위한 수단을 갖추도록 방미촉진위원회의 조직망 구축 ③ 미국 관광산업을 대표하여 미국 대외통상국과 함께 주요 방미객訪美客 송출시장대상 진흥사업 조정 등 3대 기능을 수행하고 있다.

5) 주(州)의 관광행정

대다수의 주州는 지역특성에 맞는 관광의 진흥과 개발을 위한 전담기관을 두고 관광정책을 수립하여 시행하고 있으며, 하와이, 텍사스, 알라스카와 콜롬비아 특별구의 경우에는 2개의 관광관련기구를 두고 있다.

주 정부는 국민의 여가선용과 레크리에이션 활동의 보급·지원 등 내무부가 담

당하고 있는 업무 이외에 국내 관광정책과 관련된 사항과 관광개발 및 지역 관광의 진흥 등 실질적인 관광정책의 대부분을 담당하고 있다.

2 관광 진흥 정책

미국의 관광정책은 대체로 4단계를 거쳐 발전해 왔다.

제1단계는 1945~1957년까지 '유럽 전후복구정책'의 일환으로 미국인의 국외 관광을 장려하여 가능한 많은 소비를 유도하였다.

제2단계는 1958~1963년으로 '방미촉진정책'Visit America을 실시하였는데, 흑자를 유지하던 국제수지가 수입증가로 악화됨에 따라 국민의 국외 관광을 억제하고 외국인 관광객 유치를 촉진했다.

제3단계는 1964~1974년에 걸쳐 '미국재발견 정책'Discover America이 실시되었다.

제4단계는 1975년부터 현재에 이르기까지 '미국여행 촉진정책'America, The Beautiful으로 국민의 국내 관광을 촉진함과 동시에 외국인 관광객 유치확대에 노력하고 있다.

미국정부는 2008년부터 비자면제 프로그램VWP적용대상 35개국 국민들이 관광 및 상용목적으로 미국을 방문할 경우 사전에 허가를 받도록 한 전자여행 허가ESTA: Electronic System for Travel Authorization 제도를 전면 확대 실시하고 있다.

ESTA는 온라인으로 신청하면 곧바로 적격여부에 대한 판정을 내려주며, 한번 신청에 통과한 여행객은 2년동안 추가 신청없이 무비자로 미국을 여행할 수 있다.

Case Study

미래사회에 대비한 미국의 관광산업

1. 우주관광(Space Tourism) 산업의 활성화

① 미국 내 우주항공 분야의 관련된 사적부문은 약 1백억 달러의 경제적 가치를 가지고 있으며, 이러한 경제적 가치는 점점 더 증가할 것으로 전망하고 있다.

② 최근 들어 영국, 독일, 일본이 우주관광에 깊은 관심을 보이고 있으며, 미국 또한 10여년 전부터 관심을 보이며 미국항공우주국(NASA)을 중심으로 우주관광에 대한 기술 및 프로그램을 개발하고 있다.

③ 성공적인 우주관광산업을 위해서 항공업체, 관광업계, 그리고 정부가 점검해야할 중요한 점은 관광객 안전, 신뢰성 및 우주관광 서비스의 적절한 가격을 설정해야 한다.

• 구체적으로 미국 연방정부의 상무부와 우주항공국의 연계를 통하여 우주항공에 관한 운송계획, 숙박계획, 여행제도 등이 논의되고 있으며, 우주관광 여행객들에 대한 안전문제와 신뢰성 등이 연구되고 있다.

• 수년 전부터 우주항공국은 여러 강대국들과의 파트너십을 통해 우주에서 더욱 편안하고 안전하게 생활하고 일할 수 있는 우주항공터미널 건립에 많은 노력을 기울이고 있다.

2. 미국 우주관광 사례: 하와이

① 국제적인 관광지인 하와이 주가 우주관광 시장을 계획할 것으로 전망되고 있다.

② 우주관광산업을 추진 중인 기업체들은 우주관광을 선호하는 관광객들을 위하여 호놀룰루에 위치한 공항을 우주관광 출발지로 삼는 계획을 추진하고 있다. 관광객들이 우주선을 타고 33만피트 상공에서 우주관광체험을 하는 것으로 총비용은 약25만달러 정도로 예상되고 있으며, 세부적인 계획(관련부대시설 및 교육훈련센터 건립 등)은 하와이 주정부와 논의 중인 것으로 파악된다.

③ 우주관광산업을 실행하기 위한 기술적인 측면은 준비가 많이 된 상태이지만, 자금확보 면에서 아직 많이 부족한 실정이다.

3. 장애인들이 참여할 수 있는 모험관광(Adventure Tourism)의 대중화

① 일상적인 단조로운 생활에서 벗어나 새로운 것을 체험하고 참여하기를 원하는 수많은 사람들

의 욕구를 충족시켜줄 대안으로 모험관광에 대한 참여와 관심이 점점더 증가하고 있다.

② 1970년대 말부터 급성장한 미국 모험관광의 시장규모는 연간 약 2천2백억 달러를 넘어서고 있으며, 지난 5년간 미국성인의 50%정도는 약 9천8백만 명이 모험관광에 참여한 것으로 나타나고 있다.

③ 비장애인들의 모험관광 시장이 확대됨에 따라 장애인들에게도 모험관광 활동에 동등한 참여기회를 보장하려는 노력들이 증가하고 있다.

④ 장애여부, 연령 등과 관계없이 모든 사람이 누릴 수 있는 접근 가능한 관광 형태는 주로 선진 산업화된 지역(미국, 독일, 일본, 홍콩, 호주, 뉴질랜드 등)에서 주요한 과제로 인식되고 있다.

⑤ 여행/관광업체들 및 정부의 관광관련 부서들은 직업, 교육, 여가, 관광활동 분야에서 장애인들에게 모험관광 활동에 참여할 수 있는 동등한 기회를 제공하고 모험관광 활동 참여의 여러 제약요인들을 점검하는 것이 바람직하다.

4. 각국의 정부지원 사례

① 장애인들이 참여할 수 있는 모험관광의 대중화를 위해서는 정부 및 관련조직들의 지원이 절실히 필요한 것으로 제기되고 있다.

② 현재 각국 정부에서는 장애인 관광객들에게 각종 정보 및 혜택을 제공함으로써 모험관광의 참여를 유도하고 있다.

• 영국 및 미국 주정부들은 구체적으로 장애인 관광에 대한 네트워크 형성을 통하여 관광객들에게 접근 가능한 관광정보제공 및 의견들을 공유하고 있다.

• 뉴질랜드와 이스라엘 정부는 장애인들이 이용할 수 있도록 다양하고 특별한 시설 및 운송수단을 제공함으로써 보다 편하게 관광활동을 할 수 있도록 도와주고 있다.

• 호주와 캐나다에서는 장애인들의 모험관광 활동참여를 촉진시키기 위한 모험관광 센터를 건립하여 수 많은 정보를 제공하고 있다.

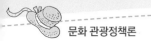

제2절 영국의 관광정책

1 관광기구 및 역할

영국의 국제 관광에 관한 정책 업무는 주로 영국 관광공사에서 담당하고 있으며, 국민관광에 관한 업무와 관광개발은 4개의 지역단위 관광공사가 담당하고 있다.

영국의 지역단위 관광공사는 법·제도적 국가조직으로 되어 있으며, 지역의 선전사무소 형태를 취하지 않고 관광 진흥법에 의해 독립적으로 설치되어 있다.

1) 영국 관광공사

영국의 대표적인 관광정책 기구인 영국 관광공사British Tourist Authority:BTA는 1929년에 설립된 영국 관광협회와 스코틀랜드 관광협회에 기관을 두고 있다.

영국 관광공사는 관광수입의 증대, 관광상품개발, 관광으로 인한 경제이익의 균등분배, 비수기의 외국인 관광객 유치촉진, 관광관련사항에 대한 대정부 자문, 관광자원의 효과적 이용, 관광수용력 향상 등의 목적을 가지고 있다.

영국 관광공사는 관광시책을 수행하는 실질적인 관광기구로서의 역할을 담당하고 있으며, 정부보조 67%, 기타 활동으로 인한 수입 32%, 기타 1%의 예산을 바탕으로 운영되고 있다.

영국 관광공사의 주요업무는 국제 관광 진흥을 위한 마케팅 활동, 외국인 관광객의 활동·인수·예측에 대하여 다각적인 조사와 연구, 내국인의 여행 동태조사를 통하여 수집된 영국관광에 관한 정보와 무역산업부의 국제 관광 동향 조사에서 작성한 통계자료의 관리, 이밖에 특정지역과 그 관광시설을 국제 관광시장에 홍보함으로써 영국의 관광정책과 지역정책의 대변자로서의 역할도 하고 있다.

2) 지역단위 관광공사

영국에는 국내·외 관광업무를 총괄하는 영국 관광공사 외에 잉글랜드 관광공사English Tourist Board:ETB, 스코틀랜드 관광공사Scottish Tourist Board:STB, 웨일즈 관광공사Wales Tourist Board:WTB, 북아일랜드 관광공사Northern Ireland Tourist Board:NITB 등이 있어 국내에서 각 지역별로 관광업무를 수행하고 있다.

이들 지역 관광공사는 해당지역의 국내 관광 진흥 및 관광개발을 위해 외국인 관광객의 방문촉진, 타지역 내국인의 방문촉진, 지역 내 숙박시설 등 관광 인프라의 개선사업 등을 실시하고 있다. 그러나 스코틀랜드 관광공사는 여타 지역 관광공사와 동일한 업무를 수행하면서도 스코틀랜드 관광법에 의해 독자적으로 해외광고 및 홍보활동을 하고 있다.

2 관광 진흥 정책

영국정부는 관광산업의 경제적 효과를 미리 인지하고 관광자원들을 활용하여 외래관광객 유치확대를 위해 적극적으로 정책을 추진하고 있다.

관광산업의 주요 육성 정책으로는 국제수지 개선, 지역개발 촉진, 재정수입 증대, 국민소득 향상과 고용창출 등을 목표로 하고 있다.

최근에는 영국민들의 해외여행이 지속적으로 증가하게 되면서 자국의 관광수지 적자를 줄이기 위해 영국민들의 국내 관광 활성화를 높이기 위한 기본정책으로 수정되고 있는 상황이다.

영국은 목표시장의 주요 도시 일간지에 특별광고를 게재하고, 이벤트를 개최하고 TV광고를 하였으며, 외래객 유치를 위한 캠페인 로고 제작, 안내책자 제작·배포 등 홍보활동을 하고 있다. 또한 영국은 잘 알려지지 않은 역사적

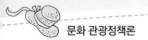
건물, 아름다운 정원, 도보여행에 좋은 지역 등을 찾아내어 관광코스로 개발하고 있고, 영화 촬영소나 인기소설과 관계된 장소 등을 관광상품화하고 있다.

각 지방 관광공사는 공통적인 정책목표로 적절한 장소에서 새로운 관광상품의 보급을 장려하는 일과 내국인 및 외래관광객을 대상으로 한 기존관광산업의 지속적인 성장을 장려하는 방향으로 설정하고 있다.

영국은 관광산업계의 정보화 지원정책으로 E-tourism: "Go for IT"의 추진으로 새로운 기술을 소규모 관광사업 분야에 적응시키기 위한 통합정보망을 구축하고 있다. 이와 함께 보다 강력하고 새로운 온라인 관광네트워크인 'England Net'을 제작하여 관광객에게 정보를 제공하고 관광사업체에게는 England Net Project를 통해 관광상품을 판매하고 있다. 또한 관광 인력 육성을 위해 매년 18억 파운드약 2천3백억원의 예산을 관광 인력 교육에 지원하고 있다. 또한 해외 관광 사업에 필요한 신상품 데이터 뱅크 설치 및 유명 관광상품개발 여행사의 국외 경쟁력 조사 등 시장조사를 지원하고 있다.

영국에서는 도로·철도를 비롯한 관광관련 하부구조의 확충을 위해 관광산업 개발업자와 지방 관광 당국의 협조를 통해서 진행되고 있다. 구체적인 관광전략의 실행은 대부분 사업경영자와 지방 관광당국 그리고 관광협회 등 준 공공기관들의 협력에 의하여 이루어지고 있다.

 제3절 프랑스의 관광정책

1 관광기구 및 역할

프랑스의 관광기구는 관광공사, 국가관광위원회, 소비자 보호청, 그리고 지방 관광조직으로 구성되어 있다. 프랑스 관광부의 조직 구조상 특징은 관광정책의

수립·집행의 효율성을 높이기 위해 정책을 평가하고, 차후의 정책수립에 반영하기 위한 기능을 담당하는 평가부서가 관광부 내에 존재한다.

1) 공공시설·주택·교통·관광부

공공시설·주택·교통·관광부에서는 관광정책과 관련한 업무를 실시하고 있다. 관광 진흥과 관련한 행정부처로는 농산부, 보건사회부, 소비자 보호청이 있으며, 기타 관광관련 특별 기구들은 관광개발기술회사, 국립관광자문위원회, 국립관광예측소 등이 있다. 또한 국제 관광 진흥, 조사연구 등의 업무를 담당하고 27개국 33개의 국외지사를 두고 있다.

2) 프랑스 관광공사

프랑스 관광공사는 1986년에 제정된 중앙행정조직에 관한 법률에 의해 1987년에 발족되어 관광국 진흥과, 프랑스 관광협회, 국립관광정보센터, 프랑스 대외관광부 등의 업무를 하고 있다.

주요 수행업무는 관광 진흥 정책 수립, 관광산업의 선도, 해외 관광 마케팅의 효율성 향상, 관광수입 증대 등을 목표로 국내·외 관광 진흥사업, 해외시장분석, 관광상품개발, 관광정보 제공, 전문가와 협력관계 유지 등의 업무를 수행한다.

3) 국가 관광위원회

관광부문의 최고정책 자문기구로서 관광에 관한 대정부 정책건의와 특별안건에 대한 협의 기능을 수행하며, 주로 국토개발·경제문제·사회문제·지역 관광위원회 등과 관련된 업무를 하고 있다.

4) 소비자 보호청

소비자 보호청은 국내 관광객 및 외래관광객을 보호하고 각종 관광정보 제공을 주요 업무로 하고 있다. 최근에는 프랑스의 이미지 제고를 위해 호텔 등의 숙

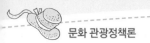

박시설 가격고시, 호텔과 해수욕장의 등급기준 준수, 해수욕장의 오염도와 식료품 생산·운송·유통 단속 등의 활동을 하고 있다. 또한 관광객에 대한 무료정보 등을 제공하기도 한다.

5) 지방 관광조직

프랑스의 지역단위 관광조직으로는 지역의 관광시설·관광농업·지방 관광 교육 등 지역 관광행정을 수행하는 지방 관광이 있다. 지방 관광의 여러 가지 문제를 협의하기 위한 자문기관으로, 지역의 관광정보를 제공하기 위한 관광기구연합 및 관광안내소 등이 설립되었다.

2 관광 진흥 정책

프랑스는 지리적으로 국제 관광이 발전할 수 있는 유리한 조건, 풍부한 문화유산, 다양한 문화 활동, 전통요리의 발달 등과 함께 국민의 관광활동을 지원하는 사회복지정책이 활성화되어 있다.

프랑스는 젊음이 있는 관광, 자연의 발견, 비즈니스 여행, 낚시의 즐거움, 골프의 매력, 자연주의, 산악관광, 프랑스의 축제, 프랑스의 역사·문화, 도시 관광의 10가지 홍보주제를 선정하였으며, 유럽 관광시장을 대상으로 홍보활동을 강화하였다.

프랑스는 건강과 관련된 온천지역을 개발하고, 문화·예술축제를 활성화하고 체험형 관광상품 및 계절성 타파를 위한 관광상품개발에 주력하고 있다. 호텔 및 휴가촌 건립시 정부에서 지원을 하고 있으며, 관광유관 비영리 단체에 대한 영업세와 유흥세 면제를 실시하고 있다. 또한 관광분야 종사자의 처우개선 및 관광 인력 양성을 위한 사업을 실시하고, 각종 관광관련 시설에 품질등급을 부여하고 있다. 그리고 상용여행객 유치를 위해 상용여행객의 체류기간을 연장해 주고 있다.

지방자치단체의 관광 중점사업은 공원관리와 호텔시설의 개선 및 민박 개발 지원 등에 집중하고 있으며, 상품개발, 국제수지 측면에서 지속적인 외래관광객

유치, 전 국민의 휴가이용을 위한 숙박시설 및 휴가촌 조성 등을 목표로 세워 정책을 추진하고 있다. 또한 유럽의 대규모 여행업체와의 합병추진, 유럽의 여러 나라에 여행사 판매망 확충, 전세항공업 및 호텔업 진출, 관광객이 집중하는 시기에 외래관광객에 대한 비자면제 등 국가가 정책적으로 관광산업의 육성과 외래관광객을 유치하기 위한 다양한 정책을 추진하고 있다.

해외 관광 진흥을 담당하는 프랑스 관광공사는 관광객 체류기간 연장, 관광외화 수입 증대 등을 위해 국내·외에서 선호되는 관광상품에 대한 마케팅 활동 강화, 관광수입과 직결되는 상품 국제회의, 도시 관광, 해변관광, 스포츠 관광 개발, 유럽시장에 대한 홍보강화 등 다각적인 유치활동을 하고 있다.

프랑스 관광정책의 가장 큰 장점은 관광산업을 규제하지 않고 장려하면서 관광과 관련된 각종 사업추진을 지원하는데 있다. 영세호텔 업자에게는 저렴한 이자의 숙박시설 확충자금을 지원하고 있으며, 유로 디즈니와 같은 상품성이 높은 사업에는 정부에서 특별 기구를 설치하여 유치를 지원하는 등 관광산업을 적극적으로 육성하고 있다.

프랑스 관광정책의 추진방향은 다음과 같다.

첫째, 정보제공, 상품화전략, 언론홍보, 시장분석 전망.
둘째, 관광의 사회경제적인 역할에 대한 인식 제고.
셋째, 관광주체와의 파트너 십을 통해 행정적, 법적 틀 마련 및 대국민 홍보.
넷째, 관광개발의 이상적인 모델로서 프랑스의 위상정립.

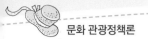
다섯째, 관광시설과 관광상품의 질적수준 증대.

여섯째, 관광서비스 수준의 강화.

3 관광정책 동향

프랑스의 관광정책 동향은 크게 홍보 및 마케팅, 관광상품개발, 법·제도 정비, 관광정보 안내체계, 관광 인력양성, 관광산업지원 등으로 구분한다.

1) 홍보 및 마케팅 정책

원거리 관광시장과 근거리 관광시장을 구분하고, 비즈니스와 순수관광을 분류하여 접근하며, 10대 주요 홍보주제를 선정하여 관광객으로 하여금 선택을 할 수 있는 기회를 부여하는 홍보와 마케팅을 추진하고 있다.

홍보활동에 있어서도 다양한 매체 즉, 각종홍보물 제작과 워크숍, 국제 관광전시회 참여, 팸투어 실시 등을 통해 프랑스의 관광자원을 세계에 홍보하고 있으며, '봉주르Bonjour'와 '다시 프랑스와 사랑을Let's Fall in Love Again'과 같은 캠페인을 벌이고 있다.

2) 관광상품개발

비즈니스 관광, 산업시찰 관광, 도시 관광, 문화관광, 포도재배 관광, 청소년 관광 등 경제·산업과 연계된 관광 프로그램과 체험관광, 특정 연령층을 겨냥한 관광 프로그램 등의 새로운 상품을 개발하여 적극적인 관광객유치를 진행하고 있다.

3) 법·제도 정비

외국 관광객의 편의를 위해 출입국제도 및 외환규제를 완화하고, 체류기간을 연장하는 등의 제도적 개선을 꾀하고 있다.

4) 관광정보 안내체계

국내뿐만 아니라 국외 안내객을 위해서 관광정보안내체계를 통합하고, 안내책자발간 및 관광안내센터를 운영하여 체계적이고 효율적인 관광안내정보를 관광객들에게 제공하고 있다. 관광분야의 인력확대를 비롯하여 관광분야 종사자의 처우개선 및 전문적인 관광 인력을 양성하여 관광객에게 질적인 서비스를 제공하려는 노력을 경주하고 있다.

 제4절 스페인의 관광정책

1 관광기구 및 역할

스페인 관광청은 공공부문과 민간부문의 업무연락기능을 수행하고 있으며, 본부에 업무국·관광 진흥국·지도국·기술국·국제 관계국 등 5개국과 해외에 27개 관광선전사무소를 운영하고 있다. 또한 부설기관으로 스페인 관광연구원, 스페인 관광공사, 관광교육원 등을 두고 있다.

스페인 관광공사는 상공자원 관광부 산하기관으로 관광 진흥전략 수립, 시장조사 및 연구사업, 상품기획 및 개발, 홍보활동, 관광업계와의 협력 업무를 총괄하고 있다. 재정은 정부지원금 83%, 기타 17%로 운영되고 있다.

스페인은 관광산업이 중추 산업의 역할을 담당하고 있기 때문에 정부의 모든 부처가 관광행정 및 정책에 직·간접으로 관여하고 있는데, 이를 위해 부처 간 정책조정을 담당하는 부처 간 관광위원회를 설치하여 각 부처의 정책을 조정하고 있다.

2 관광 진흥정책

스페인은 관광산업이 국가의 생산·고용··국민소득 증가에 기여하는 정도가 매우 큰 점을 감안하여 관광산업을 국가의 주요 정책 산업으로 육성하고 있다.

스페인은 약 40개의 관광홍보전략 국가를 설정하여 시장별로 차별화된 마케팅 전략을 실시하고 있고, 200여회의 관광관련 전시회에 참여하였다.

스페인의 경우 식도락, 와인루트, 쇼핑관광에 대한 상품전략 및 홍보를 강화하고 있으며, 농촌관광, 환경관광, 문화관광상품개발을 확대하고 있다. 역동적인 관광계획 정책을 통해 문화유산과 자연보존에 주안점을 두고 상품화시킬 관광대상을 국가적 차원에서 체계적으로 구분하여 관리하고 있다.

스페인의 관광산업이 성장할 수 있었던 것은 관광자원이 풍부하고 해외 관광시장에 대한 홍보, 계절성을 극복할 수 있는 관광상품의 개발, 각종 전시회 및 국제회의 유치 등 정부의 적극적인 관광정책에 의해 발전할 수 있었던 것이다.

스페인은 관광산업을 국가 전략산업으로 육성하면서 다양한 방법으로 정책을 펼치고 있다. 예를 들면 해외 선전망이나 관광 진흥 협정을 통한 홍보는 물론 재정·금융지원정책에도 적극적이다.

지금까지의 스페인은 해안지역의 관광자원을 중심으로 한 정책을 고수하였으

나, 최근에는 고소득층 외래 관광객을 중심으로 한 단체관광객을 대상으로 정책을 변화하고 있다. 스페인은 상공·자원·관광부에서 관광과 관련한 정책 및 행정업무를 수행하고 있다. 스페인 관광공사는 1962년에 설립되었으며, 국제 관광 진흥, 관광업계지도, 조사연구, 수익사업, 자문 등의 업무를 담당하고 있으며, 23개국 31개의 국외지사가 있다.

스페인 관광공사의 관광산업 활성화를 위한 5대 계획은 다음과 같다.

첫째, EDITIISMD 계획으로 관광산업에 대한 정보교환을 보다 간편화하고, 현대화하기 위한 정책으로 주로 호텔업과 여행사, 금융업체를 대상으로 하여 문서교환의 번거로움을 줄이는 네트워크의 개발에 투자하는 계획이다.

둘째, TURINTER 계획으로 관광산업에 관한 모든 자료를 체계적으로 수집·정리하여 해당 인터넷 정보망에 올리는 것을 목적으로, 신속한 연락망을 구성하여 활발한 정보교환을 촉진시키기 위한 계획이다.

셋째, TURCENTRAL 계획으로 지자체, 민간업체를 중심으로 추진되는 계획으로, 관광상품의 보다 빠른 상품화를 목적으로 하며, 관광업체 간 네트워크 구축 및 여행객들의 최신 관광정보 취득과 예약편의 도모에 중점을 두는 계획이다.

넷째, TURISCA 계획으로 관광공사가 추진하는 관광의 질적 향상 프로그램을 보완하기 위해 1997년 개시된 실험계획으로 민간단체와 호텔협회가 운영을 맡아 Quality 프로그램 홍보에 기여하고, 각종 관광정보와 통계를 수집하고 관광업에 종사하는 민간업체들 간의 활발한 연락망을 형성하는 계획이다.

다섯째, HOTEL OK 계획으로 숙박시설에 대한 적합한 시설물 설정, 에너지절약, 사고예방, 홍보물제작 등 보다 효율적인 숙박시설 운용이 목표이다.

3 관광정책 동향

스페인의 관광정책은 홍보 및 마케팅, 관광상품개발, 법·제도정비, 관광정보 안내체계, 관광산업지원 등이다.

1) 홍보 및 마케팅

홍보 전략으로 외국 관광객의 유치 가능성이 높은 40여개 국가를 설정하여, 개별국가가 가지고 있는 특성에 따라 홍보 전략을 구축하고, 그에 따른 관광상품 다양화 및 관광시장 다변화를 도모하고 있다.

구체적인 홍보활동으로는 주로 매스컴과 인쇄물을 통해 자국 및 해외시장에 대한 홍보를 진행하고, 세계 각국에서 시행되고 있는 관광 전시회에 적극적으로 참여하며, 16개 언어로 표현된 관광홍보 브로슈어를 제작·배포하고 있다.

2) 관광상품개발

기존에 스페인이 가지고 있는 'Sun and Beach'이외에 문화 및 도시 관광, 컨벤션 산업 강화, 자연 및 스포츠 관광 활성화 역량에 집중하고 있다. 특히 컨벤션 산업의 경우 마드리드와 바르셀로나에만 활성화되어 있는데, 중장기적인 노력으로 스페인의 주요 도시마다 국제회의 및 인센티브 관광객 유치를 활성화하려는 노력이 경주되고 있다.

3) 관광정보 안내체계

관광정보 안내체계로 스페인어, 영어, 불어, 독어 등 4개 국어로 서비스가 가능한 인터넷 사이트www.tourspain.es를 개설하여 온라인 관광정보 제공을 강화하고 있다. 중앙정부와 지방정부가 협력하여 주요 도시마다 관광안내센터를 설치·운영하여 자국 관광객뿐만 아니라 해외 관광객들에게도 양질의 관광정보를 제공하고 있다.

4) 관광산업 지원

스페인의 관문이라 할 수 있는 Barajas공항과 Barcelona공항에 대한 대대적인 확장공사와 편의시설 확충등을 통해 해외 관광객의 편의를 증진시키고, Madrid-Barecelona 간 고속철이 개통되면서 다양한 교통수단을 활용할 수 있다.

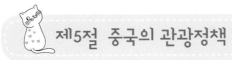

제5절 중국의 관광정책

1 관광기구 및 역할

1970년대 말 관광산업이 급격히 성장하고 이의 중요성에 대한 인식이 깊어지면서 1981년에 중국 여행국을 외교부에서 분리·독립하여 중화인민공화국 국가 여행국으로 개칭하였다.

중국의 관광관련부문은 정부기관과 민간조직으로 나뉜다. 대부분의 업무는 정부관련 기관이 관리하며, 주요 관광 정부부서는 국가 여유국이 담당하고 있다.

1) 중국 국가 여유국

중국 정부기관으로서 중국의 국내·외 관광관련 산업을 위한 각종 업무를 수행하는 곳으로 판공실, 정책 법규부, 여행촉진 및 국제협력부, 기획재무부, 감독관리부, 홍콩·마카오·대만 여행사무부, 인사부 등으로 구성되어 있다.

2) 중국 관광협회

중국 관광협회는 중국 관광분야의 관련단체 조직과 기업의 평등자원 기초위에 만들어진 관광협회로서 독립적인 법인 자격을 갖는 협회이다. 협회는 국가 여유국의 영도를 받으며 정부의 업무지도와 감독·관리를 받는다.

국가의 헌법, 법률, 법규와 관련정책에 따라 전 분야의 공동이익과 회원의 합법적 권익을 대표하고 보호하며 활동을 전개하고 회원, 업종, 정부를 위하여 복무한다.

정부와 회원 간에 교량 유대작용을 발휘하여 관광산업의 지속적이며 건전한 발전을 촉진하는 단체이다.

2 관광 진흥정책

중국의 관광정책을 담당하는 정부부처는 국무원 소속 직속기구인 중국 국가 여유국CNTA: China National Tourism Administration은 NTO 기능도 수행하여 세계 16개 국에 18개 지사를 운영하고 있다.

중국 정부는 2008년 베이징올림픽, 2010년 상하이 엑스포 및 광저우 아시안 게임 등의 성공적인 개최를 마련한 것으로 평가하고, 2009년 관광산업을 국민 경제의 전략적 지주 산업으로 육성하고자 국무원 상무위원회에서 관광시장 진 입규제 완화, 관광소비 환경효율화, 관광상품의 다양화를 위한 '관광업 고속발전 에 대한 의견'을 통과시킨바 있다.

중국의 관광정책은 '중국관광산업 발전계획'이라는 이름으로 2001년에서 2020년까지의 중장기 정책이 수립되어 있고, 그 안에서 5개년 단위의 단기계획 으로 구체화되어 시행되고 있다.

중국은 '관광산업을 국가 지주支柱산업으로 육성, 세계 관광강국건설'을 2020 년까지 관광정책의 비전으로 하고 있다.

2001년~2005년은 '기초단계'로서,
① 관광선진국으로 발전하기 위한 기초건설 차원에서 포괄적이며 구체적인 정 책수립
② 정부기구 등 관광관리 체계의 전면적 개혁 및 서부지역 대개발 등의 시책 을 추진하였다.

2006년~2010년은 '진흥단계'로서 관광산업의 국제경쟁력을 진흥하기 위한 관 광산업 발전정책을 추진하고 관광산업 규모를 세계 3위 수준으로 끌어올리는 전략을 시행하였다.

2011년~2015년은 '강화단계'로서
① 국력신장에 따른 관광산업 환경개선

② 관광상품의 경쟁력, 차별성, 품질을 강화하는 전략을 추진하였다.

2016년~2020년은 '완성단계'로 하여, 관광선진국으로서 관광산업을 새로운 중심산업의 위치로 격상한다는 목표이다.

3 관광정책 동향

중국은 자국민의 관광목적 대상국인 해외 여행 국가를 지속적으로 확대하고 있으며, 2000년대 들어 일본, 이집트, 독일, 인도 등 총 15개국에서도 지속적으로 여행상품을 확대하고 있다.

중국 관광산업발전의 특징은, 관광 부동산업 발전의 강세로 관광관련 사업으로 상업적 숙박시설에서부터 테마파크와 종합관광 지구까지 다양하며, 규모가 크고, 전파범위가 광대하며, 복합작용이 뛰어나고 자본이 거대하여 정보화 사회의 광범위한 관심을 이끌어 냈다.

또한, 올림픽, 엑스포, 아시안게임 등 대형 국제행사와 지역축제 활동을 유치함에 따라 중국의 호텔업은 계속해서 고도성장을 유지하였다.

표 4-1   주요국가의 관광경쟁력 강화 사례

구분	주요 내용
(관광산업자원) 관광산업 생산성 향상 노력	• 프랑스: 레스토랑업계 부가세 인하 • 영국: 관광 마케팅 펀드 조성, 新세금제도 시행 • 일본: 외래 관광객 대상 면세제도 도입, 여행사 대상 지원금 정책 개선, 숙박 계약 거부 관련 숙박약관 개정
(관광 인력) 관광 인력 경쟁력 강화	• 캐나다: 관광전문가 양성교육 프로그램 '스페셜리스트 프로그램' 추진 • 뉴질랜드: 사업능력 강화 멘토링 프로그램, 지속가능한 지역 관광 자문 프로그램 추진 • 일본: 관광통역 안내사 제도 개정, 에코투어리즘 어드바이저 파견, 의료관광 코디네이터 제도 신설
(관광개발) 관광인프라 및 관광자원 확대	• 영국: 중소기업 친환경 사업 장려 프로그램 'Green Start' 추진 • 스위스: 스위스 모빌리티(Swiss Mobility) 시스템 강화 • 독일: 세계문화유산 활용 관광정책 추진 • 미국: 대규모 관광단지 건설 프로젝트인 '아메리카 리버 프로젝트' 추진 • 싱가폴: 복합리조트 개발 • 호주: 국립공원을 활용한 자연관광(Nature tourism)정책 추진
(관광상품) 융·복합 기반 관광상품개발	• 독일: 융·복합형 스파휴양 중심 의료관광프로그램 추진 • 미국: 예술가들과 문화 비즈니스를 연계한 크리에이티브 투어리즘 정책 추진 • 일본: 스포츠관광상품 및 인력양성 프로그램 본격 추진, '문화 스포츠관광성'설립, 의료관광 프로모션 추진위원회 추진 • 프랑스: 관광품질인증제 실시, 새로운 호텔등급 제도(Palace)추진 및 관광호텔 등급 개정, 신규 소형호텔 카테고리 신설 • 뉴질랜드: 관광산업 환경 인증제 도입 • 말레이시아: 관광 고품질화 정책 추진
(관광수용태세) 선진화된 관광수용환경 조성	• 프랑스: 전원 민박형 숙박시설인 '지트 드 프랑스'해외진출, 파리 자전거 관광정책 추진 • 독일: 자전거 관광정책 추진 • 일본: 관광권 정비법 제정, 장기체제형 여행에 빈집 활용, 수용환경 정비 서포터즈 사업 추진 • 중국: 언어장애 없는 관광도시 추진
(국민관광) 국민 관광 여건 강화	• 프랑스: 사회복지관광투자기금 조성, 체크바캉스 제도의 일환으로 '가족 바캉스 지원제도'추진, 장애인 관광시설 인증제 추진, 여름 방학제도 개선 추진 • 영국: 국내 관광소비 촉진정책 추진 • 일본: 국내 여행 캠페인 추진, 청년관광 촉진 정책 추진

자료: 심원섭(2011). 해외 관광정책 추진사례와 향후 정책방향, 한국문화관광연구원

Case Study

WEF(World Economic Forum) 세계경제포럼 관광 경쟁력 평가

최근 WEF(World Economic Forum) 세계경제포럼에서 세계 국가들의 관광산업 경쟁력을 조사해 발표 했다. 조사대상은 140개국으로 각 국가의 관광 정책과 환경, 문화유산, 안전 등 모두 14개 항목 을 조사한 결과이다.

이번 조사에서 대한민국은 지난번보다 3단계 상 승한 16위에 올랐다. 특히 '정보통신 기술 준비' 와 '문화자원 및 기업여행' 분야에서 높은 평가 를 받았다.

관광경쟁력 평가(The Travel & Tourism Competitiveness Report)는 2007년부터 세계 국가의 여행, 관광 경쟁 력을 4대 분야, 14개 항목(90개 지표)으로 구분하여 격년제로 평가하고 있다.

우리나라 순위 추이는 '07년 42위, '09년 31위, '11년 32위, '13년 25위, '15년 29위, '17년 19 위, '19년 16위로 계속해서 경쟁력이 높아지는 경향이다.

 4대 분야 14대 항목 별 순위

연도	환경 조성 (24위 → 19위)					관광정책 및 기반조성 (47위 → 31위)				인프라 (27위 → 16위)			자연 및 문화자원 (22위 → 24위)	
	기업 환경	안전 및 보안	보건 및 위생	인적 자원 및 노동 시장	정보 통신 기술 (ICT) 준비 수준	관광 정책 우선 순위	국제 개방성	가격 경쟁력	환경 지속 가능성	항공	육상 및 항만	관광 서비스 인프라	자연 자원	문화 자원 및 기업 여행
'17	44	37	20	43	8	63	14	88	63	27	17	50	114	12
'19	42 (2↑)	30 (7↑)	17 (3↑)	36 (7↑)	7 (1↑)	53 (10↑)	17 (3↓)	103 (15↓)	27 (36↑)	24 (3↑)	15 (2↑)	23 (27↑)	102 (12↑)	11 (1↑)

아시아 국가에서는 일본이 가장 높은 4위에 랭크되었으며 중국(13위), 홍콩(14위) 등의 순위이다.
다음에는 '세계 10대 관광산업 경쟁력' 순위이다.

1위. 스페인(Spain)

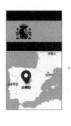

수도: 마드리드
언어: 스페인어
면적: 약 50만㎢ (한반도의 2.288배)
인구: 약 4,675만명 (세계 30위)
GDP: 약 1조3,978억 달러 (세계 13위)
통화: 유로
국가번호: 34

2위. 프랑스(France)

수도: 파리
언어: 프랑스어
면적: 약 64만㎢ (한반도의 2.913배)
인구: 약 6,527만명 (세계 22위)
GDP: 약 2조7,070억 달러 (세계 7위)
통화: 유로
국가번호: 33

3위. 독일(Germany)

수도: 베를린
언어: 독일어
면적: 약 35만㎢ (한반도의 1.617배)
인구: 약 8,378만명 (세계 19위)
GDP: 약 3조8,633억 달러 (세계 4위)
통화: 유로
국가번호: 49

4위. 일본(Japan)

수도: 도쿄
언어: 일본어
면적: 약 37만㎢ (한반도의 1.711배)
인구: 약 12,647만명 (세계 11위)
GDP: 약 5조1,544억 달러 (세계 3위)
통화: 일본 엔(JPY)
국가번호: 81

5위. 미국(The United States Of America)

수도: 워싱턴 D.C.
언어: 영어
면적: 약 982만㎢ (한반도의 44.495배)
인구: 약 33,100만명 (세계 3위)
GDP: 약 21조4,394억 달러 (세계 1위)
통화: 미국 달러 (USD)
국가번호: 1

6위. 영국(United Kingdom)

수도: 런던
언어: 영어
면적: 약 24만㎢ (한반도의 1.103배)
인구: 약 6,788만명 (세계 21위)
GDP: 약 2조7,435억 달러 (세계 6위)
통화: 영국 파운드 (GBP)
국가번호: 44

7위. 호주(Australia)

수도: 캔버라
언어: 영어
면적: 약 774만㎢ (한반도의 35.052배)
인구: 약 2,550만명 (세계 55위)
GDP: 약 1조3,762억 달러 (세계 14위)
통화: 오스트레일리아 달러 (AUD)
국가번호: 61

8위. 이탈리아(Italy)

수도: 로마
언어: 이탈리아어
면적: 약 30만㎢ (한반도의 1.364배)
인구: 약 6,046만명 (세계 23위)
GDP: 약 1조9,886억 달러 (세계 8위)
통화: 유로 (EUR)
국가번호: 39

9위. 캐나다(Canada)

수도: 오타와
언어: 영어, 프랑스어
면적: 약 998만㎢ (한반도의 45.211배)
인구: 약 3,774만명 (세계 39위)
GDP: 약 1조7,309억 달러 (세계 10위)
통화: 캐나다 달러 (CAD)
국가번호: 1

10위. 스위스(Switzerland)

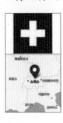

수도: 베른
언어: 프랑스어, 이탈리아어, 독일어
면적: 약 4만1천㎢ (한반도의 0.187배)
인구: 약 865만명 (세계 101위)
GDP: 약 7,153억6,000만 달러 (세계 20위)
통화: 스위스 프랑 (CHF)
국가번호: 41

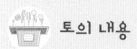

토의 내용

1. 주요 관광선진국의 관광정책에 대해 토의해 보세요.

2. 관광선진국의 관광정책과 우리나라 관광정책을 비교·분석해서 토의해 보세요.

3. 세계 10대 관광선진국가의 관광경쟁력에 대해 토의해 보세요.

4. 세계 10대 관광선진국가가 되기 위한 우리나라 관광정책의 추진방향에 대해 토의해 보세요.

5. 우리나라 관광정책에 대한 SWOT분석에 대해 토의해 보세요.

문화 관광정책론

Chapter 05

한국 관광정책의 변천

제1절 한국 관광정책의 변천

1 1950년대 관광정책

2 1960년대 관광정책

3 1970년대 관광정책

4 1980년대 관광정책

5 1990년대 관광정책

6 2000년대 관광정책

7 우리나라 시대별 관광정책의 변화

제2절 우리나라 역대 대통령과 관광정책

1 박정희 대통령의 관광정책

2 전두환 대통령의 관광정책

3 노태우 대통령의 관광정책

4 김영삼 대통령의 관광정책

5 김대중 대통령의 관광정책

6 노무현 대통령의 관광정책

7 이명박 대통령의 관광정책

8 문재인 대통령의 관광정책

제3절 한국관광의 문제점 및 개선사항

1 정책방향 부문

2 마케팅 전략 부문

3 수용태세 개선 및 확충부문

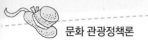
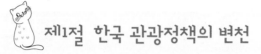

제1절 한국 관광정책의 변천

한국관광산업의 시대별 변화는 1960~1970년대를 관광입국시대, 1980~1990년대를 관광흥국시대, 2000~2010년대를 관광부국시대, 그리고 2010~2020년대를 관광강국시대로 구분하고 있다.

이에 대한 내용은 [그림5-1]에서 보여주고 있다.

1 1950년대 관광정책

1950년대는 6·25전쟁으로 인하여 관광정책에 대한 뚜렷한 관심대상이 되지 못했다. 전쟁 이후 1954년 교통부 육운국에 관광과가 설치됨으로써 한국관광을 육성·지도하는 기능을 수행하게 되면서 한국관광의 기초를 다지는 계기가 되었다. 1957년 교통부가 지금의 세계 관광기구UNWTO의 전신인 국제관설관광기구IUOTO에 정회원으로 가입하여 세계 관광의 흐름에 편승하게 되었다. 1958년에는 중앙에 교통부장관의 자문기관으로 중앙관광위원회, 지방에는 도지사 자문기관으로 지방 관광위원회가 설치되었지만, 실질적으로 관광행정이 이루어지지는 못했다.

2 1960년대 관광정책

1960년대 우리나라의 관광정책은 관광산업진흥을 위한 제도적 기반을 구축하고 외래관광객 유치를 위한 체제를 정비하는 시기였다. 1960년대에는 관광의 경제적 효용성에 대한 정책결정자들의 인식전환과 관광사업진흥법1961년 8월 22일, 법률 제 689호의 제정·공표로 정책기반이 조성되었다고 할 수 있다.

1961년에는 한국관광의 획기적인 발전의 전기가 된 관광산업진흥법을 제정·공

△ 그림 5-1 　한국관광산업의 시대별 변화

표하고 이어 동법 시행령과 동법 시행규칙을 제정하여 관광산업발전을 위한 제도적 장치를 마련하였다. 1962년에는 국제 관광 공사법이 제정되어 현재의 한국관광공사가 설립되었다. 그리고 특수법인 대한관광협회중앙회가 1963년에 설립되면서 한국관광의 해외 선전, 관광객 편의제공, 관광객 유치업무를 수행하게 되었다. 또한 뉴욕에 최초의 해외 선전사무소를 설치하였다.

1965년에는 한·일간 국교정상화를 계기로 일본관광객이 대폭 증가하게 되었으며, 제14차 아시아·태평양관광협회PATA총회가 개최되어 해외에 대한 한국관광의 홍보는 물론 관광에 대한 인식을 우리 국민들에게 인식시키는 계기가 되었다. 관광업계 종사원의 양성 및 배출을 위해 1962년 통역안내원 시험 실시에 이어 1965년부터 관광호텔 종사원 자격시험제도를 실시하였다.

1967년에는 '국제 관광의 해'로 지정되어 국제친선과 외래관광객의 방한을 촉진하기도 하였다. 우리나라 최초의 국립공원으로 지리산이 1967년에 제정·공포되었다. 또한 경주·계룡산·한려해상의 4개 공원이 지정되었으며, 태종대, 송도유원지, 강릉, 수안보온천, 단양팔경, 부여, 무주구천동, 변산반도, 오동도, 백양사, 해인사 등의 관광지를 지정하였다.

3 1970년대 관광정책

1970년대 들어 정부는 관광산업을 경제개발계획에 포함시켜 국가전략산업으

로 지정되어 관광수용시설의 확충, 관광단지의 개발 및 관광시장의 다변화 등을 추진하여 획기적인 발전의 전기를 맞이하게 되었다.

1970년대에는 관광산업을 국가전략산업으로 지정하고 외래 관광객 유치정책을 실시하고 외화획득을 관광정책의 목표로 하여 외래 관광객 유치중심의 관광정책을 추진하였다. 1972년에는 관광 진흥 개발기금을 설립하였으며, 1975년 정부는 국제 관광 진흥의 기본방향을 경제개발계획에 포함시켜 국가전략산업으로 지정하였다.

그 주요내용으로는,

첫째, 관광시장의 다변화와 관광 진흥 장애요소를 제거하여 관광객 유치를 촉진하였다.

둘째, 관광을 통해 국제유대를 강화하고 외래관광객을 국위선양 홍보 요원화하였다.

셋째, 국제적 시장성과 중요도에 의한 우선순위에 따라 중요 관광지를 집중 개발하였다.

넷째, 수출산업에 준하여 금융·세제·행정면에서 지원하였다.

다섯째, 관광시설과 서비스를 국제 수준화하여 국민의 관광의식 고취를 위한 계몽운동을 전개하였다.

여섯째, 능률적이고 강력한 관광행정을 위하여 관광기구를 강화한다는 것이다. 또한 1975년에는 관광산업진흥을 위한 국가시책의 기본방향을 설정하는 관광 기본법이 제정되었고, 체계적인 관광지개발을 위하여 관광단지 개발촉진법이 제정되었다.

관광 진흥의 적극적인 추진에 의해서 우리나라 관광이 규모와 질적인 면에서 크게 성장함에 따라 종래의 관광법규를 재정비함과 아울러 관광행정조직도 강화할 필요성을 느끼게 되었다.

우리나라 관광사업이 양적으로 확대되면서 1972년 8월에는 교통부 직제를 개정하여 '관광국'의 업무과를 폐지하고 기획과, 지도과, 시설과를 신설하여 관광

행정기구를 보강함과 동시에 지방자치단체인 서울, 부산, 강원, 제주도에는 '관광과'를, 기타 7개 도시에는 관광운수과 내에 '관광계'를 두어 관광업무를 보게 됨으로써 관광 진흥을 위한 행정력을 보강하게 되었다.

1975년 12월 31일에는 우리나라 최초의 관광법규인 '관광사업진흥법'을 폐지하였으며 동시에 폐지되는 법의 성격을 고려하여 '관광 기본법'과 '관광사업법'으로 분리 제정하였다. 특히 '관광 기본법'은 우리나라 관광 진흥의 방향과 시책에 관한 사항을 규정함으로써 국제친선의 증진과 국민경제 및 국민복지의 향상을 기하고 건전한 국민관광의 발전을 도모하는 것을 목적으로 제정되었다.

1979년 9월에는 관광국을 '관광 진흥국'과 '관광지도국'으로 확대 개편하고, 관광지도국 내에 '국민관광과'를 신설하여 관광지의 지도 및 개발은 물론 국민관광에 대한 본격적인 정책수립을 하게 되었다.

1970년대 후반에는 국민관광 발전을 위한 계도·개발을 본격적으로 추진하였으며, 한국관광공사의 해외조직망을 대폭 확장하여 관광시설의 저변확대에 역점을 두었다.

정부의 적극적인 국제 관광시책으로 인하여 1978년에는 외래관광객이 100만 명 이상이 우리나라를 방문하였다. 또한, 1인당 국민소득이 약 1,000달러에 이르면서 국민관광의 여건이 조성되자, 지금까지의 국제 관광 우선정책에서 벗어나 국민관광과의 병행발전 정책으로 진화하게 됨으로써 새롭게 발생하는 관광수요에 능동적으로 대처하기 위해 관광법규의 전면적인 개편이 필요하게 되었다.

4 1980년대 관광정책

1980년대는 건전한 국민관광의 조성과 관광시장구조의 다변화 등 국제 관광과 국민관광의 조화 있는 발전을 이루는 성장과 도약의 시기였다.

국제 관광 진흥 정책을 펼쳐왔던 시대에서 1980년대부터는 국민관광과 국제관광 진흥을 위한 정책을 동시에 추진하였다. 1981년부터는 국민관광지를 개발하기 시작하여 전략적 국제 관광단지로서 경주 보문관광단지 및 제주 중문관광

단지 개발에 이어 1983년에는 충남 도남관광단지와 1984년에는 남원 관광단지 개발을 추진하였다.

관광정책을 관광시장 구조의 다변화, 전국 국토공간의 관광생활권화, 건전한 국민관광조성을 기본방향으로 설정하였다. 1980년 이전에는 국민의 해외여행이 제한되었는데 1980년부터는 50세 이상 국민에 대해 부분적으로 해외여행자유화를 실시하였으며, 1988년 서울올림픽을 계기로 하여 1989년부터는 전 국민의 완전한 해외자유여행을 실시하였다. 1983년 ASTA총회, 1985년 IBRD/IMF총회, 1986년 ANOC총회 등 대규모 국제행사의 성공적 개최는 우리나라 관광산업을 촉진시키는 계기가 되었다.

1986년 5월에는 올림픽 등에 대비한 '관광숙박업 등의 지원에 관한 법률'이 제정되었는데, 이 법은 제10회 서울아시안게임1986년과 제24회 서울올림픽1988년을 원활하게 개최하기 위한 법으로 올림픽이 끝나는 1988년 12월 31일까지만 유효한 한시법限時法으로 제정되었다.

대규모 국제행사 유치에 따른 국제화와 대형화된 호텔기업의 탄생으로 총지배인 자격시험제도1986년가 신설되었고, 국외여행안내원 자격시험제도는 관광통역안내원으로 통합되었다.

1987년에 관광 진흥법과 관광단지개발 촉진법을 관광 진흥법으로 통합·개정하여 관광 진흥을 위한 법체계를 일원화하였다. '86 아시안게임과 '88 서울올림픽을 성공적으로 개최함으로써 우리나라 관광산업이 획기적으로 발전할 수 있는 기회를 제공하였다.

1980년대의 관광정책은 국제 관광 위주에서 국민관광과 국제 관광의 조화로운 정책으로 전환되는 시기였으며, 관광정책 내용은 다음과 같다.

첫째, 우리 국민의 해외여행 자유화를 실시함으로써 국민관광을 활성화하여 해외의 문화와 관습을 배우도록 하고 국제 관광정책에 대한 우호적인 정책을 실시하였다.

둘째, 관광사업체의 설립에 관한 규제를 완화하는 제도로서 여행업 설립을 허가제에서 등록제로 전환하고, 관광숙박업에 대한 인·허가사항을 시·도에 위임하였다.

셋째, 우리나라를 일일 생활권으로 바꾸게 되면서 국민들이 전국의 관광지와 여가를 즐길 수 있도록 도로와 교통을 편리하게 하여 전국을 관광의 생활권으로 실현시키는 정책을 추진하였다.

5 1990년대 관광정책

1990년대는 한국방문의 해, 문화관광의 진흥, 관광비전 21의 수립 등으로 인하여 우리나라 관광산업의 성장 잠재력을 축적한 시기로서 21세기 관광선진국으로 발돋움할 수 있는 시대였다. 관광정책은 관광수지개선, 건전한 해외 관광, 출입국절차 간소화, 문화관광 진흥정책 등의 기본방향을 설정하였다.

1991년에는 제9차 세계 관광기구wTo 총회에서 우리나라가 WTO 집행이사국으로 선임되어 국제 관광협력의 기반을 다지게 되었으며, 방한 외래관광객이 300만명을 넘어서는 해이기도 하였다. 1993년 대전 엑스포와 1994년 한국방문의 해를 성공적으로 수행함으로써 우리나라의 전통문화를 세계에 알리게 되었다. 대전 엑스포 기간에는 일본인 관광객에게 무비자Visa입국을 허용하여 일본인 관광객 유치 증대에 기여하였다. 1997년에는 관광숙박시설을 확충하기 위해 '관광숙박시설지원 등에 관한 특별법'과 대규모 관광수요를 유발하는 국제회의산업을 관광과 연계하여 발전할 수 있도록 컨벤션 산업육성을 위해 국제회의산업 육성에 관한 '국제회의산업육성에 관한 특별법'을 제정하였다.

1998년 2월에는 정부조직의 개편으로 문화체육부가 문화관광부로 명칭이 바뀌었는데, 이 과정에서 '관광觀光'이라는 단어가 정부부처 명칭에 처음으로 들어가게 됨으로써 정책입안 및 추진에 있어 관광산업에 높은 비중을 차지하게 되었다.

6 2000년대 관광정책

2000년대는 뉴밀레니엄을 맞이하여 21세기 관광선진국을 준비하는 시기였다.

관광정책의 기본방향은 남북연계 관광상품개발, 중국 관광객 출입국 자유화, 21세기 관광선진국 도약, 그리고 국제행사 개최의 활성화로 설정하였다.

2000년에는 아시아·유럽정상회의ASEM 개최, 국내 관광 교류 증진과 국내 관광 수용태세 개선에 주력하였다. 2001년에는 동북아 중심의 허브공항 구축의 일환으로 인천국제공항이 개항하였으며, '2001년 한국방문의 해' 사업을 통해 관광의 선진화를 위한 제반 사업이 수행되었다. 또한 관광산업의 국제화를 위하여 제14차 세계 관광기구UNWTO총회를 성공적으로 개최하였다.

2002년에는 한·일 월드컵 대회와 부산 아시안게임의 성공적 개최로 인하여 우리나라 관광이미지가 크게 상승하였다. 2003년은 동북아 경제중심국가 건설을 위한 원년으로 아시아 관광허브 건설기반 구축과 개발중심의 관광정책에서 문화예술 및 생태적 가치지향의 관광정책으로의 전환과 국제적 관광인프라 확충을 추진하는데 집중하였다. 2004년에는 '관광 진흥 5개년 계획2004~2008이 수립되었으며, 주5일 근무제의 확산, 고속철도KTX시대의 도래 등 관광환경이 변화되었으며, 제주에서 개최된 아시아 태평양 관광협회PATA 연차총회는 참가인원에서 역대 최대라는 성과를 거두기도 하였다. 2005년 8월부터는 저소득 중소기업체 근로자들을 위한 '여행 바우처'제도가 시행되었는데, 관광 진흥 개발기금 20억원을 활용해 시행되는 여행 바우처 제도는 외국인 근로자를 포함하여 월소득 250만원이하의 중소기업체 근로자 1,500만명 내외에게 여행경비의 40%를 15만원 이내에서 지원하였다.

2006년에는 외래관광객의 감소가 심화되면서 정부차원에서 관광수지 적자개선을 위한 대책 마련에 정책역량을 강화하였다. 따라서 12월에는 관광산업 경쟁력 강화대책에서 관광산업에 대한 조세부담 완화, 신규투자 및 창업촉진을 위한 제도개선, 해외 관광시장의 획기적 확대 여건 조성, 국민 국내 관광 활성화, 관광자원의 품격과 부가가치 제고 등 획기적인 범정부 대책을 발표하였다.

정부는 남북관광 교류협력사업을 지속적으로 확대하여 남북을 단일 관광권으로 조성하고 동북아 관광의 중심지로 발전시키기 위한 기반을 마련하였다. 2007년 10월 남북정상회담에서는 남북 간 사회문화 분야 교류 협력의 일환으로 금강산 관광에 이어 직항로를 통한 백두산 관광에 대한 협력을 추진하기로 합의하였다.

2008년에 정부는 관광산업의 국제경쟁력 강화를 위해서 '관광산업 선진화 원년'으로 선포하고 '서비스산업 경쟁력 강화 종합대책' 등 범정부 차원의 대책을 본격적으로 추진하였다. 2008년 4월에는 서비스 산업 선진화 방안의 일환으로 '관광 진흥법' '관광 진흥 개발 기금법' '국제회의 산업육성에 관한 법률' 등 이른바 관광 3법상의 권한사항을 제주특별자치 도지사에게 일괄 이양하기로 결정하는 등 적극적이고 지속적인 노력이 추진되었다.

정부는 2008년을 '관광산업 선진화 원년'으로 선포하였으며, 이를 위한 일련의 계획들을 지속적으로 추진하였다. 2009년은 정부의 관광산업 경쟁력 강화와 지역 관광 활성화 방안의 세부추진 방향은 '혁신적인 규제완화 및 제도개선' 과 '고부가가치 관광산업 육성' 그리고 '시장 친화적 민간투자 및 신규시장 확대'로 구분하여 가능한 모두 추진 완료하기로 하였다.

이러한 노력의 결과로, 전 세계 대다수 국가의 관광산업이 침체상태를 면치 못하였으나 우리나라는 환율효과 등 외부적 환경을 바탕으로 하여 적극적인 관광정책 추진으로 관광객이 증가하여 9년 만의 관광수지 흑자로 전환하였다. 가장 큰 성과로는 관광산업 정책여건 개선 및 도약의 밑거름이 되었다는 것이다.

7 우리나라 시대별 관광정책의 변화

한국의 관광정책은 발아기, 형성기, 확충기, 성장기를 거치면서 경제적 가치 중심에서 경제·사회·문화적 가치로, 소극적 국제 관광 진흥정책에서 적극적 국제 관광 발전정책으로, 중앙중심의 관광정책에서 지방·분권 정책으로, 규제중심정책에서 탈규제·지원정책으로 변화해 오고 있다.

이에 대한 자세한 설명은 다음과 같다.

첫째, 발아기는 박정희 정부의 수출위주의 경제성장 중심의 국정가치에 영향을 받았으며, 관광분야는 외화획득을 위한 산업적인 측면에서 정책이 수립되었다. 이 시기에는 관광정책 기반이 마련되었으며, 관광정책 추진을 위한 법·제도가 정비되었던 시기였다.

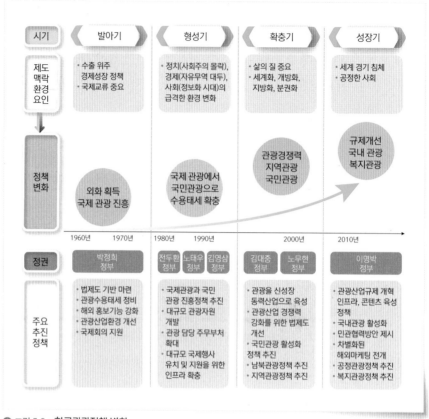

△ 그림 5-2　한국관광정책 변화

둘째, 형성기에는 관광산업에 대해 금융·세제적 규제를 가한 반면에 관광분야의 양적 성장을 위해 관광산업의 수용태세를 확충하기 위해 노력하였다. 이 시기의 관광정책은 소극적 국제 관광 진흥정책에서 국민관광 진흥정책으로 정책의 기조가 변하였다. 또한 소득수준 향상에 따라 급증하는 관광수요에 대응하고, 관광의 경제적 가치를 극대화하기 위해 대규모 관광자원 개발에 역점을 두었다.

셋째, 확충기에는 관광의 '경제적 효과'뿐만 아니라 '사회·문화적 효과'에 관심을 가지는 등 관광정책의 대상 범위가 확대되고 제도정비가 이루어진 시기였다. 이 시기에는 관광을 신성장 동력산업으로 육성하여 관광산업의 경쟁력 강화를 위한 제도개선을 시작하는 등 관광산업의 환경을 개선하기 위해 노력하였다.

넷째, 성장기에는 관광산업의 외면적 성장뿐만 아니라 관광산업 환경의 질적 개선이 이루어진 시기로 국제 관광정책과 국민관광정책이 균형적으로 추진되었다. 이 시기에는 관광산업 환경 개선을 위해 관광산업 규제를 완화하려고 노력하였으며, 세제감면 등 적극적인 지원정책을 펼쳤다.

 ## 제2절 우리나라 역대 대통령과 관광정책

대통령은 국가를 운영하는 최고 결정자이며, 행정부와 국민의 리더이다. 관광정책의 변수로서 대통령의 리더십은 국가정책의 최고 결정자로서 많은 영향을 미치게 된다. 각 정부에 따라 다양한 관광자원 개발정책이 수립되어 추진되었으며, 일부 정책은 정부와 상관없이 지속적으로 유지하고 발전되고 있다. 따라서 대통령의 관광정책에 대한 관심과 의지에 따라 정부 관광정책의 방향이 달라질 수 있다. 본 절에서는 우리나라 역대 대통령의 관광정책에 대한 성과에 대해 설명하고자 한다.

1 박정희 대통령의 관광정책1963~1979

박정희 대통령은 관광산업 진흥을 '경제개발 5개년 계획'에 포함시켜 관광산업을 국가의 주요 전략사업의 하나로 육성함에 따라 경제적 측면을 강조하였다.

주요 정책과제로는 외래관광객 유치를 위한 대외 홍보 및 선전활동 강화, 관광객 유치활동 강화, 관광행정체제 완비관광기본법 제정 등, 관광지 및 관광단지 개발, 국제 관광 수용시설 확충 등을 들 수 있다.

예를 들어, 관광사업은 외화가득률이 높은 산업이므로 우리의 찬란한 전통문화를 세계에 널리 소개하고 국위를 선양할 수 있는 경주지구의 관광사업을 추진하였다.

집권 후반기 관광정책관은 관광자원을 개발할 때 국가의 이미지와 환경보전을 하면서 관광개발을 해야 하며, 서비스 질을 향상해야 관광이 발전한다는 점을 강조하였다. 또한 하드웨어의 발전뿐만 아니라 소프트웨어에도 많은 관심을 보였다.

- 관광 진흥개발 기금법 시행령이 제정되는 등 관광에 대한 일반적인 법체계를 정비하여 관광행정 수요에 대응하였다.
- 1960년대 관광정책으로는 계획적인 정책수립에 의해 정책이 집행되는데 한계가 있었으며, 정책이 관광산업 발전에 큰 선도적인 역할을 하지 못했다.
- 1970년대는 제1차 국토종합개발계획에서 10대 관광권을 설정하고 국토의 용도별 이용구분에서 자원과 문화재 보존지역을 설정하는 등 관광에 대한 정책결정자들의 관심이 고조되었다.

2 전두환 대통령의 관광정책 1980~1988

전두환 대통령의 관광정책은 주로 특색 있는 관광상품개발, 관광단지개발, 제주도 관광종합개발, 권역별 관광종합개발 계획수립 등 관광개발사업이 중점적으로 추진되었다.

관광사업의 체질개선에 대한 전략이 추진되어 관광호텔 등 숙박시설의 확충을 유도하였으며, 휴양콘도미니엄업 지도체제를 정비하였다.

재임기간 동안 제주도의 중문 관광 단지개발을 위해 투자업무 재조정, 민자를 유치하는 방안을 검토하였다. 관광개발은 민간자본을 유치하고 외국 관광업자와의 합작과 전문가들의 조언을 통해 외국관광객을 유치하기 위해 노력했다.

전두환 대통령의 관광정책관은 경제적 기능을 기초로 하고 있지만, 종합적인 국토개발이라는 관점에서 국가발전을 위한 정부의 기능을 강조하는 정치적 기능이 접목되어 있다고 평가할 수 있다.

• 복지행정 실현 및 국제수지 개선이라는 정책명분 하에 국제 관광과 국민관광의 조화발전이라는 기본방향을 설정하고 정책을 추진했으나, 외래관광객 유치 및 관광외화획득에 초점을 맞추고 있다는 점에서 한계를 가졌다.

3 노태우 대통령의 관광정책 1988~1993

노태우 대통령의 관광정책관은 관광산업에 대한 규제가 강화되는 등 관광정책에 대한 정치적·경제적 기능이 크게 강조되지 못했던 시기였다.

집권기간 동안 88서울올림픽의 성공적 개최, 1989년 1월 1일 해외여행 전면 자유화, 1993년 대전무역박람회 EXPO의 성공적 개최, 1994년 한국방문의 해 선포 등과 같은 관광정책이 시행되었다.

노태우 대통령의 관광정책관은 관광산업 중에서도 일부 관광업을 향락산업으로 규정하고 각종 세금의 부과는 물론이고 규제를 강화하는 등 부정적 인식을 지니고 있었던 것으로 평가할 수 있다. 그러나 전통적인 민속보전과 환경보전을 통한 관광자원화 그리고 제주도에 대한 관광자원의 방향제시 등은 환경과 관광을 접목시킴으로서 지속적인 관광산업의 성장에 대한 기반을 구축했다는 긍정적인 평가를 할 수 있다.

• 국민관광과 국제 관광의 조화를 추구하고자 노력하였으나, 관광자원의 개발, 관광시설, 관광단지 건설, 관광기반시설의 조정 및 확충, 교통체계, 숙박·식음료, 통신 등 국제 관광정책에 초점이 맞추어지는 한계점을 가지게 되었다.

4 김영삼 대통령의 관광정책 1993~1998

김영삼 대통령은 관광정책의 정치적 기능을 활용한 첫 번째 대통령이라고 평가할 수 있다. 역대 대통령 선거 역사상 처음으로 제안된 '관광산업의 재도약 추진'이라는 공약을 이행하기 위해 다양한 정책들을 제시하였다.

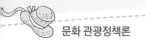

1993년의 관광 진흥 종합대책, 1994년 12월 정부조직 개편에 따라 교통부의 관광정책기능을 문화체육관광부로 이관하였다. 2000년대의 각종 국제행사 ASEM, World Cup유치 등의 정책을 시행하였다.

통치기간 동안 관광농원이 육성되었고, 카지노업이 국제공항과 국제여객선 터미널이 있는 시·도의 특1급 관광호텔 중 외국인 관광객 유치실적이 많은 호텔에 한해 허용되었다.

김영삼 대통령은 별다른 관광정책관을 보이지 않고 일반적인 수준으로 관광정책관을 말한 정도에 지나지 않았다.

· 교류를 통해 새로운 기술, 새로운 사상, 새로운 문화를 창조함으로써 인류문명의 보편적 발전에 기여하는 세계화의 요구에 국가의 발전전략이 새롭게 정립되었으며, 이에 따라 관광에 대한 관심도 증대되었다.

5 김대중 대통령의 관광정책 1998~2003

김대중 대통령의 관광정책관은 김영삼 대통령시기에 발생한 외환위기를 극복하기 위해 임기초에는 경제적 기능에 초점이 맞춰져 있었다. 이후 햇볕정책을 기조로 하는 대북정책의 일환으로 금강산 관광 등을 추진하면서 임기 중반이후 국제관계의 긴장완화라는 측면으로 전환되었다.

김대중 대통령은 통치기간 동안 경제위기를 해결하고 실업인구를 줄이기 위해 문화를 바탕으로 하는 다양한 기초적인 관광정책 사업을 집행하였다. 또한 여전히 논란의 여지를 남기고 있지만 남북관광도 시행하였다.

이러한 측면에서 김대중 대통령은 적응주의적인 관광정책관을 기반으로 일부 지식기반형이 가미된 관광정책관을 가졌다고 할 수 있다.

· 관광산업 부문에서는 관광산업의 21세기 국가전략산업화를 위해서 관광담당 행정기구의 확대개편과 관광관련제의 효율적 정비를 목표로 문화체육부를 문화관광부로 명칭을 변경하였으며, 관광국의 정원도 10~12명이 증원되었다.

- 관광단지 관련해서는 제주권, 설악권, 경주권, 백제권, 부산권, 수도권의 6대 관광문화권을 세계적 관광단지로 조성하고 남북한 관광교류 및 공동투자 추진을 목표로 남해안 관광벨트개발 계획, 유교문화권 관광개발 사업을 추진하고 금강산 관광 활성화에 노력하였다.
- 관광복지 측면에서는 관광소외계층의 관광기회를 확대 및 선진적인 관광환경을 조성하고 관광수용태세의 개선을 위한 정책을 추진하였다.

김대중 정부는 관광자원 개발 활성화를 위해 7개 문화관광권 조성, 남북한 관광교류 및 공동투자 추진, 남해안 관광벨트 개발계획, 유교문화권 관광개발 사업 등을 추진하였으며, 총 214건의 관광정책 과제를 추진하였는데 이 중 지역 관광개발정책이 48건으로 22.4%를 차지하였다.

6 노무현 대통령의 관광정책 2003~2008

노무현 대통령의 관광정책관은 정치적·경제적 기능에 대한 충분한 이해를 바탕으로 실시된 것으로 볼 수 있다. 또한 지방분권과 지역 균형 발전이라는 측면에서 지역경제와 지방자치에 초점을 맞춘 관광정책을 활용하였다고 평가할 수 있다.

노무현 대통령의 관광정책은 노무현 대통령의 상징이라고 볼 수 있는 윤리적인 측면을 반영하기도 하였으며, 여전히 논란의 여지를 남기고 있지만 개성 관광의 허용, 백두산 관광 허용 등 남북관광을 확대하기도 하였다.

노무현 대통령은 명목상 지역 균형을 겨냥한 개발 중심적인 옹호 주의적 관광정책관과 윤리적 인본주의를 생각하는 지식 기반형 관광정책관을 동시에 가졌다고 할 수 있다.

이에 대한 관광정책은 다음과 같다.
- 지역의 균형적인 관광개발 및 지역연계 강화
- 외래관광객 유치를 위한 수용태세 개선
- 여가시간 증대에 따른 국민관광 수요에 대응하기 위한 국민관광 활성화 정책 추진

　•동북아 및 남북관광교류 협력 강화
　•관광산업의 경쟁력 강화를 위한 법/제도적 개선

　노무현 정부에서 본격적인 주40시간 근무제 실시에 따른 여가시간 증대와 국민 소득 2만불 돌파 등 관광제반 여건 개선, 관광을 통한 삶의 질 향상 등 관광에 대한 가치관이 변화하였으며 국내 관광 활성화에 중점을 두기 시작한 시기였다.

　관광자원 개발 활성화를 위해 관광레저도시 개발, 남북교류 증진에 따른 금강산, 개성, 백두산 관광 자원 개발 지원 및 남북 관광교류를 확대하였다.

　노무현 정부에서는 총 113건의 관광정책 과제를 추진하였는데 이 중 지역 관광개발정책이 26건으로 23.0%를 차지하였다.

7 이명박 정부의 관광정책2008~2013

　이명박 대통령도 관광정책의 추진을 위해 관광업계에 대한 감세 등 세제지원과 민간의 산업구조 개편을 통한 경쟁력 강화를 유도하는 정책을 시도하였다. 또한 구체적인 사업계획의 특징으로는 해외 관광객 유치를 위한 홍보와 마케팅, 안내표지판 등 편의시설 확충 그리고 남해안 클러스터 개발계획을 통한 관광자원 개발 등의 정책을 추진하였다.

　이러한 정책목표를 달성하기 위한 중점과제로 7가지가 있다.
　첫째, 관광산업 규제완화와 세제지원 등을 통한 가격경쟁력 강화이다.
　둘째, 한국 고유의 가치와 문화를 활용한 관광상품Only one개발이다.
　셋째, 핵심시장중국과 일본에 전략적 마케팅을 집중하는 것이다.
　넷째, 광역권 관광개발 확대로 지역간 연계발전 유도이다.
　다섯째, 외래관광객 눈높이에 맞춘 관광수용태세 구축이다.
　여섯째, 국내 관광 활성화를 통한 해외수요의 국내전환이다.
　마지막으로, 외식산업 육성 및 한식의 세계화이다.

이명박 대통령의 관광정책관은 관광의 경제적 기능에 집중되어 있으며, 관광의 정치적 기능과 사회·문화적 기능에 대한 고려는 담겨있지 않은 것으로 볼 수 있다. 정부의 관광산업 경쟁력 강화와 지역 관광 활성화를 실현하기 위해 규제개선, MICE·관광산업을 신성장 동력산업으로 선정, 고부가가치 관광산업 육성기반 구축, 관광 콘텐츠의 경쟁력 확보 노력, 중국 관광객 유치 환경 조성, 인바운드 성장기조 마련 등을 주요 정책으로 추진한 시기였다.

이명박 정부에서는 총 500건의 관광정책 과제를 추진하였는데, 이중 지역 관광개발정책이 146건으로 29.2%를 차지하였다.

8 문재인 정부의 관광정책 2017~2022

문재인 정부는 '국민의 나라 정의로운 대한민국'이라는 국가 비전을 바탕으로 20대 국정전략과 100대 국정과제를 제시하였다. 이중 관광분야에 해당하는 국정과제로는 국민이 자유로운 휴가문화를 영위하고 내외국인이 편안하게 관광할 수 있는 여건을 조성하는 융·복합 고부가 관광산업 육성을 제시하였다.

문재인 정부에서 제시하는 관광정책의 전제사항은 다음과 같다.
- 양적성장 지표만으로 국가관광 비전제시에 한계상황에 직면하였으므로, 국민의 삶의 질 관점에서 관광을 바라보는 시각과 확장의 필요성이 있다.
- 경제적 가치 중심의 관광정책의 경로의존성을 탈피한 새로운 정책담론 형성이 필요하다.
- 전통적 관광의 개념이 사라지고 기존관광산업의 틀이 해체된 시점에서 여행과 관련된 모든 요소를 관광으로 전환하는 시각이 필요하다.
- 관광발전의 혜택이 특정한 지역, 사람에게만 국한된 것이 아닌 모든 국민, 모든 지역을 다함께 누리게 하는 인식의 대전환이 필요하다.
- 남북분단의 상황이 섬 관광에서 통일시대 대륙관광으로 나아가기 위한 미래통일시대 한반도 관광발전 구상이 필요하다.

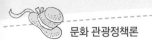

문재인 정부의 관광정책 추진방안 제안사항으로는,

새로운 관광비전 "관광의 신성장 동력화, 관광을 통한 여유 사회실현"을 하기 위해 다음과 같은 추진전략을 제안하고 있다.

① 여행·관광을 통한 여유사회의 실현
- 생애주기별 맞춤형 여행지원 확대
- 노동자·저소득층 등 사회취약계층의 관광향유 확대, 휴가제도 개선 등을 통한 관광하기 좋은 여건 조성
- 국민생활관광의 여건조성, 관광영향 평가제도 등 도입 필요.

② 관광산업의 국가주력 산업화 추진
- 한국관광산업의 스케일 업 프로젝트
- 새로운 융합관광산업 발굴 육성
- 관광산업펀드 조성
- 인바운드 시장 다변화를 통한 환경 대응성 확보
- 관광을 통한 지역 발전 도모를 위한 관광국토의 재디자인 필요 등

③ 한반도 및 동북아 관광발전 구상의 추진 통일 前
- 연계상품 개발
- 연계마케팅 추진 등을 통한 남북관광교류의 지속적 확대
- 관광자원 공동개발
- 국제 관광 공동투자 등 북한관광 인프라 구축을 위한 준비와 투자 확대

④ 통일 한반도 관광발전기반 구축차원에서 조사, 연구, 전문가 교류 확대 통일 이후
- 한반도 및 대륙관광 시대로 나아가기 위한 한반도, 유라시아 연계 관광상품 개발
- 한·중·일을 하나의 관광권으로 묶어 동북아 관광 공동체로 확대·발전

⑤ 관광에 대한 새 정부의 인식과 정책 중심성 확보
- 일관성 있는 정책을 위해 관광 진흥 5개년 계획 등 관광계획 설정

- 부처별로 산재한 관광정책의 비효율성을 점검하는 관광정책 스크리닝제도 도입
- 중앙과 지역의 연계 및 지역별 관광정책의 연계와 협력을 강화하기 위해 중간지원조직 육성
- 지역 관광개발제도 정비
- 관광재정 투입방식 개혁

2017년 익스피디아 조사에 따르면, 한국인 10명중 6명은 국내여행 콘텐츠 부족, 해외여행 비용과 차이가 크지 않는 이유로 해외여행을 더 선호하고 있는 것으로 나타났다. 2017년 우리 국민의 해외여행은 외래관광객 방한의 2배로 크게 증가하였으며, 관광수지적자도 역대 최대치인 137억 달러로 확대되었다.

지역 관광과 관련, 인프라가 잘 갖춰져 있느냐의 문제에선 일본 등 다른 나라에 비교해 갈 길이 멀다"라면서도 "한한령限韓令·한류제한령 등 많은 어려움에도 정부와 지방자치단체의 관광 진흥 의지가 크다"라고 덧붙였다.

문화체육관광부는 국민들이 한달에 한번은 여행을 떠날 수 있는 환경을 조성해 1인당 국내여행 일수를 2016년 9.4일에서 2022년 12일로 증가시키고, 재방문 외래관광객을 2016년 665만명에서 2022년 1,500만명으로 증가시키는 2배의 계량적 목표를 제시하였다.

 제3절 한국관광의 문제점 및 개선사항

우리나라의 관광산업은 최근 중국의 사드배치와 북핵문제 등 정치·외교적인 문제로 인하여 방한시장의 성장이 둔화되고 있다. 하지만 국민의 여가시간 증가

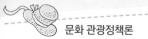

와 삶의 질 중시 분위기 확산으로 인하여 해외여행 수요는 증가 추세이지만 국내여행으로 이어지지 못하고 있는 상황이다. 이러한 이유는 저비용항공과 에어비앤비 등 해외여행 비용이 감소되고, 이국적인 체험과 경험을 중시하는 우리 국민들의 최근 여행트렌드에 대한 대응 부족으로 여겨진다. 따라서 정책부문과 마케팅부문 그리고 수용태세 개선 및 확충부문에 대한 문제점과 개선할 사항에 대해 상세하게 다루어 보고자 한다.

1 정책방향 부문

1) 우리나라의 관광정책은 장기적인 종합계획이 없으며, 정책목표는 양적목표와 경제적 측면으로 되어 있으며, 관광중심으로 추진되고 있다.

우리나라의 관광정책은 새로운 경로가 추가되고 관점이 도입되는 외형상의 제도변화에도 불구하고 실제로는 초기에 형성된 경로를 중심으로 정책방향이 이루어지고 있는 것으로 평가할 수 있다.

세계의 관광환경은 급속하고 다양하게 변하고 있으며, Green economy에 대한 관심이 높아지고 있다. 이에 대한 적극적인 대응으로 지속가능한 관광정책이 필요하다. 또한 우리나라가 선진관광국이 되기 위해서는 양적, 경제적 측면뿐만 아니라 여타 부문과의 효과도 중요하게 생각하고, 관광정책 목표 범위를 넓혀야 하며, 사회적 기능과 책임에 대해서도 살펴볼 필요가 있다. 그리고 관광을 통한 국가와 사회발전이라는 큰 관점에서 인바운드 관광객 유치증대와 더불어 아웃바운드 관광의 활용을 확대해야 한다.

관광정책을 수립할 때 고려할 사항은 다음과 같다.
첫째, 복지사회, 균형발전, 공정사회 등 국가가 추구하는 기본방향에 부합해야 한다.
둘째, 경제적인 측면뿐만 아니라 국가 이미지 향상, 건강한 사회 형성, 고령화 대비책 강구 등 다방면의 국가적 과제 해결을 위한 참여방안을 모색해야 한다.

셋째, 관광정책 수립 시에는 국내·외 환경 변화와 경쟁국의 동향을 고려해야 하고, 공급자 입장뿐만 아니라 관광객의 관점에서도 적극적으로 검토해야 한다.

2) 세계적 이슈에 대한 관심이 낮고 대책마련도 미흡하다.

선진관광국가들은 기후변화, 에너지절감, Green Tourism 등 환경을 고려하여 새로운 관광정책을 실시하고 있다. 하지만 우리나라는 아직 이에 대한 심각성은 물론 정책에 대한 논의도 이루어지지 못하고 있다. 따라서 지금부터라도 환경 변화에 대비한 관광정책을 강구하는 것이 바람직하다. 따라서 향후정책에 대한 대책으로서 기후변화의 경우, 관광 목적지에는 에너지 절감 및 신재생 에너지 전환 등 지속가능성을 갖춘 여행지, 관광 지출이 많은 관광객 및 저탄소 관광객 유치 등 관광 마케팅 전환 등이 필요하다.

3) 이해관계자들의 역할과 기능이 중복되며, 협력체계가 미흡하다.

관광업무는 문화체육관광부가 주무부처가 되어 총괄하고 있으나, 시대가 다원화되고 복잡해지면서 관광업무의 범위가 확대됨에 따라 중복된 관련 업무를 여러 부처에서 취급하고 있다. 또한 각 부처마다 관광부문을 보는 시각과 입장 등이 다르기 때문에 한국관광이라는 큰 틀에서 조화를 이루면서 일관되게 한 방향으로 가는 것이 어렵다는 것이다. 이러한 점을 극복하기 위해서 각 부처 간 중복된 부문을 통합하고 부처 간 협조 유지를 위한 대책이 필요하다.

2 마케팅 전략 부문

1) 안정적인 유치시장 확보 전략의 미흡

치열한 관광객 유치 경쟁에서 살아남기 위해서는 시장다각화를 통하여 안정적 유치시장을 확보함으로써 경제 불안, 경기침체, 국제정세 변화, 주변국과의 관계악화에도 일정한 규모 이상으로 시장을 유지할 수 있어야 한다.

따라서, 한국관광은 안정적 유치시장을 확보하기 위해서 주력시장, 신흥시장, 잠재시장별로 좀 더 구체적인 마케팅 전략을 마련할 필요가 있다.

2) 특정국가 집중유치와 활용대책 미흡

현재까지 우리나라는 중국과 일본 관광객 유치에만 집중해왔다. 하지만 중국의 사드보복 과 일본의 경제보복 조치에 따라 우리나라 관광산업은 매우 큰 타격을 받을 수밖에 없었다. 따라서 특정국가에 의지하기 보다는 동남아뿐만 아니라 전 세계의 관광객을 유치하기 위해 적극적으로 홍보하고 차별화된 관광 매력물을 개발하고 육성하는데 정부의 뒷받침과 국민들의 협조가 필요한 상황이다. 또한 주력시장의 집중관리, 신흥시장 및 잠재시장 선점 등을 통해 안정적 유치시장을 확보해 나가야 한다.

3) 개별관광객(FIT)유치증대와 만족도 제고를 위한 체계적인 대책마련 시급

FIT에 대한 이해도에 차이가 있어 혼선을 빚는 경우가 적지 않으므로, FIT의 개념과 성격, 여행 프로세스 등에 대한 이해가 필요하다. 또한 이들의 여행 패턴이나 니즈를 파악하고 탄력적으로 대응할 필요가 있다. 그리고 개별관광객 대책을 유치증대 확대뿐만 아니라 만족도 제고 측면에서도 체계적으로 추진해야 한다.

4) 한류를 관광소재로 활용하기 위한 체계적인 노력부족

한류는 한국관광 역사 이래 최대의 관광소재임에도 불구하고, 지속가능한 한류관광에 대한 체계화와 관광상품화를 위한 계획 그리고 이를 활용하여 외래관광객의 국내 관광 활성화에 대한 장·단기적인 계획에 대한 실질적인 연구와 활용방안이 없는 실정이다. 한류가 세계 곳곳에 뿌리를 내리고 국내 관광을 활성화 할 수 있는 실질적인 대책이 필요하다.

5) 온라인 및 SNS를 관광 마케팅에 적극 활용하려는 노력의 부족

많은 관광객들이 Social media와 Mobile technology를 다양하게 사용하고 있다. IT 기술은 하루가 다르게 발전하고 있는데 비해 IT강국인 대한민국의 관광정책은 이러한 기술의 발달을 따라가지 못하고 있는 실정이다.

이제 우리나라도 IT강국의 장점을 살려서 양질의 콘텐츠 제공, 신뢰도 제고, 고객층 확보 등을 통해 한국관광 홍보 및 마케팅에 온라인과 SNS활용을 확대해야 한다. 따라서 스마트한 관광정책 전략수립과 적극적인 투자로 세계적인 관광한국을 전 세계에 알려야 할 것이다.

3 수용태세 개선 및 확충부문

1) 지방 관광 활성화의 수용태세 부족

서울과 수도권의 외래 관광객 수용능력은 한계에 부딪치고 있는데, 지방에는 수용태세 문제로 관광객을 분산 유치할 수 있는 여건이 미흡한 실정이다. 관광객의 수도권 집중현상을 해결하고 한국관광의 균형발전을 도모하기 위해서는 지방 관광 활성화 정책을 강구하여, 독특하고 다양한 관광자원을 경험하고, 체험할 수 있는 기회를 제공해야 한다. 이를 위해 숙박, 현지교통 수단, 안내체계, 외국어 서비스 등 수용태세 부족이라는 현실적인 문제를 해결하는 것이 시급하다.

2) 한국관광의 저가 이미지를 개선하기 위한 관광상품의 고품격화 체계의 부족

한국관광은 치열한 경쟁 속에서도 양적인 성장을 지속하여 국가브랜드 이미지 상승과 전반적인 기대수준은 높아지고 있다. 하지만, 저가상품이나 저가 이미지로 인해 질적인 성장은 아직 미진한 상황이다.

따라서 한국관광상품의 고품격화를 지속적으로 추진하여 관광객들의 선택의 폭을 넓혀서 저가 이미지를 개선해 나가는 것이 급선무이다.

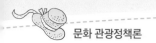

3) 관광 통역사의 양성과 수급관리 체계의 부족

외래관광객이 한국여행에서 첫 번째 불편사항은 언어의 소통이 어렵다는 호소이다. 한국관광 만족도 제고를 위해서 언어문제는 반드시 해결해야 한다. 특히, FIT의 지속적인 증가 추세로 고려할 때 관광 통역 안내사의 역할은 더욱 중요해지고 있다.

관광 통역 안내사 자격시험의 직무연계성을 개선해야 하고, 체계적인 육성 및 관리의 필요성이 제기된다.

4) 관광부문의 항공수요 증대에 대한 대책 부족

외래관광객을 유치하기 위해서는 항공노선의 확충과 좌석 공급은 결정적인 요인으로 작용한다. 하지만 우리나라 항공부문의 인프라 경쟁력은 세계 최하위 수준에 머무르고 있다. 특히 지방 관광객 유치와 확대를 위해서는 지방공항의 확대와 국제항공노선 확대 그리고 서비스의 개선이 필요하다.

5) 출입국 절차의 간소화 추진 미흡

우리나라는 외래관광객 유치에 대한 비자제도의 규제가 다른 나라에 비해 엄격하다. 급증하고 있는 중국의 부유층이나 인도의 부자들을 유치하려면 비자제도를 개선할 필요가 있다. 미래에는 국경이 점차 사라짐에 따라 하나의 경제블록 내에서의 인구이동이 쉬워지면서 이동의 자유가 모두의 기본권이 되리라 본다. 이에 대한 대비와 대책이 필요한 시점이다.

주요 관광시장을 선점하기 위해서는 출입국과 관련하여 불필요한 규제를 완화하고 절차도 대폭 간소화해야 할 필요성이 제기된다.

토의 내용

1. 한국 관광정책의 변천과정에 대해 토의해 보세요.

2. 우리나라 역대 대통령의 관광정책에 대해 비교·분석해서 토의해 보세요.

3. 역대 대통령과 현 대통령의 관광정책에 대해 토의해 보세요.

4. 한국 관광산업의 시대별 관광정책 변화에 대해 토의해 보세요.

5. 한국관광의 문제점과 개선사항에 대해 정책부문, 마케팅 부문, 수용태세 개선 및 확충부문별로 토의해 보세요.

Chapter
06

관광정책의 방향

Travel

bottle

제1절   새로운 관광정책의 추진방향

1 관광정책 변화의 필요성

2 새로운 관광발전 모색

3 새로운 관광정책 추진방향

4 관광정책 추진전략

5 관광정책 추진 개선방안

제2절   미래관광정책의 수요

1 새로운 관광정책 수요

2 방한 및 국내 관광수요 확대 정책

제3절   관광 브랜드 전략

1 관광브랜드의 개념

2 관광브랜드의 특징

3 관광브랜드의 효율성

4 세계의 도시 관광브랜드

5 관광브랜드 개발전략

제4절   국제 관광정책의 방향

1 국제 관광정책의 중장기 계획수립

2 글로벌 관광중심지 역할을 위한 정책수립

3 시장다변화 전략

4 차별화된 관광상품개발

5 국제 관광 진흥정책

6 관광 선진국의 국제 관광정책사례

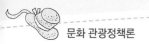

제1절 새로운 관광정책의 추진방향

최근 국내·외 관광객들은 온라인으로 여행의 전 과정을 직접 설계할 수 있게 되면서 개별 자유여행, 모바일 이용, 그리고 체험중심의 여행으로의 수요가 변화되고 있다. 또한 IoT 등 4차 산업혁명과 맞물려 온라인 여행 중개OTA 등 플랫폼 경제·공유경제 중심으로 관광산업의 구조가 빠르게 개편되고 있다. 따라서 변화에 따른 관광정책의 방향도 이제는 새롭게 관광객의 수요를 충족시킬 수 있고 유치할 수 있는 새로운 관광정책을 수립해야 한다.

관광의 기능은 사회·문화적 기능까지 확대되고 있으며, 관광의 경제적·사회적 영향력 또한 다양해지면서 국가관광 조직의 새로운 역할이 요구되고 있다. 우리나라는 관광환경변화에 대응한 관광발전의 방향은 융합관광요소의 발굴, 국내 관광 활성화, 새로운 관광 콘텐츠를 발굴하여 차별화된 관광상품을 개발해야 한다.

우리나라 관광의 국제경쟁력을 강화하고, 증가하고 있는 국민의 여행수요에 대한 대응이 필요하다. 관광서비스 및 관광자원의 확충, 차별화된 관광홍보 및 매력 있는 관광상품개발 등을 통한 관광 활성화의 기반이 조성되어야 한다.

1 관광정책 변화의 필요성

다양한 여건변화에 따른 관광시장변화에 대응하기 위해서는 기존 관광정책의 한계를 인식하고 새로운 정책적 패러다임의 변화가 요구된다. 관광정책의 새로운 비전을 설정할 수 있는 정책방향의 재정립이 필요하며, 우리나라만이 가질 수 있는 관광정책의 정체성을 확립해야 한다.

관광산업은 차세대 성장산업으로 인식되면서 관광산업에 대한 국가적 인식과 관심이 더욱 높아지고 있다. 국내 관광정책은 초기에 외래 관광객 유치를 통한 외

표 6-1 관광정책의 변화

구분	과거의 정책	최근의 정책
정책목표	• 국제 관광 진흥 • 외화획득	• 국제 관광, 국민관광의 균형 • 외화획득과 삶의 질 확대
추진주체	• 중앙집권적 추진 • 정부주도	• 지방분권 가속화 • 민간주도 단계적 확대
시설개발	• 양적확충 • 종합화·복합화	• 질적 선진화 • 특성화, 다양화추진
자원개발	• 개발과 보전의 상반적 개념 • 거점개발 및 하드웨어 중심	• 개발과 보전의 조화 • 네트워킹 및 소프트웨어 중심

화획득이라는 경제적 목표에서 국민 삶의 질 향상을 위한 국민관광 활성화로 변화되고 있다. 또한 주 52시간 근무제 도입과 국민소득의 향상, 고령화 사회진입 등으로 국민여가시간이 확대됨에 따라 이에 대한 국가정책의 대응이 요구된다.

최근 지역 발전을 위한 대안사업으로 자연, 역사, 문화자원을 활용한 관광개발 및 관광산업 육성의 중요성이 증대되면서 지역주민의 삶의 질 향상, 생활환경개선 등의 효과를 가져오고 있다. 이는 관광정책의 집행권한이 지방으로 이양된 이후에 민간부문의 역할강화가 더욱 요구되어지고 있다.

현재는 관광객의 형태변화와 생활수준이 향상됨에 따라 질적으로 변화되고 있다. 이러한 현상으로 관광개발 형태가 하드웨어 보다는 소프트웨어 중심으로 변하고 있으며, 지역성을 반영한 다양한 형태로 변화되고 있다.

2 새로운 관광발전 모색

관광산업은 2030년경에는 세계 관광객 수가 18억명에 달할 것으로 전망되는 고부가가치 산업이다. 관광산업의 미래발전을 위해 지속가능한 관광으로 패러다임을 전환해야 할 시기이다. 관광산업이 세계적으로 성장세를 보이고 있는 만큼

표 6-2 관광정책 패러다임의 변화

구분	현재	미래
투입요소	노동, 하드웨어, 자본 등에 기반한 요소 투입형 관광성장모델	지식, 콘텐츠, 기술 등에 의한 혁신주도형 관광산업 성장 기반형
생산과정	개별관광 주체간 수직적, 물리적 연계	다양한 관광 주체간 수평적, 화학적 협력관계 형성
성장기반	정부, 인바운드, 주력관광산업 대자본 중심	민간, 내수관광, 연계관광산업, 소자본 중심
성장결과	인바운드 수, 경제적 기여, 관광수지 등 양적성장지표 중심	국민 삶의질, 관광복지, 일과 삶의 균형, 일자리 창출 등 질적 성장지표 중심
추진체계	관광산업, 경쟁정책, 부처 이기주의, 규제개선 중심	융합산업, 협력정책, 거버넌스, 산업생태계 조성 중심

출처: 심원섭(2012). 미래관광환경 변화 전망과 신관광정책 방향, 한국문화관광연구원

지속적으로 유지가능한 관광지를 확대하고, 융합산업, 협력정책, 거버넌스, 산업생태계 조성 중심체계로 전환되어야 한다.

1) 새로운 관광성장 패러다임

관광정책 패러다임은 투입요소, 생산과정, 성장기반, 성장결과, 추진체계 요소로 구분해서 변화해야 한다.

첫째, 현재의 노동, 하드웨어, 자본 등에 기반한 요소 투입형 관광성장에서 지식·콘텐츠 기술 등에 의한 혁신주도형 관광산업 성장기반 조성의 변화가 필요하다.

둘째, 개별관광 주체 간 수직적·물리적 연계에서 다양한 관광 주체 간 수평적·화학적 협력관계 형성을 통한 네트워크 성장으로의 전환이 필요하다.

셋째, 정부주도정책, 인바운드 우선정책, 주력관광산업육성, 대자본 중심의 관광정책에서 민간주도의 관광정책, 내수관광 활성화 정책, 연계관광산업 육성, 소

자본 중심의 관광정책으로 전환 등 균형성장이 요구된다.

넷째, 성장결과는 인바운드 수, 경제적 기여도, 관광수지 등 양적인 성장지표 중심에서 국민 삶의 질, 관광복지, 일과 삶의 균형, 일자리 창출 등 질적 성장지표를 고려한 관광정책으로 전환되어야 한다.

다섯째, 독립적 관광산업, 경쟁적 정책, 협력정책추진, 부처 이기주의, 규제개선 중심에서 융합 산업육성, 협력정책 추진, 거버넌스 강화, 산업 생태계 조성 등 구성요소 간 통합과 조화에 기반한 성장으로 전환되어야 한다.

3 새로운 관광정책 추진방향

관광여건의 변화, 관광산업에 대한 중요성 인식, 관광산업에 대한 투자확대 등 세계적인 추세에 발맞추어 우리나라도 관광산업에 대해 투자확대에 힘써야 한다.

현 시점에서는 경쟁력을 갖춘 관광산업을 육성하기 위해서 관광정책의 추진이 필요하다. 관광정책의 추진방향은 크게 두 가지 방향으로 검토할 수 있다.

첫 번째는 경쟁력 있는 관광 인프라 구축은 어떻게 할 것인가이며, 두 번째는

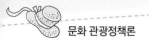

이렇게 구축된 인프라를 통해 관광산업이 활성화하도록 하기 위해서 관광산업 발전을 저해하고 있는 각종 규제를 어떻게 제도개선할 것인가에 대한 검토가 필요하다.

새로운 관광정책 방향은,

첫째, 관광의 경제적 가치와 사회문화적 가치를 조화시켜 조화로운 관광발전을 추진해야 한다. 관광산업은 미래 신성장 동력산업으로 목표달성과 동시에 복지 및 국민 삶의 질을 동시에 고려해야 한다.

둘째, 관광산업을 지속적으로 발전시키기 위해서는 소프트웨어를 적극적으로 발전시켜야 한다. 따라서 한국관광의 매력 홍보와 관광객 친화적인 개선을 위한 문화·콘텐츠·스포츠 등과 연계한 관광산업 진흥정책을 확대 발전시켜야 한다.

셋째, 융합중심의 관광정책을 추진해야 한다.

부족한 관광자원을 보강하기 위한 소프트웨어를 역사, 문화, 자연 등을 접목시켜서 새로운 콘텐츠 개발과 타 산업과의 융합정책을 활용할 수 있는 정책을 강화해야 한다.

넷째, 한두가지의 아이템만 가진 단순관광지가 아닌 관광·레저·정주·의료·교육 등이 망라된 복합형관광·레저단지를 조성하여, 단지 내에서 one-stop 엔터테인먼트가 가능토록 하여 기존의 관광지에 비해 경쟁력을 갖춘 단지를 조성하는 정책추진이 필요하다.

다섯째, 최근 관광여가의 트렌드라 할 수 있는 체류형 관광이 가능하도록 해야 한다.

여섯째, 한류와 같은 전통문화와 세계문화를 체험할 수 있는 특화된 공간이나 문화, 체험 지향적인 관광상품개발로 국제경쟁력을 확보할 수 있는 정책이 필요하다.

사람 중심적 관광정책의 추진 방향

문화체육관광부는 '문화비전 2030'의 기조를 발표하면서 '사람이 있는 문화'를 강조하고 문화, 예술, 관광, 체육 등의 분야를 포괄할 수 있는 정책의제로 개인의 창작 및 향유권리 확대, 문화 다양성의 보호와 확산, 문화를 통한 창의적 사회혁신 등 8대 과제를 제시하였다.

국무총리 주재로 열린 국가관광 전략회의에서 발표된 관광 진흥 기본계획은 '쉼표가 있는 삶, 사람이 있는 관광'을 비전으로 삼았다. 관광정책의 이해당사자 중 사람을 기업, 지역, 타국보다 더 높은 반열에 두고 있다. 특히 생애주기별·계층별 관광지원, 휴가 활성화 및 여행자 보호를 통하여 '여행이 있는 일상'을 지원하는데 최우선적 가치를 부여하고 있다. 이러한 사람중심의 관광정책이 효과를 거두기 위해서는 여가, 휴가에 대한 재인식과 더불어 일과 삶의 균형(Work and Life Balance)을 도모하려는 일명 '워라밸' 문화가 더욱 확산 되어야 한다. 저녁이 있는 삶을 보장하는데 그쳐서는 안 된다. 국민들이 열심히 일한 만큼 쉬면서 재충전하고 휴가여행을 적극 누릴 수 있는 여유사회로 전환돼야 한다. 또한 수요자 지향적 관광시장 질서를 정립하기 위해서는 불공정 거래현상을 과감히 개선하지 않으면 안 된다. 여전히 만연된 바가지 요금이나 외국인들

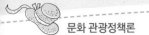

에게 강요하는 쇼핑행태 등은 품질로 승부하기 보다는 비용을 부당하게 전가시키는 우리의 부끄러운 자화상이다. 그렇다면 새 문화정책인 '문화비전 2030'에 관광정책의 추진과제를 어떻게 담을 것인가에 주목할 필요가 있다. 일단 정부는 중장기 문화비전 수립을 위해 미래관광포럼과 관광 토론회를 통하여 각 분야의 전문가와 관광업계 실무자들의 의견을 수렴하였으며, 지역과 시민사회의 목소리에 귀를 기울이고 있다.

최근에 발표된 관광 진흥 기본계획이 5개년 계획이라면 〈문화비전 2030〉에 반영될 사람중심의 관광정책은 좀 더 장기적이고 근본적인 사회혁신까지도 염두에 두어야 한다. 이에 따라 중장기 관광정책의 핵심 가치를 개인 차원의 자율성, 공동체 차원의 다양성, 그리고 사회차원의 창의성을 증진하는데 두어야 한다.

첫째, 관광에 있어서 자율성을 보장하기 위해서는 모든 사람들이 휴가권, 여행권을 누리면서 행복을 누릴 수 있도록 제도적인 조치를 강구하여야 한다. 특히 자기주도적 학습여행 또는 인문학 여행 프로그램 개발을 지원한다든가 개별 자유여행(FIT)에 충실 하도록 스마트 관광시스템을 구축하는 것도 중요하다.

둘째, 다양성을 확보하기 위해서는 우리 사회 내 소수자에 대한 배려와 그들의 문화를 보호하기 위한 노력이 뒤따라야 한다. 특히 장애인뿐만 아니라 다문화가족, 고령자 등도 불편 없이 여행에 동참할 수 있도록 무장애 프로그램을 확대해야 한다. 반대로 과잉관광(Over Tourism)으로부터 지역주민의 일상생활을 보호할 수 있도록 책임여행 실천제도를 강화하며, 관광거래의 부조리를 해소할 수 있는 공정 관광혁신 센터를 설립 운영하는 것도 고려해 볼만하다.

끝으로, 창의성을 증진하기 위해서는 관광산업이 문화, 체육, 기술, 과학 등과 융합을 통하여 미래 사회발전의 토양 역할을 수행하도록 하며, 향후 지역 및 도시재생 과정에 있어서 주민주도형 관광사업 모델을 개발하고 지원 사업을 추진할 필요가 있다.

출처: 교통신문. 2018. 01. 26

4 관광정책 추진전략

서구 선진국들에 비해 한국에서는 상대적으로 짧은 기간 동안 급속히 관광과 관련된 법과 제도의 변화가 일어났기 때문에 여러 다양한 관점들이 도입만 되고 뒤섞이면서 제대로 제도화되지 못한 정책들도 존재했다.

관광의 주요 기능 중의 하나인 국민 삶의 질 향상이라는 정책목표가 다소 등한시 된 측면도 있어 외래관광객유치를 통한 경제발전과 국민관광 활성화를 통한 삶의 질 개선이라는 정책목표의 균형화 시도가 매우 중요한 과제로 대두되고 있다.

특히, 국민소득의 향상과 여가시간의 증대를 통해 국민의 여가관광시장 참여가 확대될 것으로 보여 관광을 통한 국민 삶의 질 향상과 일과 삶의 조화Work & Life Balance로운 환경조성을 위해 관광의 역할에 대한 새로운 모색이 필요하다.

관광정책의 영역을 여가 및 복지적 관점으로의 확대와 여가관광 복지차원의 새로운 관광정책 개발을 본격적으로 추진하는 등 관광정책의 새로운 프레임 발굴 및 제시가 필요하다.

향후 관광정책을 추진하기 위해 필요한 내용은 다음과 같다.

첫째, 경쟁력 있는 관광산업 생태계 조성을 위해서 관광서비스 일자리 창출, 융합관광산업 육성, 관광레저 산업의 체계적 육성 등이 필요하다.

둘째, 관광 콘텐츠와 창조역량 강화를 위해서 관광 콘텐츠 개발, 고품격 관광 상품 개발 그리고 관광 인적자원의 체계적 육성이 필요하다.

셋째, 관광산업의 지속적 성장을 위한 인프라 조성을 위해 숙박시설 확충 및 다변화, 다양한 전략시장을 확보할 필요성이 제기된다.

넷째, 외래관광객을 지방으로 분산시켜서 지역 관광을 활성화시키는데 집중해야 한다.

다섯째, 국민 친화적 관광여건 조성을 위해서는 관광 참여 기회 확대를 위한 휴가제도 개선 복지관광정책 등을 강화할 필요가 있다.

문화체육관광부 정책실현 내부문서2007에서는 다음과 같은 세부적 목표를 설
정하고 있다.

1) 세계적 수준의 관광서비스 기반구축

① 관광산업의 경쟁력 강화를 위한 제도개선 및 숙박시설 확충
- 관광산업 경쟁력 강화 대책을 수립하여 현안과제의 해결에 집중.
- 다양한 형태의 한국형 중저가 관광숙박시설을 확충하여 경쟁력 강화를 위
  한 틀 조성.

② 국제회의, 크루즈 관광 등 고부가가치 관광산업 육성
- 국제회의와 관련된 국제회의 기획업PCO지원, 컨벤션 센터 건립지원 과 한·
  중·일 연계크루즈 시장 선점을 위한 크루즈 관광육성방안 등 홍보 및 인센
  티브 제공 등의 정책을 시행하고 있다.

2) 지역별 특화된 관광자원 개발 확충 및 내실화

① 지속가능한 고품격 관광자원 개발
- 관광자원 개발을 위해서 품격과
  테마를 갖춘 관광 목적지의 개
  발과 지원, 지역 소재의 역사, 문
  화, 스포츠 자원의 관광자원화,
  친환경 및 체험형 생태, 녹색 관
  광자원 개발수변 생태공원 등 아름
  다운 섬 지역을 가고 싶은 명소
  및 공간으로 조성
- '관광자원 개발에 관한 법률'을
  제정하여 광역권 관광개발 사업
  근거 마련.

② 국민 생활관광환경의 조성

- 국민관광조성을 위한 대한민국 '구석구석' 국내여행 광고를 민관 협력형의 사업으로 전환하여 국내여행의 분위기 조성.

3) 전략적인 해외홍보 및 국제 관광협력 증진

① 전략적이고 효과적인 해외 관광 마케팅 실현

- 해외홍보 마케팅으로는 중국, 일본, 동남아, 구미 등으로 구분하고, 시장별로 차별화된 마케팅 전략을 추진하고 있다.
- 해외 관광 통합마케팅을 실시하고 문화관광 축제, 전통음식, 공예명품 등 매력있는 한국관광명품의 개발·홍보에 치중하고 있다.

② 해외 관광 협력의 증진을 통한 국제적인 위상강화

- 국제적인 위상강화를 위하여 공동사업추진, 관광장관 회담개최, WTO세계관광기구와의 협력사업인력양성 아태지역 뉴스레터 발간 등 추진.

4) 미래형 관광레저 도시 조성

① 특색 있는 개발계획 수립 및 사업추진의 가속화

- 미래형 관광도시로 선정된 태안철새와 공존하는 생태형 도시, 무주지역경제발전에 기여하는 휴양형 도시, 서남해안국제 경쟁력 있는 해안형 도시에 대한 기본 계획의 일괄적인 추진 및 진행.

② 적극적인 투자유치 및 정책적인 지원 강화

- 미래형 레저도시를 조성하기 위한 외자유치FDI, MIPIM, HICAP 등 관광 전시회참가, 해외 주요 투자자를 대상으로 투자유치 박람회 개최 추진. 또한 관광정책 부문은 '민관공동협의회' 운영 등 주민협력의 강화 및 난개발 방지, 개발계획의 타당성, 사전환경성 검토 등 행정절차 지원의 신속한 이행.

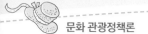

5) 포용적 관광성장 정책추진

포용적 성장Inclusive Growth은 본래 누구를 배제함이 없이 모든 계층을 포함해 복지수준을 골고루 나눠 불평등을 해소하기 위한 정책이다. 관광은 지역의 초 고령화 현상, 지역소멸의 위기를 타개하고 포용적 성장을 달성할 수 있는 유효적절한 수단으로 인식되고 있다.

정부가 추진하고 있는 열린 관광지 사업과 관광두레사업이 대표적이다. 특히 후자는 지역의 자원과 콘텐츠를 바탕으로 주민의 주도에 의하여 지역사회 경제를 위한 자생적 관광사업으로 큰 성과를 내고 있으며, 세계관광기구가 포용적 관광지의 대표적인 모델로 선정한 바 있다.

관광관련 국제기구들이 관광을 통한 포용적 성장의 핵심적 이슈로 지역주민을 위한 좋은 일자리 창출, 관광취약계층에 대한 배려, 이해당사자 간 파트너십 구축, 관광일자리에 있어서 성평등 개선, 낙후지역 개발을 위한 지식공유 확대, 중소기업형 관광사업체 육성에 관심을 더 갖고 있는 것이다. 이 시점에서 우리는 포용적 성장과 관광을 별개로 파악하기 보다는 한 몸으로 일체화된 '포용적 관광시장'으로 통합해 다각적인 정책을 추진해야 한다.

포용적 관광성장이 성공을 거두기 위해서는 지역주민들에게 좋은 일자리를 제공하는데 최우선적 관심을 두어야 한다. 지역주민들이 주도적으로 관광사업을 꾸려나갈 수 있도록 지역마다 사회적 기업이나 중소 기업형 사업체를 적극 설립할 수 있도록 지원해야 한다.

 Case Study

관광정책 추진 해외사례

1. 태국 방콕

태국의 수도 방콕은 다양성을 총집결 해 놓은 도시라고 할 수 있다. 수많은 외국인들이 생활하는 국제도시이자 도심 곳곳에는 고가의 명품 브랜드에 서부터 값싼 생활용품까지 방콕을 '쇼 핑천국'이라 해도 과언이 아니다.

어메이징 타일랜드 그랜드 세일은 6월 부터 8월까지 태국을 찾는 여행객들 에게 10~50%에 이르는 할인과 함께

다양한 품질의 제품들을 구입하는 찬스와 각종 이벤트를 함께 즐길 수 있는 기회를 제공하며, 방콕 및 치앙마이나 푸켓, 파타야와 같은 주요 도시의 많은 백화점과 상점들을 이벤트에 참여하 도록 초청하고 있으며, 고급 상품들을 저렴하게 구입하는 쇼핑을 즐길 수 있도록 국내·외 관광 객을 대상으로 하여 프로모션 프로그램이 진행되고 있다.

2. 싱가포르

할인이 곧 법칙인 싱가포르는 연계행 사로 여름휴가 시즌인 매년 5월말이 되면, '싱가포르 대 세일(Great Singapore Sale)'을 7월말 까지 두 달간 싱가포르를 쇼핑의 천국으로 변하게 한다. 싱가포 르 대 세일기간에는 싱가포르 관광청 에서 다양한 프로모션을 통해 국내 관 광객에게 대대적인 홍보를 하고 있으 며, 우리나라의 각 여행사들은 다양한

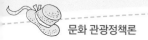

이벤트를 마련하여 싱가포르 여행을 즐겁게 할 수 있도록 한다.

싱가포르 대 세일이 펼쳐지는 8주 동안에는 최대 70%까지 초특급 세일과 함께 연장영업을 실시하며, 많은 관광객이 편안하게 쇼핑할 수 있도록 하고 있다. 다양한 이벤트와 무료선물과 기념품 제공, 행운권 추첨 등으로 즐거움을 선사한다.

3. 홍콩

'쇼핑'이 트레이드마크인 홍콩은 아시아 제1의 쇼핑 관광지로서 홍콩이 세계적인 관광지로 성장할 수 있었던 것은 홍콩의 지리적인 위치가 기여한 바 크다. 아시아 지역을 여행하는 많은 외국인들이 홍콩을 경유하였고, 이들을 대상으로한 숙박, 유흥, 상업이 자연스럽게 발달하였다.

홍콩 쇼핑 페스티벌은 매년 6월 말에 시작되어 8월 말까지 계속되며, 이 기간동안에는 홍콩전역의 상점에서 세일을 하지만 각 상점마다 세일기간과 폭은 따로 있다.

관광객들에게 믿을 수 있는 서비스를 제공하기 위해 홍콩관광 진흥청이 마련한 품질인증 제도로서 QTS(Quality Tourism Service)마크가 있는 상점이나 레스토랑은 매년 시행되는 엄격한 평가를 통과하였으며, 가격을 정확하게 명시하고 있다.

홍콩관광 진흥청이 정한 4가지 주제 '패션뷰티', '보석/시계', '전자제품', '중국전통제품과 관련된 물건'을 주어진 시간내에 각각 하나씩 쇼핑하는 것으로 진행된다.

해외사례에서 알수 있듯이, 프로모션 프로그램을 관광청과 관광업계가 하나가 되어 진행되고, 외국인 관광객 유치를 위한 대대적인 홍보활동을 전개한다.

연장영업을 실시하고, 쇼핑관광객들에게 신뢰를 형성하기 위해 품질인증 제도를 도입하여 시행하며, 본 마크를 부착한 업체는 관광객들이 믿음을 갖고 쇼핑할 수 있도록 관련기관에서 적극적인 홍보마케팅을 전개하는 등 외래 관광객들에게 대대적인 쇼핑촉진을 유도하고 있다.

5 관광정책 추진 개선방안

1) 정치적, 경제적 기능 제고

(1) 관광정책 목표의 명확화 및 강력화 추진

우리나라의 관광정책은 주로 문화정책의 하위단위로 인식되면서 문화의 활성화 차원에서 관광산업을 인식하였다. 하지만, 앞으로는 관광에 대한 인식의 변화를 통해 진정으로 중요한 관광의 개념을 이해하고 대통령의 올바른 관광정책관 형성이 필요한 시기이다. 따라서 최고 결정권자인 대통령과 정책 담당자들이 관광정책에 대하여 확고한 목표를 설정하고 이를 실행해야 한다.

무엇보다 관광정책은 특정한 분야의 목표만을 설정할 것이 아니라 기능이 다양한 만큼 복합적인 목표를 설정하여 이를 추구하는 것이 바람직하다.

관광정책을 강력하게 추진하기 위해서 목표를 명확하게 설정하였더라도 이를 강력하게 추진할 수 있는 체계가 존재하지 않으면 안 된다. 정보화사회에서는 모든 정책이 단면적이지 않고 복합적이고 융합적이기 때문에 이를 추진하기 위해서는 관광정책만을 전담하는 집행부서가 필요하다.

2) 남북문제 긴장완화 활용

남북한 통일에 따른 급격한 변화로 인한 부작용을 최소화시키면서 한민족이 풍요로운 삶을 영위하고, 남북 간 지역불균형 타개, 문화의 동질성을 회복하고 민족의 일체감을 조성할 수 있는 정책개발을 목표로 설정한 통일관광정책을 개발해야 한다.

2) 국가정책으로서 장기적, 체계적 추진

(1) 관광정책의 지속가능성 강화

관광정책은 대통령이나 정책결정자들이 어려운 문제에 현명하게 대처하며, 책임있는 관광산업정책을 추진해야 한다. 관광지역의 물리적·문화적인 환경에 손

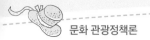

해를 가함이 없이 주민과 관광객 모두에게 동등하고 장기적인 편익을 가져다주는 관광산업정책을 입안하여 추진하는 일이 앞으로의 방향이라 할 수 있다.

지속가능한 개발에 있어서 관광의 이익은 관광이 자연환경과 인간환경 모두 상품으로 판매하는 산업이다. 따라서 인간과 환경지향적인 새로운 관광정책에서 능률적인 관광을 위한 친환경 개발로 지역주민들을 고려하여 최적의 희망조건을 충족시키는 것이 중요하다.

(2) 관광정책의 글로벌화

글로벌시대에 맞는 관광정책의 향후 발전을 모색하고 최고 결정권자인 대통령은 반드시 새로운 관광정책체계를 정착시켜야 한다.

세계화에 따른 우리나라의 새로운 관광정책체계의 변화방향은 다음과 같다.

첫째, 가장 한국적인 관광상품의 개발이다.

둘째, 세계적인 수준의 국제회의 및 국제기구 유치를 위한 기반을 조성해야 한다.

셋째, 한국의 문화관광 이미지를 개선하는 것이 시급하다.

넷째, 관광안내체계의 개선 및 인력수준의 향상이 중요하다.

다섯째, 관광숙박시설의 균형 있는 확충이다.

여섯째, 지역 관광자원 개발을 통한 볼거리 제공 등이다.

결과적으로 융합적인 관광정책 추진이야말로 관광의 세계화를 성공시킬 수 있다.

3) 관광자원의 적극개발

관광수요의 지속적인 증가로 인하여 적극적인 관광개발의 필요성이 대두되고 있다. 따라서 관광개발은 관광수요에 적합하게 개발되어야 난개발을 방지하고 민간투자를 활성화할 수 있다.

3) 거버넌스적·융합적 추진

(1) 관광정책의 거버넌스적 접근

관광이 갖는 특성으로 인하여 여러 부서와 기관, 인적, 물적 자원 등이 결합되어있기 때문에 전문가들만의 영역도 아니다. 따라서 관광정책을 효율적으로 추진하고 효과적인 결과를 도출하기 위해서는 거버넌스적 접근이 필요하다.

- 국민국내 관광, 국외 관광 충실화를 위해서 정부차원, 기업차원, 국민차원에서 노력을 기울일 필요가 있다.
- 외래관광객 유치증대를 위한 정책과제의 마련이 필요하다.
- 숙박시설, 표지판, 안내책자 등의 기간시설을 전국적으로 확충할 필요가 있다.
- 관광정책을 추진하기 위해서는 지역단위의 협력이 매우 중요하다.

우리나라 지역개발계획 체계는 국토종합계획중앙정부, 도 종합계획광역자치단체, 시·군 종합계획기초 자치단체으로 구분하며, 지역개발과 관광개발 계획의 연계성 측면에서도 시·군 관광개발 계획의 필요성이 크다.

(2) 다른 산업과의 연계강화

오늘날 관광과 관련하여 유의할 점은 융합성이다. 관광의 추진도 여러 부서가 관련되기 때문에 국가정책의 형성 및 심의 단계에서부터 각 부서 간의 간격을 메우고 같은 방향성이 되도록 할 필요성이 있다. 특히, 관광이 자원면에서 전통문화, 맛집 등 음식문화, 골프 등 스포츠, 드라마, 영화와 음악 등 대중문화, 지역 특산물 또는 기업의 제품까지도 연결된다.

인터넷과 모바일 등의 보급증가로 관광정보에 대한 세계화·개인화가 급속히 이루어져 새로운 상황이 바뀌고 있다. 따라서 이제는 관광에 대한 다른 산업과의 연계와 융합을 전제하고 개발과 추진이 이루어져야 한다.

4) 관광관련 법제의 정비: 관광청 신설

우리나라 관광에 대한 체계적인 정책수립과 집행을 위해 '관광청'의 신설이 시급한 과제라 할 수 있다.

관광을 담당하는 중앙부처에서 관광은 문화와 홍보의 하위개념이다. 한국관광공사와 관광연구원을 통하여 관광에 대한 집중을 꾀하고 있으나, 대부분 국가정책으로서의 관광정책을 다루기보다는 관광산업 활성화를 위한 마케팅에 집중하고 있다. 따라서 국가정책으로서의 관광정책이 독립적인 영역을 구축하기 위해서는 외청으로서 '관광청'의 신설이 필요하다.

 Case Study

제3차 관광개발 기본계획(2012~2021)

1. 대구·경북 관광권

① 목표 및 전략 목표: "3대 문화 역사관광의 거점" 전략

• 3대문화권 중심으로 역사문화 관광 콘텐츠의 육성

• 백두대간 및 동해안을 연계한 녹색관광 실현

• MICE산업 및 지역산업 연계형 산업관광 육성

2. 부·울·경 관광권

① 목표 및 전략 목표: " 해양레저, 크루즈관광 중추지역" 전략

• 동북아 크루즈 관광의 허브 구현

• 남해안의 해양자원을 활용, 경쟁력 있는 해양·휴양관광 육성

• 지역산업 연계형 산업관광 및 MICE 산업 육성

• 산·강·바다가 어우러지는 생태관광 연계벨트 조성

3. 강원 관광권

① 목표 및 전략 목표: "생태·웰빙 관광 및 동계 스포츠의 메카"전략

• 평창-강릉-속초 연계 글로벌 관광벨트 구상

• 동해안과 백두대간을 연계한 생태관광의 거점 육성

• 관광단지와 지역연계를 통한 복·융합 관광산업 클러스터 조성

• 한반도 평화생태 관광벨트를 평화생명관광의 세계적 명소로 개발

4. 제주 관광권

① 목표 및 전략 목표: "글로벌 경쟁력을 갖춘 자연유산관광 및 MICE산업의 중심"전략

• 유네스코 자연·문화유산 관광자원화

• 제주 고유의 자연과 문화를 활용한 관광 콘텐츠 개발

• MICE 등 고부가가치 관광산업 육성 및 지역 고유산업 복·융합

• 지역 고유 농수산물을 활용한 음식·쇼핑관광의 육성

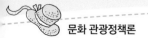

5. 호남 관광권

① 목표 및 전략 목표: "아시아를 대표하는 문화관광 중추지역"전략
- 전통과 현대문화가 조화된 아시아 대표 문화관광축 설정
- 새만금·서남해안을 연계, 국제수준의 해양관광명소 육성
- 해양, 산악, 수변을 연계한 생태체험관광 기반 구축
- 호남 고유의 문화관광 자원 브랜드화

6. 충청 관광권

① 목표 및 전략 목표: "과학기술과 관광이 결합된 융합관광의 거점"전략
- 미래형 과학관광의 거점
- 양·한방이 어우러진 한국형 의료관광 육성
- 내포-백제-중원 문화권을 연결하는 역사문화 관광루트 조성
- 해양-하천-산악을 연결하는 녹색문화축 설정

7. 수도 관광권

① 목표 및 전략 목표: "미래를 선도하는 동북아 관광허브"전략
- 경쟁력 있는 도시관광 육성으로 동북아 국제 관광 허브화
- 한류관광, 의료관광, MICE 등 고부가가치 복·융합관광 육성
- 미래형 해양관광산업 육성 및 국제수준의 테마파크 조성
- 도시민을 위한 여가관광 공간조성 및 활성화

제2절 미래관광정책 수요

1 새로운 관광정책 수요

향후 관광시장은 동북아시장을 중심으로 한 국제 관광시장의 지속적성장, 여가관광소비의 전 세계적인 확산, 관광소비경험의 다양화와 고도화 등이 예상된다.

관광수요는 워크 라이프 밸런싱Work & Life Balancing 추구에 따른 여가관광수요의 확대, 여행의 일상화에 따른 고부가가치 여가관광시장의 확산 등이 기대된다.

경제협력개발기구OECD가 발표한 '관광산업의 더 나은 미래를 만들기 위한 메가 트렌드 분석'보고서에서 2040년까지 관광산업을 변화시킬 기대흐름메가트렌드은 여행객 수요의 변화, 지속가능한 관광성장, 기술진보, 여행이동성 증대 등을 언급하고 이에 대비할 때 정책적으로 고려할 사항을 제시하였다. 특히 디지털 경제, 자동화와 인공지능, 블록체인, 가상현실과 증강현실 등 기술의 진보는 많은 사람들어 여행을 더욱 저렴하게 즐기는 효율적이며 쉽게 접근할 수 있다.

향후 관광산업의 주요 환경 변화 요인으로는 자본주의의 진화, 다문화 사회의 진전 가속화, 신 한류 등으로 인한 한국의 국제인지도 향상, 스마트 기술혁명으로 인한 스마트 관광으로의 진화가 예상되고 있다. 그리고 관광시장은 감성이나 체험중시 현상으로 인해 적극적 관광향유 계층이 증가하면서 관광복지에 대한 요구가 많아지고 관광수요의 양극화가 더욱 심하게 나타날 것이다.

이러한 현상으로 인해 관광서비스에 대한 양과 질의 동반성장이 강조되고, 국민 삶의 질 향상 요구에 대한 적절한 대응과 품격 있는 관광 콘텐츠 발굴의 필요성이 제기된다.

정책 환경, 관광시장의 변화로 인해 유발되는 새로운 정책수요를 살펴보면 다음과 같다.

첫째, 관광수요의 양극화와 관광복지의 추구, 적극적인 관광향유에 대한 수요에 의한 정부역할의 재정립이 요구된다.

둘째, 관광수요의 양극화 및 융합형 관광산업의 등장, 감성·체험중시로 관광정책 영역의 다변화가 요구된다. 이는 품격 있는 관광 콘텐츠 개발과 소셜 투어리즘의 확대 등에 대한 정책수요가 중요시 된다.

셋째, 융합형 관광산업 및 새로운 관광산업 영역의 등장으로 관광정책 추진체계의 재정비가 요구되며, 재분배 정책의 강화 등을 통하여 관광일자리 창출, 관광인프라 조성 등의 정책이 요구된다.

2 방한 및 국내 관광수요 확대 정책

1) 방한관광 수요 확대

① 비자제도 완화 등 출입국 편의 향상
- 중국: 복수비자5년 대상지역 소득 상위 4개 도시 → 13개 도시로 확대
- 동남아 3개국, 베트남, 필리핀, 인도네시아: 온라인 비자 신청과 발급
- 인도: 단체여행객 대상 단체비자 발급
- 수수료: 중국과 동남아 단체비자 수수료 면제 기간연장~'19년 말, 아세안 국가 단기비자 수수료 면제'19.10~12
- 비자신청센터 설치: 베트남 하노이·호찌민, 인도네시아 자카르타에 신설

② 중국·일본·중화권 시장 안정적 관리
- 중국: 증가하는 2030 개별관광객 대상 홍보·마케팅 추진
- 일본: 다양한 방한 수요 창출과 신한류 연계 상품 개발·홍보
- 대만·홍콩: 핵심 방한계층과 잠재 수요 맞춤형 상품 개발

③ 신남방정책 연계 아세안·인도 대상 특별 마케팅
- 계기홍보: 한-아세안 특별 정상회의'19.11월. 한국 연계 K-POP콘서트, '한국문

화관광대전' 개최와 현지 대규모 국제 관광박람회 참가
- 특별환대캠페인: 국가맞춤형 '환대 주간' 운영'19년 태국, 베트남 → 앞으로 아세안 국가

④ 방한관광 해외광고 전략적 송출
- 현지화 광고:현지인/현지어를 사용한 맞춤형 광고 신규 제작 및 송출 확대
- 콘텐츠 제작: 소셜미디어 콘텐츠유튜브, SNS 등, TV프로그램다큐, 여행, 미식 등 제작·송출

2) 우리국민 국내여행 지원

① 생애주기별·계층별 여행 지원
- 청소년·청년: 안전하고 즐거운 여행을 위한 청소년 '시작하는 여행자'와 청년의 신선한 관광 아이디어를 발굴하는 '상상하는 여행자' 운영
- 근로자: 근로자·기업·정부가 공동으로 여행경비를 적립해 국내여행 시 사용하도록 하는 '근로자 휴가지원 사업' 확대'18년 2만 명→ '20년 8만 명
- 고령자: 고령자의 국내여행 활성화를 위한 '꿈꾸는 여행자' 지원
- 소외계층: 문화누리카드 지원금 증액* 복권기금과 열린 관광지 조성 확대**

* 문화누리지원금 증액(안) : ('19년) 8만 원 → ('20년) 9만 원 → ('21년~) 10만 원
** 장애인·고령자·영유아가족 등을 위한 장애물 없는 관광지(~'22년 100개소, 누적)

② 국내여행 활성화 추진
- 여행주간: 봄·가을, 국내여행 동기 부여를 위해 새로운 여행 유형 제안, 지역별 프로그램 운영과 관련 사업 연계
- 휴가문화 개선: 자유롭게 휴가를 내고 여행을 떠나는 사회 분위기 조성을 위한 '여행이 있는 금요일' 캠페인 추진
- 여행정보 제공: 매월 '추천 가볼만한 곳' 선정
- 경향 분석: 거대자료빅데이터 활용 국내여행 경향 분석, 홍보·마케팅 전략 수립 시 유기적 연계

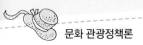

관광혁신으로 일구는 경제활력·삶의활력
대한민국 관광 혁신전략 5대 과제

방한 및 국내관광 수요를 확대하겠습니다

방한관광 수요확대

출입국 편의제고
- (중국) 복수비자 대상지역 확대(4~13개)
- (동남아) 전자비자 발급
- (인도) 단체비자 발급

안정적 시장 관리
- (중국) 2030 FIT 대상
- (일본) 청소년 방한여행, 한류·미식 상품
- (대만·홍콩) 2040 여성, 가족, FIT 시니어 대상

홍보마케팅 강화
- 신남방정책 연계 K-POP 콘서트 개최
- 전략적 해외광고 송출

국내 관광 수요확대
- 생애주기별 관광프로그램 지원
- 여행주간
- 여행이 있는 금요일

지역 관광거점도시를 육성하겠습니다

국제 관광도시
- 스마트 환경 정비
- 항공 크루즈 노선 확충
- 도시 브랜드 확립
- 해외홍보 지원

관광 거점도시
- 산학연계 산업생태 구축
- 체류형 관광코스 발굴
- 관광교통 연계망 구축
- 홍보, 마케팅, 규제완화 등

체류형 여행지
- 노후 관광지 재생
- 다양한 관광자원 연계 상품개발
- 일자리창출사업 연계

매력있는 콘텐츠에 집중 투자하겠습니다

한류·e스포츠 공연
- K-POP 페스티벌 상설화
- e스포츠 상설경기장 조성
- '코리아 브로드웨이' 조성

DMZ
- 평화의 길 10선
- 평화관광열차
- DMZ 문화예술행사

해양
- 해양관광 거점조성
- 섬 관광 활성화
- 크루즈 관광 활성화

문화유산
- 세계문화유산 관광자원화
- 문화유산 방문의 해
- 조선왕릉 둘레길 조성

의료
- 의료협력 거점센터 신설(베트남)
- 웰니스 관광클러스터
- 중증환자 유치

스마트 관광산업 생태계를 조성하겠습니다

관광기업 성장사다리 구축

금융 기술 / 인력 인프라

예비창업 → 창업초기 → 성장벤처 → 선도벤처 → 글로벌기업

유니콘 기업으로 도약

- 예비창업 패키지 사업
- 도전 K-스타트업
- 사업화 자금확대

- 관광기업 지원센터 (서울 + 지역)
- 액셀러레이터 지원

- 관광서비스 R&D
- 혁신 성장자금 지원

- 해외진출 지원, 컨설팅
- 관광플러스 팁스(TIPs)

🏛 문화체육관광부

출처: '대한민국 관광 혁신전략' 붙임자료

🔼 그림 6-1 대한민국 관광 혁신전략 5대 과제

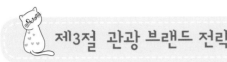

제3절 관광 브랜드 전략

국제적인 관광을 진흥하기 위해서는 한국을 대표하는 랜드마크를 홍보하고 관광국가 이미지를 구축하여 브랜드화를 하는 것이 필요하다.

2005년 월간중앙과 한국 이미지 커뮤니케이션 연구원이 공동으로 미국·일본·중국의 오피니언 리더 600명을 대상으로 조사한 결과, 미국인은 한국전쟁, 북한의 핵문제, 그리고 경제성장을, 일본인은 김치, 한류, 월드컵 등 한국을 대표하는 것으로 조사되었다.

'조용한 아침의 나라'라는 슬로건에서 2002년 월드컵을 계기로 'Dynamic Korea'로 바꾸었다. 그리고 'Sparkling Korea'라는 한국의 관광브랜드 개념으로 바꾸었는데, 이는 기존의 슬로건이 우리나라의 민족성이나 관광특성을 완전히 나타내지 못한다는 지적에서 비롯되었다.

글로컬Glocal시대는 도시 브랜드 확보경쟁의 시대이다. 즉, 어느 특정지역으로 국한된 도시마케팅만으로 세계적인 도시로 발전하기에는 한계가 있다.

만족스러운 사회, 경제적 인프라 구축, 친환경적 도시조성, 살고있는 지역에 대한 시민들의 자부심 등 다른 도시와는 확연히 차별화된 도시이미지 구축이 필수적이며 체계적인 도시마케팅으로 잠재적인 내·외국인에게 매력적인 도시로의 강한 이미지 인식이 절대적으로 필요하다.

매력적인 도시브랜드만이 향후 도시경쟁력 확보 및 승패를 좌우할 수 있다. 차별화되고 독특한 이미지를 가진 도시는 발전할 수 있지만, 그렇지 못한 특성이 결여된 도시는 발전하기 어렵다. 도시가 가지고 있는 매력자체뿐만 아니라 도시의 혼이 가미된 도시브랜드만이 세계 일류도시가 될 수 있다. 현대사회는 글로벌 시대의 경쟁단위로서의 개별국가 개념이 약화되고 대도시를 중심으로 한 경쟁이 심화되고 있다. 이러한 환경에서 도시브랜드 구축은 경쟁도시와의 차별성을 통해 도시들 간의 경쟁에서 우위를 확보할 수 있는 국제화 시대에 도시의 가치를 결정하는 중요한 요인으로 작용하고 있다.

도시의 브랜드 자산Brand Equity을 높이기 위해서는 도시 내 기업이나 자치단체가 상품이나 특화산업에 대한 이미지를 고양하고 경쟁력을 가질 수 있는 산업 및 지역브랜드를 개발하여 도시의 경쟁력을 높이기 위한 방안을 마련할 필요가 있다.

1 관광브랜드의 개념

관광브랜드는 일반 관광사업의 영리를 위한 브랜드를 관광상품 브랜드로, 관광지나 관광자원에 대해서 관광객에게 가치와 이미지를 전달하여 주는 관광지 브랜드로 구분된다. 관광지 브랜드는 관광지의 관광자원에 대하여 지역주민 혹은 관광객들이 인지하는 이미지나 정체성의 총체라고 할 수 있다.

관광지 브랜드는 관광대상으로서의 관광 매력물에 대하여 지역주민 혹은 관광객들이 상징화·기호화·이미지화하여 인식하기 쉽도록 구조화시킨 '평판' 혹은 '이미지'이다.

관광의 브랜드화란 관광산업에 대한 내·외국 관광객들의 인식과 차별화된 이미지를 제고하기 위한 전략적 노력으로 자연, 풍속, 유적 등 다양한 관광거리에 이름을 붙이거나 의미를 부여하여 이를 각종 마케팅 수단을 통해 전달하고, 결과 평가를 통해 장기적 자산으로 구축하는 과정이다.

관광브랜드는 국가 또는 도시브랜드의 인지도와 이미지를 제공하기 위한 구체적인 마케팅 활동 또는 커뮤니케이션 활동의 수단으로 이해할 수 있다.

2 관광브랜드의 특징

관광브랜드의 특징에는 정체성, 매체성, 파급성, 대표성, 희소성, 지속가능성, 부가가치성 그리고 신뢰성의 특징을 가지고 있으며, 그 내용은 다음과 같다.

첫째, 관광브랜드는 정체성을 가지고 있다. 정체성은 다른 것과 구별되는 특성의 고유한 특징을 가지는 식별가능성을 가지게 된다, 그 관광지는 관광지답다는

연속성과 동일화를 강조하는 동일성, 그 관광지는 다른 관광지와는 다르다는 특이성 및 우월성을 강조하는 개별성이다.

둘째, 관광브랜드는 매체성을 가지고 있다. 관광주체로서의 관광객, 관광객체로서의 관광자원, 그리고 관광주체와 관광객체를 매개하여 커뮤니케이트 시키는 역할을 수행하는 매체로서의 역할을 한다.

셋째, 관광브랜드의 파급성은 관광객 수입 창출로 유·무형의 지역 파급효과를 발생시킨다.

넷째, 관광브랜드는 대표성을 가지고 있다. 관광브랜드 도시는 지역문화를 반영하는 대표적인 척도구실을 한다.

다섯째, 관광브랜드는 지속가능성을 가지고 있다. 관광객의 지역에 대한 지속적인 방문을 유도시키는 동기유발의 역할이다.

여섯째, 관광브랜드는 희소성으로 이 세상에 단 하나라는 희소한 자원가치로서의 고유성을 가진다.

일곱째, 관광브랜드는 부가가치성을 가지며, 기존 관광자원의 관광가치에 새로운 가치를 부여시켜 새로운 관광가치로 재탄생시킨다.

여덟째, 관광브랜드는 신뢰성을 가지고 있음으로 인해서 관광객이 관광지나 관광상품 선택 과정에서의 위험성을 감소시켜 준다.

관광브랜드가 하나의 정책적 수단으로 정착되어 가고 있는 상황에서 반드시 주지해야 할 점은, 관광브랜드는 그 자체로 개별적인 유의미성을 확보할 수 있는 개념이나 수단이 아니라는 것이다. 즉 관광지가 속한 국가에 대한 이미지가 관광지 관련 정보와 복합적으로 작동하여 관광지의 이미지를 형성하는 것이고, 이러한 이미지가 무형의 관광상품을 구매하기 위한 잠재 관광객의 의사결정 과정에 주요한 영향을 미치게 된다.

관광지는 제품과 마찬가지로 하나의 상품으로 취급되고 브랜드로 인식되는 시대를 맞았으며, 관광지를 선택하는 주체인 관광객이 국내·외 관광지를 결정하는 것은 해당 관광지를 하나의 브랜드를 인식하고 브랜드 가치에 따라 최종 선택을 한다.

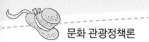

3 관광브랜드의 효율성

관광브랜드가 중시되고 있는 이유는 다음과 같다.

첫째, 관광 소비자의 시점으로 관광 목적지나 관광상품의 평가를 높이는 것이다. 관광 목적지나 관광 목적지에서의 관광상품이 브랜드가 되기 위해서는 품질이나 평판을 높여서 소비자로부터 신뢰를 높이는 것이 중요하다.

둘째, 관광 목적지 또는 관광상품의 시점이다. 경쟁이 심화되고 있는 관광시장에서 살아남기 위해서는 다른 관광 목적지나 관광상품에는 없는 부가가치를 높이는 수밖에 없다. 그 비장의 무기는 바로 '관광브랜드'이다.

셋째, 지역·주민의 시점이다. 관광브랜드에 의해 지역경제가 활성화되어 지역관광에 대한 주민의 애착이 높아지는 것을 기대할 수 있다.

안정된 관광시장 확보로 지역 관광 경제에 활성화를 도모 및 경쟁 관광시장에 우위를 선점할 수 있고, 타겟 시장별 관광상품을 구성할 수 있다는 점에서 관광브랜드의 필요성은 점차 커지고 있다.

4 세계의 도시 관광브랜드

세계 일류도시들의 공통점은 지역과 국경을 초월한 도시의 아이덴티티 확보를 위해 조력을 다하고 있다. 이런 의미에서 도시발전 전략의 하나로 경쟁도시와 차별화할 수 있는 브랜드전략이 필수적이다.

도시마케팅은 외부인에게는 방문을 유도하고 시민에게는 애향심을 고취시키며, 외래관광객에게는 도시를 홍보하는 한편 방문을 유도하는 역할을 한다. 외래관광객들은 현지인의 생활 속에서 깊게 들어가서 문화를 배우고 체험하고 싶어한다.

관광 콘텐츠는 관광지와 관련된 관광자원과 관광 매력물을 의미하며, 관광 콘

텐츠는 다양한 형태의 매체를 통하여 관광객들에게 제공될 수 있다.

관광 콘텐츠를 통해서 도시 브랜드를 향상시키는 전략을 세운다.

도시브랜드의 결정요소는 ① 관광 ② IT/투자 ③ 기업활동 ④ 교육/인적자원 ⑤ 정책/공공서비스 ⑥ 산업/인프라 이다.

이와 같이, 도시브랜드 결정요소들은 관광과 관련된다. 미래도시의 브랜드를 향상시키는 과정은 관광, IT, 기업 활동, 교육정책, 산업 등의 측면들이 전면적으로 융합하는 것이 창조도시를 만드는 과정이다.

다음은 각 도시가 가지고 있는 독특한 특징을 잘살려 도시브랜딩을 구축한 성공사례들이다.

1) 뉴욕의 도시브랜드

도시브랜드 성공사례에서 가장 유명한 곳이 뉴욕이다.

현재 뉴욕은 세계금융의 중심도시이며, 뉴욕 브로드웨이는 문화의 중심도시로 유명하다. 뉴욕은 전 세계인들이 가보고 싶은 도시 중의 하나이다. 이러한 뉴욕의 이미지가 만들어지기까지 뉴욕은 지난 46년에 걸쳐 도시마케팅을 대대적으로 펼쳐왔다.

도시 관광브랜드 활성화를 위한 민간주도형의 본격적인 도시마케팅인 Big Apple캠페인 "I ♥ NY" 프로그램을 운영하여 성공을 거두었다.

뉴욕시는 관광과 산업의 중심지로서 도시의 핵심역량을 보유하고 있었다. 관광지로는 자유의 여신상, 엠파이어 스테이트 빌딩, 센트럴 파크, 브로드웨이, 뉴욕양키즈 등 풍부한 관광자원을 가지고 있다. 또한, 세계무역, 금융의 중심지로서 높은 인지도를 가지고 있을뿐만 아니라 교통중심지로서 접근 및 이동의 편리함을 갖추었다.

뉴욕을 찾아오는 많은 관광객들이 뉴욕을 사랑할 수 있도록 다양한 관광상품을 개발했다. 대표상품이 브로드웨이 쇼이다. 1년 365일 끊임없이 뮤지컬을 무대에 올렸고, 관련된 축제와 스타들을 배출했다. 이러한 노력의 결과로 브로드 웨이는 뉴욕을 방문하는 사람들이면 반드시 뮤지컬 한 두 개는 보고 가는 필수코스가 되었다.

2) 싱가포르의 도시브랜드

동남아시아의 중심으로 우수한 지리적 위치를 갖춘 싱가포르는 국제 비즈니스 도시로서 높은 인지도를 가지고 있다. 싱가포르에서만 경험할 수 있는 독특함을 홍보하고자 "Uniquely Singapore" 즉 "하나밖에 없는 싱가포르"라는 슬로건을 내세웠다. 다양한 인종, 풍광, 지리적 위치, 전통 등의 면에서 "Unique"라는 단어는 싱가포르를 가장 잘 설명해주고 있다.

싱가포르는 국제회의 선호지역으로 손꼽히며 보안, 안전에 대한 높은 신뢰도를 지니고 외국 자본 및 기업에 우호적인 비즈니스 환경을 제공하는 것으로 유명하다. 싱가포르 도시마케팅은 젊고 역동적인 이미지를 강조하고 전체적으로 화려하고 생기발랄한 "NEW ASIA"라는 상위 슬로건과 함께 "Live it up"이라는 활동적 슬로건을 함께 사용하는 것을 그 개요로 삼았다.

세계적 수준의 스포츠, 문화 이벤트를 개최하는 한편 국제회의 선호지역이 되도록 교통, 숙박, 회의실, 전시실 등 각종 인프라 구축에 힘써 국제 비즈니스 도시로서 브랜드 이미지를 확립했다.

3) 홍콩의 도시브랜드

홍콩은 자유무역 도시로 세계적인 쇼핑천국으로 알려져 있다. 홍콩의 도시브랜드 슬로건은 'City of life: Hong Kong is it'이고 도시는 작지만, 홍콩은 생활의 도시이고 소비도시이다.

홍콩은 요리, 쇼핑, 문화, 관광지, 축제의 다양한 아이템을 보유한 세계적인 관광지로서 높은 인지도를 지녔으며, 동남아시아의 중심으로 우수한 지리적 위치를 선점하고 있다. 다수의 다국적 기업의 아시아 본부를 유치하고 있으며, 국제 비즈니스 도시로서의 높은 인지도를 갖추었다.

홍콩의 도시마케팅 전략은 역동성과 창조성을 강조한 심볼을 활용하고 도시마케팅 슬로건과 심볼의 조합을 통해 동서양의 만남, 국제적 도시의 위상을 표현하고 있다.

4) 영국(런던)의 도시브랜드

오늘날 런던시라는 명칭은 통상적으로 그레이트 런던을 칭하고 있으며, 대도시권 가운데 과거 런던의 출발지인 시티오브 런던이 위치해 있다.

런던은 일찍이 도시명 자체를 브랜드화시켜 이를 통해 구축된 브랜드 이미지를 도시발전과 연계시키는 도시명 브랜드 마케팅을 추진하고 있다.

영국의 수도인 런던은 유럽의 수도로 불리며, 변화무쌍하고 이미지를 지향하는데 관광 및 문화·스포츠 등을 통해 창조문화 도시로서의 도시이미지 구축을 목표로 하고 있다.

런던의 대표적인 도시브랜드 이미지는 전통과 현대 건축물이 공존하며, 세계 금융과 예술 고유물의 중심지인 것과 역동적인 에너지가 있는 도시로 밀라노 파리와 더불어 패션의 중심지라는 것이다. 런던은 색깔을 통해서 도시브랜드를 형성한 대표적인 도시이다. 빨강색은 영국의 전통적인 색깔로 현재 런던의 상징색이며, '전통과 첨단의 도시' 이미지를 만들기 위해 빨강에 파랑을 접목하고 있다.

대중교통 수단인 택시와 버스, 우체통과 공중 전화박스, 지하철의 픽토그램가의 휴지통 모두가 빨강색이다. 아울러 도시 교통시설물과 기반시설물들은 검정색을 하고 있는데, 강렬한 빨강색과 검정이 도시환경에 조화롭게 적용되고 있다.

명시성과 가독성이 좋은 강력한 색이 오히려 도시의 질서를 잡고 나아가 도시의 색이 되고 랜드마크가 되었다.

5) 덴마크(코펜하겐)의 도시브랜드

코펜하겐의 브랜드 슬로건은 '당신에게 열려있는 코펜하겐cOPENhagen-OPEN FOR YOU'으로 비즈니스 환경 및 녹지비율이 높은 도시로서 문화예술 중심의 무한한 기회의 장소, 새로운 아이디어와 에너지, 생각들로 항상 열려있는 활동적인 모습에서 나타나는 도시의 이미지를 'OPEN'라는 단어로 함축하였다. 누구나 살기 좋은 환경의 도시를 나타내면서 도시를 찾아오는 방문객들에게 환영의 메시지와 함께 모두에게 친절하고 열려있는 도시의 이미지를 강조하고 있다.

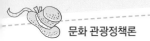

코펜하겐은 도시브랜드를 수립하기 위한 작업에 일반기업, 문화단체 그리고 비 정부기관들이 참여하게 함으로써 새로운 도시브랜드를 제작하였다.

새로운 브랜드는 'COPENHAGEN-Open for You'로 코펜하겐이 새로운 생각과 사고에 수용적이라는 의미와 누구에게나 "열려있는 기회의 도시"라는 이미지를 담고 있다. 코펜하겐의 도시브랜드는 광범위한 브랜드 확장을 시도하기 위해서 브랜드에 자유롭게 패턴과 요소를 적용시킨다.

아이덴티티는 유지하면서 OPEN이라는 적절한 단어의 선택으로 인해 폭넓은 선택의 키워드를 사용할 수 있도록 하고 있다. 이는 도시의 특성을 설명해 주기에 전혀 부족함이 없으며, 타당성을 유지하며 다양한 전개가 가능함을 보여준다.

5 관광브랜드 개발전략

1) 브랜드로서의 관광상품

관광상품이 브랜드로서 그 가치를 인정받기 위해서는 무엇보다 시장의 트렌드를 파악하는 것이 중요하다. 시장의 변화를 읽고 소비자들이 원하는 관광상품을 개발하여야 하며, 또한 소비자들의 구매 욕구를 높이기 위한 브랜드 네임brand name을 부여하는 것이 바로 관광상품기획가의 역할이다.

국가 이미지 개선과 국내 관광브랜드의 구축을 위해 한국만의 관광 이미지 정립에 따라 효율적이고 전략적인 관광상품의 브랜드화 작업이 필요하다. 지역 이미지는 어떤 지역 혹은 지역에 대해 사람들이 지니고 있는 인지적 묘사, 혹은 일반적으로 사실이라고 믿고 있는 것으로 정의된다.

지역 브랜드는 지역의 정체성, 특정지역이 그 지역다울 뿐만 아니라 다른 지역과 다르고, 또 무언가 뛰어나다는 유일함이 있어야만 비로소 구체적으로 나타날 수 있다.

국가 브랜드 가치의 극대화는 자국에서 생산되는 모든 종류의 상품과 자원의 가치를 극대화시키기 위한 노력으로 국가 브랜드산업의 중심에는 '관광브랜드

개발'이 속해있다. 즉 관광산업의 발전을 통하여 국가의 이익을 증대시키기 위한 것으로 '국가 이미지브랜드전략'은 '국가 관광산업 이미지브랜드 전략'과 같은 시각에서 다룰 수 있다. 브랜드는 하나의 제품이 축적된 기술과 디자인으로 만들어질 때 소비자로부터 흥미를 유발하고 그 가치를 인정받으며 브랜드의 철학이 소비자에게 알려지면서 그 브랜드만의 독특한 이미지를 갖게 된다.

브랜드는 일반적으로 제품의 기능과 브랜드의 상징적인 의미에 의해 평가하며, 이러한 평가를 기반으로 브랜드가 확산될 때 비로소 브랜드의 가치도 함께 상승한다.

관광지 브랜드는 관광대상으로서의 관광 매력물에 대하여 지역주민 혹은 관광객들이 인지하는 이미지나 정체성의 총체라고 할 수 있다.

2) 관광명품 브랜드 개발

관광지 브랜드는 관광 대상으로서의 관광 매력물에 대하여 지역주민 혹은 관광객들이 상징화, 기호화, 이미지화 하여 인식하기 쉽도록 구조화시킨다. 관광 명품 브랜드를 개발하기 위해서는 다음과 같은 전략이 필수적이다.

첫째, 철저한 관광브랜드 차별화가 이루어져야 한다. 개성 있고 강한 이미지가 곧 브랜드가 되어야 한다. 고객이 누구인가를 명확히하고 브랜드 제품의 개발과 판매가 진행되어야 한다. 따라서 차별화된 상품을 개발하여 재구매를 유도할 수 있어야 하고 개성이 뚜렷해야 한다.

둘째, 상품보다는 컨셉트concept가 분명한 브랜드 이미지를 판매해야 한다. 명품브랜드의 특징은 컨셉트가 분명한 디자인과 선호하는 특정한 고객층이 있다. 따라서 지속적인 브랜드 개발과 마케팅 전략의 수정보완이 필요하다.

셋째, 국가나 지역을 대표하는 랜드마크를 설정해야 한다. 관광객들은 여행하고자 하는 국가나 지역에 대해 상세하게 기억하기는 어렵다. 따라서 그곳을 대표하는 상징물, 음식, 장소, 인물 등 누구나 기억이나 회상할 수 있는 랜드마크의 홍보효과는 상상이상 많은 영향을 미친다.

오늘날 세계 관광선진국은 차별화된 관광브랜드 개발 및 마케팅 전략을 통해 복잡하고 다양한 세계 관광시장에서 관광성장의 기회를 창출하고 있다.

제4절 국제 관광정책의 방향

국제 관광시장은 앞으로도 꾸준히 증가할 것으로 전망되고 있으며, 향후 2030년까지 경제성장을 견인하는 주요 요소가 될 것으로 예상되고 있다.

특히, 중국, 동남아시아 등 아시아·태평양 지역의 시장비중이 확대되고 있어 우리나라의 적극적이고 선제적인 대응이 요구되고 있다.

21세기 글로벌 관광시장을 지배하기 위해서는 새롭고 다양한 문화와 관광상품을 끊임없이 창출하고 지속가능하게 유지할 수 있는 핵심역량을 가지고 있어야 한다.

글로벌 관광시장을 리드해 나가기 위해서는 장기적인 계획과 일률적인 정책추진력을 가지고 있어야 한다. 세계의 주요 국가들이 관광산업을 미래의 먹거리 산업으로 인식하고 내국인 관광객은 물론 외래관광객들을 유치하기 위해 끝없는 노력을 기울이고 있다. 따라서 향후 치열한 국제 관광환경의 변화에 빠르게 적응하고 이끌어 가기 위해서 국제 관광정책의 방안들을 수립하는 것이 중요하다.

1 국제 관광정책의 중장기 계획 수립

지금까지 우리나라는 국제 관광정책에 대한 인식이 부족하였으며 주로 단기적인 계획과 대처로 인해 미약한 부분이 많았다. 단기적이고 무계획적인 정책을 넘

어 지금부터라도 부족한 정책과 우수한 정책들을 파악하여 창의적이고 독창적인 관광문화를 전파하는 것이 중요하다. 예를 들어, 최근에 세계적으로 돌풍을 일으키고 있는 BTS방탄소년단에 세계인들이 열광하고 있다. 이러한 K-pop의 인기가 단일팀이나 단기적인 인기로 끝나지 않도록 정부와 국민들이 지지하고 지속적으로 유지될 수 있도록 하는 것이 중요하다. 따라서 정부에서는 K-pop이나 문화, 예술, 음식 등이 세계적으로 확산될 수 있도록 불필요한 규제를 철폐하고 적극적인 지원이 뒷받침 되어야 한다. 또한 우리나라 국민들은 우리의 문화, 예술, 음식 그리고 전통적인 것을 세계로 확산할 수 있도록 사랑하고 발전시키기 위해 노력해야 할 것이다.

정부는 중·장기 관광정책을 추진하기 위해서는 정부의 여러 기관 내지는 조직에서 발표하는 관광정책을 통합하여 효율성과 경쟁력을 제고하여 적극적으로 지원할 수 있는 정책이 있어야 할 것이다.

2 글로벌 관광중심지 역할을 위한 정책수립

우리나라가 국제 관광객의 교류와 이동의 중심지가 되기 위해서는 동북아 국가간은 물론 유라시아 대륙과의 다목적 교육의 허브가 되도록 노력해야 한다. 세계적인 관광시장에서 경쟁력을 가지기 위해서는 가장 한국적인 관광 매력지, 서비스, 의료기술, 쇼핑, 휴양, 음식, 문화 등 다양한 기능이 집적된 한반도가 국제적인 수준으로 성장되어야 한다. 이를 위해서는 해외 투자자들을 위한 투자 규제완화와 환경개선, 개발관련 법체계 개선 등이 시급한 과제를 해결해야 할 것이다.

3 시장다변화 전략

현재 우리나라의 국제 관광은 한정된 국가에 대한 의존도가 너무 높다. 이제 우리나라의 관광시장도 국제적인 시장다변화 전략을 세워서 일본, 중국을 넘어

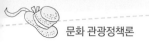

동아시아·태평양 지역의 관광객들을 유인할 수 있는 관광 매력물을 개발하고 홍보하여야 한다.

관광산업은 '시장'이 중요하다. 다양한 국가의 관광객들이 한국을 방문하는 것이 한국관광 활성화에 가장 큰 역할을 한다. 따라서 문화체육관광부에서는 동남아시아 등 관광시장 다변화를 추진하고 있다.

문화체육관광부는 2019년 보도자료에서 중화권과 동남아지역 홍보·마케팅을 위해 100억원의 예산을 투입하여 방한관광객 유치에 노력하고 있다. 또한, 국내관광 활성화를 위해 총 500억원 규모의 긴급운영자금 특별융자지원을 추진한다고 하였다.

방한관광객 상위 6개국인 태국, 필리핀, 베트남, 말레이시아, 인도네시아와 싱가포르에서 ASEAN 환대주간을 운영한다. ASEAN 환대주간 동안에는 공항 입국심사장에 태국어, 베트남어, 대만어 등 소수언어 안내 도우미를 배치하고 공항 등에 환대안내소를 설치·운영한다. 또한, 한류 스타 마케팅을 통한 홍보마케팅을 진행하여 현지 팬들의 한국방문을 공략한다.

관광시장의 다변화 전략을 추진하기 위해서는,
- 항공노선 개설 및 확충
- 비자발급 면제조치 도입 운영
- 무슬림관광 기반시설 확충
- 무슬림 전문여행사 육성
- 무슬림관광상품 개발
- 관광산업 종사자 및 시민대상 관광객 환대교육 실시
- 스마트 관광 기반 홍보·마케팅 강화
- 새로운 관광시설과 관광자원의 발굴·확충 등 전략과제 도출 등.

우리나라는 관광시장 다변화를 확충하여 전 세계인의 관광 목적지로 발전시켜야하며, 관광선진국으로 성장할 수 있는 안목을 가져야 할 시점이다.

4 차별화된 관광상품개발

최근에는 굴뚝 없는 관광산업 활성화를 촉진시키기 위해 정부 및 지자체들이 투자하는 사회적 비용이 증가하고 있다. 그럼에도 불구하고 투자비용 대비 효과는 미미한 상황이다.

외래관광객 수가 증가하면 관광수지가 개선되면서 국가 및 지자체에게는 지역 경제발전과 일자리 창출에 많은 영향을 미치게 된다. 관광정책 계획은 우리의 관점이 아닌 외래관광객의 관점에 대한 체계적인 제도개선 및 창의적인 관광상품개발이 이루어져야 한다.

유럽관광상품의 대부분은 왕궁, 성당, 성요새, 건축양식바로크·로코코·르네상스, 유럽음식, 유럽문화, 유럽역사 등이 있다. 우리나라는 왕궁, 사찰, 산성, 건축양식한옥·초가집, 한식, 한문학, 한반도 역사 등으로 비교될 수 있다. 따라서 우리들이 흔히 접할 수 있는 모든 것들이 외래관광객들에게는 생소하고 신기할 수도 있다는 사실을 깨달아야 한다.

따라서 우리나라 전통문화를 체험할 수 있는 다양한 개별여행 중심으로 경쟁력을 키워나가는 것이 향후 관광산업의 미래를 위해 바람직하다.

이에 대한 사례들은 다음과 같다.

- 전통문화: 한옥마을, 전통혼례, 전통 민속놀이 등
- 음식문화: 김치, 한정식, 불고기, 비빔밥, 궁중요리, 야식문화, 자장면 등
- 놀이문화: 노래방, PC방, 스크린 골프 등
- 건강문화: 마사지, 찜질방, 사우나 등
- 음주문화: 소주, 막걸리, 맥주 등 각종 전통주
- 예능문화: K-POP, 한류드라마, 드라마 촬영지 탐방 등
- 이념문화: 휴전선, 땅굴, 군대체험 등

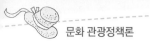

관광상품은 그 자체의 미학과 가치를 가진 특수성을 발현할 수 있도록 개발되어야 한다. 따라서 경관, 편안함, 안락함, 지역다움 등을 느낄 수 있도록 개발하는 것이 필요하다.

5 국제 관광 진흥정책

동북아지역 관광시장은 전 세계적으로 가장 높은 성장률을 보이고 있다. 특히 중국은 2030년 세계 1위의 관광 목적지 및 세계 4위권의 관광 송출국으로 성장이 예상되는 등 동북아지역 관광시장의 급성장이 예상된다.

동북아 관광시장의 확대와 관광산업의 정책적 중요성에 대한 각국의 인식이 확대되면서 일본, 중국 등 주변의 국가들도 외래관광객 유치를 통한 경제성장과 관광교류 확대를 통한 국가이미지 개선을 위해 관광산업 전략적 육성에 국가적 노력을 기울일 필요가 있다. 또한, 동북아시대를 준비하고 국제 관광환경변화에 대응하기 위해서는 관광부문의 새로운 전략수립이 필요하다.

우리나라의 경우 동북아 경제중심국가 실현을 위해 각 정책영역에서 다양한 정책노력을 강구하고 있는데, 관광은 문화적 교류와 인적교류를 수반하기 때문에 실질적 국제교류를 확대시킬 수 있는 새로운 분야로 부상하고 있다.

실질적인 교류와 협력을 바탕으로 둔 동북아 시대를 견인하기 위해서는 인적교류와 문화교류가 확대되어야 한다. 이를 위해서는 관광부문의 체계적인 준비가 필요한 상황인데 관광분야에서는 동북아 시대를 준비하기 위한 전략수립이 미미한 상태이다.

우리나라는 전통적으로 국제 관광 육성을 통한 외래관광객 증대에 초점을 둔 정책을 추진하여 왔으나, 최근 외래관광객 입국 지수 및 관광수입의 정체현상 지속등으로 인해 새로운 방향모색이 필요한 상황에 있다. 특히 국제 관광을 중요하게 추진하는 목적은 외래관광객 증대를 통한 관광수입 확대라는 경제적 가치의 확대와 인적교류 확대를 통한 자국에 대한 문화적 이해증진과 간접적인 이미지 개선에 목적이 있으나, 현재의 국제 관광 육성체계로는 이 두 가지 목적을 원활

하게 달성하기에는 한계가 있다. 새로운 동북아시대의 국제 관광을 선도하기 위해서는 새로운 전략수립이 시급한 실정이다.

동북아 문화교류 확대에 기여하기 위해서는 새로운 환경조성과 동북아시대 국제 관광 선도를 위한 새로운 정책적 대안 강구가 절실히 요구되고 있다. 이를 위해서는 매력적인 관광이미지 조성, 관광 인프라의 기초강화, 상품과 시설의 다양화 및 질적 제고, 국제 관광교류의 거대장벽 해소, 국제 관광협력 확대 등 새로운 정책영역의 발굴이 필요하다.

1) 국제 관광의 기본방향

외래관광객 정체현상을 극복하고 관광을 통한 국가발전을 견인하기 위해서는 새로운 동북아시대에 부합할 수 있고, 국제 관광을 선도하기 위한 새로운 전략수립이 필요하다.

국제 관광을 둘러싼 문제점은 외래관광객을 위한 관광인프라 부족, 볼거리, 놀거리, 먹거리 등 관광상품의 질적 경쟁력 부족, 전략적 홍보체계의 부족, 출입국 절차문제 등의 많은 문제점이 있다. 따라서 우리나라의 관광매력을 높여 동북아시대의 국제 관광을 선도하기 위해서는 매력적 관광 목적지로서의 관광이미지 조성 및 홍보마케팅의 체계화, 국제적 수준의 관광 인프라의 양적확대 및 질적 개선, 매력적인 관광상품의 개발 및 공급확대, 국제 관광거래 장벽의 개선, 국제 관광협력 등의 정책추진이 필요하다.

2) 국제 관광을 선도하기 위한 정책로드맵

국제 관광의 문제와 위기를 극복하고 동북아시대의 국제 관광을 선호하기 위해서는,

관광 목적지로서의 아이덴티티 확보차원에서 새로운 관광이미지 조성과 이를 활용한 체계적 홍보전략 및 관련사업의 지속적 추진을 위한 해외 홍보예산 대폭확대 등 국제 관광 경쟁력제고 문제가 해결되어야 한다.

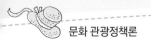
- 관광기반시설의 양적확대 및 질적 개선, 매력적 관광자원 및 상품개발 등 국제 관광의 대상에 대한 정책지원이 강화될 필요가 있다.
- 국제 관광 거래의 편의성을 제고하고 원활한 입출국을 확보하기 위한 전략으로 출입국 절차 및 국제 관광 교통체계 개선이 필요하다.
- 국제 관광 흐름의 원활한 환경을 제공하기 위해 국제 관광 교류 및 협력이 강화되어야 한다.

3) 한국 관광이미지 홍보·마케팅 강화

한국의 대표 관광이미지를 개발하고 이를 활용하여 관광홍보 전략과 연계시키는 정책방안 수립 및 광고, 프로모션 등을 위한 해외홍보 마케팅 예산을 확대해야 한다.

또한 국가관광 홍보 체계의 비효율성을 극복하기 위한 전략수립이 필요하다. 특히 국가관광 홍보의 단점을 극복하고, 민간의 창의성을 활용하기 위한 정책방향 수립이 필요하다.

4) 관광기반시설의 다양화 및 질적 수준 제고

국제 관광의 가장 기반이 되는 인프라 시설에 대한 지원이 강화되어야 한다. 특히 특급관광호텔, 중저가 숙박시설, 일반호텔, 전통호텔 등 외래관광객을 위한 숙박시설의 질적 수준제고 및 다양성이 확보되어야 한다.

전 세계적으로 주목받고 있는 컨벤션 산업의 고부가가치화를 위한 정책지원, 새로운 매력물 확보차원의 세계적 테마파크 개발에 대한 정책방향이 필요하다.

5) 테마 관광상품 개발

전통문화, 전통음식, 현대문화 등 우리나라의 전통문화에 바탕을 둔 체험관광상품의 개발과 외래 관광객 3천만명을 달성하기 위한 전략시장별 특화된 상품개발이 필요하다.

6) 출·입국 제도개선

국제 관광의 거래장벽 해소 및 편의성과 국제 관광 목적지로서의 경쟁력을 확보하기 위해서는 국제 관광 거래의 고품질화 및 다양화가 유도되어야 한다. 이를 위해서는 우선 직접적 유치대상이 되는 동북아 시장의 관광교류를 확대하기 위한 출입국 제도의 편의성이 제고되어야 한다.

7) 동북아 시장의 연계 교통망 확충

역내 교통망이 국내 목적지 시장으로 이동하는데 편의성과 새롭게 부상하는 교통수단을 통한 관광교통 매력성이 제고되어야 한다. 동북아 시장의 국제 관광 교류를 촉진하고 협력적 발전 토대를 구축하는 것이 전체적인 시장규모를 확대하고 상생의 관광환경을 조성하는데 중요한 여건을 제공할 것이다.

이를 위해서는, 동북아 시장의 역내 관광교류 및 협력을 확대해야 한다. 특히 전략적 동반자로서 남북관광 교류협력이 강화되어야 장기적인 한반도 관광경쟁력이 제고될 수 있다.

6 관광선진국의 국제 관광정책사례

국제 관광정책은 한 나라의 정부가 국제 관광의 진흥을 위해 실시하는 각종의 정책으로 이해된다. 최근 개발도상국 정부의 관광 진흥정책 경향을 보면 무엇보다 국제수지 개선을 위한 외래관광객 유치 증진을 목적으로 하고 있다. 특히 국제회의와 각종 축제, 향토 문화행사, 스포츠 행사 개발에 주력하고 있으며, 국민소득 및 여가시간의 증대에 따른 국민여가선용 대책으로 점차 국민관광시설과 건전한 관광상품 개발 및 홍보에 힘쓰고 있다.

관광산업이 발달한 선진국의 관광행정 전담기구의 정책특징은 먼저 지방자치단체의 대폭적인 권한을 이양하고, 정책의 수행방향을 외래 관광객 유치와 국민관광, 레크리에이션 보급을 위한 정책 및 지역사회 발전을 위한 정책으로 상호

유기적인 협조체제를 갖추도록 하는 것이다.

미국, 프랑스, 이탈리아, 스페인, 스위스와 같은 관광 선진국은 모두 해외 주요 시장에 정부관계기관의 관광 선전사업소를 설치하여 운영하고 있다. 또한 국제 관광 진흥을 위해 세계 각국에서는 관광사업자에 대해 보조금 교부, 자금융자, 채무보증, 세제상의 우대조치 등의 육성·지원책을 마련하여 실시하고 있다.

국제 관광의 대중화 실현과 함께 관광왕래의 용이화를 도모하기 위해 국제기 구의 활용도 활발하게 하고 있다.

국제 관광은 과거 일부 특수계층만이 향유할 수 있는 상품이었으나 이제는 누 구나 이용가능한 상품이 되었다. 즉, 국제 관광의 대량관광시대에 접어든 것이다. 이러한 현상은 경제발전에 따른 소득증가와 여가활동의 증대, 20세기 후반의 괄 목할 만한 신기술의 발달, 즉 항공 등 교통수단과 통신수단의 발달로 인하여 사 람들의 생활형태가 크게 변모하고 있기 때문이다.

현재 세계 주요 관광국들은 급속히 변화하는 관광수요자의 다양한 취향에 부 응하기 위하여 관광기반시설에 대한 투자확대는 물론 관광시설 및 관광상품의 고급화 및 고품격화를 지향하고 있는 것으로 나타나고 있다. 그리고 특색 있고 지식·문화적 요소를 강조한 관광상품 등을 다양하게 개발하고 있는 추세이다.

최근에는 기존의 전통적인 관광상품 외에도, 과거에는 별다른 관심을 끌지 못했거나 또는 관광사업적 규모가 작아 주목받지 못했던 상품이나 틈새시장이 점차 실속 있고 부가가치가 높은 관광사업 분야의 하나로 부상하고 있다. 따라 서 이러한 요소들을 파악하여 관광상품을 개발하는 작업이 시급한 것으로 나 타났다.

1) 미국의 국제 관광정책

미국 관광청은 그 기능에 있어서 다른 나라 정부의 관광기구와 다른점은 순수 하게 관광 진흥업무를 수행하는 정책기구이기 때문에 관광자원 개발 및 관광시 설 개선을 위한 역할을 수행하지 않는다는 점이다.

미국 관광청 기능의 주요한 특징은 국내 관광 진흥에는 거의 관여하지 않고 그 임무를 주정부 관광기관이나 민간부문에 위임하는 것이다. 그러나 미국 관광

청은 최소한의 국내 관광 진흥 업무로서 관광수지 개선을 위하여 자국민이 가능한 한 자국 내에서 여행을 하도록 권장하고 있다.

미국의 관광 진흥방향을 살펴보면 다음과 같다.

- 해외시장전략VisitUSA DiscoverAmerica을 고려한 홍보 선전활동, 시장의 관광성향과 미국의 계절을 결합시켜 관광상품으로 개발.
- 국제회의 유치 증대 각주·시 단위 활동 전개.
- 전시회·박람회 유치증대.
- 인센티브 여행시장 개척.
- 미국 항공기 이용 권장.
- 문화관광 소개, 각종 고적, 사적, 기념관, 박물관, 종합 레져단지, 향토문화행사 등을 내용으로 한 관광상품 적극 소개.
- 청소년 관광유치.
- 국제 관광 발전에 저해되는 외국 정부의 보호장벽철폐 노력 등을 촉진함으로써 미국 관광산업의 발전을 촉진하고 국제수지 적자를 축소하는 정책을 추진하고 있는 등 관광 진흥의 방향을 외래관광객 유치를 위한 관광상품개발과 홍보, 선전활동 강화에 두면서 관광상품개발에 있어서는 정책적인 비중을 각종 고적 및 사적, 기념관, 박물관, 종합레져단지, 향토문화행사 등의 문화관광상품개발에 역점을 두고있는 것으로 나타나고 있다.

2) 캐나다의 국제 관광정책

캐나다 관광청의 주요 업무를 요약하면 다음과 같다. 관광개발 계획 및 개발, 해외 관광 진흥, 국내 관광 진흥·조사·연구 및 통계, 관광종사원 교육, 관광사업체 지도·감독, 국내 및 국제 관광기구 관련업무 등으로서 국내외 관광 진흥을 위

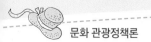

하여 해외 관광 진흥업무와 국내 관광 진흥업무를 수행하고 있는데 그 내용을 구체적으로 살펴보기로 한다.

해외 관광 진흥 업무로는

- 우편광고, TV, 라디오, 소비자 잡지를 통한 광고
- 관광 안내책자, 지도 발간 및 업계, 소비자에게 배포
- 관광영화 제작 및 상영
- 외국 관광업계 유력인사 초청사업 수행
- 해외 관광 진흥을 위한 해외주재 외교공관과의 협력
- 캐나다 방문사업
- 공동 선전사업
- 국제기구 가입 및 국제회의 참가
- 업계 판촉지원 사업CANMAP국내외 여행업자의 캐나다 관광상품기획, 개발, 판촉, 판매에 대한 재정적 지원 등.

캐나다 정부는 관광시설의 질적 수준제고와 양적 확장을 위하여 공공재정 지원을 강화하고 있으며, 10개 주정부 및 2개 준주정부와 관광개발 보조 협정을 체결하고 있다.

캐나다 정부의 관광지 개발에 관한 기본적인 입장은 자연환경의 보전과 현지주민의 동의 확보를 가장 중시하는 것이다. 예를 들면 국립해양공원 개발 계획은 환경청장의 승인 하에 수립될 수 있으며, 엘리스 메어 국립공원은 지방정부와의 협정체결 절차를 걸쳐 개발 되었다. 개발에 따른 지역주민의 피해보상을 위하여 국립공원 개발 대상지역의 개발 계획을 사전에 관보官報등에 공고하고 지역주민과의 보상 협정을 체결하고 있으며, 가능한 경우 지역주민의 고용증대를 위한 각종 사업의 추진에도 힘쓰고 있다.

(1) 최근 국제 관광정책 동향

캐나다 정부는 캐나다 관광산업 회복을 목적으로 토론토와 온타리오 관광지역 1,750만 달러지원 등 지역 기관들의 자발적 커뮤니티 지원과 미국 및 해외 관

광객을 대상으로 직접 마케팅, 비즈니스, 레저 관광 시장 촉진을 위해 2,000만 달러 책정, 관광청의 해외 직접 마케팅 활동 등을 확대하고 있다. 또한 미국 오피니언 리더 확보, APA미국 심리학 협회및 ALA미국 도서관 협회컨벤션 유치 등 비즈니스 회의 및 컨벤션 유치 전략에 집중 노력하고 있다.

3) 독일의 국제 관광정책

해외 관광 진흥업무를 전담하고 있는 독일 관광공사의 조직은 관리업무를 담당하는 제1부와 진흥업무를 담당하는 제2부로 나뉘어져 있으며 법이 정한 고유업무를 효과적으로 수행하기 위하여 행정부와 민간기업의 인사로 구성된 운영위원회, 자문위원회, 관광 진흥 위원회의 3개 위원회를 설치·운영하고 있다.

독일 관광공사는 주로 독일 교통관계자들과 협력하여 선전, 판촉활동, 외국 언론인, 여행업자 초청사업을 추진해 나가고 있다. 이와 같은 전략은 독일이 유럽 중심부에 위치한 세계적인 교통 중심부라는 유리한 여건을 살린 여행업들의 상품개발을 유도하고 있으며, 도시별로 발달되어 있는 전시장을 이용하여 비교적 체제기간이 긴 전시·박람회 유치, 정치·경제적 고려에 의한 국제회의에 초점을 맞추고 있다.

(1) 국제 관광정책 동향

독일 관광청은 마케팅 계획에서는 다음과 같은 내용을 담고 있다.

문화관광과 웰니스를 겸한 복합 형태의 독일 관광매력 상품개발, "음악의 나라 독일" 이미지를 홍보하고 있다.

독일 관광청GNTB은 독일 컨벤션뷰로GCB와 협력체제를 공고히 하여 독일을 국제회의와 컨퍼런스 중심지로 포지셔닝하기 위해 GCB는 GNTB를 전 세계 28개 지사를 통한 마케팅 활동을 전개하고 있다.

4) 스페인의 국제 관광정책

1977년 이전까지 스페인의 관광정책 및 행정은 공보 관광성 소속의 관광국에서 담당해 오다가, 1977년에 발족한 통상관광성으로 관광국의 업무가 이관 되었

다. 그 이후 이를 더욱 발전시켜 현재 운수관광 체신성 산하의 외청으로 발족함으로서 독립성을 높였다.

스페인은 관광산업을 국가의 전략산업으로 추진하고 있기 때문에 정부의 관광정책은 여러 가지 형태로 이루어지고 있다. 해외 선전망이나 관광 진흥협정을 통한 홍보·선전뿐만 아니라 관광기업에 대한 재정지원 정책도 병행하고 있다.

최근 스페인 관광정책의 방향은 종래 해안지역 관광자원을 중심으로 대량의 외래관광객 유치를 목표로 하던 정책에서 탈피하여 구매력이 높은 고소득층 관광객을 유치하는 정책으로 변화하고 있다.

스페인정부의 해외 관광 선전활동은 이탈리아에 못지않게 활발하다. 스페인의 국제 관광정책은 다음의 두 가지 점에서 이탈리아를 능가하고 있다고 볼 수 있는데 그 하나는 숙박시설의 완벽한 정비이고, 다른 하나는 관광학 연구와 기술교육의 추진이다.

먼저 국내의 모든 숙박시설을 그 설비내용에 따라 등급을 두고, 요금을 명시하여 관광객이용의 편의를 도모하게 하는 점은 이탈리아와 같으나, 민간기업의 숙박시설 이외에도 많은 국영호텔을 정부와 공공단체가 직영하고 있는데 요금이 저렴하다. 이 같은 요금의 저렴화는 관광 붐을 맞이한 유럽사회들의 인기를 모으는 원인이 되어 몇 년동안에 스페인은 세계 제1위의 관광객 수용국으로 부상하였다.

스페인 정부는 국내 각지에 국립호텔학교를 설치하여 서비스의 질적 향상을 도모하고 있음과 동시에 관광연구를 위한 국립관광연구소Instituto de EstudioTuristicas를 설치하여 정부 및 민간 활동을 지원하고 있다.

이와 같이 스페인이 관광객유치를 위한 국제 관광정책에 힘을 기울이고 있는 이유는 원자재의 수입국으로서 외화를 필요로 하고 있고, 공업화등 상대적으로 뒤떨어져 있기 때문에 미국이나 독일, 일본과 같이 2차 상품에 따른 외화획득에만 의존할 수밖에 없다.

5) 프랑스의 국제 관광정책

프랑스 관광성은 2010년 9천만명 유치와 관광수입 460억 유로고소득, 고급고객 중점유치를 목적으로 관광 진흥 전략을 수립하여 실행하고 있다. 관광수입 확대를

위해 비즈니스, 골프, 휴양관광, 도시 관광, 겨울스포츠, 해변관광을 중점 개발하고, 참여관광, 자연관광 청소년 고객계층을 위한 미래형 관광을 계획하고 있다.

또한, 미국인 재방문 유치를 목표로 프랑스 관광청, 에어 프랑스, 유럽 철도, 파리 컨벤션 협회 주관으로 '프랑스와 다시 사랑을'Let's Fallin Love Again캠페인을 전개하고 있으며, 총리주관 관광정책 정부위원회는 관광업계의 자발적인 상품개발 장려를 위해 프랑스 관광공사Maisondela France홍보예산 40% 증액, '프랑스 마크 marque France'여행상품 개발, 해변 휴양지와 산악지역 관광 전용 부동산 업계호텔, 콘도임대 등 대상 세금법 개정, 지역 불균형 개선 목적으로 지방 관광 및 D.O.M T.O.M 프랑스 해외 영토관광지원, 관광에 대한 정부참여 확대 등, 프랑스의 관광 위상국의 위상 유지 및 관광수입 증대를 위해 노력하고 있다.

6) 이탈리아의 국제 관광정책

이탈리아 국제 관광정책을 추진하는 기관으로는 관광 연예부, 이탈리아 관광공사 이외에 중앙 관광협회, 관광산업에 대한 감독권과 지방 관광행정을 담당하는 지방자치단체, 지역단위 관광협회 등이 있다.

이탈리아는 풍부한 역사적·문화적 유산과 해안, 산간, 섬들의 매력 등으로 최대의 관광산업으로 성장시켰다. 현재 문화유산성은 역사적 유적·건축·회화 등의 보수에 노력을 기울이고 있으며, 환경오염방지 지구를 지정하고 이에 대한 투자를 계속하고 있다.

이탈리아는 불안정한 정치체계, 재정적자의 지속 등 불리한 조건에 있으면서도 경제를 성공적으로 이끌어 왔다. 이는 국민의 높은 저축성향과 기업의 노력에 힘입은 바가 크다. 이탈리아 관광정책의 기조는 경제성장을 기반으로한 국민의 관광활동 지원과 외래 관광객 유치의 조화를 실현하는 것이다.

유럽관광에서 새로운 변화의 하나로 이탈리아인의 국외 관광이 급증하고 있음은 이러한 정책방향을 반영한 것이라 볼 수 있다.

7) 태국의 국제 관광정책

태국은 경제적으로 관광산업에 크게 의존하고 있다. 따라서 관광정책에 있어

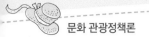

서도 관광 활성화를 통해 관광외화를 획득하는데 집중하고 있으며, 태국 정부는 이러한 정책목표를 달성하기 위해 각종 시책을 실시하고 있다.

태국의 외래관광정책 가운데 하나는 보다 많은 외래관광객을 유치하기 위한 정책으로 아시아 국가와 긴밀한 협조를 강화하고 있다. 또한, 태국 정부는 외래관광객 유치를 위해 각종 법규상의 규제 등 관광객의 활동을 저해하는 요인을 제거하는 한편 관광객의 안전을 위한 조치를 강구함으로써 서비스의 질적 개선을 위한 정책도 펴고 있다.

관광객의 안전을 보장하고 관광객의 편의와 자유로운 관광을 증진하기 위해 관광경찰을 증가시키는 등 외래 관광객의 유치에 노력하고 있다.

국제 관광객 프로모션 전략으로는, 고급 관광객 유치에 주력하고, 보다 많은 관광수입을 창출하며, 더 많은 맞춤형 상품을 선보이는 More for More 마케팅 전략 강조, 해외 지사 확대, 여행사·항공사와의 공동 마케팅 캠페인강화, 언론매체 활용 판촉활동 확대, 방콕 국제영화제, 파타야 뮤직 페스티벌, 쏭크란 축제 등 관광상품화 가능성이 높은 행사들을 세계적인 행사로 육성, 이웃 국가들과 관광동맹 형성, 태국을 Greater Mekong Subregion GMS의 관문으로 육성하고 있다.

토의 내용

1. 우리나라의 새로운 관광정책의 변화와 필요성에 대해 토의해 보세요.

2. 새로운 관광정책 추진방향과 추진전략에 대해 토의해 보세요.

3. 미래 관광정책의 수요와 수요확대 방안에 대해 토의해 보세요.

4. 우리나라 관광브랜드 전략에 대해 토의해 보세요.

5. 세계의 도시 브랜드전략과 사례에 대해 토의해 보세요.

6. 우리나라의 국제 관광정책 방향과 전략에 대해 토의해 보세요.

7. 우리나라 지자체별 관광개발 기본계획에 대해 토의해 보세요.

8. 대한민국 관광 혁신전략 5대 과제에 대해 토의해 보세요.

9. 관광선진국의 국제 관광정책 사례에 대해 토의해 보세요.

10. 한국과 관광선진국의 국제 관광정책을 비교·분석해서 토의해 보세요.

Chapter

07

지방화 시대의

관광정책

Travel

제1절 지방자치제와 관광산업

1 지방시대의 의의

2 지방시대의 관광정책

3 지방 관광산업에 대한 기대

제2절 지방자치시대의 관광정책

1 지방자치단체 관광정책의 개념

2 지방자치단체 관광정책의 역할

3 지방자치시대의 관광정책 개발방향

제3절 지방자치시대의 관광

1 지역 관광 활성화와 관광정책

2 지역 관광 활성화 요인

3 지역 관광 활성화 방향

4 지역 관광 이해관계자

5 외국의 지역 관광 현황

제4절 지방자치시대의 관광 진흥정책

1 관광환경 조성

2 지역주민의 참여와 관광개발

3 관광행정조직

4 관광행정의 기능

5 관광산업 자원

6 투자환경 조성

7 관광 마케팅·홍보

8 관광개발

9 관광규제 합리화 및 관광산업 경쟁력 강화

10 관광서비스의 고급화

제5절 지역거점 관광도시 육성정책

1 국제적 수준의 관광거점도시 육성

2 지역특화 문화자원의 관광상품화

3 테마·체험형 관광자원 개발

4 환경이 살아있는 지속가능한 관광자원 개발

5 문화관광 콘텐츠 산업육성과 지역 관광정보 시스템 구축

6 융·복합 관광산업육성

제6절 지역 관광개발 패러다임의 변화

1 지역 관광자원 개발 패러다임의 변화

2 질적 관광, 품질 관광에 대한 요구 확대

3 지역 관광자원 개발 전담조직 신설확대

4 지역 관광개발 사업에 대한 관리·운영의 중요성 확대

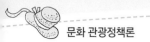

제1절 지방자치제와 관광산업

지방자치단체의 지역 발전 대안은 관광산업 활성화이다. 관광산업만큼 지역경제 기여도가 높은 고부가가치 산업이 없기 때문이다.

수도권 등에 비해 상대적 박탈감에 빠져있는 자치단체 입장에서 지역이 갖고 있는 장점을 부각시켜 경제적 성과를 얻을 수 있다는 점은 매력적일 수밖에 없다.

1 지방시대의 의의

지방자치제도는 지역내의 행정사무를 자체적으로 수행하는 것으로 주민들이 부담하는 조세를 중심으로 하는 자주적인 재원으로 운영하는 것을 말한다. 지방자치는 지방정부의 지원, 지도, 격려 및 주민의 적극적인 참여를 통해 지역의 사회, 경제, 환경적 여건에 맞는 행정을 수행하는 것이다.

1) 지방정부의 역할과 과제

(1) 지속가능한 관광정책 수립

관광서비스의 생산 및 제공방식에 근본적인 변화가 요구된다. 지방자치단체는 관광관련 이해당사자들이 파트너십을 형성하고 협력하는 새로운 틀을 만들어야 한다. 또한 대규모 시설위주의 물리적 개발에서 벗어나 지역성을 살리고 지역설정에 맞는 차별화된 자원의 개발과 서비스를 제공하는 등 지속가능한 관광정책을 수립하고 실행에 나서야 한다.

(2) 제도개선 및 지원

문화관광개발을 통한 지역 발전을 이룩하기 위해서는 자원의 보존과 평가, 방

문자관리, 난개발 방지 등 제도적 개선이 필요한 부분이 많다. 또한 관광산업은 관광홍보와 안내체계의 개선, 마케팅 활동만으로 큰 효과를 거두기 어렵다. 따라서 지속적인 제도개선과 금융 세제지원, 관광재원의 합리적 배분이 이루어져야 한다. 이를 위한 지방자치제의 지속적인 제도개선 노력과 중앙정부의 지원을 이끌어 내야 한다.

(3) 지역문화관광개발과 관련 지역정책의 통합

관광산업과 지역산업, 관광개발과 지역정비, 관광시설과 지역 내 편익시설의 복합개발, 관광시설과 지역문화 시설 등을 다양하게 결합하는 방식으로 사업을 전개함으로써 재원부족을 극복하고 개발효과를 극대화할 수 있다.

복합 산업인 관광산업은 관광담당 부서만으로 결코 육성할 수 없다. 따라서 담당부서 뿐만 아니라 지역경제, 도시계획 및 건설, 복지 등의 관련부서와의 정책조정과 협력이 필수적이다.

2) 관광산업계의 협력유도

(1) 관광산업 내·외부의 협력적 네트워크 구축

복합성이 강조되는 관광산업에 있어 지역사회의 자발적인 협력이야 말로 핵심 성공요인, 지속가능한 관광산업의 발전을 한 개인 또는 단체의 힘으로는 가능하지 않음을 인식하고 공동노력을 전개해 나가야 한다.

예를 들어, 관광객에게 정보를 전달하는데 관여하는 관광사업체, 여행안내자, 서비스업 종사자, 안내소 직원 등 업종별 협회를 통해 최선의 방향으로 유도해야 한다.

(2) 문화자원을 테마로 한 관광상품의 발굴 및 관련시장 육성

문화유산 관광은 자칫 둘러 보기식 관광이 되기 쉽다. 관광객 입장에서는 지역문화 체험기회 특히 진짜authenticity를 경험하고 싶어 한다.

문화는 화려한 그릇 그 자체가 아니라 그 안에 담긴 맛깔스런 음식이다. 따라서 화려한 시설물이 아니라 살아있는 지역문화를 체험할 수 있는 상품과 기념품, 이벤트를 개발하도록 한다. 이러한 관광상품이 단기적으로는 틈새시장Niche market을 형성하고, 장기적으로 대중 관광시장Mass market을 대체하는 시장으로 육성하도록 한다.

2 지방시대의 관광정책

지역 간 경쟁이 치열해지면서 지방정부차원에서 관광의 중요성이 부각되고 있다. 지역의 관광 활성화는 지역이미지를 부각시키고 관광객 유치에도 많은 영향을 미치고 있다. 관광은 고용, 소득, 세수확보, 지역의 경제성장 측면은 물론 각종 사회적 인프라 확충을 통하여 지역주민에게 많은 편익을 주게 된다.

우리에게 관광은 외화획득의 수단이라는 의미와 함께 국민 삶의 질을 향상시키는 수단으로 전개하고 있다. 국민관광의 실현과 장애인 및 관광취약계층의 관광활동을 지원함으로써, 관광이 명실상부한 모든 국민들의 문화 복지적 삶의 질을 제고할 수 있는 수단으로 인식하고 있다.

지방정부가 관광을 통하여 지역경제 활성화를 달성하기 위해서는 필연적으로 관광예산이 뒷받침 되어야 한다. 예산이란 사업계획에 대한 우선순위의 결정이며, 한정된 재원배분 및 배분규모에 대한 결정이기 때문에 정책결정과 밀접하게 관련된다.

관광예산은 일정한 기간 동안 정부의 관광활동 수행에 필요한 수입과 지출에

관한 계획이다. 이에 따라 관광 인프라 구축, 관광자원 개발 및 관광사업의 활성화를 통하여 관광수요를 창출할 수 있는 기반을 조성하고, 외래관광객 유치와 관광 활성화를 하게 된다.

지방정부의 관광정책의 핵심목표는 관광기반 시설 확충, 관광상품개발, 관광산업육성 등을 통한 관광수요가 창출된다.

3 지방 관광산업에 대한 기대

지방자치단체는 관광산업의 육성을 통해 지역의 발전과 성장을 달성하려는 전략을 추진하고 있다. 관광산업은 경제적인 파급효과를 비롯하여 사회·문화적인 향상 및 환경개선 효과가 매우 큰 지역 발전 수단으로 인식되고 있다. 따라서 지역 관광산업 발전의 목표를 달성하기 위해서 지역사회가 중심이 되어 자기 창출적이고 지속가능한 성장과정을 주도해 나가는 것이 중요하다.

지역사회에 관광산업이 도입된다 함은 일반적으로 지역사회 주민의 소득증대와 삶의 질을 향상시키는 하나의 수단으로 인식되고 있다. 즉, 관광자체로 완결되는 것이 아니라 점차 지역사회 전체의 사회·문화·경제에 변화를 촉발시키는 계기로서의 역할을 의미한다.

지역 관광산업은 자연과 역사 그리고 문화가 조화를 이루는 문화관광개발 또한 지역사회를 중심으로 한 지속가능한 발전계획이 이루어져야 한다. 지방정부와 관련기업, 시민들의 인식전환과 참여를 통해 기존 관광개발과는 차별화된 지속가능한 문화관광개발을 추구하는 전략이 요구된다. 지속가능한 관광은 현 세대의 관광과 관광지의 수요를 충족시키면서 동시에 차세대를 위해 관광기회를 보호하고 증진하는 관광이다.

미래세대에도 자원의 이용기회를 보장하는 지속가능한 관광개발은 전통문화, 생태계, 생물다양성을 보전하고, 현 세대가 경제적, 사회적, 심미적 필요를 충족할 수 있도록 모든 자원을 관리하는 것이다. 따라서 관광의 수요와 자원공급의 균형을 유지해야 하며 균형과 조화를 유지할 수 있을 때만 관광의 질을 보장할 수 있다.

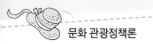
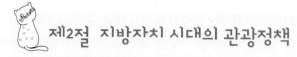

제2절 지방자치 시대의 관광정책

관광산업이 그 어떤 산업보다도 투자승수, 고용유발 효과, 외화가득률이 월등히 높다는 것은 주지의 사실이고, 각 지방 자치단체가 '굴뚝 없는 산업' 으로 인식되면서, 어느 지자체할 것 없이 관광정책을 수립하고 시행하면서 관광도시화를 지향하고 있다.

1 지방자치단체 관광정책의 개념

지방자치단체의 관광행정을 운영함에 있어서 민간 관광기업의 경영기법을 도입함으로써 지방자치단체의 관광서비스를 향상시킴과 동시에 관광객에게는 만족도를 향상시키고, 지역주민에게는 관광산업의 발전을 통한 경제적·사회적 혜택을 공유하기 위한 노력 혹은 활동이다.

지방자치단체는 향후 지역 관광시대를 대비해서 지역특화 관광개발을 준비해야 한다. 국내 및 외래관광객의 탈 서울과 수도권 관광 그리고 차별화된 지방 관광개발을 추진해야 한다. 미래의 국내·외 관광객은 지속적으로 관광·여가환경에 변화되고 있으며, 지방 관광산업에 대한 기대감 그리고 조용하고 한적한 곳에서의 관광휴양의 가치를 느끼고 싶어한다.

1) 관광, 여가환경의 변화

소득수준의 향상, 의학기술의 발달 및 국민들의 생활양식 변화 등에 따라 핵가족화, 고령화 등 사회의 인구구조 변화가 가속화되고 있다. 따라서 인구구조 및 가치관의 변화에 따라 관광활동의 참여인구 증가가 예상되고 있다.

관광활동에 있어서도 가족중심의 관광활동, 노인층의 관광 참여확대, 건강과 관련된 관광활동의 증가 등 전반적인 여가활동의 변화가 전망된다.

2) 지방 관광산업에 대한 기대

　관광은 지역 발전을 위한 대안 산업으로 다른 지역과 차별화된 자원과 문화적인 특성을 고려한 것으로 관광객에게 경험과 체험을 할 수 있도록 하는 것이다. 그 지역에서만 간직할 수 있는 추억을 만들 수 있는 이벤트를 제공할 수 있다면 많은 관광객이 찾게 되는 것이다. 관광객의 방문으로 인하여 지역의 농산물이나 특산물 판매에도 기여할 수 있게 된다.

3) 관광과 휴양의 가치

　관광은 지역경제 활성화에 직접적인 도움을 주는 것으로 지역의 특성에 맞게 개발하면 훌륭한 관광상품이 될 수 있는 무한한 가능성을 가지고 있다. 현대에는 도시의 많은 사람들이 관광과 휴양을 동시에 원하는 경향이 많기 때문에 농촌, 어촌, 산촌에서의 일상생활들이 도시민의 새로운 경험과 체험대상으로서 충분한 가치를 가지고 있다. 또한 신선한 공기와 먹거리 그리고 볼거리를 통해서 도시에서 느낄 수 없는 휴양의 기능을 할 수 있다.

2 　지방자치단체 관광정책의 역할

　지방 관광정책은 지역주민의 삶의 터전을 공간적 배경으로 하고, 그들의 생활문화를 관광정책의 내용으로 하기 때문에 지역주민의 참여가 필수적이다. 따라서 관광정책에 대한 주민참여를 통해 협력과 지지를 확보하게 될 때 관광정책은 기대했던 성과를 거둘 수 있게 된다.

1) 지방자치의 본질

　지방자치는 국가와는 별도로 독립된 지역단체가 그 지역주민의 의사와 책임에 의하여 지방의 정치와 행정을 처리하는 것이다. 오늘날 대부분의 민주국가는 지방자치의 방식에 의해 통치하고 있다.

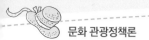
순수한 의미의 지방자치는 일정한 지역의 주민들이 지방자치 단체를 구성하여 국가의 일정한 감독아래 그 지역 안의 공동문제를 자기부담에 의하여 스스로 또는 그 대표자를 통하여 처리하는 것을 말한다.

지방자치에 대한 정의는 다음과 같다.

첫째, 지방자치는 일정지역에 거주하는 주민에 의한 정치와 행정을 의미한다. 각 지방의 주민이 정치의사를 자주적으로 결정하고 행정을 자율적으로 집행하는것이 지방자치이다.

둘째, 지방자치는 주민들이 단독으로 또는 일시적으로 하는 것이 아니라 하나의 지방자치 단체를 구성하고 그 단체의 활동에 의해 정치와 행정을 하는 것을 말한다.

셋째, 지방자치는 지방에 있어서의 정치와 행정의 처리를 의미한다.

넷째, 지방자치는 주민의 의사와 책임에 의하여 정치와 행정을 처리하는 것을 의미한다.

다섯째, 지방자치제도는 법률로 정한 국가의 공식적 제도이다. 이러한 관점에서 지방자치는 지방자치단체가 대외적으로 국가로부터 독립하여 지방자치단체의 영역 내에서 발생하는 문제를 대내적으로 주민들의 의사에 따라 자율적으로 처리할 때 비로소 완전한 지방자치가 이루어질 수 있다.

2) 지방자치단체의 역할

우리나라는 지방자치제도가 시행된 지 30여년이 가까워지면서 그에 따른 역할도 많이 변하고 있다. 이러한 역할의 변화를 유도하는 사회문화적, 경제적 변화는 다음과 같다.

- 노령인구의 증가와 복지수요 증대
- 도·농간 및 도시 중심부와 주변부 간의 사회경제적 격차증가
- 세대 간의 격차증가

- 정부의 규제완화 및 민영화
- 시민단체 NGO 의 증가
- 지역경제의 탈 지역화/세계화
- 전자정보 매체의 발달과 보급

　이러한 시대적 변화는 지방자치단체의 역할수행에 있어서 변화된 역량을 요구하게 되었고, 관광정책 또한 이러한 변화의 요구에 있다고 할 수 있다.

　이와 관련하여 지방자치체의 기능은 점차로 확대, 다기능, 전문화되는 반면에 가용재원은 한정되어 있어 수행을 위한 절차와 방법도 복잡해지고 있다.

3) 지방자치단체의 관광관련 역할

(1) 관광관련 중앙정부의 역할

　지방화 시대라고는 하지만 중앙정부의 관광정책은 매우 중요하다. 관광정책을 실행하는 주체는 크게 중앙정부와 지방정부로 나누게 된다.

　중앙정부와 지방정부의 역할을 넘어서 우선되어야 할 기본적인 정책방향은 다음과 같다.

　첫째, 국민경제에 중점을 두고 전체 국민의 관점에서 사회적·문화적인 효과를 고려한다.

　둘째, 개발정책에 있어서도 전 국토의 이용과 개발의 관점에서 관광자원의 보호와 이용, 관광공급체제의 정비를 도모하여야 한다.

　관광개발은 다음과 같은 세 가지 분야가 상호 유기적으로 연결되어 있기 때문에 각 분야에 대한 이해가 선행되어야 한다. 관광 인프라의 공급은 주로 공공부문의 직접 투자와 관리가 필요한 부분이고, 관광산업의 촉진은 정부부문과 민간부문의 협력이 요구되는 분야이며, 관광서비스의 공급은 민간투자 및 민영화가 필요한 분야이다.

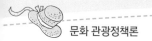

이러한 관광분야의 역할에 있어서는 각 공급주체 간의 유기적인 연계와 상호 작용이 수반될 때만이 투자효과와 성공을 가져올 수 있다. 지방자치단체의 정책 활성화를 위해 중앙정부는 다음과 같은 역할이 필요하다.

첫째, 중앙정부의 지출과 정부보조금, 낙후지역에 대한 적절한 재정지원

둘째, 낙후지역의 일자리 창출과 지역간 균형 발전

셋째, 각기 다른 수준의 정부들에 의해 수립되고 집행되는 지역정책의 효과적인 조정을 들고 있다.

(2) 관광관련 지방정부의 역할

지방자치제가 도입된 후 많은 지방자치단체들은 관광사업을 지역 활성화의 수단으로 인식하여, 지역차원에서의 다양한 관광정책이 수립되고 있다. 이러한 관광정책은 지역경제 활성화는 물론 사회적·문화적인 측면 모두 포함된 지역사회 전체의 활성화를 도모하게 되는 정책이다.

지방자치단체의 관광정책은 지역 이기주의나 성과위주의 정책으로 인해 마찰과 분쟁으로 이어지거나 중앙정부 차원의 관광계획과 상충하여 일관성을 유지하기가 어려워지기도 한다. 따라서 지방자치단체의 관광정책은 보다 거시적인 안목에서 이루어져야 하며, 특히 정책의 수립과 실행에 있어서 다른 지역의 관광정책이나 혹은 중앙정부의 관광정책과의 조화와 조정이 반드시 요구된다.

중앙정부의 관광정책과 지방정부의 관광정책은 상호 간의 협력관계에서 이루어진다. 또한 중앙정부에서 수립한 관광정책은 지방정부의 관광정책에 중요한 영향을 미치게 된다.

지방정부는 중앙정부와 지역사회 사이에 균형과 견제를 이루면서 목표를 달성하려는 체제이어야 한다. 따라서 지방자치단체는 주민의 욕구와 기대를 충족시키기 위해 책임을 다해야 한다. 지역의 관광발전을 위한 지방자치단체의 역할은 지속가능한 관광개발을 추진해야 한다. 지방자치단체는 계획의 역할과 조정의 역할, 촉진의 역할, 규제의 역할, 사업주체의 역할을 수행하며 지방자치단체와 지역의 이해 당사자들 간의 협력적 역할을 중심으로 수행되어야 한다.

3 지방자치시대의 관광정책 개발방향

1) 관광정책의 방향

지방자치시대의 관광정책은 다음과 같은 이념을 가지고 추진해야할 필요성이 있다. 이에는 지역성, 자율성, 참여성, 적정성, 형평성, 효율성, 공익성, 그리고 계획성에 맞춰서 정책의 방향을 추진해야 한다.

첫째, 지역성은 지역의 지리적 특성과 문화전통, 독자성을 존중하고 지역설정에 부합하는 관광정책을 실현해야 한다.

둘째, 자율성은 하향식 의사결정이 아닌 상향식 의사결정에 의해 관광정책을 입안하고 집행해야 한다.

셋째, 참여성은 관광정책의 입안, 집행과정에 있어서 지역주민의 참여를 높이는 것이다.

넷째, 적정성은 적정한 수준의 관광개발을 의미한다.

다섯째, 형평성은 사회적 형평에 기초한 개념으로 관광의 권리를 향유하기 어려운 소외계층에 대한 관광기회의 제공에 관심을 기울이는 것이다.

여섯째, 효율성은 효과성과 능률성을 합한 개념으로 관광정책의 효과와 능률의 극대화를 의미한다.

일곱째, 공익성은 관광정책의 효과가 공공이익에 부합하도록 정책을 전개하는 것이다.

여덟째, 계획성은 치밀한 사전계획을 바탕으로 정책을 전개해 나가는 것이다.

2) 관광정책의 여건변화

관광정책 및 관광사업의 발전은 그동안 시행착오를 거치면서 발전해왔다. 우리 사회는 총량성장 제일주의, 수출위주, 성장주의가 지배적인 정책가치가 되어왔다. 관광부문 역시 같은 맥락에서 외래관광객 유치를 통한 국제 관광 수입증대에만 치중되어 있었다.

최근에 와서는 지방자치제의 활성화와 관광에 대한 인식이 개선되면서 관광을 통해서 지역을 홍보하기 위해 끊임없는 노력을 하고 있다. 지역 발전을 위한 대안산업으로서 자연, 역사, 문화자원을 활용한 관광개발 및 관광산업 육성의 중요성이 증대되면서 지역주민의 삶의 질 향상, 생활환경 개선 등을 기대하고 있는 지방자치단체가 증가하고 있다. 따라서 중앙정부는 지방분권 및 균형 발전을 통한 지역의 특성을 개발하고 발전시키기 위한 정책을 입안하고 집행할 수 있는 권한을 지방정부에 위임하는 등 각종 정책들을 지역으로 분산시키는 정책을 추진해야 한다.

3) 관광정책의 환경 변화

관광정책 환경은 정책을 둘러싸고 지속적으로 상호작용하는 모든 외부 요소들로 정의할 수 있다. 또한 정책 환경은 거시환경과 미시환경으로 구분된다.

거시환경은 정책의 일반환경으로 정책과정에 주로 간접적으로 영향을 미친다. 구체적 유형으로는 정치환경, 경제환경, 사회문화환경, 기술환경, 자연환경 등으로 구성된다.

거시환경은 일반환경으로 구성되는 반면에 미시환경은 정부, 정당, 이익단체와 같은 참여환경으로 구성된다. 특히 관광산업의 경제적인 측면과 사회적인 측면에서 환경 변화와 관광산업의 동향은 매우 밀접한 관계가 있다. 관광산업의 대상이 되는 관광행동을 하는 전제조건은 생활수준의 여유나 여가시간과 교통수단은 경제활동에 의해 규제를 받아왔다. 또한 여가의식이나 관광활동의 태도도 사회관습이나 유행 등에 영향을 받았다. 이제는 경제·사회의 기본 패러다임이 변화하고 있다.

이는 인구 통계학적인 변화, 경제의 소프트화와 서비스화, 정보화의 가속화, 기술의 혁신, 세계화 등의 변화이다. 이들의 다양한 변화는 관광산업에 직·간접적으로 영향을 주고 있으므로 이에 대한 상시대비책이 마련되어야 한다. 특히 정보화와 세계화는 관광산업에 커다란 영향을 불러일으키고 관광산업에 있어 중요한 의미를 가져다준다.

다음은 지방자치시대의 관광환경 변화에 따른 지방자치단체의 관광정책 추진 방향에 대한 내용이다.

첫째, 지역경제 발전 수단으로 관광개발에 대한 관심과 투자가 증대될 것이다. 왜냐하면, 관광산업은 그 지역의 경제를 활성화 시킬 수 있는 주된 산업이기 때문이다.

둘째, 각 지역의 특성에 부합한 지역단위 관광 진흥, 기본계획을 수립·집행하고자 하는 지방자치단체의 노력이 강화되어야 한다.

셋째, 지역문화 및 주체성identity의 재발견, 지역문화 및 지역특성의 관광자원화를 위한 노력이 활발해질 것으로 보인다.

넷째, 지방자치단체의 부족한 재정능력을 확충하기 위한 방안으로서 관광관련 사업개발 및 관광관련 세제의 도입이 활발해질 것이다.

다섯째, 지방자치제의 근본취지가 주민의 의사를 존중하고 지방의회를 통해 주민의견을 수렴하는데 있으므로 관광관련 사업에 있어 주민의 참여가 제도적으로 강화되어야 한다.

여섯째, 각 지방에서는 주체적으로 관광개발 사업을 추진하기 위해 지방공사를 설립하여 운영해야 한다.

일곱째, 지방자치단체와 관광공사 간의 역할배분에 관한 논란이 증대될 경우 관광공사의 기능에 대한 재검토가 이루어져야 한다.

4) 관광정책 개발 요소

관광정책을 개발하기 위해서는 다양한 요소들이 조화를 이루면서 개발을 계획해야 한다. 관광정책 개발요소로는 관광환경, 지역주민 참여, 관광행정기능, 관광산업지원, 관광 마케팅·홍보, 그리고 관광수용태세 등이 있다.

(1) 관광환경 조성

최근 OECD 자료에 따르면, 국제 관광의 빠른 성장과 새로운 소비자 트렌드, 경제의 디지털화, 안보문제, 기후변화 대응 등 관광산업이 직면한 중요한 과제로 관광산업 경쟁력 유지를 위해 적극적이며 혁신적이고 통합적인 대응이 필요하다.

이러한 상황속에서 우리나라 경제는 저성장이 고착화되는 경기침체로 인해 제조업·철강·조선 등 주력산업이 한계에 봉착하면서 내수경제 활성화를 위한 새

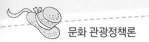

로운 신성장 동력이 요구되고 있다. 특히, 관광분야에서는 기존의 전통관광산업·융합관광산업을 넘어 관광산업 고도화가 필요한 시점이다.

전 세계적으로 관광산업은 경제효과, 고용효과, 수출효과, 투자효과 등 경제전반에 걸쳐 그 위상이 지속적으로 확대되고 있다.

관광산업이 경제에 미치는 효과는 다음과 같다.

· 경제기여도는 관광산업의 총 효과가 7조 달러로, 전 세계 GDP의 10%를 차지하고 있다.

· 고용기여도는 전 세계 일자리 11개중 1개는 관광관련 일자리에 해당된다.

· 수출효과는 국제 관광객 수출액이 1조 3천억 달러로 전 세계 수출액의 6%를 차지하고 있다.

· 투자효과는 관광산업 투자액이 7,746억 달러로 전 세계 투자액의 4%에 달하고 있다.

이러한 추세 속에서 세계 각국은 관광산업의 생산성 향상을 위한 관광산업 지원 및 관광 인력 경쟁력 제고를 위해 다양한 노력을 추진하고 있다.

관광산업 경쟁력 강화를 위한 세금 인하, 세제개편, 인센티브 도입 확대, 기금조성 및 지원, 보조금 지급, 새로운 등급제도의 도입, 규제개선 등을 추진하고 있다. 또한 관광산업 종사원의 역량강화를 위한 인력육성, 자격제도 개선, 전문 인력활용 등을 추진하여 우리나라의 세계 관광 위상확대와 생산성 향상에 노력해야 한다.

(2) 지역주민의 참여

지역 관광개발은 지역주민과의 복잡한 영향관계 속에서 진행된다. 양호한 자연조건 등으로 관광객이 방문하면 이를 수용하기 위한 관광개발이 이루어지고 관광객은 다시 증가하는 일련의 양상이 진행된다. 이때, 관광객과 관광개발정책은 지역과 주민의 변화를 초래하고 다양한 부문에서 영향을 주게 된다.

관광이 삶의 질을 향상시키는 정책이라면, 지역은 고유의 생활방식, 종교, 언

어, 유·무형의 문화유산과 지역
에 거주하고 있는 주민들이 존재
하고 있다. 지역주민의 삶의 질을
향상시키고 그 지역의 발전을 도
모하는데 있어서 관광산업이 존
재하고 그 역할이 증대하고 있다.
지역주민의 참여 없이 지역을 발

전시킨다는 논리는 부조화를 야기하며 상생의 역효과를 초래할 수도 있다.

지방자치제 시대에서 지역주민들의 참여의식을 높이는 방향으로 관광을 진흥
시키는 것이 지역 발전과 관광발전에 있어서 매우 중요한 의미가 있다. 관광산업
은 지역주민이 관광으로 지역경제 활성화와 지역 발전에 있어서 긍정적인 역할
을 한다는 것과 소규모 지역 관광산업을 추진·운영하고 있으며, 관광객을 맞이
하는 최선에 있다는 인식이 필요하다.

관광에 있어서 서비스가 중요하다는 인식과 관광객에 대한 태도와 서비스 자
세와 관련된 마인드를 변화시키기 위한 노력과 교육이 필요하다.

(3) 관광행정의 기능

국가의 관광정책과 전략은 정부와 관광업계가 공동으로 추진되는 것으로 모
든 이해관계자의 의견수렴이 중요하다. 그리고 관광사업의 전문가나 소속단체는
국가의 관광정책을 수립하는데 중요한 역할을 해야 한다. 또한 관광사업의 주무
부서는 정부의 역할을 명확히 하고 관광 공기업과 사기업 간의 관광산업 발전을
위한 협의와 조정기능을 해야 한다.

관광산업이 발달한 선진국 관광행정 전담기구의 정책내용의 특징은 외래관광
객 유치를 위한 관광정책, 국민관광의 보급을 위한 관광정책, 지역사회발전을 위
한 관광정책, 지방자치단체에 대한 대폭적인 권한 이양이다.

주요 국가의 관광정책으로 영국은 외래관광객의 지방분산 촉진을 통한 지역
개발, 관광비수기 대책에 주력하고 있다. 프랑스는 지역개발정책과 하계·동계의
휴가에서 국민 바캉스 대응책에 힘을 기울인다. 독일은 국민스포츠, 운동, 복지

정책과 관련된 관광개발에 역점을 두고 있다. 미국은 광활한 국토를 이용한 국민의 옥외 레크리에이션과 국내여행 촉진에 관심을 가지고 있다.

(4) 관광산업 기능

관광객은 새롭고 신기한 것을 추구한다. 사회·문화·경제적 환경의 변화는 관광객들의 관광·여가 형태에도 유적지·명승고적 등을 단순히 탐방하는 수준에서 최근에는 휴양·스포츠·체험관광 등의 오감을 만족시키려는 관광으로 다양하게 변하고 있다. 따라서 관광객의 욕구변화에 부응하기 위해 관광산업의 투자확대는 관광산업의 발전잠재력을 확보하는데 중요하다.

최근 관광산업에 대한 투자를 위한 긍정적인 여건이 조성되어가고 있으며, 투자유치 환경도 지속적으로 개선될 것으로 전망하고 있다. 주 52시간 근무제의 시행으로 관광수요가 다양화되고 있기 때문에 관광 인프라의 확산과 관광산업 시설에 대한 수요가 증가하고 있다.

지방자치시대를 맞이하여 관광산업 투자를 통한 지역경제 활성화 및 균형 발전을 도모하기 위하여 적극적인 투자 유치정책이 확산되고 있다. 관광산업에 대한 투자를 활성하기 위해서는 각종규제를 정비하고 개발관련 절차를 통합하여 간소화시키며, 행정절차의 원스톱 서비스를 강화할 수 있어야 한다.

(5) 관광 마케팅·홍보

지방자치단체의 경쟁력은 지역 이미지 향상을 통한 상호교류의 증진에서 비롯되며, 지역 이미지 광고를 비롯한 홍보활동이나 각종 이벤트를 개최하여 지역 알리기에 매진하는 것도 결국 상호교류를 증진시키는 것이다.

관광은 지역 이미지를 변화시키는데 체험관련 사업을 관장하게 되는데, 직접 방문을 통해서 지역을 보고 느끼며 감명을 받는 과정을 통해 새로운 사실을 발견하고 잘못 형성된 지역에 대한 이미지를 전환시키는데 결정적인 역할을 한다.

지역의 이미지를 높이기 위한 과제는 관광산업을 통해서 극복할 수 있다. 지방자치단체의 이미지관리기능은 관광사업의 역할에서 찾을 수 있다. 관광행위는

관광자원의 유인력과 관광 마케팅이라는 활동이 종합적으로 나타나는 현상으로 전략적이고 통합적인 활동이 필요하다.

관광홍보는 우선적으로 외지의 방문객들을 대상으로 한 전략이 필수적이었다. 향후 관광은 지역주민의 자존심 회복과 강화를 우선적으로 고려하는 관광전략으로 수정되어야 한다.

지역주민의 지역과 도시에 대한 자부심을 가지고 있는 곳에서 더 강한 감동을 받게 하는 것은 지역주민들의 문화에 대한 애정에서 비롯된다는 인식이 필요하다. 지역주민들의 지역사랑이야 말로 더 큰 홍보전략은 없을 것이다.

(6) 관광 수용태세

관광은 지역경제에 광범위한 파급효과를 가지면서 지역에 있어서 외래관광객과의 교류를 통하여 국가 간에 상호이해 증진에 기여하고 있다. 관광은 국민의 여가생활 속에서 커다란 지위를 차지하고 있다.

관광산업에 있어서 관광정책이 존재하는 방법은 무엇보다도 수용태세의 충실에 있다. 관광수용태세의 충실을 기하기 위해서는 다음과 같은 요인이 필요하다.

첫째, 관광의 양적증대와 질적인 변화이다. 관광행동의 양적확대와 질적 변화는 관광이 가져오는 효과·영향에 대해 새로운 분석 시점을 요구하고 있다. 관광행동의 일반화로 인한 관광의 효과는 경제적·교육적·문화적인 수준에서 제고를 필요로 하고 있다.

둘째, 관광지의 유형화이다. 수용태세로서의 하나인 관광대상이 되는 관광지는 국제 관광지와 국내 관광지로 명확히 구분할 수는 없지만, 국제 관광지라면 외국인 관광객이 비교적 많이 방문하는 관광지이다.

셋째, 관광가치의 창조와 확대이다. 관광행동이 일상의 생활행동에서의 탈출에 의한 가치, 향수가 되고 있기 때문에 일상생활에서 경험할 수 없는 흥미와 만족감을 얻는다. 관광자원의 실제 가치를 결정함은 관광 자원적 가치의 존재보다는 수용태세의 관광개발에 의해 가치를 창조하는 것이다.

넷째, 관광의 행정과 경영이다. 현대의 관광은 국가·지방자치단체의 역할이 중

요하다. 관광에 있어서 정부활동인 관광행정은 관광관련 산업을 조성하고 규제하는 일이다.

다섯째, 정보화 사회와 관광상품이다. 관광의 대량화는 관광행동의 개성화·다양화를 가져온다. 이는 정보화 사회로 인한 관광상품이 개별화되고 다양화되고 있다.

여섯째, 공공과 민간부문의 역할 증대이다. 관광공공부문의 역할은 국제 관광의 진흥, 관광기반 시설의 정비, 숙박·휴양시설의 정비, 공적 레크리에이션 지역의 정비, 관광시설의 정비, 관광자원의 보호, 관광여행의 안전 확보, 관광여행자의 보호 및 편의증진, 관광관계 행정기관의 활동이 요구된다. 민간부문의 역할은 수용태세의 충실을 위한 여행에 관한 정보의 수집과 수배, 자본장비성에 대한 대응, 노동집약성의 대응, 수요편재의 대응이다.

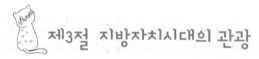

제3절 지방자치시대의 관광

지방자치는 일정한 지역을 기초로 그 지역주민으로 구성된 공공단체가 지역 내의 행정사무를 자신의 책임과 능력으로 이끌어가고 주민들이 부담하는 조세를 주종으로 하는 자주적 재원을 가지면서, 주민이 선정한 기관을 통해 주민의 의사에 따라 집행하고 실현하는 것이다. 하지만 지방자치는 국가로부터 완전한 독립을 의미하는 것은 아니며, 중앙정부와 지방정부 간의 올바른 관계정립을 통한 기능적·협동적 자치를 의미한다.

지방시대는 지역이나 지방의 역할을 중심으로 각 지역의 개성·문화·전통을 존중하고 다양성을 중시하는 것이다. 지방 관광정책은 지역 발전을 위한 대안산업으로서 자연·역사·문화자원을 활용한 관광개발 및 관광산업 육성의 중요성이 증대되면서 지역주민의 삶의 질 향상과 생활환경 개선 등을 기대하고 있는 지방자치단체가 증가하고 있다. 관광 목적지로서의 지역사회는 관광을 위한 총체적 환

경environmental setting으로서 관광객의 경험, 만족, 재방문을 결정하는 주요 요소가 되기도 한다. 이러한 환경을 만들어가기 위해서는 기존의 관광정책과는 차별화된 목표와 정책 결정과정, 환류기능을 가져야 한다. 지역사회의 관광산업 도입은 일반적으로 지역주민의 삶의 질을 향상시키는 하나의 수단으로 인식되고 있으며, 점차 지역사회의 문화 및 경제에 변화를 촉발하는 역할을 하게 된다.

지방자치제의 도입으로 인해 주도적으로 시행되었던 각종 정책들이 지방으로 위양되었으며, 지방재정 확충을 위해 각 지방정부는 경쟁적으로 관광부문에 관심을 집중하게 되었다. 지방자치단체는 지역 관광부문의 경쟁력을 강화시키기 위해서 관광을 위한 투자재원 확충 방안 강구, 지역실정에 맞는 각종 조례 및 규칙 제정, 주민의 의견을 관광정책에 반영하기 위한 위원회제도의 도입 등 제도적 장치 마련, 관광개발을 위한 지방공사 설립추진 등 지역 관광 발전을 위한 기반을 마련하고 있다. 관광개발은 경제적인 파급효과를 비롯하여 사회·문화적인 향상 및 환경개선의 효과가 매우 큰 지역 발전 수단으로 인식되고 있다.

지방자치시대의 지역 관광의 중요성은 다음과 같다.

첫째, 지자체의 역량강화와 지역주민의 참여를 통한 지역 거버넌스의 확립이 지역 관광 활성화를 위해서 무엇보다 우선시 되어야 한다.

둘째, 중앙정부의 정책결정과 재정적·행정적 지원은 여전히 중요하다. 관광산업은 국가경제와 불가분의 관계가 있으며 다양한 이해관계자들이 연계되어 있는 산업이기 때문에 정책적 조율이 필요하다. 또한 관광정책을 지원하는 제도와 유치 전략은 지역경제 활성화에 영향을 미치는 주요 요인이다.

셋째, 지역의 정치·사회·경제적 요인도 관광정책 사업성과를 좌우하는 중요한 요소이다. 관광산업은 다양한 외부요인에 의하여 영향을 많이 받는 분야이기 때문에 지역 관광 활성화에 우호적인 환경조성이 관광정책 성과를 좌우하는 중요한 요소가 된다.

문화체육관광부와 한국관광공사2019에 따르면, 방한관광시장은 2017년 중국인 관광객 급감에 따른 충격에서 벗어나 2018년 외래관광객 1,535만명을 유치해 15.1% 증가세를 보였고, 2019년 1/4분기에는 14.1% 증가하는 등 양적 증가세를

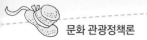

보이고 있다. 하지만 대부분의 외래관광객은 서울, 수도권, 부산, 제주도에 집중되어 있는 것이 대부분이다. 지역분권화 정책만으로는 국내 지역 관광지가 세계의 다른 도시들과 경쟁했을 때 경쟁력을 갖추기 어렵다. 따라서 지역 간 체계적인 관광협력 시스템을 갖추는 것이 필요하다. 글로벌 관광시장에 경쟁력을 키우기 위해서는 지역 관광 서비스의 양질화와 안정적인 수요·공급의 균형을 이룰 수 있는 새로운 해결점을 찾는 것이 무엇보다 중요하다.

지역 관광 활성화를 하기 위해서는 국가차원의 관광정책과 전략을 세워야 하며, 중앙정부와 지자체, 관광업계 그리고 지역주민들의 적극적인 참여가 필요하다. 또한 지역 관광지는 관광 목적지이자 관광자원·인프라·서비스를 보유하고 있는 관광활동의 공간적 개념으로서 지역 관광지를 관리하는 지방정부의 역할이 중요하다.

중앙정부의 역할이 국가전체의 관광시장 흐름을 조정하는 것이라면, 지역 관광 활성화를 위해서는 지방정부와 지역 커뮤니티 그리고 민간기업의 주도적인 활동이 적극적이고 지속적으로 진행되어야 한다.

1 지역 관광 활성화와 관광정책

관광 진흥법 제1조항에는 '이 법은 관광여건을 조성하고 관광자원을 개발하며 관광사업을 육성하여 관광 진흥에 이바지하는 것을 목적으로 한다'라고 명시되어 있다. 즉, 관광정책은 관광산업을 중심으로 국가의 경제적 효과를 극대화하기 위한 수단이자 행동과정으로 볼 수 있다. 또한 관광산업의 특성 중 하나인 공공성을 중심으로 정책의 방향성이 관광산업을 둘러싸고 있는 다양한 구성원들이 공공의 이익을 지키기 위한 정책이라 할 수 있다.

관광산업은 지역경제 활성화의 해결방안으로 주목할 필요가 있음을 증빙하는 결과이다. 이런 이유 때문에 세계 각국에서도 관광산업을 지역경제를 부흥시킬 수 있는 해결책으로 삼고 다양한 시도와 사례를 찾아볼 수 있다.

대표적인 사례를 살펴보면,

영국의 에딘버러는 스코틀랜드의 수도로서 정치·경제적인 국가의 시설이 영국의 수도인 런던을 중심으로 한 남쪽에 집중되면서 상대적으로 지역경제의 위기가 닥쳐왔다. 이에 에딘버러는 지역혁신을 통한 새로운 경제 활성화의 돌파구가 필요했고 그 해결책을 문화관광산업에서 찾았다. 에딘버러는 지역 활성화의 주요 콘텐츠로 국제축제, 영화 페스티발과 에딘버러 국제문화 축제는 매년 수백만 명이 찾아오는 대표적인 국제 관광 축제이며, 지역경제를 이끌어내는 주요산업으로 자리 잡았다.

에딘버러의 성공은 스코틀랜드 정부의 문화콘텐츠 정책과 지방정부 차원에서의 문화예술에 대한 지원을 통해서 이루어졌으며 도시재생의 대표적인 사례로 알려져 있다.

지역 관광 활성화의 중요성은 모든 지자체 및 관광관련 기관에서 잘 인지하고 있지만 관광자원 개발이 성공적으로 시행되기에는 여러 가지 장애물이 존재하고 있다.

대표적인 지역 관광개발의 문제점은 다음과 같다.

첫째, 지역 관광을 계획하고 수립하는데 근간이 되는 법·제도 및 관광정책부족

둘째, 빠르게 변화하는 국제 관광시장의 트렌드 변화에 대한 인식 및 대처부족

셋째, 지방분권화 이후 지자체의 독립적인 관광사업 추진에 있어서 재정과 전문 인력의 부족

넷째, 지역 관광산업을 지원할 수 있는 지역 거버넌스 체계의 부재

국제 관광시장에서 경쟁력을 얻기 위해서는 무엇보다 관광품질의 개선이 이루어져야 하며, 국가관광의 품질개선도 필요하다. 우리나라 7대 관광품질 개선지표는 외국인 관광객의 만족도, 외국인 관광객의 재방문율, 외국인 관광객 1인당 지출액, 국내 관광지출, 지역방문비율, 체류기간, 국제 관광의 경쟁력 순위로 구분된다.

지역 관광을 활성화하기 위한 질적지표는 내·외국인 관광객 만족도 제고, 내·외국인 관광객 지출액 증대, 내·외국인 관광객 방문지역 다양화, 내·외국인 관광객 체류기간 연장으로 구분된다(한국관광공사, 2016.

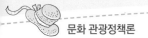

 표 7-1 지역 관광자원 개발의 문제점

구분	주요내용
정책 및 트렌드	• 사회변화에 부응하지 못하는 관광개발정책과 제도 • 시장 및 트렌드 분석 미흡
법·제도	• 유연하지 못한 법·제도 • 관광자원 개발에 대한 제도적 기반의 취약
개발방식	• 행정 편의적, 비현실적 개발체계 • 획일적인 사업내용 및 방식(과도한 사업계획, 보여주기식 사업계획, 실효성없는 사업계획, 단편적인 사업계획, 특색없는 사업과다)
인력	• 사업추진 역량미흡(담당공무원의 전문성 결여) • 관광자원 개발에 대한 지방자치단체의 인식미흡
예산 및 투자	• 예산체계와 관리, 예산지원 방식의 문제 • 투자자의 의사가 반영되지 못하는 체계 • 관광개발에 대한 민간투자의 기회
공공의 역할	• 지역 관광자원 개발의 공공적 역할에 대한 인식미흡 • 지역 관광자원 관리운영 주체에 대한 고려미흡 • 부처 및 부서들간의 협력부족

출처: 한국관광공사(2016). 지역 관광 질적 향상을 위한 정책사업 계획수립

표 7-2 지역 관광 질적 향상 관련 주요목표

우리나라 관광 질적 관리지표	• 외국인 관광객 만족도 • 외국인 관광객 재방문율 • 외국인 관광객 1인당 지출액 • 국내 관광 지출 • 체류기간 • 국제 관광 경쟁력 순위
지역 관광 질적향상 관리목표	• 내·외국인 관광객 만족도 제고 • 내·외국인 관광객 지출액 증대 • 내·외국인 관광객 방문지역 다양화 • 내·외국인 관광객 체류기간 연장

출처: 문화체육관광부(2016). 문화관광산업 경쟁력 강화회의

표 7-3 대한민국 테마 여행 10선

코스명칭	선정지역	비고(선정조건)
평화안보	인천, 파주, 수원, 화성	
평창로드	평창, 강릉, 속초, 정선	올림픽 연계협력
선비문화	대구, 안동, 영주, 문경	
섬과 바람	거제, 통영, 남해, 부산	해양 이동통로 개발
해돋이 역사기행	울산, 경주, 포항	
남도 바닷길	여수, 순천, 보성, 광양	해양 이동통로 개발
시간여행	전주, 군산, 부안, 고창	전통문화자원 활용
남도 맛기행	광주, 목포, 담양, 나주	
백제문화	대전, 공주, 부여, 익산	
자연치유	단양, 제천, 충주, 영월	

출처: 문화체육관광부 보도자료(2016.12.26.). '대한민국 테마여행 10선'

문화체육관광부는 2016년부터 지역별 특색 있는 10대 관광권역을 선정하고, 관광선도 모델로 육성하는 '대한민국 테마 여행 10선'을 추진하고 있다.

서울과 제주에 편중되어 있는 국내 관광의 불균형을 해소하고 특색있는 지역별 관광코스를 선정하고 집중적으로 발전시킨다는 계획하에 시행된 사업이다.

지역 관광 활성화와 지역 관광 거버넌스 형성에 기초가 되는 관광정책 사업의 일환이라 할 수 있다. 지역 간의 연계와 협력을 통한 관광코스의 선정은 여러 지역의 관광자원과 인프라를 공유하기 때문에 관광객의 편의를 향상시키고 효율적인 관광활동을 지원할 수 있다. 이 같은 광역권의 관광 거버넌스를 형성하는 것은 공간적인 파급효과가 크고 중장기적인 정책을 추진하는데 있어서 유용한 해결책이 된다.

2 지역 관광 활성화 요인

지역 관광정책 및 사업의 성과와 효율적인 해결방안을 찾기 위해서는 무엇보다 지역 관광의 환경, 지원, 제도, 지방정부의 역할 및 리더십, 사회적 자본 등으로 분류되는 영향요인을 파악해야 한다.

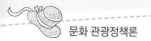

1) 정책 관점에서의 영향요인

지역 관광 활성화를 위한 정책관점에서 관광산업을 둘러싸고 있는 이해관계자들의 영향력이 많이 작용한다. 정책 집행이 원활하게 이루어지기 위해서는 정책추진을 주최하는 주체들의 역량을 고려해야 한다. 또한 지속가능한 관광개발을 위해서는 관광지역 주변 주민들의 정책 수용이 무엇보다 중요하고 지역주민의 협력없이는 원활한 정책 추진이 어렵다. 따라서 지역의 경제적 상황과 개인의 경제적 이익이 지역주민의 긍정적 태도에 영향을 주게 된다.

2) 거버넌스 관점에서의 영향요인

지역 관광 활성화를 위한 지역 관광 거버넌스를 구성하려면 이해관계자들의 상호협력이 중요하며, 실제 관광개발 및 활동에 필요한 정책적 지원과 지방정부의 역량이 지원될 경우 지역 관광 활성화에 성과를 이룰 수 있다.
거버넌스를 구성하는 측면에서 정책적 권한과 공공의 역할을 해야 하는 지방정부 및 재정적인 지원을 뒷받침하고 있는 중앙정부의 역할도 중요하다.

3) 지역 관광 활성화 관점에서의 영향요인

지역 관광 활성화를 위해서는 지방자치단체뿐만 아니라 지역주민과 민간단체 그리고 중앙정부의 적극적인 지원이 뒷받침 되어야 한다.

첫째, 지자체의 역량강화와 지역주민의 참여를 통한 지역 거버넌스의 확립이 지역 관광 활성화를 위해서 무엇보다 우선시되어야 한다.
둘째, 중앙정부의 정책결정과 재정적·행정적 지원이 적극적으로 이루어져야 한다.
셋째, 지역의 정치·사회·경제적 요인은 관광정책 사업성과를 좌우하는 중요한 요소가 된다.
넷째, 관광정책 사업성과에 대한 객관적인 평가기준을 세워야 한다.

Case Study

베를린의 가족 문화·관광활동 지원정책 사례

1. 가족 문화 활동 지원정책 사례

① 포털 사이트 bertin-famillie.de

- 포털 사이트 bertin-famillie. de는 어린이와 청소년을 비롯하여 가족단위로 즐길 수 있는 영화, 콘서트, 연극, 축제 등의 정보제공.
- 그중 볼만한 프로그램을 추천하고 관람 팁도 제공
    - 작성자의 실명공개와 함께 공연일정과 간단한 줄거리, 정보 업데이트 시기까지 함께 알려주고 있어 일정계획을 짜는데 용이하게 하고 있다.
- 공연일정을 달력형태로 작성해 프로그램 장르별 색깔을 지정하여 사용자가 식별하기 용이하게 하고 있다.
- 공연소식뿐만 아니라 학교나 가족단위로 베를린-브란텐부르크 지역을 중심으로한 가볼만한 여행지도를 달력형태로 소개하고 있다.

② 베를린 유겐트 문화서비스

- 온 가족이 즐길 수 있는 다양한 문화예술 프로그램을 '베를린 청소년 문화서비스'로 소개하고 있다.
- 업체들 간의 공동네트워크 하에서 지원되고 있으며, 어린이, 청소년 그리고 전 가족이 함께 즐길 수 있는 영화, 콘서트, 연극 등의 프로그램에 대한 정보와 서비스 제공.
- 프로그램들은 누구나 쉽게 즐길 수 있을 만큼 저렴하고, 합리적인 비용으로 제공되는데, 기관에서는 추가적으로 다양한 할인혜택을 주고 있어 경제적인 부담을 대폭 낮추었다.

2. 대표적 지원 프로그램

① 영화 프로젝트

- 슈파젠 키노(Spatzenkino): 4세부 터 아동들을 대상으로 하고 있 는 상시적 영화 상영 프로그램
- 킨더키노뷔로(Kinderkinobüro): 이 달의 어린이 영화 선정
- 슐키노보헤(Schulkinowoche): 1년 에 한번 베를린에 위치한 학교 들을 대상으로 학교로 옮겨온 극장 프로젝트 주관

② 연극 프로젝트

- 아이들과 청소년 연극할인권 제공뿐만 아니라 '이카루스 연 극상'과 함께 연극프로젝트 '투시-연극과 학교'를 진행하 고 있다.
- 그 밖에도 어린이 및 청소년 문 화예술에 대한 이해를 돕고 정

보를 공유하고자 두 달에 한번 프로그램을 소개한 무료잡지를 공공도서관과 시청 및 인터넷 에 제공하며 매년 6유로를 지불하면 구독할 수 있다.

3 지역 관광 활성화 방향

최근 경기침체가 지속되면서 이를 극복하기 위한 대안으로 관광산업을 주목하고 있다. 하지만 수도권에 비해 지역 관광 여건은 심각하다. 지역 관광 활성화를 위해서는 지역의 관광여건이 개선되어야 하고 관광수익으로 내수경제에 많은 영향을 미칠 수 있어야 한다.

지역 관광 활성화를 위해 추진해야 할 과제는 다음과 같다.

첫째, 지역 관광 활성화를 위해서 지역의 내수관광 기반이 조성되어야 한다. 지역의 수요여건을 활성화시키기 위해서는 정부의 적극적인 지원과 육성방안 등의 대책을 세워야 한다.

둘째, 지역 관광 수용태세의 개선이 필요하다. 외래관광객의 경우, 지역 관광에 대한 상품, 숙박, 교통, 언어소통 등으로 인해 불편함이 가중된다. 따라서 지역의 수용태세 개선을 위한 대책이 요구된다.

셋째, 지역 관광 거점으로서 도시 관광 활성화를 정책 대안 마련에 집중할 필요가 있다. 지역 관광 거점으로 부산, 제주 등 일부도시를 제외하고는 관광지로서의 매력과 선택을 받지 못하고 있다. 따라서 지역 관광 거점으로서 지역의 중소도시를 집중적으로 육성할 필요성이 제기된다.

넷째, 지역별 특화관광산업의 육성이 필요하다. 지역 간 비슷한 관광상품을 개발하기 보다는 그 지역에서만 경험하고 체험할 수 있는 지역특화 관광상품을 개발하고 육성해야 할 필요성이 있다. 따라서 정부와 각 지방자치제에서는 서로간의 협의와 타당성 조사를 실시하여 지역에 특화된 관광상품을 개발해야 한다. 지역의 균형 있는 발전을 위해서 거점지역 외의 지역에 관광객을 분산시키기 위한 전략으로는 지역고유의 문화관광 콘텐츠 확보가 가장 중요하다. 지역에 관광객을 흡인할 수 있는 주요 문화관광 콘텐츠가 존재한다면, 외부로부터 관광객들을 끌어들일 수 있는 가장 강력한 요인이 될 수 있다. 따라서 지역의 고유한 문화와 스토리텔링을 통한 다양한 콘텐츠 개발에 노력을 기울이고 있다.

다섯째, 지역 관광을 발전시키기 위해서는 핵심주체의 형성과 역량강화가 필

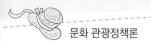

수적이다. 지역 관광을 발전시키기 위해서는 관官과 민民이 결합해서 협력적으로 관광산업을 추진한다면 시너지 효과를 얻을 수 있을 것이다. 지역 관광지에 관광객의 방문이 증가하는데 있어서 신규 고속도로 개통 및 KTX역의 유무가 크게 영향을 미치게 된다. 인터넷과 스마트 폰을 활용한 스마트 관광의 형태 또한 관광객의 접근성을 높이는 긍정적 요인이 된다. 따라서 소프트웨어와 하드웨어의 균형 있는 발전적 계획을 추진하는 것이 중요하다.

지역 관광의 활성화를 위해서는 여러 가지의 활성화 방안이 추진될 수 있도록 뒷받침되어야 한다. 그동안 지역 관광 활성화에 어려움이 되었던 재원조달과 사업추진주체, 관련법규 및 제도적인 측면과 개선방향은 다음과 같다.

첫째, 재원조달은 공공부문의 투자재원 조달방안을 다양하게 하고, 민간부문의 투자를 활성화해야 한다. 관광부문의 행정예산 확충을 위한 사업타당성 및 재원조달 실효성 증대, 국가 전략적 사업으로 육성하기 위한 관광 진흥개발 기금 확충, 지방자치단체의 관광개발 계획의 실효성 증대를 위한 관광부문 재정확충 등을 추진해야 한다.

둘째, 사업추진 주체로는 관광산업의 지식기반 조직체계를 강화하여 관광개발 촉진의 효율성 확보를 위한 중앙·지방 간 행정체계를 개선하고, 지방의 관광개발 전문 인력화의 양성과 민간부문의 관광개발 참여확대, 관광개발의 지역주민 참여 활성화를 추진해야 한다.

셋째, 제도와 관련법규의 개선으로는 관광개발 계획을 효율적으로 추진하고, 계획의 실효성을 강화하기 위한 제도와 법규정을 개선해야 한다. 그리고 미래의 다양한 관광형태 및 관광상품수용과 관광사업의 다각화를 위한 기존법령의 개정을 검토해야 한다.

정부는 제2차 국가관광 전략회의를 통해 지역 관광 활성화 방안을 발표하였다. 이에 대한 내용은 [표 7-4]에 나타난 것과 같다.

표 7-4 지역 관광 활성화 방안

구분		주요내용
비전		관광으로 크는 지역, 매력 있는 한국관광
3대 방향		1. 통합적 관점의 지원을 통한 지역 관광 경쟁력 향상 2. 지역이 주도하는 관광정책 3. 관광 일자리를 통한 지역 경제 성장
4대 추진과제		1. 국제적인 지역 관광 거점 조성을 통한 관광 목적지 다양화 2. 지역 특화 콘텐츠 발굴을 통한 지역 관광 매력 제고 3. 지역주도 관광정책 추진을 통해 관광역량 강화 4. 지역의 관광 창업 지원 및 새로운 일자리 창출
전략1. 국제적인 관광거리 조성	① 관광 전략 거점도시 육성	• 항만, 공항, KTX 보유지역을 글로벌 관광도시로 육성 - 관광인프라 개선 및 도시 관광자원을 활용한 관광 콘텐츠 개발 추진 • 관광 에어시티: 국제공항 주변 인프라 개선, 콘텐츠 확충, 브랜드 개발 • 2선 도시를 테마 브랜드, 특화콘텐츠 개발을 통해 테마 연계형 스토리텔링 관광거점 육성
	② 비무장지대를 국제적인 평화관광 거점으로 육성	• 접경지역 10개 시·군 한반도 생태평화벨트 조성 및 브랜드화 • 비무장지대를 활용한 평화관광 콘텐츠 및 서비스 인프라 확충 • 지자체, 한국관광공사 등과 비무장지대 평화관광추진협의체 운영 • DMZ 평화관광 BI 개발, 세계유산 공동등재 등 평화관광 브랜드화
	③ 올림픽 개최지 를 겨울· 스포 츠 관광의 거 점으로 조성	• 올림픽 개최지와 테마여행 10선 테마를 활용한 스포츠·자연관광 브랜드 개발 • 올림픽 개최시설, 인지도 등 올림픽 유산을 활용한 관광상품 개발 • 산악·해양 레저스포츠 체험, 국내·국제 스포츠 경기 유치 등을 통한 스포츠 관광 확대 • KTX 등 교통인프라를 활용한 관광상품 개발
	④ 고부가 관광지 역 클러스터 조성	• 경남 산청, 통영 등 일대를 웰니스관광 클러스터로 지정하고, 한방 항노화·해양 웰니스 관광 중심지로 육성 • 대구, 부산, 인천, 광주·전남 지역 의료관광 클러스터 집중 육성 • 제주·부산·인천·여수·속초 5대 크루즈 기항지 역사·문화자원을 활용한 기항지 관광 활성화

구분		주요내용
전략2. **매력적인** **지역 특화** **관광 콘텐츠** **확충**	⑤ 섬·해안을 특색 있는 관광자원으로 개발	• 가고 싶은 섬의 날(8.8) 제정 및 가고 싶은 33섬 육성 • 영남·해남기업도시를 스마트시티형 관광레저도시로 조성 • 어촌·어항 개발을 통해 지역 활력을 제고하는 어촌뉴딜 300 프로젝트 추진 • 남해안 해안도로를 축으로 남해안 관광루트 조성
	⑥ 농촌·산림· 생태관광 활성화	• 세계 국가중요 농업유산 등을 관광자원으로 활용하고, 농촌체험학습 활성화 • 산림자원을 기반으로 관광 인프라 구축 및 지역 청년일자리 창출을 위한 전문가 육성 • 지역주민과 우수생태자원 모니터링 및 생태관광 프로그램 개발
	⑦ 지역 고유의 역사·문화 테마 관광상품 개발	• 전통문화, 지역명인, 전통주 등 고급 관광 콘텐츠 Korea Unique 발굴 • 역사·문화유산 융합된 상품 개발 및 개별관광객 맞춤형 상품·코스 확충 • 지역 전통무예 체험 프로그램 발굴 및 지역 관광명소와 접목한 콘텐츠 육성 • 대한민국을 대표하는 세계적 문화관광축제 육성
	⑧ 일상의 삶과 비공개 장소의 관광자원화	• 지역 전통시장의 관광자원화 및 주변 관광지와의 연계 • 이야기 생활여행 자원 발굴 및 우리동네 명소 찾기 등 생활관광 활성화 • 유적지, 생태자원 등 지역의 숨은 관광지를 발굴하여 지역특화 관광지로 활용
전략3. **지역** **관광역량** **강화 및** **서비스 품질** **향상**	⑨ 지역주도 관광 활성화 및 체계정비	• 계획 공모형 지역 관광개발 사업 발굴 및 통합 지원 - 2~3개 사업을 패키지 형태로 묶어 지역주도로 추진하고, 단계별 지원 및 컨설팅 • 사후평가를 통한 우수사례 발굴 및 지원체계 개선
	⑩ 지역 주도 관 광 추진체계 정비(한국형 DMO)	• 지역 간 또는 생활권 기반 기초 단위의 한국형 DMO 설립 및 지역주도형 관광사업 확산 • 관광수용력 초과한(오버 투어리즘) 진단 컨설팅 및 지역 특성별 대응 가이드라인 제공

구분		주요내용
전략3. 지역 관광역량 강화 및 서비스 품질 향상	⑪ 지역 관광 서비스· 인프라 개선	• 항공, 고속철도 등 교통망 확충을 통해 관광객 지역방문 편의제고 • 5대도시 숙박 수급 분석을 통해 지역별 외래관광객 숙박 대응 방안 마련 • 문화재 안내판 개선, 읽기 쉬운 관광안내체계 구축 등 안내체계 개선 • 한국관광 품질인증제를 통해 지역 관광 서비스 품질 체계화 - 농촌관광 등급제 개편 및 멘토링 실시, 품질관리 강화 등 • 지자체·한국관광공사 공동 메뉴판, 접대교육, 컨설팅 등을 통해 지역 음식점 외래관광객 접객 서비스 개선
	⑫ 지역관광 활성화 분위기 조성	• 생애주기별·계층별 국내 관광 활성화 지원 - 열린관광지 조성 확대, 취약계층 관광 체험프로그램 제공, 청년관광 교통패스 도입 등 • 여행주간, 휴가문화개선 등 국내 관광 활성화 캠페인 추진 • 바가지요금 근절 캠페인 등을 통해 국내 관광 가격경쟁력 확보 • 지역 관광 홍보 및 설명회 지원 등을 통한 국내외 지역 교류확대
	⑬ 외래관광객 지방방문 확대 유도	• TV온라인 매체 등 해외광고 확대를 통한 지역 인지도 제고 • 지방 관광상품 공모전 등 지역 관광상품 및 코스 개발·홍보를 통한 지역방문 유인 확대 • 외래객 친화적 정보탐색, 교통, 안내 서비스 강화로 개별관광객의 지방 관광 편의 개선
전략4. 혁신으로 도약하는 산업	⑭ 지역관광산업 혁신성장 및 일자리 창출 지원	• 지역소재 관광 콘텐츠 기업 육성을 위해 관광벤처기업 선발시 지역청년 관광벤처 대상 인센티브 제공 • 지역기반 관광 중소기업 육성을 위해 지역 관광 혁신성장 전략 수립 및 지역 지원기능 강화 • 지역주도형 청년일자리 창출 사업을 통해 관광분야 신규일자리 창출
	⑮ 지역주민 관광역량 강화 및 인력양성	• 관광두레·사회적 기업 등 지역주민 참여 관광사업 발굴 및 지원 강화 • 관광지 맞춤형 해설사·안내사 육성을 통한 체험형 관광기회 확대 및 고용창출 • 생태관광 활성화를 위한 지역별 맞춤 컨설팅 운영 • 산림관광자원 조사·컨설팅을 위한 산림관광 코디네이터 육성 • 지역 농촌관광 협의체와 시·군을 중심으로 자율적인 연계·협력을 유도하는 상향식 콘텐츠 개발방식 도입 - 현장 전문가 양성 및 농촌관광 등급제 연계 멘토링 실시

자료: 관계부처 합동(2018.7.11.). 지역 관광 활성화 방안

4 지역 관광 이해관계자

1) 관광 이해관계자의 개념

관광 이해관계자는 관광사업에 직접 혹은 간접적으로 영향을 주고받는 사람들 혹은 조직이라 할 수 있다. 최근에는 지역의 관광사업을 활성화시키기 위해서 지역의 관광관련 기업과 공공기관의 협력이 중요시되면서, 민간과 공공기관의 인적자원의 자발적인 협력을 이끌어내는 방법이 모색되기 시작했다.

이러한 점에서 관광관련 기업의 사업 주체로서 의미를 가지던 관광 이해관계자라는 용어가 지역의 관광관련 분야의 특정한 조직이나, 관광관련 사업의 특정 행위에 의해 영향을 받거나 그 행위에 이해관계를 가지고 있는 개인 또는 집단으로 정의되었다. 따라서 관광 이해관계자는 지역에서 관광관련 사업을 추진하는 경우 그 사업에 직접적 혹은 간접적으로 이해관계를 갖는 사람들이나 조직에서 갈등이 생겨나기 마련이다. 이러한 갈등을 해소 해야하는 과제를 안고 있는 구성원들이 바로 관광 이해관계자로 불린다.

다양한 이해 관계자가 존재하는 커뮤니티 관광개발에서는 관광사업과 지역사회간의 실제적인 파트너 십을 구축하는 것이 중요하다.

관광개발 과정에서 커뮤니티에 속한 이해관계자의 참여는 관광자의 관광경험에 대한 만족과 관광 목적지로서의 지역사회가 지속적인 혜택을 누리기 위해 매우 중요하다. 또한 지역사회의 요구를 만족시키는 것이 곧 관광자의 요구를 만족시킬 수 있다는 관점에서 다양한 이해관계자의 참여가 중요하다.

2) 지역 관광 이해관계자의 역할

커뮤니티 관광개발은 중앙정부, 지방자치단체, 지역주민, 환경단체, 관광사업자 등 다양한 이해관계자가 관련되어 있는 복잡한 활동이고, 이해관계자 간 역할과 협력이 다양하게 표출되기 때문에 다양한 이해관계자 간 공동목표를 도출하고, 이해관계를 조정할 수 있는 참여자 또는 기관의 역할 및 협력관계가 중요하게 부각되고 있다.

자료: Sautter & Leisen(1999), Managing Stakeholders: A Tourism Planning Model

🔺 그림 7-1　관광정책의 이해관계자

커뮤니티 관광개발에서 발생할 수 있는 다양한 이해관계자는 각각의 역할을 인지하고 있어야 하며, 각각의 역할을 수행하면서 애해관계자 간 협력관계를 형성할 수 있다. 또한 이해관계자의 역할은 개발계획의 단계별로 각각의 역할이 다르게 나타난다.

관광산업은 하나의 주체로 인해 완성될 수 없으며, 다양한 이해관계자들이 서로 연결되어 관광이라는 활동과 산업을 완성하게 된다. 지역 관광 활성화를 위해서는 지역 관광의 방향성을 결정하는 중앙정부의 지원과 제도적 측면의 관광정책이 중요하며, 지방자치제의 중심에 있는 지방정부의 추진력과 행정적 역량이 중요하다. 지역 관광의 이해관계자들인 지역주민, NGO, 지역 관광기업 등 다양한 구성체들의 역할이 함께 이루어져야 지역 관광이 완성된다.

정부는 실질적 개입자로서 정책을 수립하고 지원 사업을 추진하면서도 지역 관광의 활성화를 위해서 산업의 촉진과 기반을 조성하는 간접적인 역할을 한다. 또한 지역 관광 거버넌스 형성을 위한 이해관계자들을 조정하고 협력적 네트워크를 활성화하는데 있어서 중요하다.

표 7-5 이해관계자의 역할

이해관계자		내용
공공부문	중앙정부	• 지역특성을 고려한 관광개발 기회의 균등한 분배 • 지속가능한 관광개발의 기본지침 수립 및 홍보교육 • 법제도적 기반조성, 행정 및 재정적 지원제공 • 지속가능 관광개발정책의 수립 및 사후평가
	지방자치단체	• 사전타당성 검토, 사전영향평가 등 제도적 여건 수립 • 관광개발의 기회와 갈등예방 및 조정자 역할 • 지역주민의 참여를 위한 제도적 장치 마련 • 추가재원 조달 및 자문·행정적 지원
민간부문	지역주민	• 커뮤니티 관광개발 주체로서 공감대 형성해 비전 및 목표공유 • 교육과 선진사례 벤치마킹을 통해 의식전환 • 자발적 공동체 조직을 구성해 계획과정에 적극적 참여 • 관광개발의 모니터링과 감시자의 역할담당
	민간단체	• 지역사회 의견수렴, 전문적 자문 및 조언제공 • 대중인식의 홍보, 모니터링 및 평가, 감시자 역할
	관광사업자	• 관광상품 프로그램 개발 및 운영 • 지역주민과 교류할 수 있고 소통할 수 있는 운영체계 마련 • 주민과 함께할 수 있는 사업 아이템 제공 • 홍보·마케팅으로 수익창출
	전문가	• 인적자원 육성을 통해 리더 발굴 • 지역주민의 의식을 전환시키는 교육진행 • 지역주민이 참여해 계획을 수립하고 지원 • 새로운 사업 아이디어 발굴 및 제공

자료: 이지선(2010). 커뮤니티 관광개발과 이해관계자간 협력관계, 석사학위논문

민간단체는 지역사회, 업계, 자치단체의 지속가능한 생태관광개발과 운영을 지원하고, 계획수립 및 관광영향 모니터링 과정에 참여하고, 커뮤니티 관광의 가이드 역할을 수행해야 한다. 전문가는 커뮤니티 관광개발 및 관리, 이해관계자 교육 및 훈련, 관광자원해설 사례의 발굴 및 육성에 기여해야 한다.

이해관계자는 이질적인 다양한 이해관계로 존재하기 때문에 이해관계자 간 갈등을 최소화하고 협력증진을 위한 방안을 마련하는 것은 커뮤니티 관광개발을 성공적으로 실현하기 위해 중요하다.

5 외국의 지역 관광 현황

지역 관광 활성화에는 국내 관광 활성화뿐만 아니라 세계 관광시장에서도 공통의 화제라고 할 수 있다. 국제 관광시장은 1980년대부터 2010년대에 이르기까지 연평균 4%씩 성장하고 있다. 관광수요의 성장은 결국 새로운 관광지와 상품에 대한 욕구를 촉진시킨다.

세계 관광시장은 과거형 관광상품의 한계성에 부딪치고 있다. 기존 관광시장의 한계성은 점차 과거 주요 관광지의 공간적 한계를 벗어나고자 지역 연계성을 갖는 광역권 지역 관광정책의 등장과 확산의 계기를 가져오고 있다.

이로 인해, 각 국가의 정책적 흐름은 국가경제를 위한 산업적 발전과 지역 통합적인 형태로 발전하고 있다. 예를 들어, 네덜란드 관광청의 웹사이트에는 각 도시의 테마와 관광상품을 전달하기 위해 노력하고 있다.

1) 스페인의 지역 관광정책

스페인 빌바오의 경우, 도시재생으로 지역 관광산업을 일으킨 대표적인 사례이다. 구겐하임 박물관을 중심으로 구겐하임효과Bilbao-Guggengeim effect를 일으킬 만큼 지역 관광 활성화를 성공적으로 완성하였다.

민간과 공공부문의 협력적 거버넌스 형성을 통한 공공과 민간의 이익에 상생할 수 있는데 초점을 두었으며, 공공기관 외에도 민간도시 전문가, 디자이너와 같은 협업적 거버넌스가 형성된 지역 활성화 정책이 추진되었다. 빌바오의 사례는 지역 활성화를 위해 지역 커뮤니티와 관광산업을 체계적으로 추진한 대표적인 예시를 보여주며 빌바오가 세계적인 관광지로 성장할 수 있었다.

관광선진국에서는 지역 발전에 맞는 발전이 필요하고, 양적인 성장보다는 지

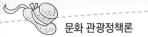

속적인 관광개발과 자연환경을 보존할 수 있는 생태관광에 관심이 높아지고 있는 추세이다.

2) 호주의 지역 관광정책

호주의 관광정책 추진은 호주 관광청에서 관장하고 있으며, 호주 무역위원회는 2013년 정부개편이후 관광정책 및 사업에 참여하고 있다.

호주는 지역적으로 동부에 치중되어 있는 관광 인프라와 관광형태를 좀 더 균형 있게 발전시키고 성장하기 위해 2010년 수립한 중장기 발전계획Tourism 2020을 통해서 정부소속의 관광기관과 민간기업을 대상으로 지속적인 관광정책 프로그램을 실현하고 있다.

중앙정부와 지방정부의 투자를 활성화하고 낙후된 지역의 관광 인프라를 개선하는 것을 주요목표로 지역 관광 활성화를 위한 정책을 추진하고 있다.

3) 중국의 지역 관광정책

중국의 관광정책은 1978년 사회주의 체제에서 개혁·개방 이후에 시작되었다. 개방초기 중국의 관광정책은 입국관광을 선도하여 외화 획득을 목적으로 하는데 있었다. 2000년 이후 중국은 자국민의 해외여행 자율화와 관광정책을 펼치면서 국내 관광시장을 더욱 성장시킬 수 있었다.

중국의 관광정책은 사회주의 국가 특성상 중앙정부 조직인 중국 국가 여유국CNTA이 정책을 주도하고 있다. 이 조직은 중국 국내외 관광활동을 총괄하여 관광산업에 관한 정책을 결정하고 있다.

중국의 지역 관광은 지방 여유국을 중심으로 지역의 관광정책 수립 및 추진을 관리하고 있다. 빠르게 성장하는 중국의 관광시장 경제적 효과는 점차 지역 관광의 품질과 서비스개선에도 영향을 미치고 있으며, 주요 관광

표 7-6   각국의 지역 관광정책방향 및 특징

국가	정책방향	특징
스페인	도시재생을 위한 단계적 지역 활성화 정책 추진	지역 거버넌스를 활용한 지역 관광 활성화
호주	관광청과 호주 무역위원회를 중심으로 관광정책과 전략 추진	지역 관광지를 중심으로 균형있는 관광인프라 조성
중국	중국 여유국을 중심으로 관광활동의 품질개선 및 관리조성시행	대도시 중심의 관광발전 단계에서 지역 관광 활성화 초기단계로 진입
부탄	정부가 주도적으로 관광객 입국에서부터 활동까지 관리	1인 1일 관광료 부과와 자연환경 및 지역문화 보존을 강조한 지역 관광 정책 추진

자원을 보유하고 있는 다양한 지역 관광지를 중심으로 연계적인 관광 거버넌스가 시간이 지남에 따라 잘 형성될 것으로 보인다.

4) 부탄의 지역 관광정책

부탄은 국민 GDP국민총생산량가 높지 않지만, 국민행복지수Gross National Happiness가 높은 나라로 알려져 있다.

부탄 정부는 관광에 대한 관심이 2,000년대 이후 시작되었다. 부탄관광은 부탄 정부의 정책적 지침아래 철저하게 관리되고 있다. 부탄 정부는 사전신고제도를 시행하여 부탄을 방문하는 모든 관광객을 관리하고 1인당 하루 250달러의 관광료Tariff를 지정하고 여행사에 납부하는 제도를 시행하고 있다. 또한 부탄의 관광정책은 자국의 문화관광자원이 침해당하지 않고 유지하기 위해 노력하는 정책을 쓰고 있다.

부탄은 국토 면적의 1/4을 국립공원 및 자연보호지역으로 지정하고 산림의 비율을 60%이상으로 유지하도록 헌법에서 지정하고 있어서 관광개발과 산업의 발전으로 인한 부작용을 최소화하는 노력을 하고 있다.

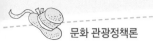

 ## 제4절 지방자치시대의 관광 진흥정책

1 관광환경 조성

관광산업의 본질은 창의성에 있다. 지방자치시대에서의 관광은 지역민이 자기 지역문화에 의미를 부여하고 사랑할 수 있는 여건이 조성되어야 한다. 지역의 관광 진흥을 위해서는 지역의 매력성 및 쾌적성을 증진시키고 지역 내의 모든 산업과 관광을 연계하여 중요한 정보를 제공해야 한다. 지역의 스토리텔링을 발굴하고 강화하여 문화유산, 역사적 이야기를 해설하고 프로그램을 개발함으로써 관광객과 관광지가 갖고 있는 자원을 연결하는 시스템적인 기능을 가지고 있어야 한다.

관광시스템이란 관광산업을 구성하고 있는 다양한 구성요소들 간의 네트워킹과 타겟마켓 고객에게 호소력 있는 콘텐츠의 창조·융합이라는 두 가지 요소가 맞물려 돌아가는 유기적인 연계기능을 하는 것이다.

2 지역주민 참여와 관광개발

현대사회에서 지역주민이 관광개발 과정에 참여하는지는 관광개발사업 성공에 중요한 요소가 된다. 지역경쟁력 강화가 국가경쟁력 강화라는 인식이 확산되면서 자원의 균형배분 유도와 자체혁신역량을 강화하는 전략적 요구가 증대되고 있다. 지역주민들도 삶의 패턴이 변화되고 있으며, 지방화 시대의 변화 속에서 지역주민들의 참여의식을 높이는 방향으로 관광을 진흥시키는 것이 지역 발전과 관광발전에 있어서 매우 중요한 의미를 가지게 된다.

영국의 Manchester 시의회는 1986년 지방행정 가운데 도시계획분야의 주민참여가 성공하기 위한 조건으로 7가지를 제시하였다.

첫째, 시의회와 주민 양자는 참여의 내용에 대해 처음부터 명백히 할 필요가 있다.

둘째, 전체 주민 가운데 누가 참여하는지를 사전에 식별할 필요가 있다.

셋째, 다양한 참여방식을 활용할 필요가 있다.

넷째, 특정집단이 전체 주민을 위한 대변인으로 참여하는 경우, 처음단계에서 대표성 시험을 실시할 필요가 있다. 즉, 어떤 요소를 대표성에 포함시킬 것인지 또는 누가 대표성을 인정할 것인지 등에 관한 동의가 있어야 한다.

다섯째, 시의회와 주민들은 주민참여가 정책결정뿐만 아니라 집행에 있어서 추가시간이 소요된다는 점을 상호인정할 필요가 있다.

여섯째, 참여 주민들을 위한 보고장치에 대해 사전협의가 이루어질 필요가 있다.

일곱째, 시의회 종사자들의 역할이 모든 참여 관계자들에게 분명히 밝혀질 필요가 있다.

OECD는 주민참여의 성공요건을 10가지 제시하였다.

첫째, 리더십과 헌신이다. 지방정부는 주민들을 설득하고 헌신할 수 있도록 리더십을 발휘할 수 있어야 하며, 지역주민들은 지방정부의 합당한 의지와 목적에 부합하여 지역 발전에 기여할 수 있도록 적극적으로 협조하고 헌신할 수 있어야 한다.

둘째, 시민 권리이다. 정책과정에의 정보접근, 의견개진, 협의와 적극적 참여를 위한 주민들의 권리가 법적·제도적으로 보장되어야 하며, 이를 감독하는 독립기관에 준하는 기관이 주민들의 권리행사를 위해 필요하다.

셋째, 명확성이다. 정책과정에서의 주민참여의 목적과 한계, 주민과 정부의 역할과 책임 등이 처음부터 잘 정의되어야 한다.

넷째, 시간이다. 협의와 능동적 참여를 위한 충분한 시간의 보장과 필요한 정보제공도 적기에 이루어져야 한다.

다섯째, 객관성이다. 정책과정에서 정부가 제공하는 정보는 객관적이고 완전하고 접근 가능해야 한다. 모든 주민들이 정보에 대한 접근 및 참여의 권리를 행사

할 때 동등한 대우를 받아야 한다.

여섯째, 재원이다. 효과적인 정책과정에의 참여를 위한 충분한 재정적·인적·기술적자원이 필요하다. 공무원들은 그들의 노력을 지원하는 조직문화뿐만 아니라 알맞은 기술, 지침, 그리고 훈련이 필요하다.

일곱째, 조정이다. 지식관리의 촉진, 정책일관성 확보, 중복방지 및 주민과 시민사회단체의 협의 피로consultation fatigue의 위험축소를 위한 발의들이 정부기관 간에 잘 조정되어야 한다.

여덟째, 책무성이다. 정부는 환류, 공적협의 및 능동적 참여를 통해 얻은 주민의 요구를 반영해야 할 책무를 가지며, 정책과정이 공개적이고 투명하며 외부적 검토를 통해 수정가능함을 보장할 수 있는 수단 확보가 중요하다.

아홉째, 평가이다. 정부는 정책결정에 대한 새로운 요구와 여건변화에 적응하기 위하여 정보제공, 협의 수행 및 주민참여에 대한 성과를 평가할 수 있는 수단, 정보 및 역량구비가 필요하다.

열 번째, 주민의 적극적인 참여이다. 정부는 능동적인 주민과 역동적인 시민사회로부터 혜택을 받으며, 시민사회 단체의 역량증진을 지원할 뿐만 아니라 시민교육강화, 인식확산 및 정보제공과 참여 촉진을 위한 시책을 추진해야 한다.

효과적인 정책목표 달성을 위해서는 주민들이 정책성과를 평가할 수 있는 단계까지 참여하여야 한다. 이를 위해서는 주민이 주민참여평가를 위한 역량이 구비되고 강화되어야 한다. 따라서 법·제도적으로 지역주민들이 정책결과에 대해 평가할 수 있는 수단들이 확보되어야 한다.

3 관광행정조직

지방자치제도는 1995년부터 시작되면서 지방정부는 여러 가지 사업들을 지속적으로 추진해 왔으며, 경쟁적 사업으로 중요하게 인식한 것이 관광사업이다.

지방의 재정자립도를 향상시킨다는 차원에서 관광지 개발 및 관광상품개발에 우선을 두고 추진하고 있다.

관광행정조직은 공식적으로 대통령을 정점으로 행정부처, 지방자치단체, 공기업, 공공단체까지 포함하고, 구체적인 정책기능은 행정부처가 중심이 된다. 관광행정조직은 대외적으로 관광행정 업무를 담당하며, 관광행정 수급체계의 원활한 기능을 수행할 수 있는지 판단의 기준이 된다. 또한 국가나 지방자치 단체가 공공적인 측면에서 관광발전을 위해 관광행동과 사업을 조성하고 지도·감독하는 종합적인 조정기능을 수행하고, 관리체계, 통제체계, 조정체계, 복지체계, 보호체계의 특징을 가지고 있다.

관광행정은 관광발전을 목표로 하여 정부 및 지방자치단체가 주체가 되어 인적, 물적 및 정보자원을 관광시장, 관광기업, 관광교통, 관광자원 등을 대상으로 의도적인 역할을 수행하는 하나의 체제로 볼 수 있다. 국가 또는 지방자치단체 등이 관광과 관련된 공공정책을 결정하고 이를 구체화하는 방법 및 내용을 의미한다.

지방자치단체는 관광홍보나 관광단지 개발과 관리, 관광상품개발, 관광서비스 개선 등과 같은 사업을 추진하는데 한계가 있다. 따라서 지방자치단체의 각 행정부에서 수행되고 있는 모든 사업들은 지방자치단체의 이미지를 높이기 위한 사업으로 전환시킬 필요성이 있다. 지방자치단체 행정업무의 기능을 극대화하기 위해서 전문적인 지식을 가지고 있는 관광전문가를 확보하는 것이 매우 중요하다.

관광행정조직은 중앙정부 관광조직과 지방자치단체의 관광조직, 관광공사조직 등이 있고, 민간관광조직은 관광관련협회, 관광관련기업, 관광관련단체 등으로 구분된다.

4 관광행정의 기능

우리나라 중앙정부의 관광행정은 관광정책, 관광산업육성, 관광개발, 축제, 관광 마케팅, 국민관광, 국제 관광 교류·협력, 관광 인력 양성 등 다양하게 세분화되어 있다. 또한 관광관련 법령 제·개정, 국가 관광정책 방향수립, 관광 진흥계획, 관광개발 기본계획 수립, 관광산업 육성지원, 재정지원, 관광 진흥개발기금의 조성 및 관리, 국가차원의 관광홍보·마케팅, 전문 인력양성·관리 등 정책수립 및 기

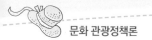

획에 중점을 두고 있다.

관광객들은 개별적인 관광욕구나 취향에 따라 지자체 행정구역 범위를 구석구석 다니면서 다양한 경험과 체험을 하고 싶어 한다. 정보화시대에는 지역전체가 관광객에게 노출되어 관광체험의 대상으로 활용되어야 한다. 관광활동의 평가는 특정 관광자원에 의해 결정되는 것이 아니고, 관광객이 그 지역을 관광하면서 보고 느끼는 모든 상황에서 얻어지고 누적된 만족도에 따라 달라지게 되는 것이다.

지방정부에서는 관광행정과 정책을 담당하고 있는 인력뿐만 아니라 경제, 문화, 건설, 임업 등 전 산업분야의 인력을 대상으로 지역 관광의 역할에 대한 중요성을 깨달을 수 있도록 인식시키는 과정이 필요하다.

5 관광산업 자원

관광산업은 관광객들의 체험을 통해 얻어진 긍정적인 이미지를 강화하는 것이 경쟁력에 도움이 된다. 경쟁력을 강화시키기 위한 교류증진을 활성화하고 역할이 강조되는 것이 관광의 자원이 된다.

지방자치단체의 적극적인 대외홍보활동은 신상품의 구매력을 높이기 위한 상품광고 활동과 마찬가지이다. 따라서 지방자치단체는 관광인프라 구축과 관광환경을 개선하기 위해 제도적인 기반을 구축해야 한다.

6 투자환경 조성

관광 진흥에 있어서 주요한 사업 중의 하나는 투자 활성화이다. 이를 위해서는 투자환경의 조성이 필요하다. 따라서 중앙정부는 지방분권 및 균형 발전을 통한 지역의 특성을 위해서 정책을 입안하고 집행할 수 있는 권한을 지방정부에 위임하는 등 각종정책을 지역으로 분산하는 정책을 펼쳐야 한다.

또한, 투자를 유치하기 위해서는 다양한 정책들을 강구할 필요성이 제기되며,

관광산업에 대한 각종 규제를 정비하고 세제지원 혜택, 개발관련 절차를 통합하여 간소화시키고 원스톱one-stop서비스를 제공해야 한다.

7 관광 마케팅·홍보

관광 마케팅과 홍보는 국가와 지역 이미지를 개선하는데 중요한 역할을 한다. 이미지는 사람의 마음속에 그려지는 사람이나 사물의 영상을 이미지라고 한다.

지방자치단체의 경쟁력은 지역 이미지 향상을 통한 상호교류의 증진에서 비롯된다. 지역이미지 광고를 비롯한 홍보활동이나 각종 이벤트를 개최하여 지역 알리기에 매진하는 것은 상호교류를 증진시키기 위한 의도라고 할 수 있다. 국가나 도시별로 이루어지는 다양한 목적지의 홍보, 마케팅 노력을 로케이션 브랜딩location branding개념으로 사용되고 있다.

8 관광개발

1) 관광개발의 의지

관광개발은 기존지역 및 도시의 자연, 산업, 문화 등과 조화롭게 발전시켜 나가야 한다. 따라서 미래적 발전과 관광산업 발전의 축을 동일시하는 기본 전제하에 지역의 역사와 문화를 살리면서 자연은 최대한 보전·육성해 나가면서 지역산업과 연계된 관광산업을 발전시키는 것이 필요하다.

관광 진흥을 위해서는 관광개발이 필요하고, 그 개발의 주체에 지방자치단체의 노력이 뒷받침되어야 한다. 하지만 환경문제, 지역민원, 용지조성 그리고 경제적 부담문제등 다양한 문제가 발생되고 이를 해결하기 위한 방안이 모색되어야 한다.

지방자지단체는 관광개발을 위한 투자재원 조성을 원활하게 조성할 수 있어야 한다.

2) 관광계획의 차별성

관광은 속성상 발전의 성과가 비교적 단기간에 나타나고 지역 발전의 성공사례로 언급되는 경우가 많아 지방정부의 민간사업자들이 지속적으로 관광개발에 대한 관심을 보이고 있다. 하지만 경쟁력이 높은 상품과 서비스를 만들기 위해 과도한 벤치마킹은 유사한 관광상품으로 만들어 차별화시키지 못하는 경우가 발생하기도 한다.

다양한 성공사례를 바탕으로 하여 지역에 맞는 문화를 접목하고 다른 지역에서는 경험하지 못하는 차별성을 가질 수 있는 관광상품을 개발하고 육성하는 것이 중요하다.

3) 관광개발과 환경보호

관광은 다른 어떠한 산업보다 환경에 민감하여 좋은 환경이 뒷받침되어야 장래성을 보장받을 수 있다. 관광개발은 환경과 양립해야 하고 자연친화적이고 최대한 자연을 보존하면서 관광상품을 만들고 지속가능하게 개발되어야 한다.

9 관광규제 합리화 및 관광산업 경쟁력 강화

관광산업에 대한 금융 및 세제를 적극적으로 개선하고, 관련 법·제도의 개선과 재정투입의 효율화를 통한 관광산업 발전지원체제의 고도화로 관광산업이 국가경제에 기여할 수 있도록 해야 한다. 이를 위해 관광산업을 외화획득 산업으로 지정하여 관광산업 활성화를 유도하고, 관광호텔업의 투자유치 활성화를 위해 관광호텔 세제 및 각종 부담금제도를 개선하여 관광호텔이 가격 경쟁력을 지속적으로 유지할 수 있도록 하는 제도마련이 필요하다.

외국인이 관광개발 사업에 적극적으로 투자할 수 있도록 제도적 여건을 조성해야 한다. 특히 관광산업에 대한 외국인 투자지역 지정대상을 확대하여 관광산업의 활성화를 도모하고, 국내 관광개발 분야에 민간투자가 촉진될 수 있도록 각종 세제 및 부담금을 감면하여 지역경제 활성화를 촉진해야 한다. 또한 관광

산업에 대한 내·외국인 투자활성화를 위해 관광투자를 종합적으로 관리할 수 있는 전담기구를 설립하여 원활한 민자유치가 이루어질 수 있는 환경조성이 필요하다.

관광사업체의 내실화를 통해 새로운 경영환경에 대한 적응력 향상과 경쟁력 확보를 위한 산업육성 정책을 마련하고 변화하는 관광환경에 적응하고 능동적인 대응을 할 수 있어야 한다. 따라서 관광사업체에 대한 합리적인 구조개편, 관광산업의 신성장 동력화 유도 및 일자리 창출 환경조성을 위한 신 관광산업 발굴 및 육성, 관광산업 구조 변화에 대응하기 위해 관광사업자 단체의 기능을 강화해야 한다.

관광산업의 인력수급 체계를 구축하여 관광 인력 공급이 원활하게 이루어질 수 있는 여건확립, 관광산업의 정보화 촉진을 통해 지역 관광 통합 정보서비스를 구축하고, 관광분야 전자상거래 활성화를 통해 고부가가치를 창출해야 한다.

양적인 관광 인력 양성에서 질적 수준을 제고하는 관광 인력 양성정책 추진 및 산·학·연 연계를 통한 관광 진흥을 유도하고, 관광산업의 연구, 개발확대 및 관광산업통계, 생산 분석체계 개선을 통해 정부정책 및 업계의 경영의사 결정을 적극적으로 지원해야 한다.

10 관광서비스의 고급화

관광객의 의식수준 향상과 다양한 욕구 등으로 인하여 관광환경은 급변하고 있다. 관광산업에서는 R&D분야에 투자지원을 강화하여, 변화하는 관광환경에 적극적으로 대응하고, 지속적인 성장 잠재력을 갖출 수 있도록 해야 한다.

인터넷의 급속한 보급과 함께 정보화 산업이 급성장함에 따라 관광객들의 관광활동 정보수집은 off-line에서 on-line으로 변화되고 있어, 관광산업에 있어서의 정보화에 대한 기반확충이 필요하다. 또한 관광산업에 있어서의 전자상거래 활성화를 위해 관광산업 정보화의 수준제고가 필요하며, 과거 대량관광의 시대에서 소규모의 대안관광 시대로 이행함에 따라 관광산업 부문에서도 다양한 관광서비스를 제공해야 한다.

따라서 관광산업이 제공하는 관광서비스의 가격과 내용측면에서 다양성을 확대하고 새로운 관광산업을 육성할 필요가 있다. 관광산업의 내·외부 환경 변화에 능동적으로 대응해 나가기 위해서는 관광산업 인력의 종합적 대책이 필요하다.

관광수요 변화에 대비한 관광산업 인력수급 대책수립과 관광업계 종사인력의 전문성을 제고시키기 위한 교육·훈련 강화를 통해 관광서비스의 고품질화를 유도할 필요가 있다.

관광산업의 활성화는 내·외국인 관광객에게 다양한 관광활동을 체험할 수 있는 유인책으로서 관광객 관광활동의 고급화·다양화에 기여할 것이다.

 ## 제5절 지역거점 관광도시 육성정책

21세기 관광개발 패러다임의 전환은 개발과 보존의 조화라는 개발이념으로 변화되어야 한다. 국가에서는 동북아 거점 관광축을 조성하고 공동 관광자원을 개발하여 국가 및 지역 관광의 활성화를 위해서 국제적 관광 인프라의 구축, 환경 친화적 관광자원 개발촉진, 국민복지 증진을 위한 관광환경조성, 기존 관광지역 및 관광시설의 정비확충, 한국적 문화관광자원의 발굴육성, 미래형 특화관광상품개발 촉진, 지역별 특성있는 관광 공간창조, 관광자원의 지식기반 관리 체계 구축, 남북한 관광교류협력 및 공동 관광자원 개발 등을 추진해야 한다.

1 국제적 수준의 관광거점도시 육성

통합적 기능의 관광거점도시 설정을 위해 지역 내 관광자원의 원활한 연계와 숙박, 교통, 상업, 관광정보 안내 등의 관광자원 기능의 수행을 위한 관광거점 도

시를 선정·육성하여 관광객의 편의를 도모해야 한다. 그리고, 관광기반시설의 효율적인 개발과 산재한 잠재관광자원 및 기존 관광자원의 구심적 기능수행을 담당하는 관광거점 도시를 전략적으로 개발해야 한다.

이를 위해, 관광거점 도시의 관광개발은 새로운 시설위주의 개발보다는 기존 시설의 활용증대와 정비를 통하여 관광기능을 담당하는 거점도시를 지정·육성하며, 지역의 입지적 특성에 적합하고 관광객의 편의제공을 위한 정보와 관광시설지원 등의 관광기반을 구축하여, 관광거점도시 주변의 다양한 관광자원 간의 네트워킹 강화와 주민의 자발적 참여를 유도하여 지역 활성화의 기반을 구축해야 한다.

특히, 도시의 자연, 역사, 문화경관과 문화시설 공간은 도시가 보유하고 있는 특색에 따라 발굴하고, 지역문화를 정착시켜 자리잡을 수 있는 문화거리 조성과 시설공간을 조성하여 각종 문화행사와 이벤트를 개최하고, 거점도시별로 지역 캐릭터개발, 지역문화축제, 이벤트행사 등으로 지역마케팅을 전개해야 한다.

2 지역특화 문화자원의 관광상품화

문화자원의 활성화 방안의 도모를 위해 역사, 문화자원의 발굴과 관광상품화를 위한 지역, 문화자원의 개발을 촉진해야 한다. 또한 지역이 보유한 유·무형의 문화 관광자원의 지속적인 발굴과 개발을 통해 문화자원의 역사적 가치와 재창출 그리고 문화관광의 인프라 구축으로 지역문화의 정체성을 살려서 독특하고 다양한 문화 관광자원의 상품화가 필요하다. 따라서 지역 고유문화에 대한 체계적인 자원화를 촉진하여 역사·문화자원을 효율적으로 보전·관리하는 동시에 적극 활용함으로써 문화관광을 통한 지역경쟁력 창출에 기여해야 한다.

이를 위해, 지역 내 역사문화 관광자원의 발굴과 특화된 지역 문화자원의 개발로 관광상품화를 추진하며, 역사문화 관광자원을 최대한 활용한 관광개발방식을 도모하여, 시너지 효과의 극대화를 위해 다양한 관광자원의 유기적 연계를 도모해야 한다.

나아가 문화 관광자원 시설을 확충하고 문화관광을 특화하는 지원체계를 구축하여 문화관광 기반시설의 구축을 위해 지역문화의 관광자원화와 문화관광자원 연계체계를 마련해야 한다.

3 테마·체험형 관광자원 개발

관광자원의 테마화를 위해 개별 관광자원의 특화제고를 위한 테마 설정으로 기존 관광지 및 관광자원의 이미지를 부각해야 한다. 또한 지역 내 자원의 다양한 테마개발과 기존 관광자원의 테마화로 각각의 관광자원 간의 차별화를 유도하여 관광객 욕구 충족을 위한 다양한 테마를 개발해야 한다.

지역이 보유한 역사문화, 해양, 온천, 생태관광, 레저스포츠 자원을 테마·체험형으로 하는 관광 프로그램 개발을 추진하고, 테마·체험형을 연계한 문화권, 역사문화관광, 해양관광, 온천관광, 생태관광, 레저스포츠 등의 관광루트를 형성해야 한다.

이를 위해서는 지역별로 역사문화 체험공간을 확충하고, 해양관광자원을 테마화하여 온천을 이용한 테마·체험형 관광개발, 생태관광자원의 활용, 레저스포츠자원 등을 개발하여 관광루트로 연계하는 것이다. 특히, 해양은 크루즈 관광을 통한 해양자원과 내륙 자원을 연계 개발해야 한다.

4 환경이 살아있는 지속가능한 관광자원 개발

친환경적 관광개발의 정책을 위해 자연자원의 보전과 지속가능한 관광활동의 정착을 위한 환경 친화적 관광자원의 개발을 추진해야 한다. 관광개발로 인한

자연환경의 피해확산을 방지하고, 지역 내 자연자원의 개발·보호·이용관리 체계를 강화해야 한다.

지역 내 관광자원을 다양한 형태로 개발하고 관리하여 관광산업의 친환경적 개발을 유도함으로써 환경피해로 인한 지역주민과의 갈등을 최소화해야 한다.

이를 위해, 해안의 갯벌과 사구, 농촌, 어촌, 산촌지역의 녹색관광자원, 철새도래지, 내수면자원 등을 친환경적으로 활용하는 대안관광자원의 발굴·조성과 환경피해를 방지할 수 있는 장치를 마련하고 대안관광 활성화를 위한 기반을 구축해야 한다.

대안관광 활성화를 위한 기반구축으로는 지속가능한 관광개발을 위한 관리체계마련, 대안관광의 개발에 있어 지역주민의 참여확대와 생태관광의 활성화를 추진해야 한다. 특히, 친환경적 관광자원의 발굴과 조성을 위해 각 지역 자연해양자원의 생태적 수용력을 동시에 감안한 지속가능한 관광을 육성하기 위해 해안과 내륙, 산악자원 환경의 최대 보존원칙을 관광개발에 적용하여 관광자원을 발굴해야 한다. 이를 위해서는 자연환경을 활용한 녹색관광상품 개발을 촉진해야 한다.

5 문화관광 콘텐츠 산업육성과 지역 관광정보 시스템 구축

지역 내 관광자원의 정보시스템을 구축하여 보다 효율적인 관광산업의 개발관리 체계를 확립하고, 전문화된 정보와 인적자원의 원활한 제공을 위한 관광개발의 추진과 문화관광 콘텐츠 산업을 육성하고, 지식기반형 사회변화에 대해 지속적인 개발 및 관리를 위한 관광시스템의 개발로 관광개발과 사후 관리 체계를 강화해야 한다.

따라서, 지역 내 관광자원에 대한 종합적인 개발·관리에 필요한 관광자원의 정보·홍보관리 체계를 확립하고, 관광자원정보의 데이터베이스를 축적하고 정보공간의 원활한 활용을 위한 응용프로그램을 개발해야 한다. 특히, 관광안내와 정보시스템 구축에서는 지역별 관광홍보수단의 다양화, 지역별 관광안내 정보 네트워크체계의 개발 등을 추진해야 한다.

6 융·복합 관광산업육성

온라인과 모바일, 4차 산업혁명과 관련된 기반기술의 발전 등으로 기존 관광산업과는 다른 새로운 융·복합 비즈니스 모델 및 서비스 창출이 되는 새로운 시대가 도래하였다. 모바일과 AR/VR, 인공지능AI, 사물인터넷IoT, 빅 데이터, 3D프린팅 등으로 기존 관광산업 영역의 변화는 물론 새로운 형태의 비즈니스 모델과 서비스를 창출하고 있다. 그럼에도 불구하고, 국내 관광산업 육성정책은 기존 관광 진흥법상의 관광사업에 대한 정의로는 새로운 산업 패러다임에 맞는 전략산업 육성에 한계를 가질 수밖에 없다. 기존 관광 진흥법상 관광사업은 7개의 관광사업 및 총 36개의 세부 업종으로 정의하고 있으나, 새롭게 대두되는 융·복합 관광산업을 포함하지 못하고 있다.

이러한 현상은 새로운 융·복합 관광산업에 대한 전략적인 정책지원 미비로 인한 신성장 산업의 대응에 미치지 못하고 있는 실정이다.

4차 산업혁명은 초연결성, 초지능화, 융·복합화 등 새로운 형태의 비즈니스가 창출되어 관광산업의 구조, 관광객 정보습득 및 소비행태, 관광서비스의 이용방법 등에서 다양한 변화를 가져오고 있다.

이러한 현상으로 공급자인 기존 관광업계, 관광객의 정보습득 및 서비스 이용, 관련 인프라 기술 등의 변화로 과거와는 다른 관광 플랫폼 및 서비스를 제공하기 위해 4차 산업과의 융·복합 관광산업을 개발하고 육성하는 것이 급선무이다.

기존 관광영역과 ICT 및 4차 산업혁명기술의 결합, 타 산업과 관광산업의 결합, 공유경제

기반의 비즈니스 모델 등 새로운 유형의 융·복합 관광기업 및 서비스의 급성장에 따른 기업 및 산업정책의 변화 필요성이 커지고 있는 것이 현실이다. 예를 들어, 기존 서비스와는 차별화된 에어비엔비, 익스피디아, 야놀자, VR체험 등 새로운 형태의 관광 비즈니스가 창출되고 빠르게 성장하고 있는 추세이다. 따라서 각 지자체에 최적화된 관광자원과 정책으로 국내·외 관광객을 유치할 수 있어야 한다.

1) 융·복합 관광산업의 육성전략

기존 관광산업뿐만 아니라 온라인·모바일 및 트레블 테크와 융·복합한 새로운 관광 융·복합 산업의 창출이 급성장하고 있기 때문에 정부차원에서 다음과 같은 사항에 대해 적극적인 대응이 요구되고 있다.

- 트레블 테크와 관광산업 밸류 체인의 변화와 더불어 다양한 신기술, 신산업이 융·복합된 관광 융·복합 산업의 도래와 성장에 대응해야 한다.
- 기존 관광산업과 새로운 산업의 융·복합, 트레블 테크와의 결합 등으로 새로운 시장 창출 및 성장 잠재력을 보유하는데 집중해야 한다.
- 관광소비자에게 과거와는 다른 고객여정, 트레블 테크 활용으로 자동화, 지능화된 소비행태를 보이고 있는 상황에서 이에 대한 새로운 융·복합 관광산업 육성과 대응이 필요하다.
- 디지털과 모바일로 무장한 스마트한 관광소비자는 자신에 꼭 맞는 서비스를 검색하고, 실시간으로 비교·평가하여 가장 최적의 조건에서 서비스를 활용할 수 있도록 해야 한다.
- 관광지에서도 차량공유와 숙박공유, 여행지 맛집 탐방과 체험 등 과거와는 전혀 다른 고객여정과 경험을 추구할 수 있어야 한다.
- 기존 관광산업에 대한 지원정책은 관광 진흥 기본계획으로 새로운 산업 환경 패러다임 변화에 대응이 미흡하므로, 새로운 관광산업 육성 정책 도입이 시급하다.

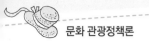

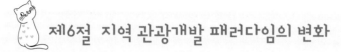

제6절 지역 관광개발 패러다임의 변화

지방자치제가 성숙되고 지방분권에 대한 요구가 커지면서 지역 관광개발의 주체는 지역주도로 전환되고 있다. 관광지 지정 및 조성계획의 승인권한은 2004년 관광 진흥법 일부개정을 통해 지방자치단체로 이양되었으며, 사업의 시행주체로 지방자치단체가 담당하고 있다.

도시재생사업, 문화도시사업, 관광 두레사업 등에서도 지방자치단체의 역할과 함께 지역주민이 공동체의 일원으로 사업의 주체로 참여하고 있다.

1 지역 관광자원 개발 패러다임의 변화

세계적으로 관광산업에 대한 중요성이 증대됨과 동시에 우리나라 또한 시대별·정권별로 지역 관광개발에 대한 정책 기조가 변화되면서 지속 가능한 관광개발, 융복합 관광개발에 대한 관심과 노력이 증대되고 있다.

지역 관광자원 개발은 지역 관광자원의 개발 이념, 개발 주체, 이용 주체, 개발수단 등에 따라 패러다임이 전환되고 있으며, 이에 능동적이고, 현실적으로 대처할 수 있는 방안의 마련이 요구된다.

2 질적 관광, 품질 관광에 대한 요구 확대

지역 관광개발정책은 관광객 유치 목적의 양적 확대 정책에서 서비스와 시설의 질적 수준제고 정책으로 변화가 되고 있는 추세이다. 관광산업의 품질 향상은 관광객의 만족도를 증대시킴과 동시에 국가 이미지를 제고하는 효과를 얻게 되고, 결과적으로 타 경제 분야에까지 긍정적인 파급효과로 연결된다. 이와 관련하여 2017년부터 문화체육관광부는 현행 관광 진흥법 제3조 제1항 각 호에 따

표 7-7 지역 관광자원 개발 패러다임 전환

구분	기존 패러다임	변화 패러다임
개발 이념	• 양적 확대 • 수출전략(외래 관광객유치)중심 • 이익 중심적 관점 • 경제적 효과 중심 • 하드웨어, 소프트웨어 분리추진	• 질적 수준 제고 • 내수전략(외래관광객+국내 관광객) • 관광 복지적 관점 • 지속가능한 발전 중시 • 하드웨어+소프트웨어+휴먼웨어+오그웨어의 조화
개발 주체 (공급)	• 공공주도형(관주도) • 각 정부부처의 개별적 추진 • 공무원이 개발 담당 • 주민 참여 미미	• 공공+민간 협력형(주체별 역할) 및 거버넌스형 • 부처 협력을 통한 추진 • 관광자원 개발의 전담(지원)조직 부상 • 주민의 주도적 참여
이용 주체 (수요)	• 수동적, 정적 관광 행태 • 소극적 소비자(욕구에 부응) • 자기 소유 관점 • 자기만족 추구(투어리스피케이션 발생)	• 능동적, 적극적 관광 행태 • 적극적 생산자로 참여(SNS발달), 시장흐름 주도 • 공유 개념 확대 • 공정여행에 대한 관심 증대
개발 수단	• 단위 시설(자원) 개발 방식 • 도시와 떨어진 장송의 관광(단)지 개발이나 농촌 등이 지역 관광대상 • 신규 조성 중심의 개발	• 시설(자원) 간 연계 방식 • 사람이 살고 있는 생활환경, 도시 등이 지역 관광의 대상으로 확대 • 기존 시설의 재생(활용) 중시

자료: 김향자·최자은(2017). 지역 관광자원 개발방향 연구 II

른 관광사업(호텔업, 야영장업, 국제회의업, 카지노업은 제외) 및 공중위생관리법에 따른 숙박업, 관광사업과 밀접하게 관련되는 사업에 대해 한국관광 품질인증제를 우선적으로 시행하고 있다. 또한 제주도 역시 2018년부터 우수 관광사업체 제도를 보완하여 제주관광품질인증제 시험사업을 추진하고 있다.

지방자치단체에서는 기존 양적관광 중심의 관광정책에서 벗어나 관광객의 만족도를 증대시키고, 체류형 관광객 유도를 통해 실질적인 지역경제 활성화에 이바지하기 위해 질적 관광, 관광의 질적 발전에 초점을 둔 관광정책의 확대가 추진되고 있다.

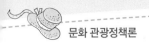

3 지역 관광자원 개발 전담조직 신설확대

일부 지자체는 지역의 성장 동력으로서 관광산업의 중요성 및 예산규모가 확대되면서 지역 관광개발 전담조직이 신설되고 있다.

대구 남구청은 앞산 생태관광 콘텐츠 개발과 관광 마케팅 활성화를 위해 문화관광과 전담조직를 신설하고, 관광기획, 관광개발, 문화예술 분야의 인력을 보강하여 문화 관광도시 만들기를 추진하고 있다. 또한 파주시는 연간 1천만 명 이상의 관광객이 파주를 방문하고 감악산 출렁다리, 마장 호수 휴 프로젝트 사업, 임진각 곤돌라 설치 사업 등으로 관광분야 기능과 업무가 확대되고 있다면서 체계적이고 전략적인 관광홍보 마케팅과 관광도시 구축을 위해 관광분야 전담조직의 신설을 검토하고 있다.

지역 공무원들의 순환보직에 의한 사업 담당자의 잦은 교체와 관광개발 또는 마케팅 측면에서의 전문성 부족에 따른 사업성과 확보의 한계성을 극복하기 위해 관광 전문 인력 공모를 통해 채용하는 경우도 확대되고 있다.

4 지역 관광개발 사업에 대한 관리·운영의 중요성 확대

기존 관광개발 사업이 시설 조성과 같은 하드웨어 인프라 사업에 집중해오면서 '경영없는 개발'로 인한 적자 운영, 공공재원의 운영비 충당, 재정 부담 증가, 시설 유휴화 등이 문제점으로 지적되며 관리운영의 중요성이 지속적으로 제기되고 있다.

또한 문화체육관광부의 광역권 관광개발사업 평가, 문화 및 생태·녹색 관광자원 개발사업 평가 등에서도 부실 콘텐츠의 운영, 시설의 관리운영에 대한 준비 부족, 지자체의 운영 노하우 부족 등을 문제점으로 지적하였다. 이와 관련하여 최근 지자체 차원에서 관광개발사업의 관리운영의 중요성을 인식하고, 다양한 형태의 관리운영 기본 및 실행계획을 수립하여 관리운영의 효율성을 높이기 위한 시도를 확대해야 한다.

표 7-8   지자체 추진 관광시설에 대한 관리운영계획 현황

구분	건수	사업명
2018년	2건	• 부산광역시, 부산오페라하우스 개관준비 및 관리운영 기본계획 수립 • 진주시, 진양호공원 활성화계획 및 관리운영방안 수립
2017년	5건	• 의성군, 금강송 에코리움 운영관리 실행계획 • 밀양시, 밀양 농촌 테마공원 관리운영계획 수립 • 서울특별시 중구, 서소문 역사 공원 및 기념 공간 관리운영종합계획 수립 • 순천시, 순천시 원도심 활성화를 위한 통합 관리운영계획 수립 • 울산광역시 울주군, 영남알프스 입체영상관 관리운영계획 수립
2016년	4건	• 가평군, 가평문화원 건립 타당성조사 기본계획 및 관리운영방안 • 고령군, 고령 부래 관광지 관리운영종합계획 수립 • 부산광역시, 부산현대미술관 개관준비 및 관리운영종합계획 수립 • 남해군, 이순신 순국공원 관리운영계획 수립
2015년	6건	• 울진군, 백암 숲체험교육장 운영관리 기본계획 수립 • 함양군, 산삼 휴양밸리 종합 경영 운영관리및 관광 마케팅 전략 수립 • 영천시, 3대문화권 사업 관리운영계획 수립 • 상주시, 상주시 주요관광지 조성 종합관리 운영계획 수립 • 영주시, 한국문화테마파크 운영관리 기본계획 수립 • 공주시, 자연휴양림 및 목재체험장 운영 및 관리계획 수립
2014년	4건	• 영동군, 국악 체험존 관리운영계획 수립 • 봉화군, 누정휴 문화누리조성사업 관리운영계획 수립 • 예산군, 내포부상 조성사업 관리운영기본계획 수립 • 군위군, 삼국유사 가온누리 조성 관리운영 기본계획 수립

자료: 나라장터(www.g2b.go.kr), 통합 검색 중 관리운영계획 검색

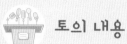 토의 내용

1. 지방자치 시대의 관광정책에 대해 토의해 보세요.

2. 지방자치단체의 관광관련 역할에 대해 토의해 보세요.

3. 지방 관광정책의 이해관계자와 역할에 대해 토의해 보세요.

4. 지역 관광자원 개발의 문제점에 대해 토의해 보세요.

5. 해외 주요국의 지역 관광정책에 대해 토의해 보세요.

6. 지방자치 시대의 관광 진흥정책에 대해 토의해 보세요.

7. 지역거점 관광도시 육성정책에 대해 토의해 보세요.

8. 지역 관광개발 패러다임의 변화에 대해 토의해 보세요.

문화 관광정책론

Chapter

08

관광개발정책

제1절　관광개발

1 관광개발의 개념

2 관광개발의 영향

3 관광자원 개발

4 관광개발 계획

5 관광개발 유형

6 관광인프라 개선

제2절　관광개발정책

1 관광개발정책

2 관광개발정책의 수용태도

제3절　지속가능한 관광개발정책

1 지속가능한 관광개발의 개념

2 지속가능한 관광개발의 원칙

3 지속가능한 관광개발의 기준

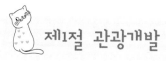

제1절 관광개발

1 관광개발의 개념

관광개발은 관광객 유치 및 증진, 조세수입증진, 지역주민 소득향상 및 일자리 창출, 지역 경제 활성화 등의 경제적 편익도모와 지역사회 이미지 개선, 지역주민 삶의 질 향상 및 복리증진, 환경여건 및 문화수준 향상 등의 사회·문화적 편익 도모를 목적으로 하고 있다.

이를 통해 지역사회의 발전 및 성장을 도모하고자 한다. 따라서 관광개발은 지역사회에 적합한 관광개발정책을 구현함으로써 관광자원 가치의 극대화는 물론 미래관광 수요변화에 대응하고 정책의 효과가 지역주민에게 환원되는 등 지역사회의 경제·환경·사회·문화적 편익을 극대화하는 방향에서 이루어져야 한다.

관광개발의 유형은 크게 거점 관광개발과 지역사회 중심관광개발로 구분된다. 거점 관광개발은 거시적 측면에서 이루어지는 개발로 거점지역의 집중적인 투자를 통해 경제활동의 효율성을 지향하는 개발방식이며, 관광자원 및 관광객의 집중을 통해 경제·사회·문화·환경적인 직접효과를 기대하는 관광중심지 개발전략이다. 지역사회 중심관광개발은 지역사회를 구성하는 인적자원과 관광자원의 개발을 통해 지역성 향상, 지역 활성화, 주민복지 증진기여 및 관광객의 만족도를 제고하는 개발전략이다. 지역사회를 중심으로 이루어지는 개발이기 때문에 지역주민의 참여가 강조되며, 지역사회가 보유하고 있는 고유자원을 활용하는데 중점을 두고 있다.

2 관광개발의 영향

다양한 관광자원 및 관광시설의 개발이 이루어지는 관광개발은 중앙정부, 지

● 그림 8-1   관광개발 영향 개념

자체, 관련 사업체, 지역주민 등 다양한 집단의 복잡한 영향관계를 통해 진행
된다. 그리고 관광개발은 개발단계에서 해당지역의 인문·자연환경에 영향을 미
치며, 개발 이후에는 관광객과 지역주민의 상호접촉을 통해 지역과 지역주민의
생활양식 및 가치관 등의 변화를 초래하는 등 지역사회에 지속적인 영향을 미
치게 된다.

1) 경제적 영향

지방자치제 실시 이후 각 지자체에서 지역경제 활성화를 위한 방안으로 가장
많이 활용하고 있는 정책이 관광개발이다.

관광개발에 따른 경제적 영향의 긍정적인 면은 관광개발을 통해 지역사회는
주민소득 증대, 생활수준의 향상, 고용기회의 창출 및 증대, 조세수입의 증대, 투
자개발 및 기반시설의 개선, 지역의 경제구조 다변화 등의 영향을 주게 된다.

비용측면에서 관광개발이 지역사회에 미치는 영향으로는 주민의 생활비용 증
가, 물가상승, 지역소득의 외부노출, 개발의 불균형, 부동산 투기, 고용불안정 및
질 저하, 관련시설 유지 및 보수비 지출, 경제의존에 의한 대외종속 등이 있다.

2) 사회·문화적 영향

관광개발을 통해 발생되는 관광객과 지역주민의 상호접촉은 외래문화_{관광객}와 지역문화_{지역주민}의 직·간접적 접촉을 야기한다. 이러한 상호 간의 접촉은 관광이 가치체계, 가족관계, 개인행동, 라이프 스타일, 도덕적 행위, 안전성의 수준, 창조적 표현, 전통적 의식 그리고 지역사회 조직 등의 변화를 가져온다.

이러한 변화요인은 지역주민 생활의 질을 변화시키고 지역사회의 사회·문화구조를 변화시킨다. 사회·문화적 영향의 긍정적인 면은 관광개발이 지역사회에 미치는 영향으로 지역사회문화의 현대화, 다문화와의 교류촉진, 지역사회 이미지 개선, 편의시설 개선 및 증진, 전통문화의 보전, 공공서비스의 개선, 전반적인 삶의 질 향상, 문화활동 기회의 증진 등이 있다.

부정적인 면에서의 관광개발은 지역문화의 훼손 및 상품화, 사회적 불안야기, 미풍양속 저해 및 공동체 의식 약화, 소비주의 증가, 이혼율 증가 등 가족 구조의 변화, 교통사고·범죄·도박 등의 부정적인 영향이 있다.

3) 환경적 영향

환경적 요인은 관광지의 특성을 결정짓는 요인이자 만족도를 극대화시키는 주요 결정요인이 된다. 최근 자연, 생태, 환경에 대한 관심이 사회적으로 증대됨에 따라 관광분야에서는 생태관광, 지속가능한 관광, 녹색관광 등에 대한 개념과 중요성이 높아지고 있다.

관광개발에 따른 긍정적인 영향은 자연환경의 보호 및 보존, 관광자원의 관리 및 보호, 지역사회 미관경관 개선, 역사문화자원의 보존, 정화 관련 기반시설 구축 등으로 제시되고 있다.

부정적인 영향으로는 자연환경파괴, 수질 및 대기오염 증가, 교통혼잡, 쓰레기 투기증가 등의 영향이 있다.

3 관광자원 개발

관광자원이란 관광의 주체인 관광객으로 하여금 관광동기나 관광의욕을 일으키게 하는 목적물인 관광대상을 가리키는 말로서 이제까지는 관광대상이 될 수 없었던 자원도 대중관광의 보급과 함께 새로운 매력을 가진 관광자원으로 각광을 받기도 한다. 관광이 일상생활을 벗어나서 진·선·미를 추구하는 체험과정의 총체이기 때문에 이를 충족시켜 주는 유·무형의 모든 자원을 관광자원이라 할 수 있다. 이러한 관광자원은 보존 및 보호가 필요하며 그 가치가 관광객과 시대에 따라 변화하여 비 소모적이고 비 이동적이라는 특징을 가지고 있다.

관광자원 개발은 관광자원을 정비하여 일반 관광이용에 제공하는 것으로, 관광행동과 관광자원의 이용에 따라 관광을 가능하게 해주고 촉진시키는 것이다. 즉, 관광자원 자체가 관광가치를 가지고 있으나, 그것에 인공수단을 가하게 됨으로써 관광대상이 되는 것을 말한다.

관광자원 개발은 관광수입을 벌어들이자는 단순한 목적보다는 사회 정책적 의미 즉, 낙후된 지역사회의 개발을 통한 균형 있는 국토개발을 이룩하고, 국민소득과 고용증대라는 파급효과에 큰 의미를 부여하고 있다.

관광지 개발의 구체적인 방법은 관광지에서의 여행편의를 도모하는 것이다. 즉 ① 교통수단의 건설 ② 숙박시설의 건설 ③ 기타 건설로서의 전망시설 ④ 관광자원의 조성·정비 ⑤ 홍보·광고 등이다.

관광자원 개발의 개념은 두 가지 면에서 고찰되어야 한다. 하나는 관광자원의 입장이고, 다른 하나는 개발의 입장이다.

관광자원은 '인간의 관광동기tourist motivation를 충족시켜 줄 수 있는 생태계 내의 유형과 무형의 여러 자원으로서 보존·보호하지 않으면 가치를 상실하거나 소멸할 성질을 내포하고 있는 자원'이다. 관광자원은 개별적 관광 매력물에서 관광대상물, 관광대상지역, 관광단지, 관광개발소권, 관광권에 이르는 범주로 세분화할 수 있다. 관광자원론적 접근방법이 가지는 기능은 관광자원 유형별 관광시장 세분화기능, 관광지와 관광지역주민을 상호 작용시키는 기능, 관광수요에 따른 관광공급기능, 자연적·문화적 환경의 보호·보전기능 등이다.

관광자원 개발의 개념은 자연 및 인문자원에 인공시설을 가하여 관광자원 자체에 내재하는 관광가치를 높여 관광객 유치에 기여한다. 또한 관광객의 욕구충족을 위한 공간을 마련하기 위해 효과적으로 토지계획을 세우고, 관광객의 관광활동을 원활하게 하기 위해 여러 시설들을 배치시키는 것을 배치계획이라고 정의한다.

1) 관광자원 개발의 유형

지역 관광자원 개발의 유형을 지역이 갖고 있는 관광자원에 대하여 인간을 중심으로 한 자연과의 조화에 핵심이 있다.

첫째, 도시를 중심으로 한 관광자원의 개발유형: 도시계획이 갖고 있는 현재의 상태와 미래의 계획을 중심으로 인간 활동이 이루어지는 생활권 내에서의 관광자원 개발이다.

둘째, 인공시설 중심의 관광자원 개발유형: 이것은 토지계획의 전반적인 평가에 의하여 생활권과 자연자원의 중간적 위치에 개발할 수 있는 유형이다.

셋째, 자원중심의 관광자원 유형: 자연의 복원성이 낮다는 이념 하에서 자원의 보존과 보호에 중점을 두고 인간 생활에 친교권을 형성할 수 있는 개발유형이다.

4 관광개발 계획

관광개발은 문화체육관광부의 관광개발 기본계획에 따라 전국적으로 관광지 및 관광단지를 시행하고, 2011년 계획된 제3차 관광개발 기본계획에 따라 7개 관광개발 권역과 6개 초광역 관광벨트를 설정하고 권역별 개발목표 및 방향을 설정하여 진행하고 있다.

관광개발 계획의 수립은 관광개발 기본계획과 권역별 관광개발 계획으로 나뉘며, 관광개발 기본계획은 10년 주기설정으로 문화체육관광부 장관이 계획수립권자이다.

계획수립 절차는 전국의 관광여건과 동향에 따라 시·도지사의 관광개발 사업

표 8-1 관광개발기본계획에 따른 개발방향

구분	내용
제1차 계획 (1992~2001년)	전국을 5대 관광권, 24개소 관광권으로 권역화하여 진행하였으나, 기본계획과 권역계획의 기능적 연계의 부족 등이 나타남
제2차 계획 (2002~2011년)	행정권 중심으로 16개 시·도 독립형 관광권역으로 단순화하고 지자체와 맞는 특성개발
제3차 계획 (2012~2021년)	저탄소 녹색성장을 통한 관광의 경쟁력 확보를 위해 7개 관광개발 권역과 6개 초광역 관광벨트를 설정하여, 권역별 개발목표 및 방향을 설정

자료: 문화체육관광부(2011). 제3차 관광개발기본계획

관련 요구서 제출로 시작되며, 전국 관광수요와 공급, 관광자원, 관광권역에 관한 설정사항을 사전재해 영향성 검토를 거쳐 진행한다. 이를 바탕으로 문화체육관광부에서 계획안을 수립, 계획의 확정·공고를 진행한다.

권역별 관광개발 계획은 5년 주기이며, 시·도지사가 권역계획을 수립함으로써 진행된다. 권역계획에 포함되는 사항은 권역권의 관광여건 및 동향, 수요와 공급 예측, 개발이용계획, 기존 관광지와 관광단지 평가 등을 거치고 다시 관계기관의 협의를 거쳐 계획을 확정하게 된다.

관광개발은 관광자원을 바탕으로 관광객의 욕구충족, 지방경제 활성화를 목적으로 협의 개발과정인 물리적 개발뿐만 아니라 서비스 개발까지 포함하는 광의의 개념으로 확산되는 추세이다.

「관광기본법」 제12조에 의하면 "정부는 관광에 적합한 지역을 관광지로 지정하여 필요한 개발을 하여야 한다"라고 규정하고 있으며, 관광지 대상지 선정기준은 자연경관과 인접관광자원이 풍부하여 교통 등 입지조건과 개발조건이 쉬운 지역으로 평가한다.

5 관광개발 유형

관광개발의 유형은 관광자원의 활용형, 인문관광자원 활용형, 교통편 활용형,

지명도 활용형, 관광대상 창조형, 지역산업 활용형으로 구분된다.

첫째, 자연 관광자원 활용형은 고대로부터 내려오는 문화재를 중심으로 가치를 형성하여 주로 해안, 온천, 산악지 영역을 포함하여 피서, 해수욕, 스키 등의 관광활동이 진행된다.

둘째, 인문관광자원 활용형은 문화유산을 중심으로 민속촌, 유적지, 고사찰 등을 대상으로 한다.

셋째, 교통편 활용형은 일상생활에서 벗어난 관광객이 관광지의 접근성에 따라 관광목적과 경제활동이 다르게 나타날 수 있으며, 사회기반시설에 따라 관광개발의 방향과 자원의 가치가 달라질 수 있다.

넷째, 지명도 활용형은 관광객이 특정 관광지에 방문한다는 것은 이미 선택한 관광지가 자원적 가치가 있거나 이미 알려졌기 때문으로 관광개발이 가능하다는 것이다.

다섯째, 관광대상 창조형으로 관광개발에 있어서 매력이 부족한 관광지는 인위적인 관광개발을 통해 관광지 매력을 추가하고 이를 활용하여 새로운 명소를 만들게 된다. 미국의 라스베이거스는 이러한 관광개발의 대표적인 사례이다.

여섯째, 지역산업 활용형으로 지역의 토산물, 향토음식, 관련축제와 연계하여 개발하는 방식으로 지역경제 활성화 차원에서 보편적으로 행하는 형태이다.

6 관광인프라 개선

관광인프라Infrastructure의 정의는 관광인프라를 관광수용 여건으로 표현하고 있으며, 관광객을 원활하게 수용하기 위해 최소한으로 제공하는 기본적인 시설 또는 서비스를 말한다.

1) 관광인프라의 구성

관광인프라는 관광활동을 수행하는데 필수불가결한 요소 즉, 관광 인력, 관광 시설, 관광자원, 관광정책 등으로 유형 또는 무형의 토대이다.

(1) 관광 인력

관광 인력은 관광활동을 하는데 필수불가결한 인력요소이다. 관광 인력은 관광활동을 원활하게 수행하기 위해 필요한 숙박시설 관광 인력을 비롯하여 식음관련 인력, 농·어촌 체험관광 관련인력, 관광지 관리소 관리인력, 박물관· 문화·예술 관련인력, 관광정보 안내 관련인력 등과 관광정책의 입안과 시행에 관련한 인력, 관광지 주민 등으로 관광 인력의 범위는 매우 다양하고 포괄적이다. 특히 공무원, 지역주민, 관련사업자 등 이들의 관광개발에 대한 태도는 매우 중요하다.

관광 인력은 지속적으로 교육하고 훈련시켜 새로운 관광개발 그리고 관광 진흥의 토대를 마련해야 한다. 관광개발이 성공하기 위해서는 지역주민의 적극적인 지원이 필수적이기 때문에 지역주민의 긍정적 인식과 적극적인 지원은 관광 인력 인프라의 중요한 요소라 할 수 있다.

(2) 관광시설

관광시설은 관광객의 편의를 위하여 만들어진 시설로서 관광을 위한 교통시설, 콘도·호텔·펜션 등의 숙박시설, 야외공연장·전시장·식물원·동물원·자연학습관 등의 교양·문화·스포츠 시설 등을 말한다.

최근의 관광시설물들은 과거의 시설물과는 많은 차이를 보이고 있다. 이 시설물들은 사계절 전천후 운영이 가능하고 다양한 계층이 방문하고 있으며, 투자대비 수익률이 높은 차세대형 다목적 관광시설로 활용된다. 또한 최근의 시설물들은 쇼핑과 위락의 경계가 무너지면서 합일화·통합화 되고 있다. 사람들의 생활양식과 의식이 변화하고 가처분소득의 증가, 생활 편의성 향상 등으로 갈수록 풍족한 생활을 영위하고 있으며, 높은 교육수준, 인구의 고령화, 여행경험축적 등으로 관광서비스의 질에 대한 관목이 점차 높아지고 있다. 즉, 여가시간과 관

광시설을 활용하는데 있어 이전보다 한층 세련된 경향을 보이고 있다.

이러한 요인들은 관광시설 수요에 대해 직접적 영향을 미치게 되고, 향후 개발되는 관광상품의 판매에 있어서 중요 변수로 작용한다.

미래 관광자원의 개발은 지적 재산권과 브랜드 이미지 창출에 있다. 따라서 경쟁업체와의 경쟁에서 살아남기 위해서는 경쟁업체가 모방할 수 없는 강력한 브랜드 이미지를 바탕으로 독특한 매력 요소를 개발해야 한다.

(3) 관광자원

관광자원은 관광의 대상이 되는 자원을 말하며, 거주지를 떠나서 진선미를 추구하는 체험과정의 총체이기 때문에 이를 충족시켜주는 지구상의 모든 자원을 관광자원이라 할 수 있다.

관광은 모든 환경으로부터 둘러싸여 있다는 인식에서 관광자원은 인문 및 자연적 요소를 모두 포함하고 있으며, 경제성장과 더불어 이들의 가치도 점점 커지고 있다. 즉 인간의 욕구를 충족시켜 줄 수 있는 자원이 되어 가고 있다. 관광이 인간의 욕구를 충족시켜 준다는 점에서 관광자원 역시 인간에 대한 효율성을 내포하고 있어 관광환경을 조성하는 가장 중요한 요소가 된다.

(4) 관광정책

관광정책이란 한 나라의 관광행정활동을 종합적으로 조정하고 추진하기 위한 뼈대와 방향을 설정하는 여러 방책이다.

관광정책을 수립·시행하는 데는 정책결정자가 외부의 압력이나 주관적 편견을 벗어나 공익성을 확보해야 한다. 정책의 입안, 집행과정에서 지역주민의 참여를 통한 자주적·공개적으로 의사결정을 하는 민주성과 형평성 그리고 효율성을 가져야 한다.

2) 관광인프라의 유형

관광인프라는 유형적 관광인프라와 무형적 관광 인프라로 구분할 수 있다.

유형적 관광인프라는 관광객의 관광활동을 위해 직접적으로 제공되는 모든

관광관련 유체물이 포함된다. 무형적 관광인프라는 관광객의 관광활동을 기획하거나 지원하는 관광관련 무체물이라 할 수 있다.

유형적 관광 인프라에는,

첫째, 관광객이 주거지를 떠나 관광 목적지를 경유하여 다시 주거지로 돌아올 때까지 이용하는 항공·육운·해운·철도 등의 관광교통 수단이다.

둘째, 관광객에게 여행 중 휴식과 숙식을 제공하는 관광 숙박시설을 들 수 있다.

셋째, 관광객에게 볼거리, 놀거리, 즐길 거리를 제공하는 자연자원, 역사·문화 유적자원, 지역축제, 여가·휴양시설 등이 있다.

넷째, 관광객이 관광 목적지에서 편리하게 여행할 수 있도록 지원하는 관광가이드, 문화유산 해설사, 안내표지판, 관광안내소 등을 들 수 있다.

무형의 관광 인프라에는,

첫째, 내국인 여행객을 모집하여 관광 목적지로 송출하거나 외국인 관광객을 유치하기 위한 여행업 제도를 들 수 있다.

둘째, 관광객이 관광 목적지로 출발하여 거주지로 돌아오는 과정에서 이루어지는 국가 간의 출입국 절차와 제도가 있다.

셋째, 관광객에게 볼거리, 즐길 거리를 제공해 줄 수 있는 언어, 풍속, 종교, 철학, 관습, 예절, 역사, 사상, 음악생활 등의 사회적 관광자원이다.

 제2절 관광개발정책

관광개발정책은 관광의 시스템적 정의에 기초하여 관광정책을 구성하는 하위 요소로 인식된다. 관광개발정책은 관광자원, 시설, 서비스 등을 제공하거나 향상

시키는 활동에 대한 정부의 개입행동 즉, 관광개발 목표달성을 위한 정부의 행동이다. 관광개발정책의 목표는 자원개발을 통한 경제효과와 부정적 효과를 조정하고 지속가능성을 확보하기 위한 자원보전으로 파악할 수 있다.

관광개발을 광의의 개념과 협의의 개념으로 구분하면 다음과 같다.

광의의 개념은 관광자원, 관광상품, 관광시설, 관광서비스 개발을 통해 관광객 만족도 증진, 자원의 가치증대, 지역경제 활성화, 민간기업의 수익성 증대를 도모하는 개념이다.

협의의 개념은 관광객과 주민의 편익과 관련된 물리적 시설을 조성하고 동 시설의 이용을 촉진시키는 일련의 행위를 말한다.

1 관광개발정책

관광개발정책은 관광개발의 결과가 국제수지의 개선 및 외국과의 경제문화교류의 촉진과 국민의 보건 증진, 근로의욕의 증진 및 교양의 향상이 공헌하는 것을 고려한 외래관광객의 유치촉진과 관광여행의 안전 확보, 관광자원의 보호 육성 및 개발, 관광시설의 정비를 위한 시책을 강구하여 국제 관광과 국내 관광의 조화로운 발전이 가능하도록 펼쳐나가는 정책이다.

관광개발정책을 확립하기 위해서는 무엇보다 국가전략 산업인 관광산업을 효과적으로 육성하고자 하는 정부의 적극적인 태도와 체제가 필요하다.

관광개발정책은 거시적이고 장기적인 개발계획에 따른 적절한 관광지 선정과 이에 대한 적극적인 개발이 요구되며, 해당 국가의 사정과 여건에 따라 신축성이 있는 개발행위가 무엇보다 필요하게 되고 관광수요와 주어진 관광자원을 조화롭게 개발하려는 의지가 중요하다.

1) 관광개발정책에서 정부의 기능과 역할

일반적으로 관광의 경제적, 환경적, 사회적인 영향을 고려한 관련 활동촉진 등과 같은 정책의 입안에 있어서, 정부는 관광을 통제할 수 없는 반면에 개발방향

에는 확실한 영향을 미칠 수 있다.

관광개발에 있어서 정부의 기능은

첫째, 조정기능으로서 관광개발 방법과 관광정책 목표가 모든 관광유관기관, 단체뿐만 아니라 모든 참여자들과 가능한 폭 넓은 협의를 거친 후에 결정해야 하는 조정의 기능을 수행하게 된다.

둘째, 입법기능으로서 관광산업의 지위와 중요성이 증대되면서 관광개발을 결정하는 모든 요소에 관한 특별법의 제정이 요구된다.

셋째, 계획기능으로서는 국민경제의 모든 분야를 포함하는 국가경제 개발계획에 관광부문을 통합시키는데 있어서 국가 활동의 필요성을 증대 시키게 된다.

넷째, 재정기능으로서 정부는 대규모 사업에 금융지원 및 관광기반 시설 확충에 필요한 자금을 공급하기도 한다.

관광개발과 관련된 정부의 역할은 조정자, 기획자, 입법자와 규제자, 사업자, 촉진자로서의 역할로 구분되며, 또한 적극적, 소극적, 중립적으로 나누어진다.

실질적으로 정부의 가장 중요한 역할은 광고·홍보와 같은 촉진활동, 기반시설 공급, 직접적 개입 또는 보조금 지급이다.

2) 관광개발정책의 필요성

관광 진흥을 위한 관광기본법에는 국제친선의 증진과 국민경제의 향상을 기하고 건전한 국민관광의 발전을 도모하기 위해 정부의 시책, 관광 진흥계획수립, 연차보고, 법제상의 조치, 지방자치단체의 협조, 외국 관광객의 유치, 시설의 개선, 관광자원의 보호 등 관광사업의 지도육성, 관광종사자의 질적 향상, 관광지의 지정 및 개발, 국민관광의 발전, 관광 진흥개발기금, 관광정책 심의위원회 등을 하는 것으로 나타나고 있다. 즉, 관광개발과 관련한 정부의 정책은 여러 가지 측면에서 실시될 수 있는데, 각종 관련법령과 제도의 개선, 또한 범정부적 차원에서 관광관련 예산을 증대시키고 별도의 기금조성을 고려할 필요가 있다.

관광개발과 관련한 정부의 정책은 여러 가지 측면에서 실시될 수 있다. 각종

관련법령과 제도의 개선 즉, 범정부적 차원에서 관광관련 예산을 증대시키고, 별도의 기금조성을 고려할 필요가 있다.

기업의 자율성과 지방자치 단체의 잠재능력을 적극 활용하여 그들이 보다 주도적으로 외래관광객 유치촉진과 국민관광 활성화를 수행하도록 지원해주는 방향으로 관련법규 개선이 필요하다. 따라서 정부는 관광객들의 변화하는 욕구를 충족시켜 주기 위해서는 추가적인 관광시설의 개발과 지속적인 노력이 요구된다.

2 관광개발정책의 수용태도

관광개발정책의 수용태도는 관광정책의 성패를 좌우하는 최종적이고 핵심적인 요소로 지역주민이 정책을 수용하는 요인은 다양하다.

정책 수용이 갖는 의미는 다음과 같이 세 가지로 정리할 수 있다.

첫째, 정부의 정책집행결과가 정책 대상자에게 정책 의도대로 제대로 구현되고 있는가를 판단할 수 있는 본질적 기준으로서 정책 수용의 중요성이 대두된다. 왜냐하면 정책 수용 주체는 정책의 궁극적인 수혜대상자이자 정책성공여부에 대한 최종적 판단자이기 때문에 정책은 주민의 수용여부에 의해 정책의 바람직함과 존폐여부가 결정되기 때문이다.

둘째, 정책 수용은 정부의 정책 수용 능력을 측정하는 하나의 수단적 역할을 수행한다는 것이다.

셋째, 정책에 대한 최종판단자로서의 정책 수용 주체가 정부를 능력부족으로 평가하여 부정하게 되는 경우 수용 주체는 정부에 대해 신뢰감을 형성할 수 없게 되고, 정책 주체자인 정부나 정책 수용 주체인 관광 이해관계자 간에는 일정한 괴리가 존재할 수밖에 없다. 즉 정부가 결정하고 집행하는 정책에 대해 관광 이해관계자가 수용 거부를 하는 경우에는 상호신뢰관계는 파괴되고, 향후 정책 신뢰에도 영향을 주게 된다.

관광개발정책과정에서 주민들이 저항하는 영향 요인에는,

첫째, 정책 신뢰도 및 이행도 그리고 정책과정의 민주성에 대한 인식이 부정적일수록 지역 관광개발정책에 대한 주민저항 정도가 크다.

둘째, 지역 관광개발정책에 따른 경제적 편익과 사회적 편익을 낮게 할수록 그리고 사회·환경적 비용과 경제적 피해가 크다고 지각할수록 지역 관광개발정책에 대한 주민저항이 강하게 나타난다.

이해관계자들의 신뢰는 정책 수용에 긍정적인 영향을 미치게 되며, 이러한 관계에서 고려해야할 점이 정책신뢰에 영향을 미칠 수 있다. 따라서 관광 이해관계자들의 비전과 목표가 공유된 지역 관광개발정책을 추진하여 효율적인 관광개발정책을 추진함으로써 경쟁력 있는 관광개발정책의 전략수립에 중요한 역할을 한다.

 제3절 지속가능한 관광개발정책

1 지속가능한 관광개발의 개념

지속가능한 개발은 경제성장과 환경정책을 통합시킨 개념으로 생태계를 파괴하지 않고 환경을 훼손하지 않는 범위 내에서 경제의 지속성을 보장하는 개발방식을 의미한다.

세계 관광기구는 지속가능한 관광을 "미래세대의 관광기회를 보호하고 증진시키는 동시에 현 세대의 관광객 및 지역사회의 필요를 충족시키는 것으로 문화의 보전, 필수적인 생태계 과정, 생물 다양성, 그리고 생명 지원체계를 유지하는 동시에 경제적, 사회적, 심미적 필요를 충족시킬 수 있도록 모든 자원을 관리하는 것"으로 정의하고 있다. 즉, 지속가능한 관광개발은 생태적, 사회·문화적, 경제

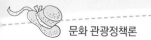

적 지속가능성에 기반하고 있으며, 관광의 장기적인 지속성을 보장하기 위해서는 균형적 고려가 필수적이다.

지속가능한 관광은 환경적으로 건전하고 지역사회에 편익을 가져다주는 바람직한 형태의 관광을 의미한다. 전통적인 관광이 관광산업과 자연환경, 지역사회의 욕구를 조화롭게 충족시키지 못한 반면 지속가능한 관광은 다양한 욕구의 균형점을 찾아 모두에게 득이 되는 방향으로 발전되는 패러다임이다.

그러나 지속가능한 관광은 대중관광을 대체하는 개념이 아닌 기존관광의 문제점을 개선하여 현실적으로 관광 목적지와 지역사회에 도움이 되게 하는 변화의 과정이다.

2 지속가능한 관광개발의 원칙

지속가능한 관광에 가장 중요한 세 가지는 환경적 지속성, 사회문화적 지속성, 경제적 지속성의 추구이다.

첫째, 지속가능한 관광개발은 환경자원의 이용을 최적화해야 한다. 관광은 해당지역의 자연환경, 역사·문화자원과 관련된 관광 매력물과 활동에 크게 의존하기 때문에 이러한 자원들이 훼손되거나 파괴되면 관광자체도 살아남을 수 없다. 지속가능한 관광개발을 통해 필수적인 생태적 과정을 유지시키고 자연유산과 생물다양성을 보전해야 한다.

둘째, 관광개발을 통한 안정적인 고용, 수입창출기회, 지역사회에 대한 서비스, 빈곤치 등 사회경제적 혜택이 모든 이해관계자에게 공평하게 분배되게 함으로써, 장기적으로 생명력 있는 경제운영이 가능해야 한다. 관광으로부터 얻는 편익이 극대화되면 지역주민의 이해와 지지도 증가하게 된다. 지역중심의 관광개발 프로젝트는 편익이 주민들에게 환원되도록 하는 중요한 기법이다.

셋째, 해당 지역사회의 사회문화적 진정성을 존중해야 한다. 지역 내 건축물과 살아있는 문화유산, 전통적 가치를 보전하고 다양한 문화 간의 상호이해를 증진

하는데 기여해야 한다. 문화적 전통이나 사회적 정체성을 유지하는 것은 지역문화 유산을 보전하는 중요한 요소이며, 지역주민들로 하여금 그들이 가지고 있는 유산의 가치를 인식하게 하고 보호동기를 유발시킨다.

넷째, 지속가능한 관광실천은 연속적인 과정이라 할 수 있으며, 관광영향에 대한 지속적인 모니터링과 필요한 예방책, 보완수단의 도입이 요구된다. 초기 단계에서 문제를 감지하고 더 심각한 훼손의 가능성을 사전에 예방할 수 있도록 관광활동에 대한 지속적인 모니터링과 검토를 수행해야 한다.

다섯째, 지속가능한 관광개발은 강력한 정치적인 지도력뿐만 아니라 관련된 모든 이해관계자의 의식 있는 참여가 요구된다. 지역사회, 관광사업자, 정부 및 지자체, 환경보전단체 등 다양한 이해 관계자의 지지와 참여를 얻지 못한다면 지속가능한 관광개발 계획은 실현될 수 없다. 지속가능한 관광은 세심한 계획과 개발, 관리를 통해 효과적으로 달성될 수 있다. 정부를 포함한 모든 이해관계자간의 정보교환이 원활히 이루어질 수 있도록 네트워크를 형성할 필요가 있다. 또한 전문적인 인적자원을 양성하고 제도적 역량을 강화하는데 노력을 기울여야 한다.

여섯째, 지속가능한 관광은 높은 수준의 관광 만족도를 유지해야 하며 관광객에게 의미 있는 경험을 제공하고 지속가능성 이슈에 대한 인식을 높이는데 기여해야 한다.

3 지속가능한 관광개발의 기준

지속가능한 관광개발의 기준이란 지속가능한 관광을 달성하기 위해서 과정상

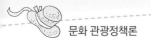

황을 평가할 수 있는 체계로서 사용되는 도구이다.

지역사회와 자연환경의 환경적 지속성이 보장되고, 지역사회와 관광산업의 경제적 지속성, 지역사회는 사회문화적 지속성이 보장되어야 한다. 지속가능한 관광실현을 위해서는 통합적 관광계획 수립, 의견교환과 협력, 지역사회 참여, 관광객 교육과 지역주민 공공인식 프로그램, 지속가능한 관광을 위한 정책과 제도, 관광인 양성을 위한 교육훈련, 관광객 안전보장 등의 기준이 필요하다.

지속가능한 관광개발의 특징은 다음과 같다.

첫째, 개발목표는 지역주민의 복리증진과 관광객 만족에 있으며, 관광개발을 통한 지역소득 증대 및 생활환경 개선효과에 있다.

둘째, 개발주체는 지역주민의 참여를 중요시하며 가능한 지역 내 자본으로 투자한다.

셋째, 개발대상은 지역성을 가지는 모든 자원, 자연, 역사, 문화적 환경을 최대한 활용하는 것이다.

넷째, 개발내용 측면에서는 생산 및 생산시설의 확충, 특산품 개발, 이벤트 개최 등 지역의 고유한 문화와 산업, 자연 등을 연계개발 한다.

다섯째, 개발성격은 소규모 투자를 장기간 계속하는 환경친화적 개발로서 단기적인 성과보다는 지속가능한 성장을 추구한다.

 표 8-2   지속가능한 관광개발 기준

기준	기준에 대한 설명
경제적 지속성	지속가능한 관광은 지역경제에 지속적인 편익을 제공해야 한다. 사회경제적인 편익이 관광 지역사회 전체에 널리 확산되면서 관광누수는 작아지고 편익은 극대화되며, 편익을 얻는 지역주민들은 관광을 지지하게 된다. 관광지로서의 매력을 잃지 않고 지역경제에 계속적인 올바른 편익이 제공되는 관광을 경제적으로 지속가능한 관광이라고 한다.
사회문화적 지속성	관광산업과 관광객, 지역사회, 관광자원 간의 긴장과 갈등을 줄여 생산적이고 조화로운 관계를 구하는 관광이다.

기준	기준에 대한 설명
환경적 지속성	관광자원에 대한 영향을 최소화하고 문화보존, 생태계과정 유지, 생물 다양성, 생명부양체계를 유지하여 미래세대의 자원이용 기회를 보존시키면서 관광객과 지역사회의 현재의 욕구를 충족시켜주는 관광이다.
지속가능한 관광계획	관광산업이 의존하는 자원의 보존과 자원의 올바른 관리를 통한 지역사회로의 편익분배, 관광과 다른 경제부문과의 통합, 개발패턴 조절요소 등은 통합적 관광계획 수립으로 올바르게 추진된다.
관광객과 지역주민을 위한 교육, 공공인식 프로그램	관광과 환경의 관계, 관광의 중요성에 대해 지역주민을 대상으로 교육, 인식프로그램을 수행하여, 지역주민의 자발적인 참여를 유도하고 관광환경 윤리의식을 고취시켜야 한다.
전문인 양성과 양질의 서비스 제공을 위한 교육훈련	관광산업의 질을 높이기 위해 관광전문가 훈련과 양성교육이 필요하다.
대안상품 개발	지속가능한 개발원칙을 준수하고 다양성을 추구하는 대안관광의 개발로 중·장기적으로 안정된 관광을 이룩한다.
모니터링과 연구	지속가능한 관광실행을 위해 계속적인 연구와 관광의 환경, 문화, 경제적 영향과 환경영향평가 모니터링, 지표개발과 수집을 주기적으로 측정하여 결과를 정책에 반영한다.
지역주민의 삶의 질	지속가능한 관광은 자연환경과의 조화 속에서 지역주민의 건강하고 생산적인 삶의 질에 기여하고, 관광대상지의 사회문화 부흥에 기여해야 한다.
관광객 안전	관광객에게 국가와 지역안전에 대한 문제를 해결해 주어야 지속가능한 관광이 될 수 있다.
정보교환	국가 간, 지역 간 지속가능한 관광을 위한 정보, 기능 및 기술의 교류가 이루어져야 한다.
정부정책과 제도	지속가능한 개발의 기본원칙을 고려하여 관광편익과 비용의 효율적인 분배를 위한 수단이 개발되어야 한다.
지역차이	지역주민들이 관광계획과 개발에 최대한 참여하고 지역사회의 편익이 골고루 지역사회에 미칠 수 있도록 한다.
협력	정부-지방정부, 공공-민간, 지역정부-관광산업-관광관련기관 간에 협력체제가 강화되어야 한다.

자료: 김성일·박석희(2001). 지속가능한 관광, 일신사

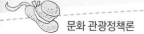

 표 8-3 전통적 관광개발과 지속가능한 관광개발의 차이

기준	전통적 관광개발	지속가능한 관광개발
개발목표	• 경제적 이익 최우선 • 고용창출, 소득발생, 기반시설 확충, 관광객 만족	• 경제적, 사회적, 문화적, 생태적 측면 통합적 고려 • 지역소득 증대, 생활환경개선, 지역 정체성, 자긍심 고취, 관광객 만족
개발주체	• 외지인 개발주도 • 국가, 공공기관, 민간사업자, 대기업	• 지역주민 개발 주도 • 지방자치단체, 공공기관, 지역주민, 시민단체, 기업 등 협력적 참여
개발특성	• 대규모 • 집중적, 고밀도 • 단기적 • 지구수준의 계획 • 양호한 경관지역 집중 개발 • 가격 중시	• 소규모(마을, 지역단위) • 분산적, 저밀도 • 장기적 • 지역과 연계된 지구계획 • 양호한 경관지역 우선 보전 • 가치 중시
개발내용	• 하드웨어 위주 개발 • 새로운 시설물 건설 • 관광숙박, 편의시설 중심 • 저가 교통수단 우선 • 고도기술, 장비위주	• 소프트웨어 위주 개발 • 기존의 시설물 재사용 • 생산 및 생활기반, 관광시설 • 대중 교통수단 우선 • 하위기술, 선별적 장비
개발효과	• 자연, 역사문화자원 파괴 • 외지인 고용 • 기존 지역산업 붕괴 • 사회적 비용을 지역에서 부담	• 자연, 역사문화자원 보전 • 지역주민 고용 • 기존 지역산업 존속 • 개발업자가 사회적 비용 부담
시장특성	• 대규모 단체 이용 • 수요과다 정책 • 첨두수요 수용지향 • 계절성에 민감	• 소규모 시장 • 개발규모 한정 • 평균수요 수용지향 • 특정계절 없음

자료: 김성일 외(2001); 강신겸 외(2004). 지속가능한 관광실태 및 성공조건, 관광연구 논총

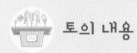 토의 내용

1. 관광개발 기본계획에 따른 개발방향에 대해 토의해 보세요.

2. 관광개발정책에 대해 토의해 보세요.

3. 관광개발정책에 대한 정부의 기능과 역할에 대해 토의해 보세요.

4. 지속가능한 관광개발정책의 원칙과 기준에 대해 토의해 보세요.

5. 전통적 관광개발과 지속가능한 관광개발의 차이점에 대해 토의해 보세요.

Chapter

09

국민관광정책

Travel

bottle

제1절   국민관광 촉진

　1　국민관광정책의 개념

　2　국민관광정책의 현황

　3　국민관광의 효과와 중요성

　4　국민관광의 정책 방향과 대안

제2절   복지관광정책

　1　복지관광의 개념

　2　복지관광의 이념

　3　국내·외 복지관광정책 사례

제3절   여가관광정책

　1　여가정책의 개념

　2　여가정책의 목적과 의의

　3　여가정책의 필요성

　4　여가정책의 역할

　5　국내·외 여가정책 현황

　6　여가정책의 방향

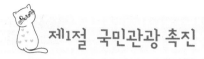
제1절 국민관광 촉진

1 국민관광정책의 개념

국민관광은 우리 국민이 일상 생활권을 떠나서 일시적인 이동활동과 체재 그리고 다시 거주지로의 귀환을 전제로 하는 활동이다. 국민관광은 휴식·휴양·관람·스포츠 활동 등을 통하여 개인의 욕구를 충족시키는 레저 활동의 하나이고 아울러 레크리에이션 활동의 하나로서 정서적·육체적인 생활의 변화와 다양성을 추구하는 것이 국민관광이다.

국민관광은 현대인의 생활패턴을 유기적으로 조화있게 정착시켜주는 역할을 한다. 국민관광의 건전한 발달은 관광자원의 개발과 관광분위기 조성 및 관광에 대한 국민의식이 점차 높아지게 됨으로 인해 장기적인 국제 관광이 발전하는 계기가 된다.

국민관광의 이념으로는,
① 개인의 자아실현
② 사회적 형평의 실현
③ 관광 참여기회의 제공
④ 생활의 질 향상 및 관광환경의 질 개선이다.

국민관광의 궁극적인 목표는 국민복지 기여에 있는 것으로 국민차원에서의 관광이 일반대중으로 확대되는 과정에서 경제적으로 능력이 부족한 국민계층에 지원혜택을 제공하는 것이다.

국민관광은 초기단계에는 국내 관광 참여계층에게는 관광여건 개선이지만 후기단계에는 모든 국민들이 국내·외 관광을 누릴 수 있도록 지원하는 것이다.

국민관광은 국민의 국내·외 여행을 말하는 것으로 국민관광을 제대로 알기 위해서는 관광공간과 관광주체행위자의 측면을 중심으로 논의할 필요가 있다.

국민관광의 공간적 범위는 국내를 뛰어넘어 전 세계로 확대되고 있다. 국민관광은 지난 수 십년 동안 급속하게 대중화되는 추세를 보이고 있다.

2 국민관광정책의 현황

우리나라의 관광기본법은 '전 국민이 함께 즐기는 관광을 통해서 인간다운 생활을 영위하게 한다'

관광기본법의 정신은 헌법 제30조에서 다음과 같이 나타내고 있다.

① 모든 국민은 인간다운 생활을 할 권리를 갖는다.

② 국가는 사회보장의 증진에 노력하여야 한다.

③ 생활능력이 없는 국민은 법률이 정한 바에 의하여 국가의 보호를 받는다.

국민관광정책 추진에 결정적인 역할을 한 것은 국민관광 기본법이다. 1975년 정부는 외래관광객 유치정책 일변도에서 벗어나 국민을 대상으로 한 관광정책을 새롭게 모색하기 시작했다.

2000년대 국민관광의 특징은 국내 관광 보다는 해외여행을 더 선호하는 추세를 보이고 있다. 이는 국내 관광 경쟁력의 미흡으로 수요의 일부가 해외여행으로 전환된 것은 국내 관광의 저조한 성장을 초래한 계기가 되었다. 따라서 국내 관광의 지속적 성장을 위한 획기적인 대책을 강구할 필요가 있다.

국민의 국내 관광 부문의 혁신과 이를 통한 해외여행 수요의 국내전환을 모색하지 않을 경우 국내 관광의 기반은 급격히 약화될 수 있으며, 이로 인해 외래관광객의 국내여행 부문도 연쇄적으로 타격받을 수 있다. 또한 국가 균형 발전을 위한 다양한 시책들이 강구되고 있지만, 지역 관광 측면에서는 그 반대로 점차 사업기반이 변형되고 존립기반이 흔들리고 있다.

국민의 국내 관광 여행이 활성화되고 충만한 가운데 스필오버spillover로서의 외래 관광객 유치효과가 있어야 한다. 정책당국에서는 국민관광에 대한 거시적인 동향변화에 적극적인 분석과 대안을 제시하는 노력과 정책제안이 필요하다.

3 국민관광의 효과와 중요성

산업혁명 이전까지의 관광행위는 사회현상에 포함되어 생활수단인 노동에 곧 여가활동이 내포된 형태로 존재하였다. 그러나 여가문명 사회에서는 현대인들이 각종의 도전을 받으며 끊임없는 스트레스와 긴장 속에서 생활하고 있는 현실에 비추어볼 때 사회 전 계층의 사람들이 관광을 통해 자기 확대 및 발전을 꾀하는 것은 노동생산성 향상 이상의 의미가 있다는 것이다. 따라서 국민관광은 현대인의 생활패턴을 유기적으로 조화 있게 정착시켜주는 역할을 하며 기계화된 생활 속에서의 보람있는 생의 리듬이 되고 있다.

국민관광은 경제적으로 관광객이 소비하는 재화가 관광관련 기업의 수입이 되어 그 사업 활동을 통한 이윤·임금·원재료와 서비스의 구입에 충당되어 점차로 타산업에까지 파급되어 경제 승수효과를 일으키게 된다. 뿐만 아니라 국민관광의 발전은 관광기업 자체가 인적 서비스에 의존하는 특성이 있으므로 자연히 고용인원의 증대를 꾀할 수 있고, 관광자원을 개발함으로써 국토의 균형 있는 발전을 도모할 수 있다.

또한 관광지의 자연이나 명승고적 등은 관광객에게 실증적인 교과서 역할을 담당할 수 있게 되며 국민관광의 발전은 일반 국민의 후생, 복지적인 측면에서는 그 중요성이 증대되고 있다.

4 국민관광의 정책 방향과 대안

2000년대 국민관광의 특징은 국내 관광이 소비자의 눈높이에 미치지 못하여 그 수요의 상당부분이 해외로 이전되고 있으며, 지역 관광사업기반이 약화되어

관광서비스도 향상되지 못하고 있다는 점이다. 따라서 향후 국민관광정책의 핵심은 해외여행 수요를 국내로 흡수할 수 있는 획기적인 정책발상이 필요하며, 관광서비스의 질을 높이려는 노력도 필요하다.

향후 추진해야 할 국민관광의 정책방향을 국민관광 가치의 재발견 및 구현, 로하스LOHAS형 국민관광정책의 추진, 국민관광 행복지수 제고, 관광수요 관리정책의 적극 추진, 관광 안전권 및 소비자 권리보장시책의 강화, 국민 참여형 내나라 여행운동 강화, 지역 관광 인력자원의 다각화, 국내 관광 공급기반의 글로벌화에 집중하여야 한다.

첫째, 국민관광 가치의 재발견이다. 기존의 관광은 보는 관점인 경관감상, 유흥오락 위주에 더하여 교육, 자연체험, 생활체험 등이 가미되고 있다. 관광을 새롭게 인식하고 이들 가치를 더욱 활성화하기 위한 구체적인 정책대안

이 마련되어야 한다. 따라서 기존의 문화관광 자원, 녹색관광 자원 등의 개발정책뿐만 아니라 국민의 내나라 여행 확대사업, 도·농간 관광교류사업 등을 적극 추진하여 새롭게 부상하는 관광가치를 확대해야 한다.

둘째, 로하스형 국민관광정책을 적극 추진해야 한다. 기존의 웰빙wellbeing은 건강을 중시하고 개인적 생활양식을 중요시 하였다. 로하스LOHAS는 웰빙의 기능에 환경과 지속가능성을 추가하여 사회적 생활양식의 중요한 가치가 되고 있기 때문에 관광객, 관광사업체, 지역주민, 그리고 공공부문 간 건전한 관광생태계를 확보할 경우 사회·경제발전에도 기여할 수 있다. 로하스 라이프 스타일에 부합될 수 있는 맞춤형 관광상품인 의료관광, 템플스테이, 헬스 케어, 한방관광, 음식관광, 선비문화체험 등의 차별화된 관광상품을 개발하는 것이 중요하다.

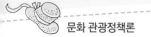

셋째, 국민관광 행복지수를 높여야 한다. 관광산업은 문화산업, 체험산업, 자유시간 산업인 동시에 행복산업이라는 시대적 소명을 적극적으로 담당해야 한다.

넷째, 관광수요 관리정책을 적극 추진해야 한다. 국민관광수요의 동향과 행태 변화에 대한 면밀한 분석에 기반을 둔 관광수요 관리정책을 적극적으로 추진해야 한다. 즉 고객지향적인 관광정책을 추구해야 하는 것이다. 향후의 관광정책은 국내 관광 부문을 중심으로 하여 정책을 세워나가면서 인바운드와 아웃바운드를 연계시키는 '통합적 관광산업 생태계'를 구축할 경우 국내 관광 경쟁력의 확보를 통하여 외래관광객의 유치확대는 물론 해외여행 수요의 국내전환도 가능하도록 해야 한다.

다섯째, 관광 안전권 및 소비자권리 보장시책을 강화해야 한다. 국민들이 휴식, 휴가, 관광, 여가가 당연한 권리로 모두에게 인식되면서 삶의 질 향상을 위한 정책에 많은 관심을 가지고 있다. 따라서 정부는 이에 대한 적극적인 지원책과 관광정책을 강구해야 한다. 최근에 증가하고 있는 국내·외 여행에서의 각종 사고, 테러, 납치, 매춘, 추방 등을 예방하고 여행경험의 질을 높이기 위해서도 포괄적인 관광객 안전 종합대책을 강구해야 한다.

여섯째, 국민 참여형 내나라 여행운동의 활성화를 추구해야 한다. 국민들이 국내여행에 더 많이 참여하는 것은 국토사랑, 지역교류, 부의 분배, 외화 절약, 양극화 해소 등 많은 사회·경제·문화적 효과가 있다. 정부차원에서 사회경제적으로 중요한 계층청소년, 노인, 장애인, 청소년가장, 외국인 근로자, 국제결혼부부 등을 대상으로 한 여행 바우처 제도를 적극 추진해야 한다.

일곱째, 지역 관광 인력자원을 다각화해야 한다. 국민들의 국내 관광 활성화를 하기 위해서는 지역의 관광서비스가 향상되어야 한다. 21세기로 들어와 산업구조가 체험을 중요시하는 콘텐츠형 산업구조로 변화되면서 체험의 연출과 감동의 제공에 초점을 둔 체험연출 전문 인력의 양성이 필요하다. 지역에 거주하고 있는 장년층, 여성층에 대한 지역 관광 전문가 양성사업을 지속적으로 추진해야 할 필요성이 있다.

여덟째, 국내 관광 공급기반의 글로벌화를 추진해야 한다. 국내 관광 공급기반의 글로벌화는 국내 관광 인프라를 획기적으로 개선하여 국민의 국내 관광 만족

도 제고는 물론 장기적으로 인바운드 관광객 유치역량을 강화하는데 초점을 두어야 한다. 이를 위해 관광지 주변의 숙박시설, 관광식당, 관광기념품 등에 글로벌 스탠더드Global Standard기준을 적용하여 관광공급 기반의 양적확충과 동시에 질적 개선을 도모할 필요가 있다.

 제2절 복지관광정책

1 복지관광의 개념

복지관광은 관광소외 계층에 대한 관광체험이라는 관광참여를 기반으로 한다. 복지관광에 참가하는 관광객들은 평소에 만나지 못하는 환경과 대상, 그리고 사람들을 통해 새로운 체험을 하게 된다.

이러한 관광체험은 감각, 감성, 인지 외에 넓게는 행동과 패턴이 시간이 지남에 따라 확대되는 개인의 행동적 체험과 집단, 사회, 문화의 구성원으로서 경험하게 되는 관계적 체험으로 구성된다.

복지는 사회구성원에게 제공하는 인간의 욕구와 정신적 열망을 충족시키는 노력의 총칭이며, 인간의 관광욕구 즉, 휴식을 즐기고 싶은 욕구와 미지의 세계를 알고 싶어 하는 욕망, 이를 위하여 일상 생활권을 떠나서 여행을 하고자 하는 관광은 복지사회 건설과 밀접한 연관이 있다. 이러한 복지사회 건설에 있어서 관광이라는 서비스 재화를 공급하는 것을 복지관광이라 한다.

복지관광은 경제적, 신체적, 환경적인 이유 등에 의해 관광활동에 참여하지 못하는 소외계층을 위하여 국가·지방자치단체·기업 등에서 관광비용을 지원, 관광시설 및 서비스 개발 등을 통해 관광활동의 참여기회를 확대하여 관광의 사회문

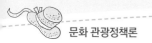

화적 혜택을 균등하게 분배하는 사회·정책적 조치임과 동시에 관광활동의 참여
계층에 대한 관광여건을 개선시켜 관광복지를 실현하기 위한 정책이면서 관광
을 통한 복지실현이다.

복지관광을 위한 사회적 취약계층의 관광활동을 통해, 자아의 발견과 자아표
현이 나타났으며, 모험과 여행을 통한 즐거움, 상호교류를 통한 자기정체성 감지
등의 정서적 능력의 향상이 높게 나타나고 있다.

2 복지관광의 이념

복지관광정책개발은 사회적 형평성 실현과 깊은 상관성을 가지고 있다.

복지관광에서 관심의 영역이 되는 장애자, 저소득계층, 공단근로자 등이 관광
행위에 참여하지 못함으로써 발생되는 위기심리의 극복이야 말로 복지관광이
지향하는 큰 정책방향이다.

개발도상국에서 관광참여 기회가 제약된 계층에 대한 참여기회의 제공은 선
진국의 많은 투자비가 소요된다는 지적이 있지만, 이를 방치함으로서 발생하는
부의 효과를 고려할 때 관광 참여 기회제공을 위한 복지관광정책개발은 반드시
필요하다.

발전된 국가나 개발도상국가의 관심은 경제적 생존과 성장이라는 근본적 문
제를 극복함으로써 생활의 질이라는 보다 인간적인 요구에 관심을 집중하지 않
을 수 없다.

특수위치에 있는 사람들의 위락을 생활의 질적 관광환경의 질 개선은 궁극적
으로 관광행위에 참여하지 못하고 있는 계층의 참여를 유도할 수 있는 정책개발
과 제도개선, 이의 구체적인 표현으로서의 시설확충 등에 주안점이 있으며, 참여
계층이 보다 나은 생활의 질 향상을 돕기 위하여 여건을 개선시켜 주는데 목적
이 있다.

복지관광 이념으로는 크게 형평성, 민주성, 공익성, 문화성의 네 가지를 들 수
있다.

첫째, 형평성은 복지관광에 있어 여가 및 관광이 어떠한 이유로든 침해받지 않도록 비 참여계층에게는 참여기회를 제공하고, 참여의 질이 낮은 계층에 대해서는 그 질을 높여주고자 노력해야 한다.

둘째, 민주성은 참가의지 및 선택에 있어서의 자율성을 말한다. 아무리 좋은 관광의 기회일지라도 일방적으로 강요되어서는 안 된다.

셋째, 공익성은 복지관광이 공공이익을 위하여 상업적 이윤추구를 하지 않고 비영리적으로 운영되어야 한다는 것을 말한다. 복지관광이 영리를 추구하게 되면 수혜자들에게 보다 많은 혜택을 제공할 수 없음은 자명한 일이다.

넷째, 문화성은 복지관광의 교육적, 문화적 가치를 말한다. 복지관광으로 제공되는 관광은 '일상의 모든 것으로부터 벗어난 이완과 휴식'이라는 소모성 즐거움을 제공하는 상업적 관광과 달리, 개인의 개성과 취미를 개발하고 책임과 공공의식을 습득하고 축적할 수 있는 교육과 문화의 장이 되어야 한다.

3 국내·외 복지관광정책 사례

복지관광은 북유럽에서 시작하여 유럽전체에 확산되었으며, 특히 유급휴가제가 법제화되고 발전된 것은 제2차 세계대전 이후이다. 북유럽의 지리적 여건으로 인하여 일광량이 부족하여 모든 사람들이 일광욕을 보충하기 위해 휴가여행을 하면서 유급휴가제도가 발달하였으며, 이는 복지관광의 시발이 되었다.

1) 미국의 복지관광정책

미국의 복지관광정책은 주로 공원중심의 관광시설 확충과 신체장애자와 노인들을 위한 제도는 유럽국가보다 앞선 것이 특징이다. 유럽처럼 구체적인 복지관광 체계를 갖추고 있지는 않지만 모든 사람들이 여가를 충분히 즐길 수 있도록 하는 차원에서 주로 대중이 이용할 수 있는 여가시설 장비를 중심으로 복지관광과 유사한 형태의 사회적 움직임이 형성되어 왔다.

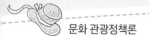

대부분의 주 정부는 레크리에이션과 관광을 위한 토지와 시설을 많이 소유·관리하고 있어 모든 사회구성원이 이를 자유롭게 이용할 수 있도록 하고 있다.

근린공원을 비롯하여 각종 공공 레크리에이션 구역의 공간과 시설을 대부분 무료로 사용할 수 있도록 하고 있으며, 많은 사적지·기념관·박물관 등을 무료로 개방하거나 아주 적은 요금만 징수하고 있다. 그리고 각종 산업협회 및 노동조합, 각종 사회문화 단체 등 비영리 민간단체들은 구성원들을 위한 관광의 기회를 제공하고 있다. 이는 레크리에이션과 여가활동을 담당하는 특별부서가 있어 여러 가지 프로그램을 마련할 뿐만 아니라 개방공간을 확보하고, 지역 레크리에이션 서비스 기능까지 담당하기 위해 적극적으로 사회활동과 입법을 위한 로비활동을 벌이고 있다.

퇴직자를 위해 은퇴자 촌이나 클럽을 운영하는 노동조합도 있다. 그리고 교회, 청소년단체, 문화단체 등에서도 직·간접적으로 복지관광을 수행하고 있다.

2) 프랑스의 복지관광정책

복지관광에 대해 가장 선구적 역할을 하고 있는 프랑스는 1981년 복지관광을 확장하기 위한 법령을 공포하였다. 이 법령에 근거하여 노동자들의 교육활동 및 위락에 관한 모든 관광활동을 책임지도록 하였다. 특히 복지관광 활동을 담당하는 "Minister for Free Time"이란 기구의 확장을 이룩하였다.

저소득층을 위한 관광시설 운영비 및 여행비 저축, 여행정보제공 등에 필요한 자금문제 해결을 위해 정보는 관광시설 설치에 대한 융자와 운영보조금을 장기 저리로 대여하고, 특정기간 세금을 면제하거나 일부 삭감해주는 정책을 취하고 있다.

프랑스의 복지관광정책은 법적, 제도적 뒷받침으로 저소득층에 대한 지급을 강화함으로써 사회복지 측면에서 복지관광정책을 실시하는데 특색이 있다.

구체적인 예로서 휴가수표제도는 생활의 여유가 많지 않은 봉급생활자들이 휴가를 쉽게 즐길 수 있도록 지원하는 복지관광제도로서 다양한 관광서비스의 자유로운 선택이 가능하고 개인에 따라 이를 신축성 있게 이용할 수 있는 장점으로 인해 이용자와 매출액이 급격히 증가하고 있다.

3) 스위스의 복지관광정책

스위스는 각종 보험을 비롯하여 사회보장이 매우 잘되어 있는 나라로 국민관광이 일찍부터 발전했다. 스위스는 1880년부터 철도 노동자가 협동적 차원에서 휴가숙소를 이용하였다.

저소득층의 휴가경비 조달을 위한 안정적인 체계를 마련하기 위해 스위스 여행금고를 설립하고 스위스 관광협회를 통하여 필요액을 지속적으로 보조하는 지원책을 마련하였는데, 오늘날 REKA는 전 세계적으로 모범이 되는 복지관광 실천 기구로서 위치를 확고히 하고 있다.

REKA의 주요기능은,

첫째, REKA 수표발행으로 여행경비의 큰폭 할인과 분할지불이 가능해 저소득층이 적은 부담으로 관광에 참여할 수 있다. 보다 많은 사람들이 휴가의 권리를 누릴 수 있도록 지원하는데 REKA 수표발행의 의의가 있다.

둘째, 관광정보의 제공인데 REKA는 관광에 대한 폭넓은 정보파악이 부족한 휴가비를 최적으로 이용하기 위한 첫 번째 조건이라 보고 각종 휴가여행정보를 제공하는데 힘쓰고 있다. REKA의 설립목적의 하나가 스위스 관광의 촉진이므로 REKA의 정보는 주로 스위스 내 정보로 제한되어 있다. 하지만, 각 지방의 특색, 성격, 도시 및 리조트 현황에서부터 각 업체의 특별한 서비스에 이르기까지 가능한 폭넓은 정보를 제공하기 위해 노력하고 있다.

셋째, 저렴한 숙박시설 개발 및 운영으로 REKA는 전국에 수백만 개의 휴가 아파트를 장기 임대운영하고 있다. 이러한 휴가시설들은 저소득층의 이용을 장려하기 위해 이용자의 소득수준에 따라 차별적으로 10~50% 할인 혜택을 제공하고 있다.

넷째, 저소득층 초청여행의 실시 등을 담당하고 있는데, 휴가여행경비를 전혀 조달할 수 없는 극빈자를 위하여 매년, 일정가족을 초청, 무료휴가시설을 이용하도록 하고 있다. 특히 경제적 이유로 휴가여행을 할 수 없는 미성년자가 많은 가난한 가족은 누구나 통보하면 즉시 가족전원이 REKA시설의 휴가에 초대받을 수 있다.

표 9-1 복지관광정책의 국가간 비교

국가	주관 부처	주요 정책	주요 대상	특징
미국	정부·공공단체	공원 등 관광시설 확충 및 무료이용 여행정보제공, 휴양소 운영	저 소득층, 은퇴자	여가시설정비 및 공공단체의 간접지원
프랑스	정부·공공단체	유급휴가권 확대, 휴가수표제도, 교통요금 할인	저 소득층, 청소년, 퇴직자	복지관광 및 휴가 시설 정부지원 강화
스위스	중앙정부	REKA수표발행, 관광정보제공, 저렴한 숙박시설 운영, 저소득층 초청관광	저 소득층	제도중심형 여행 금고운영
한국	한국관광공사	초청관광	장애인, 소년·소녀가장, 근로청소년	극소수에 대한 일회성 행사

4 한국의 복지관광정책

한국 복지관광의 발원은 관광발전 과정 중 개발 육성기에 해당하는 1975년에 제도적인 표현이라 할 수 있는 관광기본법이 있다.

관광기본법은 정부로 하여금 관광시설의 개선, 관광자원의 보호, 관광종사원의 자질향상, 관광 진흥을 위한 재정지원 등 필요한 시책을 강구함으로써 국민의 사회적·문화적 생활영역을 확대시켜 결과적으로는 국민의 복지를 증진하는 법률로서의 특성을 가지고 있다.

복지관광정책의 기본적인 내용인 유급휴가 제도와 저소득층에 대한 관광기회 증대를 위한 재정지원을 하거나 청소년·저소득층이 이용할 수 있는 시설확충, 교통편의 및 휴가방법에 대한 정보전달 등의 면에서 뚜렷한 정책개발이 이루어지지 못하고 있다. 즉, 복지관광정책의 수혜 대상자인 장애인·노인·저소득층을 위한 개발은 거의 전무한 상태이다.

하지만 민간기업 차원에서 보면 주로 대기업을 중심으로 직원복지를 위한 휴

양소 운영 및 사회복지 프로그램으로 관광활동의 장려 등 오히려 눈에 띄는 활동을 하고 있다.

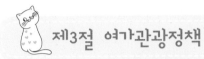
제3절 여가관광정책

여가정책이란 국민의 여가발전을 위한 여가행정 행위를 종합적으로 조정하고 추진하기 위한 업무범위와 방향을 제시하는 시책으로, 여가정책의 기본적인 내용에는 국민여가활동 참여실태, 여가행정체계, 공공부문과 민간부문의 여가시설 및 서비스 등의 요소들과 이와 관련된 정책과정, 여가환경 등이 포함된다.

여가정책의 정의는 여가정책을 정부가 복지사회를 구현하고 국민 삶의 질을 향상시키기 위해 정책차원에서 결정하고 수행하는 모든 활동이다. 여가정책의 영역은 여가정책의 대상, 내용, 관련업무와의 관계, 여가활동 공간, 활동유형 등에 따라 규정된다.

우리나라의 여가정책 영역은 여가정책의 기본내용을 여가 및 레크리에이션 활동을 강화하기 위한 내용으로 파악하여 레크리에이션 정책, 체육정책, 관광, 공원정책, 사회복지 정책, 문화관련 여가정책, 여가산업 정책으로 구분된다.

1 여가정책의 개념

여가정책은 여가참여자인 국민들의 여가활동 참여실태, 여가관련 정부기관과 행정체계 그리고 공공부문과 민간부문의 여가시설 및 서비스 등 3가지 요소와 관련된 정책과정과 여가환경을 모두 포함한다.

여가정책의 실현은 국민들이 여가활동을 하는데 장애가 되는 여가제약요인lei-

sure constraint factors들을 찾아서 이것들을 제거 혹은 축소시킴으로써 국민들에게 보다 나은 여가시설과 서비스를 제공해주는 것이다.

여가정책은 여가에 대한 공적인 계획·조직이나 집행을 말하는 것으로, 거시적으로 국민 전체와 미시적으로는 지역사회 주민들의 복지와 생활만족을 향상시키는 방향에서의 여가참여를 유도하고 장려하는 정책이다. 또한 정부가 복지사회를 구현하고자 하고 국민생활의 질을 향상시키기 위한 여가차원에서의 결정 및 수행과정이라 할 수 있다.

여가정책이란 정부가 복지사회를 구현하고 국민 삶의 질을 향상시키기 위해 정책차원에서 결정하고 수행하는 모든 활동이라 할 수 있다. 따라서 여가정책에는 국민개인의 자아실현, 사회적 형평성 구현, 여가기회 확대, 여가환경개선, 여가정보 서비스의 제공확대 등을 포함하고 있다.

여가정책이 효율적으로 집행되려면 정책자체가 생산적이며 실현가능한 내용이어야 한다. 여가정책이 갖추어야 할 요건은 탄력성·포괄성·조정성·논리성·명료성·실현가능성 등이 있다.

여가정책은 정부 및 지방자치단체에서 국민들의 복지와 행복증진을 위해 여가문제와 관련된 공간과 시설·프로그램·지도자·교육 등을 지원하는 일체의 행정행위이다.

2 여가정책의 목적과 의의

여가정책은 국민들의 여가현상 중에서 관심 있는 미래과제와 현안문제를 다루는 목표 지향적인 행동과정으로 목적이 국가별, 지역별로 다양하게 설정되고 있지만, 궁극적인 목적은 국민들의 삶의 질을 향상시키는데 있다. 즉, 국민들의 관심사가 생계문제에서 삶의 질 중심으로 변화함에 따라 여가활동은 국민 삶의 질에 대한 요구를 효과적으로 충족시키는 기본조건이 되었다. 따라서 여가정책은 국민들의 여가제약을 해소하고 만족도를 높여 국민의 건강과 행복증진, 바람직한 사회구성원 육성, 건전한 여가문화의 향유, 총체적인 복지증진에 기여할 수 있는 방향으로 전개되어야 한다.

건전하고 올바른 방향에서 사회가 요구하는 여가정책을 실시하는 구체적인 목적은 다음과 같다.

첫째, 국민 누구나 즐길 수 있는 건전하고 즐거운 여가생활을 영위하기 위한 여건을 마련하는 것이다.

둘째, 국민 모두가 즐길 수 있도록 여가활동의 보편화 및 대중화를 유도하도록 해야한다.

셋째, 여가활동의 질적 향상을 통해 국민 삶의 질을 향상 시키는데 있다.

여가정책을 제대로 시행하기 위해서는 국가재정, 근로시간단축, 근로자 복지정책, 사회적 약자, 국민의 생활수준 등이 전제되어야 한다. 또한 여가는 개인이나 집단, 그리고 필요에 의해서 다양한 차원에서 이루어지게 된다. 따라서 성, 연령, 소득수준, 교육정도, 직업 지역에 의해서 다르게 나타나기 때문에 개인의 욕구나 특성에 따라 다르게 여가를 요구하게 되므로 누구에게나 균형적인 여가정책을 제정해야 한다.

여가정책은 하나의 계획으로서 정부기관이 결정한 국민여가에 대한 미래의 행동지침이며 여가활동을 통해 국민생활의 질 향상과 인간다운 생활보장, 이를 통한 건전한 사회를 달성하기 위해 복잡한 절차에 의해 공식적으로 결정한 조직의 목표를 말한다.

여가정책은 국가의 여가현상 중에서 관심있는 미래과제와 현안문제를 취급하는 목표 지향적 행정 과정이므로 그 수단은 충족적이어야 한다. 여가정책의 수립은 개인에게는 여가의 사회적 기능과 경제적 가치를 증대시킬 수 있다.

여가정책의 최종적인 목표는 여가생활을 통한 국민의 삶과 질을 향상시키고 건강한 삶을 유지하는 것이다.

3 여가정책의 필요성

현대사회에서의 여가활동은 일상의 스트레스 해소와 심리적 만족은 물론 교

○ 그림 9-1 여가정책의 필요성

양과 예술적 소양을 개발시키는데 반드시 필요하다는 인식이 확산되면서, 여가에 대한 체계적인 연구가 이루어졌으며 인간생활의 중심적인 활동이 되었다. 이러한 여가활동을 진흥하고 장려하기 위해서는 정부나 지방자치단체 차원의 노력이 요구된다.

다양한 여가생활을 통해 삶의 질을 향상시키기 위한 방향으로 인식의 변화를 가져오고 있으며, 이에 발맞추어 여가를 통해 행복감을 갖고 자아를 실현할 수 있는 방향으로 이루어질 필요가 있다.

장기적으로 여가정책은 기존의 시설확보와 제공과 같은 여가환경의 문제에서 주체적인 여가생활 계획·실행·평가의 능력배양으로 나가야 한다. 그리고 개인의 여가욕구가 강해지고 개인의 여가생활에서는 여가생활 양식의 개선 및 유지가 필요하다.

여가문제는 사회적 계층에 따라 다른 정책적 지향점을 가져야 한다는 필요성이 제기되면서 여가 활동이 개인의 욕구 및 취향, 시간적 여유 등의 요인보다 경제적 역량에 따라 지나치게 불평등하게 이루어질 수 있는 개연성이 크다는 이유로 정책적 개입이 필요하다.

여가정책의 필요성은 여가환경의 변화와 여가인식의 변화, 여가와 사회적 정체성과의 연관성 그리고 급속한 여가의 상업화가 되는 변화에서부터 발생한다. 이러한 변화 속에서 건전한 여가향유문화를 형성하고 상업화에 따른 폐해를 최소화하고 소득과 여가참여 사이의 불균형을 해소할 수 있는 여가정책의 시행이 필요하다.

4 여가정책의 역할

여가정책의 시행은 다양한 여가문제를 해결하고 종합적으로 접근할 수 있는 가장 좋은 방법이다. 국민들의 여가정책 시행에 필요한 법적인 근거를 마련하기 위한 것으로 여가시설 확충, 여가전문가 양성, 여가교육, 여가복지 등의 법률을 만들어 국민여가 활성화에 힘써야 한다.

여가는 국민의 권리이자 욕구로 인식되고 있다. UN 세계인권선언 제24조에는 "모든 사람은 합리적인 노동시간과 유급 생리휴가를 포함하는 휴식과 여가의 권리를 가진다"라고 명시되어 있다.

우리나라는 과거 노동 중심의 사회에서 현재는 과도기 상황에서 근로시간 단축과 고령화와 저출산 등으로 인하여 모든 국민들이 자신의 인생을 즐기기 위한 여가활동에 많이 투자하기 위해 노력하고 있다. 미래의 우리나라는 여가중심사회로 발전하게 되면서 여가형 인간, 일의 질 중시 그리고 가족중심의 생활로 변화되는 사회로 가고 있다. 따라서 국민들의 여가활동을 장려하고 육성하기 위한 정부의 정책적인 뒷받침이 되어야 한다.

우리나라 여가정책을 올바르게 하기 위한 제언은 다음과 같다.

첫째, 모든 국민이 적정한 여가생활을 향유하도록 정부는 노력해야 한다.

둘째, 정부의 활발한 여가정책과 함께 여가정책이 올바른 방향으로 나가도록 요구할 수 있는 성숙된 여가의식이 필요하다.

셋째, 여가특성의 개성과 자유가 중요한 점을 생각하여 인간의 자발적인 참여로 다양한 여가문화를 양성하고 실현가능하게 해야 한다.

넷째, 여가정책 시행의 최우선 과제는 삶의 질 향상이어야 한다. 삶의 질 향상을 최우선 과제로 하는 여가정책의 목표는 여가산업의 활성화 또는 여가소비의 증대가 아니라 여가활동 참여율 제고와 실질적 여가시간과 증대를 통한 여가생활 만족도의 향상이어야 한다.

다섯째, 기존의 공공부문 여가시설을 통합하여 일원화함으로써 시설관리와 사용의 효율성 그리고 생산성을 제고해야 한다. 아울러 공공부문과 상업부문 여가시설의 연계를 강화하여 사용자의 편의를 제고할 필요가 있다.

여섯째, 민족정체성을 재현할 수 있는 여가활동을 개발 및 보급해야 한다. 세계화로 말미암은 정체성 위기를 정체성 정치로 극복했다는 점을 감안하면, 민족정체성이 재현된 여가활동을 개발, 보급함으로써 여가활동 참여율을 획기적으로 높일 수 있을 것이다.

일곱째, 노동시간을 단축하여 여가시간을 확대해야 한다.

여덟째, 정부가 주택, 의료, 노후보장 등 사회보장재정 확충을 통해 일반국민의 여가소비를 확대해야 한다.

아홉째, 공교육을 통한 여가교육확대, 노동에 대한 사회적 보상 증진, 양적노동 보다 질적노동에 초점을 두어야 한다.

5 국내·외 여가정책 현황

1) 한국의 여가정책

(1) 여가관련 행정체계

여가관련 업무는 문화체육관광부를 중심으로 10개의 부처에서 진행되고 있

다. 여가관련 업무를 크게 5개의 키워드로 문화·예술·관광·체육활성화, 관광 및 여가산업 육성, 지역 균형 발전 및 지역공동체 활성화, 대상별 여가관련 지원 산업, 국토환경 보전 및 육성이 있다.

여가정책 전담부서와 조직의 부재로 인하여 여가정책이 각 부처별로 산재되어 있어, 정책의 일관성이 떨어지고 각 부처에서 수행하고 있는 정책들이 중첩되거나 소외되는 문제가 발생된다. 결국 우리나라의 여가정책은 효율성이 떨어질 수밖에 없는 본질적인 문제를 안고 있다.

여가정책의 실질적인 주체라고 할 수 있는 문화체육관광부의 여가정책의 목표는 "건강하고 활기찬 여가문화 활성화"이다. 또한 정책방향을 보면 "여가친화적 환경조성, 여가의 생애 주기적 접근, 지역기반의 여가문화 활성화, 수요자 중심의 여가 인프라 조성"으로 설정하고 있다. 따라서 이를 통하여 100세 시대에 대비한 정부의 여가정책을 조망할 수 있다.

(2) 여가정책의 추진방향

변화하는 사회, 경제, 정책적 환경은 새로운 여가의 흐름으로 나타나고 있으며, 국민 삶의 질 향상과 국가 경쟁력 증진 차원에서 여가의 중요성은 더욱 커지고 있다. 향후 여가산업의 전망은 대인 서비스형태 뿐만 아니라 각종 용·기구 및 도구, 각종시설과 공간의 형태로 다원화 될 것으로 보인다. 특히 각종 여가시설과 공간을 이용한 사업에는 대기업들이 투자를 늘릴 것으로 예측된다.

대한민국 헌법 제10조에서는 "모든 국민은 인간으로서의 존엄과 가치를 가지며, 행복을 추구할 권리를 가진다. 국가는 개인이 가지는 불가침의 기본적 인권을 확인하고 이를 보장할 의무를 진다"고 명시하고 있다.

우리나라 헌법은 여가를 별도의 기본권으로 규정하고 있지는 않지만, 그 전문에서 문화의 영역에 있어서 각 개인의 기회를 균등히 할 것과 국민생활의 균등한 향상을 기할 것을 선언함으로써, 간접적으로 여가활동 및 여가진흥정책에 대한 기회균등을 기본원리로 표방하고 있다.

여가정책은 단계적이며 체계적으로 추진되어야 하고 여가정책은 단순히 인간의 여가권리를 보장하기 위해서만 존재해야 하는 것이 아니다. 또한 여가정책은

자료: 문화체육관광부, 한국문화관광연구원(2013)

🔺 그림 9-2　국내 여가환경의 변화

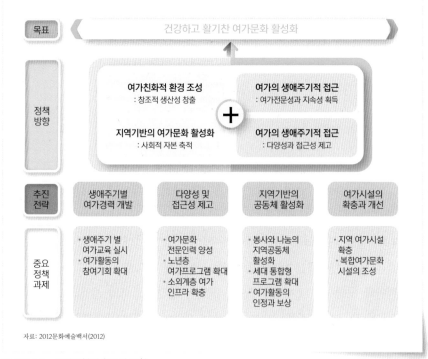

자료: 2012문화예술백서(2012)

🔺 그림 9-3　여가정책의 목표와 방향

인간의 권리뿐만 아니라 행복을 보장해주는 장치이며, 여가산업을 발전시킬 수 있는 토대가 된다. 여가와 관련된 공간, 시설, 전문가, 프로그램을 성공적으로 개발하고 관리하기 위해서는 종합적인 여가정책이 뒷받침 되어야 한다.

성공적으로 여가정책을 수행할 때 진정한 복지사회가 될 수 있다.

2) 영국의 여가정책

(1) 행정체계

1970년대 초 영국 여가정책의 목표는 여가권리를 보장하고 여가복지혜택을 전 국민에게 골고루 제공하는 것이었다. 이를 달성하기 위해 1973년 '콥햄보고서'Cobham Report에 따라 혁신적인 여가개혁을 실시했다.

기존의 여러 관련기구들을 통합하여 전문여가 기구로서 '여가복지시설 관리연구원'을 설립하였고, 기존의 공공부문 여가관련 시설들을 하나로 묶어 '여가센터'로 일원화하였다. 또한 '여가관리사'제도를 도입하여 복지국가의 사회프로젝트를 수행하는 여가전문가를 양성하기 시작하였다.

ISPALInstitute for Sport, Park & Leisure은 기존에 여가관련 행정기구인 ILAMInstitute of Leisure and Amenity Management과 NASDNational Association of Sports Development Officers가 통합되어 창설된 기관으로 여가교육·연구조사·여가정보·정부와의 정책적 협의 등을 통하여 여가관리의 발전에 핵심적인 역할을 하고 있다.

(2) 여가정책의 추진방향

영국의 일관된 여가정책은 기존의 공공부문 여가시설을 일원화 했다. 공원·수영장 스포츠시설, 레크리에이션 수련관 등을 여가센터로 통합하여 운용하고 있다.

영국의 여가정책의 추진 방향으로는,

첫째, 여가복지시설 관리 기구를 설립하여 여가시설 관리에 효율성과 생산성 향상을 기하고 있다. 이것은 자유 시간이 증가됨에 따라 삶의 질 향상에 대한 사회적 요구가 증대하면서 여가의 중요성이 부각되고 여가와 관련된 인적자원 재정적 자원 그리고 여가시설 등을 보다 효율적이고 생산적인 방식으로 관리하기 위해 각종 여가 관련 기구들을 여가 복지시설 관리기구로 일원화하였다.

둘째, 여가관리사 제도를 도입하여 여가전문가를 양성하고 있다. 여가시설 통합이후 시설관리 및 여가 프로그램개발 등 전문성이 요청되었다. 이에 부응하기 위해 실무경력과 여가교육연한에 따라 3등급으로 분류된 여가관리사 제도를 도

입하고, 자격증 발급업무를 '여가복지시설 관리연구원'이 관장하고 있다.

셋째, 기존 고등교육기관에 여가관련 학과의 개설을 유도하여 여가교육을 강화하였다. 여가전문가 양성을 위한 교육과 일반인에 대한 여가교육 등 여가교육 수요가 증대함에 따라 여가관리사 자격시험 면제 등의 혜택을 부여하여, 일반대학에 여가학과 개설을 유도하는 한편 기존 여가관련학과에서 여가교과목을 신설하도록 유도하고 있다.

3) 미국의 여가정책

(1) 행정체계

미국은 19세기 이후 새로운 가치관, 지역사회 노동형태, 여가형태 등에 변화를 일으켰다. 여가형태에 있어서도 미국의 국기라고 할 수 있는 야구나 미식축구가 이때부터 시작되었으며, 도시에는 다양한 상업적 오락이 나타났다. 여가활용을 하나의 목표로 하는 사회운동인 "레크리에이션 운동"이 이시기에 일어났다는 것은 시대적 요청이 있었기 때문이다.

오늘날 미국인들의 레크리에이션 운동은 정부·민간단체 등 사회의 여러 기관이 일치협력해서 일련의 건전한 여가활동의 기회를 제공함으로써 바람직한 사회적 성과를 올리는 목적으로 한 사회운동을 상징하는 것이다.

(2) 여가정책의 추진방향

미국인들이 휴가를 즐기는 특징은 먼 곳에 장기체류 하기보다는 가까운 곳을 선택하여 자주 가는 경향이 있으므로 연방정부 보다는 주 정부나 지역정부의 여가정책이 더 요구된다. 따라서 주 정부는 지역자치단체와 함께 주민들의 여가행정을 직접 제공하고 있으며, 주 정부에서는 주로 옥외 여가활동과 관광

그리고 문화예술의 진흥사업에 중점을 두고 있다. 또한, 삶의 질을 강조하여 온 미국의 여가정책은 시민들에게 주말과 휴가를 즐길 수 있는 기회를 제공하기 위해 그리고 자연을 보호하기 위해 국립공원을 체계적으로 관리할 필요가 있었으며, 이러한 추세에 맞추어 많은 대학들이 공원관리나 조경학이라는 전공영역을 개설하였다.

미국 여가정책의 추진방향은 주 정부와 지역정부가 주축이 되어 공원을 중심으로 한 옥외 여가활동에 초점을 맞추고 있음을 알 수 있다.

4) 캐나다의 여가정책

(1) 행정체계

캐나다 위원회Canada Council는 캐나다 국무부 소속으로 미국 NEA와 유사한 성격의 기구로 문화예술 활동에 대하여 재정지원과 자문을 담당하고 있다.

국립수도위원회NCC는 기본적으로 수도 오타와Ottawa를 관리하는 조직이며, NCC의 중요한 임무 가운데 하나는 수도권 주민이 즐길 수 있는 야외 레크리에이션 환경을 개발하는 일이다.

레크리에이션 캐나다Recreation Canada는 주로 장애인과 같은 특정 집단에게 레크리에이션 기회를 확대하기 위한 연구에 지원을 하고 있다. 캐나다 공원 레크리에이션 협회를 통하여 레크리에이션과 공원운동의 진흥을 꾀하고 있으며, 이 협회예산의 80% 정도를 보건복지부에서 지원하고 있다.

(2) 여가정책의 추진방향

캐나다의 주 정부들은 문화유산을 개발하고 보존하는 한편 각종 예술단체를 지원하는 프로그램을 운영한다. 캐나다에는 연방 정부기관으로 체육부MFAS가 있을 뿐만 아니라 주 정부에도 스포츠를 담당하는 기구가 설치되어 있고 그 기능도 다양하다.

캐나다 Ontario주의 관광과 레크리에이션 부Minstry of Tourism and Recreation는 관광업무 외에도 스포츠와 레크리에이션 업무를 담당한다. 생활체육은 물론 스

포츠 선수 상당수를 Ontario에서 배출하였다. 그리고 해마다 각 주에서 개최하는 전통장터 박람회는 가장 인기있는 여가 프로그램 중의 하나이다.

4) 독일의 여가정책

(1) 행정체계

독일의 여가정책은 "황금계획"Golden Plan과 "스포츠 제2의 길"Second Way of Sports을 들 수 있으며, 이것은 국민의 여가생활에 대한 장기계획으로 서독 올림픽 위원회가 수립한 국민여가정책이라 할 수 있다.

황금계획은 1953년부터 서독올림픽 위원회가 중심이 되어 "모든 사람에게 기회를"이라는 슬로건으로 지역사회 여가활동을 위한 시설과 자금 확보를 추진하고, 계속 증대하는 문명의 피해로부터 보호하고자하는 목적으로 기획되었다.

스포츠 제1의 길이 올림픽선수 양성 이라면, 제2의 길은 스포츠 인구의 저변확대라고 할 수 있으며, '스포츠를 생애 반려로'라는 슬로건을 내건 국민운동이다.

(2) 여가정책의 추진방향

독일 여가정책의 기원은 중세 귀족계급이 성안에서 벌였던 축제, 사냥, 공원놀이 등이다. 18세기 말에서 19세기 초에 이르는 계몽기를 거치면서 시민계급이 성장하여 귀족에 국한된 것이 아니라 대중적인 것으로서 여가에 대한 사회적 관심이 증가했다.

통일 독일 이후부터 현재에 이르는 시기1989~현재에는 통일 그 자체를 '여가혁명'으로 바라보는 시각이 지배함에 따라 여가정책을 대단히 중요하게 다루게 되었다. 통독 전 동독 주민들이 요구한 여행의 자유가 통일의 기폭제가 되었으며, 통일 직후에는 서로 다른 체제에서 살아왔던 동독과 서독의 주민들을 하나로 통합하는 사회통합정책의 일환으로 여가정책을 간주하게 되었다. 산업경제 정책에 종속된 하위 정책으로서 여가정책을 간주하던 기민당과 자민당의 연정시기와는 달리 경제적 필요에 따라 여가정책을 시행하는 것이 아니다. 여가정책을 시행함으로써 사회적 필요를 해결할 수 있는 방안을 강구하게 되었다.

5) 프랑스의 여가정책

(1) 행정체계

프랑스는 여가관련 시책을 담당하는 정부기구로서 '삶의 질 향상부'를 두고 그 산하에 '청년스포츠 부', '환경부', '관광부'를 두고 있다. 그후 다시 개편하여 '청년 스포츠 부'를 '청년 스포츠 여가부'로 발전하였다.

한편 '관광부'는 '문화환경부'의 관할하에 두었으나, 그후 '환경생활 의장부'가 신설됨으로써 이를 분리시켜 다시 '청년 스포츠 여가' 내의 관광국으로 통합하였다. 1981년에는 자유시간성Ministere du Tempes Libre설립된 '청년 스포츠 부'와 '관광부'를 흡수 통합하였다.

(2) 여가정책의 추진방향

프랑스의 여가정책은 국민들의 요구에 부응하기 위한 바캉스를 중심으로 한 지원책과 어린이 및 청소년의 여가권 신장을 위한 다양한 정책을 추진하고 있다.

지역사회의 여가지원책으로 전문 예술가와 크리에이터의 창작프로젝트를 지원하기도 하며, 지방에 거주하는 주민들이 문화공간을 활용할 수 있도록 지원하기도 하며, 오뜨 느르망디의 경우 고등학생과 26세 이하 직업교육생 등의 젊은 이들을 대상으로 '지역카드'를 발급하여 여가 및 학교생활을 지원하기도 한다.

국가 및 지방자치단체 간의 협력과 공조를 통하여 통합적으로 지원하는 여가정책으로 '도시계약제'를 실시하고 있다. 이 제도는 낙후지역의 문화, 교육, 주거지 개선, 실업과 비행해결 등을 목적으로 하고 있으며, 청소년들을 위한 건전한 스포츠활동 등의 여가지원 정책도 시행하고 있다.

6) 호주의 여가정책

(1) 행정체계

호주는 영국의 영향을 받아 주 정부지원에 지역사회와 학교를 중심으로 여가정책이 활성화 되었다.

스포츠 여가국은 국민들의 여가 및 스포츠 활동을 지원하고 있다. 보다 많은 사람들이 여가 및 사회체육 활동에 참여하도록 권장, 유도함으로써 지역사회와 가족이 흥미와 즐거움을 느낄 수 있도록 하는 건전한 놀이 프로그램인 'Life Be In It' 프로그램과 청소년들에게 교육과 성장, 즐거움, 기술의 향상, 적극적 참여 등의 기회제공을 목적으로 'Aussie Sports' 프로그램 등을 전개하고 있다.

(2) 여가정책의 추진방향

호주는 국민 20명중 1명이 레저보트를 소유한 세계 5위의 요트 생산국이며, 일찍부터 해양산업과 문화가 발달한 국가로 유럽으로 자원을 수출하기 위해 해운의 중요성이 컸으며, 독특하고 아름다운 해양은 삶의 일터이자 휴식공간이다.

호주의 여가관련 정책은 국민들의 여가욕구 충족이라는 기본적인 목표 외에도 국민건강 증진을 통한 삶의 질 제고, 사회통합을 통한 공동체의식 강화, 안정적인 사회분위기 조성이라는 목표를 바탕으로 추진되고 있다.

여가정책의 수행방향은 '실생활에 밀접한 주민들의 지역사회 내에서 이용할 수 있는 프로그램 및 서비스의 제공'에 초점이 맞추어져 있다.

이처럼 생활에 밀접한 여가정책 수행이 가능한 이유는 자치단위별로 실상에 맞는 여가관련 정책을 입안할 수 있는 입법권 및 자치권이 확보되어 있다. 연방정부에서 이에 대한 직·간접적인 지원을 제공하는 체계가 전제되어 있기 때문이라 할 수 있다.

6 여가정책의 방향

기존의 여가정책은 국민의 사회체육활동 참여율을 높이고, 문화예술 사업지원을 강화하는 등의 차원에서 이루어져 왔으며, 관련부처 업무영역 내에서 부수적인 수준에 그치고 있다. 따라서 여가를 국민의 기본권으로 인식하고 여가선용을 통한 삶의 만족도 제고 및 국가발전의 창조적 에너지로 승화시킨다는 측면에서 종합적이고 체계적인 정책적 접근이 필요하다.

1) 한국형 여가교육 지식체계 개발

평균수명 연장으로 인하여 한국사회는 고령화 사회에 진입하였으며, 미래 총인구의 30%이상이_{65세 이상} 퇴직 후 제2의 삶을 살게 될 것이다.

이러한 생애주기 패러다임의 변화를 맞아 노후의 삶이 보다 적극적이고 양질의 삶이 되기 위해서는 계획성 있는 생애설계_{Life Plan}가 청·장년층기부터 교육되어야 할 필요성이 있다.

국민들의 창의적 여가활동 활성화와 평생학습의 일환으로 생애초기부터의 여가활동이 생활화되면 노후에는 생업활동을 벗어나 또 다른 사회적 참여와 기여를 기대할 수 있으며, 올바른 여가인식을 제고하기 위해 정부는 생애단계별 여가교육의 체제마련과 생애전반에 걸친 일관성있는 교육지원체제를 확립해야 한다.

2) 생산적·창의적 여가인식의 확대

미래의 여가문화는 과거 최소여가가 최대 노동시간을 확보하던 산업사회 시대에서 벗어나 창의적 아이디어를 생산하고 사회발전의 원동력을 제공하는 여가의 활용시대로 변모하고 있다.

하버드 대학의 조지프 나이_{Joseph Nye} 교수에 의하면, 21세기는 문화나 이데올로기적인 힘에 의해 타국가들의 동의와 협조를 이끌어낼 수 있는 소프트 파워가 새로운 국가경쟁력을 주도하는 시대가 될 것으로 전망하였으며, 그 중 가장 강력한 자원으로 호감형 대중문화를 지적, 실제 소프트파워의 영향으로 '창조'의 키워드를 맞춤으로써 감성적 능력의 육성을 강조하고 있다.

따라서 국가경쟁력의 기반으로서 창의적 여가활동을 구축하기 위해 기존의 '노는 여가'에서 보다 '창의적인 여가' 이미지로의 국민적 인식제고가 필요하고 자율성과 행복을 찾을 수 있는 여가인식의 사회적 확산을 위한 캠페인을 추진해야 한다.

일과 삶의 조화와 중요성과 필요성, 사회적 긍정성을 인식시켜 그 공통인식에 근거하여 참여를 통한 사회의 변화를 피해야 하며, 다양한 직업의 형태를 모색

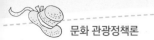
하고 선택의 다양화를 통한 기업의 활성화를 제고해야 한다.

최근 많은 대기업에서는 '일과 삶의 균형WLB'을 직장생활에서 가장 중요한 요소 중 하나로 꼽고 있다. 선진국의 경우 이미 일과 생활의 균형이 핵심인력유지를 위한 중요조건으로 제시하고 있다.

3) 국민여가 활동의 활성화

국민의 여가생활을 대중화, 활성화시키기 위해서는 세대별·대상별 특성에 따른 여가활동이 필요하다. 여가활동이 생애주기 및 대상별 특성에 따라 크게 영향을 받을 수 있고 즐거움을 취하는 여가활동의 의미 또한 달라질 수 있다.

가족이 함께 참여할 수 있는 여가 프로그램 개발을 통해 가족의 복지향상과 가정기능을 강화시키고 가족 구성원의 잠재력 개발로 가족공동체 문화를 조성하여 가정과 사회의 통합을 이루도록 해야 한다. 은퇴자 평생학습 기회의 제공으로 4080세대 여가활동 활성화 및 문화향유 기회를 확대해야 한다.

4) 여가 공간관리 시스템 구축

최근에는 여가시설의 복합기관 설립으로 문화센터 내에 체육시설, 공연시설, 여가교양시설이 복합적으로 설치 운영되고 있으며, 이러한 현황에 맞추어 국민의 균형적인 여가향유를 위한 여가시설 최소기준 설정에 대한 검토가 필요하다. 각종 문화센터에서 분리되어 차별화될 수 있는 시설도서관 및 노인회관 및 프로그램을 제외한 나머지 기관을 통합, 일원화시켜 지역편중에 효율성을 기하는 정책이 시급하다.

국민들의 생활권 내 정보이용률 증진을 위한 산발적 여가정보 및 프로그램의 집중적 제공과 생활밀착형 서비스 전달 요구의 필요성이 제기되고 있으며, 정책기조의 '이용자 중심' 행정서비스 전달 체계화 차원에서 제공되는 여가정보에 대해 국민들이 보다 다양한 여가활동 프로그램과 대상별 여가활동 정보제공의 필요성 또한 강조되어지고 있다.

영국의 사례로서, 여가정보관 운영을 통해 지역주민들의 여가시설, 여가교육,

여가프로그램 등에 대한 통합된 정보를 제공하여 'Public Services all in one places"란 기조로, 여가활동의 대상별, 주제별로 항목을 구분하여 여가정보를 제공한다. 항목별 내용 중, 새로운 여가활동에 대한 소개를 통해 새로운 여가활동의 가치와 참여 방법, 활동에 대한 기본정보를 제공하고 있다.

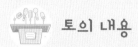 **토의 내용**

1. 국민관광 촉진과 정책방향에 대해 토의해 보세요.

2. 복지관광정책에 대해 토의해 보세요.

3. 국내·외 복지관광정책 사례에 대해 비교·분석하고 이에 대해 토의해 보세요.

4. 우리나라 여가관광정책에 대해 토의해 보세요.

5. 여가정책의 역할과 필요성에 대해 토의해 보세요.

6. 국내·외 여가정책에 대해 토의해 보세요.

문화 관광정책론

Chapter 10

스마트시대의
관광정책

제1절   스마트 관광의 개념

1 스마트 관광이란

2 스마트 관광의 발전

3 스마트 관광환경 조성

제2절   스마트 관광 콘텐츠 개발

1 스마트 관광 콘텐츠

2 관광 콘텐츠 개발 투자

제3절   국외 주요국가의 스마트 관광사례

1 공급자 측면에서의 스마트 관광사례

2 수요자 측면에서의 스마트 관광사례

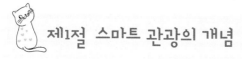

제1절 스마트 관광의 개념

1 스마트 관광이란

Smart Tourism의 개념은 여행수요자들에게 ICT를 이용하여 더 높은 질의 관광경험을 제공하는 동시에 관광 공급자들에게는 더 많은 여행자들에게 더욱 다양한 관광서비스를 제공하기 위한 플랫폼을 구축하는 것이다.

스마트 관광은 첨단정보 통신기술을 관광에 접목하여 실시간 소통과 위치정보를 기반으로 내·외국인 관광객에게 맞춤형 서비스를 제공하는 것을 말한다. 스마트 관광은 관광분야 콘텐츠 생태계와 산업구조 혁신을 통해 고부가가치를 창출하는 차세대 관광을 의미한다.

Smart Tourism

- Standard: 표준에 기반한 상호 호완성
- Multi Function: 융·복합을 통한 다양성
- Accessibility: 시·공간 제약 없이 빠른 접근성
- Reliability: 시장, 고객으로 부터의 신뢰성
- Time Saving: 관광객 편리성

스마트 관광과 유사한 개념에는 유 투어리즘U-tourism과 디지털 투어리즘Digital Tourism이 있다. U-tourism은 유비쿼터스Ubiquitous기술이 관광에 적용되어 관광객에게 유용한 정보를 제공하는 서비스를 의미한다. Digital Tourism은 관광객의 경험 전·중·후 활동에 대한 디지털 지원을 의미한다.

스마트 관광은 U-tourism과 Digital Tourism의 의미를 포괄하는 개념으로서, ICT기술을 기반으로 한 집단 커뮤니케이션과 위치기반 서비스를 통해 관광

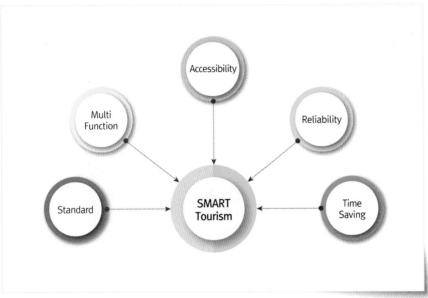

🔺 그림 10-1　스마트 투어리즘 개념도

객에게 실시간 맞춤형 관광정보 서비스를 제공하는 것이다.

　스마트기기의 발전과 이용의 확대 등 ICT기술 환경 변화에 의해 스마트 관광의 환경도 연결의 대상이 변화함에 따라 정보수집방식, 접속형태, 서비스의 관점 등이 변화하고 있다. 대표적으로 연결의 대상이 사람에서 사물로 확장되고 있으며, 이로 인해 관광분야에서도 사물인터넷IoT을 통해 다양한 기능을 갖춘 관광서비스가 제공되는 것을 의미한다.

　관광정보제공은 스마트 폰에서 태블릿 PC, 스마트TV 등으로 스마트기기가 확산되고 기기 간의 연결성이 강화되면서, 서비스의 제공관점이 Point-to-Point에서 end-to-end로 변화되고 있다. 이는 관광객들에게 전달되는 모든 과정에 중점을 두고 있기 때문에 관광지예약, 평가, 후기 등의 다양한 분야에서의 신뢰성 있는 관광정보 제공이 필요하다.

　결과적으로 스마트 관광환경기반이 마련된다는 것은 스마트한 관광서비스가 제공되는 것과 모바일 형태의 관광서비스 제공이 가능하다.

 Case Study

지역 관광 활성화를 위한 '스마트 관광의 역할'

그동안 관광지라고 하면 경치가 좋거나 역사·문화적으로 의미 있는 장소를 뜻하곤 했다. 그런데 이제 관광지는 사진 찍기 좋은 곳이나 맛집 골목 등이 입소문을 타고 새로운 관광지로 뜨는 등 그 외연을 넓히고 있다. 서울시내에도 스토리를 입혀 새로 단장해 관광지가 된 곳들이 많고, 이른바 '뉴트로'라 불리는 신(新)복고풍 관광도 유행하고 있다. 서울 을지로는 최신 유행을 뜻하는 '힙'을 붙여 '힙지로'라 불리기도 한다. 원래 50~70대가 주 고객이었던 이곳은 번화가 바로 옆이면서도 오래된 풍경이 이야깃거리가 돼 20~30대 젊은층의 명소로 부상했다. 그리고 이렇게 젊은층의 명소로 뜬 공간과 장소는 소셜미디어 등을 통해 외국인 관광객들에게도 순식간에 알려지면서 가보고 싶은 장소가 되고 있다.

아쉬운 점은 이러한 트렌드가 국내 다른 지역으로는 확산되지 않는다는 점이다. 관광은 지역에 새로운 인구를 유입시켜 숙박업, 음식업, 소매업 등을 활성화시키고, 제조업보다 고용창출 효과가 커 지역경제 활성화에 큰 도움이 된다. 그러나 내·외국인 관광객에게 한국은 여전히 서울·제주 외에는 상대적으로 매력이 낮고 접근성이 부족해 특정 지역 관광 편중 현상이 좀처럼 해소되지 못하고 있다. 이렇게 특정 지역으로만 편중된 관광은 지속적인 새로운 수요 창출에 한계가 있다. 이 때문에 타 지역으로 관광객 수요를 분산시켜 지역 간 균형 발전을 이루고, 관광객의 재방문율도 높이는 방안이 절실하다.

이러한 현실에서 최근 주목받고 있는 스마트 관광은 새로운 해법을 제시한다. 스마트 관광은 정보기술을 기반으로 하여 관광객이 기억할 만한 경험을 할 수 있도록 개별 관광에 필요한 정보와 편의 기능을 제공하는 것을 목표로 한다. 이를 위해 빅데이터와 연계된 관광객 성향 및 관광패턴 분석, 증강현실 및 가상현실에 기반한 콘텐츠 개발, 그리고 관광형 모빌리티 서비스 제공 등을 포함한다.

최근의 여행 패턴을 보면 관광객들의 기호가 더욱 다양화, 차별화되고 있어서 관광상품 개발도 매우 세분화하고 맞춤화할 필요가 있다. 예를 들면 20~30대의 젊은 세대는 소셜 미디어에서 보여주기 좋은 이른바 핫플레이스를 선호한다. 외국인 관광객들도 언어권에 따라 아시아권은 쇼핑을 선호하지만, 유럽과 미주권은 한국어나 한국 문화유산에 흥미를 나타내고 있다. 빅데이터 분석을 통해 이런 성향과 관심을 파악해 관광코스 개발이나 차별화된 관광정보 제공으로 지역 방문을 촉진시킬 수 있다.

또한 스마트 관광은 지역의 문화·자연자원에 이야기를 입혀 지속 가능한 관광을 가능케 한다. 가상현실과 증강현실로 지역의 관광지를 새롭게 해석할 수도 있다. 영국의 맨체스터는 산업혁명 이후 몰락하던 도시를 가상현실과 증강현실에 기반한 첨단도시의 이미지로 탈바꿈시켜 많은 주목을 받고 있다.

접근성 측면에서 스마트 관광은 보다 많은 관광객이 지역으로 향할 수 있도록 지원한다. 예컨대 20대 관광객이나 외국인 관광객은 지역 관광 시 주로 대중교통을 이용한다. 지역의 스마트 관광 플랫폼이 모빌리티 서비스와 연계되면 열차, 버스, 공유차량, 공유자전거 등

에 대한 외국어 서비스가 지원되고 결제도 편리해져 이들이 지역을 편하고 쉽게 방문할 수 있다. 새로운 세대와 관광 트렌드에 부응하는 스마트 관광을 통해 취약했던 지역 관광을 활성화하는 데 더욱 박차를 가할 때다.

출처: 경향신문, 2019.08.12.

2 스마트 관광의 발전

4차 산업혁명은 기술 혁신을 통한 사회적 변화를 이끄는 키워드가 되고 있다. 스마트 관광Smart Tourism은 관광 혁신의 대표적 키워드라 할 수 있다. 관광객의 다양한 활동을 지원하기 위한 ICT기반의 혁신형 관광서비스라 정의할 수 있다.

관광 행태적 관점에서 관광은 지역또는 도시이라는 활동 범위 내 지역이 가지고 있는 독특한 자연적, 문화적 자원을 향유하려는 욕구가 있다.

첫 번째, 지역 경제적 관점에서는 관광행태에 나타나는 경제적 활동을 최대화하여 지역경제 활성화와 지역산업 발전을 도모하기 위한 정책 수단이라 할 수 있다. 다양한 관광활동이 지역경제로 연결되기 위한 다각적 노력을 관광 진흥이라 할 수 있다. 스마트 관광은 우선 지역 관광경제의 핵심 정책이 되어야 한다. 스마트관광 지역도시은 관광행태를 지역경제예약/결제로 이어주는 가장 효율적 수단이자 가상공간에서 존재하는 또 다른 지역 관광의 형태라 할 수 있다. 무엇보다도 지역이 보유한 다양한 자연적 문화적 요소를 가상공간에 얼마나 잘 구현하여 현실공간으로 끌어 들일 수 있을지가 중요한 요소 중 하나일 것이다.

두 번째, 스마트 관광은 지역 관광산업의 혁신체계가 되어야 한다. 지역 관광정보를 제공하는 지방자치단체의 문화관광부문의 정보화는 새로운 기술 투자와 인력 및 콘텐츠 관리운영에 많은 한계를 나타내고 있다. 지역 스마트 관광은 지역 관광산업민간서비스 공급자과 적극적 통합을 통해 구조적 연결을 확립하여야 한다.

세 번째, 스마트 관광은 외래관광객 유치를 위한 지역 관광의 글로벌화 사업이어야 한다. 다양한 지역교통망항공, 철도, 도로, 해운 등, 도시인프라의료서비스, 공공기관, 대학, 공원 등, 관광체험 프로그램 및 문화예술 공연 및 시설 등 다양한 지역 관광 콘텐츠를 외국인에게 제공하기 위한 적극적 투자와 관리운영 체계를 마련하여야 한다.

네 번째, 스마트 관광은 지역 관광플랫폼의 인프라가 되어야 한다. 스마트 관광은 OTA 등 관광산업의 거대 글로벌 공급망과의 협력과 견제 그리고 경쟁을 이행하여야 한다. 따라서 스마트 관광 기술은 기술표준, 콘텐츠서비스 표준 그리고 기술 및 서비스표준 등 기술 인프라 표준체계를 구축하고 상품과 서비스, 기술

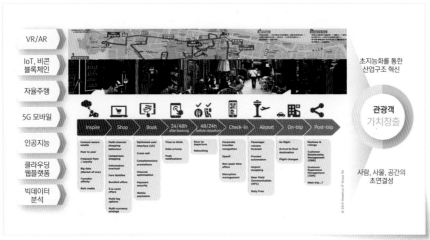

🔺 그림 10-2 스마트 관광 기반의 지역 관광 자율체계

확산의 중심 역할을 담당하여야 한다.

마지막으로 스마트 관광은 새로운 관광자원 이자 지역 관광의 핵심 주체로서 역량을 강화하여야 한다. 자연적, 문화적 자원과 더불어 스마트 관광 자체가 새로운 관광자원으로 자리잡아야 한다. 또한 지역 관광 운영의 혁신 주체로서 온라인과 오프라인을 연결하는 O2O 지역 관광 추진 체계 기능을 담당하고 지속적이고 혁신적인 역량 강화를 도모하여야 한다.

4차 산업혁명을 선도하기 위한 지역 관광혁신체계는 ICT기반의 스마트 관광을 구축하고, 스마트 관광은 지역 관광 자율체계를 구축하는 인프라로서 핵심 기능이라 할 수 있다.

3 스마트 관광환경 조성

스마트 관광을 활성화하기 위해서는 외래 관광객의 만족도 제고로 재방문 확대, 대한민국 구석구석에 지역 관광객 확대, 그리고 신 관광사업체 육성 및 일자리 창출에 노력해야 한다.

이를 위해, 다음과 같이 네 가지 전략으로 분류할 수 있다.

첫째, 외래관광객을 위한 토탈 서비스 제공

1. 스마트 신 한류관광 서비스 육성
2. 스마트 코리아 서비스 고도화 지원

둘째, 대한민국 구석구석 관광서비스 스마트화

3. 대한민국 구석구석 스마트 관광서비스 고도화
4. 강변, 녹색 스마트 관광서비스 개발

셋째, 신규 관광서비스 창출 지원

5. 신규 관광 비즈니스 및 인력 육성
6. 아시아 스마트 관광 영토 구축 지원

넷째, 스마트 관광시대 공유 유통 통합시스템 구축

7. 관광 컨텐츠 공유 유통 통합시스템 구축
8. 스마트 관광 안내기반 구축
9. 스마트 관광 거버넌스 구축 및 한·중·일 협력 강화

▲ 그림 10-3 스마트 관광환경 조성

첫째, 외래관광객을 위한 토탈 서비스 제공

1. 스마트 신 한류Smart New Korea-Wave 관광서비스 육성

◎ 스마트 신 한류 관광서비스 개발지원

· 한류관광을 활성화하기 위해 한국 대중 및 전통문화와 접함을 주목적으로 하는 여행으로 한국 대중문화인 영화, 드라마의 출연진과 촬영장 답사를 주목적으로 하는 여행이다. 이를 위해, 한류콘텐츠 촬영지역을 중심으로 첨단기술ICT, VR, AR 등을 활용한 한류체험 사업을 하고 있다.

· 북촌전통체험, 명동쇼핑, 충무로한류스타 등 고품격 스마트 관광 체험존을 구성하고 있다.

2. 스마트 코리아 서비스 고도화 지원

◎ 외래관광객용 '내 손안의 스마트 코리아 체험 서비스' 제공

• 개별관광객FIT 대상 한국관광 어플리케이션이 탑재된 '스마트 기기 무상 임대 및 체험서비스' 체계 구축.

• 관광안내 서비스 다국어 지원 등 고도화를 위해 '스마트 관광안내 다국어 서비스' 개발 및 영어권 스마트 관광가이드 서비스 고도화를 추진하고 있다. 또한 중국어, 일본어 등을 확대할 것을 계획하고 있다.

• 스마트 코리아 이미지 구축 및 친절, 환대 캠페인을 실시하여 출입국 중심 스마트 코리아의 첫인상을 좋게 하고 외국인 숙박지 안내 및 환대 캠페인을 실시하고 있다.

둘째, 대한민국 구석구석 관광서비스 스마트화

3. 대한민국 구석구석 스마트 관광서비스 고도화

◎ 국내 관광 스마트 관광서비스 고도화 및 원스톱 서비스 체계를 구축하여 개인별 맞춤형 관광서비스여행 플래너 등 제공을 통한 지역 관광 활성화를 유도한다.

◎ 국내 관광 '스마트 트래블 3.0' 서비스를 개발하여 국민 밀착형 SNS 홍보확대를 위한 스마트 게스트 서비스를 개발하고 있다.

4. 강변, 녹색 스마트 관광서비스 개발

◎ 한국의 문화·관광이 흐르는 강! 스마트 관광 서비스 개발

• 강변문화 관광체험 스마트 서비스를 제공하기 위해 100대 체험 관광프로그램 발굴.

◎ 이야기가 있는 문화생태 탐방로 스마트 관광안내 시스템 구축.

• 스토리텔링 기반 콘텐츠 지속확충 및 어플리케이션 개발보급.

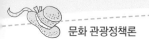

셋째, 신규 관광서비스 창출지원

5. 신규 관광 비즈니스 및 인력육성

◎ 스마트 관광 창조기업 발굴 및 육성지원

• 신생 소규모 기업체 등 스마트 관광 창조기업 100개 육성지원

• 창업교육 및 컨설팅 지원, 시제품 개발 및 테스트 지원

• 해외진출 및 상용화지원 등 실질적 사업화 지원체계 마련.

◎ 융·복합 관광 비즈니스 창출지원

◎ 다국어 스마트 관광 콘텐츠 서비스 개발 기업지원

◎ 관광안내 인력, 스마트 관광서비스 지원강화

6. 아시아 스마트 관광영토 구축지원

◎ 아시아 스마트 관광존Asia Smart Travel Zone구축

• 한·중·일 스마트 관광 콘텐츠 및 서비스 표준화 등을 위한 추진협의회 구성 및 운영.

◎ 세계 스마트 관광 & 디스커버리 앱 개발 추진

◎ 개도국 등의 관광 콘텐츠 개발 및 서비스 지원

넷째, 스마트 관광시대 선도 관광인프라 강화

7. 관광 콘텐츠 공유 유통 통합시스템 구축

◎ 관광 콘텐츠 데이터 품질 고도화

◎ 관광 콘텐츠 공유, 유통 통합시스템T-tube구축

8. 스마트 관광 안내기반 구축

◎ 전국 관광안내소 안내체계 통합추진

◎ 관광안내소 스마트 관광환경 조성

9. 스마트 관광 거버넌스 구축 및 한·중·일 협력강화

◎ '정부-지자체-민간' 스마트 관광협력 체계 강화

• 범부처 스마트 관광 콘텐츠 및 서비스 육성 인프라 구축 및 제도개선 협력.

◎ 한·중·일 스마트 관광협의체 구성

• 스마트 관광서비스 국제표준 서비스 제정 및 기반기술 협력 강화

위와 같은 스마트 관광환경을 조성하게 되었을 경우 기대되는 효과를 살펴보면 다음과 같다.

첫째, 2012년 외래관광객 1200만명 시대, 스마트 관광을 통한 문화체험 제공으로 1인당 평균지출액 +10달러를 창출했다.

• 외래관광객 1인당 평균 지출액 10달러 증가로 총 1.2억달러약 1,297억원의 관광수입이 증가하였다.

둘째, 외래관광객을 위한 한국관광 만족도 향상과 재방문 관광객의 증가가 기대된다.

• 매력적인 전통 문화관광 프로그램 개발 및 스마트 기기를 통한 홍보강화로 체재 기간 및 재방문 의향증대에 기여하게 된다.

셋째, 숙박일 수 증대 등 국민 국내 관광 활성화를 통한 지역경제 회복이 기대된다.

• 대한민국 구석구석 안내체계 스마트화, 다양한 관광자원 및 프로그램 서비스로 지역 관광 숙박일 수 증대.

넷째, 관광홍보물 중심의 안내체계 전환으로 저탄소 녹색성장에 기여.

• 스마트 관광안내 체계 구축을 통하여 스마트 폰 이용자에게 전자 관광안내 이용 확산 유도.

• 광역 및 지역별 안내책자 및 관광홍보물 제작비용 감소 유도최대 600억원 절약

다섯째, 국제협력 강화 및 스마트 관광 국제표준 선도

• 저개발 국가 및 개발도상국을 대상으로 관광자원 발굴 및 관광정보 서비스 개발 협력 강화.

• 스마트 관광 기술표준 및 다양한 서비스 개발 추진으로 국제표준 선도.

 ## 제2절 스마트 관광 콘텐츠 개발

1 스마트 관광 콘텐츠

스마트 관광은 첨단 정보통신 기술을 관광에 접목해 실시간 소통과 위치정보를 기반으로 고부가가치를 창출하는 차세대 관광이다. 스마트 관광은 정보기술을 기반으로 하여 관광객이 기억할만한 경험을 할 수 있도록 개별관광에 필요한 정보와 편의 기능을 제공하는 것을 목표로 한다. 이를 위해, 빅데이터와 연계된 관광객 성향 및 관광패턴분석, 증강현실 및 가상현실에 기반한 콘텐츠개발 그리고 관광형 모빌리티 서비스 등을 포함한다. 최근의 여행패턴을 보면 관광객들의 기호가 더욱 다양화, 차별화되고 있어서 관광상품 개발도 매우 세분화하고 맞춤화할 필요가 있다. 예를 들면, 20~30대의 젊은 세대는 소셜 미디어에서 보여주기 좋은 이른바 핫 플레이스를 선호한다. 외래 관광객들도 언어권에 따라 아시아권은 쇼핑을 선호하지만, 유럽과 미주권은 한국어나 한국문화 유산에 흥미를 나타내고 있다. 빅데이터 분석을 통해 이런 성향과 관심을 파악해 관광코스 개발이나 차별화된 관광정보 제공으로 지역방문을 촉진할 수 있다.

스마트 관광은 지역의 문화·자연자원에 이야기를 입혀 지속가능한 관광을 가능케 한다. 가상현실과 증강현실로 지역의 관광지를 새롭게 해석할 수도 있다. 영국의 맨체스터는 산업혁명이후 몰락하던 도시를 가상현실과 증강현실에 기반한 첨단도시의 이미지로 탈바꿈시켜 많은 주목을 받고 있다. 스마트 관광이 정착되기 위해서는 고품질 관광 콘텐츠의 지속적 개발, 경쟁력있는 민간기업의 출현, 스마트 환경을 선도하는 인력수급, 민관의 유기적 협력시스템 등이 전제되어야 한다.

부산시는 체험형 스마트 관광서비스를 제공하기 위해 비토 서비스근거리 무선통신장치를 부산전역 관광지에 300개의 앱을 통해 관광정보나 관광추천코스, 할인쿠폰 등을 한·영·중·일 4개 국어로 제공한다. 또한 부산전역에 위치한 VR 체험존에서는 VR을 통해 관광지나 게임 등 다양한 체험을 할 수 있다.

Case Study

와아파이 빵빵한 구로구 '스마트 관광지도' 안성맞춤

지역명소, 축제, 음식점, 숙소 등 각종 정보 모아 모바일 앱 제작

주요 포인트 스탬프 투어 재미 더해,

구로구는 다양한 관광 콘텐츠와 정보통신기술(ICT)을 접목해 '스마트 관광지도'를 만든다. 구는 관내 관광자원의 효율적 활용을 통해 지역 관광산업을 활성화시키기 위해 스마트 관광지도 서비스를 개발 중이라고 밝혔다.

스마트 관광지도에는 구로구의 각종 관광 정보가 총망라된다. 지역명소와 역사유적지, 전통시장, 지역축제, 공연장, 음식점, 숙소 등의 주소와 연락처, 운영시간 등 세부정보가 담긴다.

위성측량시스템(GNSS)을 통해 정확한 위치 좌표 데이터를 구축해 현재 위치와 길찾기 등 내비게이션 역할도 한다.

모바일 앱으로 제작돼 스마트폰이나 태블릿PC 등 스마트기기만 있으면 구 전역에 조성된 공공 와이파이망을 통해 언제 어디서나 무료로 접속할 수 있다.

스마트 관광지도에는 스탬프 투어 기능도 탑재된다. 여행의 재미를 더하고 방문지에 대한 추억도 쌓을 수 있는 기회를 제공해 관광객들의 지속적인 방문을 유도한다는 방침이다.

주요 관광 포인트를 방문하거나 올레길 등 걷기 코스를 완주하면 스마트폰의 GPS 기능을 통해 스탬프 인증을 받을 수 있다.

도장을 획득하며 장소에 대한 정보나 주변 제휴 서비스 등을 조회할 수 있고 SNS로 인증샷 공유도 가능하다. 구는 스탬프 투어와 연계한 다양한 이벤트를 마련할 계획이다.

구로구는 3월 서비스 시행을 목표로 현재 위성측량, 콘텐츠 DB 수집과 시스템 구축, ICT 기반의 스마트 맵 개발 등을 진행하고 있다.

구 관계자는 "스마트 관광지도 서비스가 오픈하면 스마트폰을 통해 각종 볼거리, 즐길거리를 한눈에 확인할 수 있을 것이다"며 "다양한 분야에 최신 정보통신기술을 도입해 주민들의 삶을 보다 편리하고 윤택하게 변화시켜 나가 겠다"고 말했다.

출처: 시정일보, 2019.02.19. 일자.

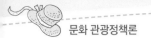

 Case Study

부산시, 이제는 체험형 스마트 관광으로 간다

VR, 비콘, 부산관광카드 등 체험형 관광 서비스 도입

🔺 비콘서비스(좌)/뚜벅이 길 안내 서비스(우)

🔺 태종대 전망대 VR 체험존(좌)/아쿠아리움 VR 체험(우)

체험형 스마트 관광 서비스를 위해 '비콘 서비스'를 구축하여 본격 시행할 계획이다. 비콘 서비스란 근거리 무선통신장치인 비콘을 부산 전역 관광지에 300개를 설치해 관광정보, 관광추천 코스, 할인쿠폰 등을 한·영·중·일 4개 국어로 제공하는 것이다.

다른 서비스로는 가상현실(VR)을 이용해 목적지까지 길을 안내하거나 미리 영상을 통해 목적지에 가보는 '뚜벅이길 안내'서비스와 해운대나 기장코스의 시티투어버스 3대 좌석에 부착된 스마트패스 화면을 통해 영상 및 음성으로 코스별 안내와 관광지 정보를 제공하는 '무인관광 해설사' 서비스도 함께 실시한다.

⬆ 아쿠아리움 미디어파사드(좌)/용두산공원 부산타워 미디엄파사드(우)

⬆ 부산관광카드(좌)/감천문화마을 VR·AR 체험관 내 포토존(우)

태종대 전망대, 벡스코, 아쿠아리움 등 부산 전역에 위치한 VR체험존 7개소에서는 VR을 통해 관광지나 게임 등 다양한 체험을 할 수 있도록 한다.

또한 감천문화마을에 하늘마루 VR·AR 멀티체험관을 개소하고 국가공모에 의해 규모있는 VR 체험관을 새롭게 구축할 예정이다. 그리고 건물 외벽에 다양한 영상을 투사해 스크린으로 활용하는 '미디어 파사드'가 용두산 공원 부산타워에 설치돼 용이 승천하는 형상을 즐길 수 있다.

부산시는 카드 한 장으로 대중교통 및 주요관광지 할인, 쇼핑 할인 등을 받으며 편리하게 여행할 수 있는 부산 관광카드를 발행해 부산지역 1000여 곳에서 판매할 계획이다. 이는 최대 50만 원까지 충전할 수 있다.

이밖에도 현재 전포카페거리 등 부산시 관내 8개소에서 운영중인 관광지 무선인터넷(Wi-Fi) 고도화 서비스를 위해 8개를 추가로 확충할 예정이다.

부산시장은 "부산시는 관광 분야에서 4차 산업 기술을 융합한 스마트 관광 서비스를 관광객에게 제공하고 품격 있는 스마트 관광도시로 발돋움하기 위해 4차 산업혁명에 대비하고 관광 도시로서의 부산의 면모와 브랜드 가치를 높일 스마트 관광도시로서의 발전을 위해 노력 하겠다" 고 말했다.

출처: 부산IN신문. 2017.09.05.

2 관광 콘텐츠 개발 투자

1) 한류관광상품 확대

아시아 동쪽지역의 한국문화에서 태동된 한류라는 열풍이 전 세계적으로 거세지고 있다. 한류의 중심에는 K-POP을 중심으로 한국콘텐츠 산업이 세계속에서 빠른 속도로 성장하고 있다.

K-POP이 신 한류로서 유럽과 남미, 중동 등으로 문화적 영향력이 확산되고 있다. 한국의 언어와 역사, 패션, 미용, 관광 등 다른 산업으로까지 파급력이 전달되며, 문화적 교류, 문화적 근접 등으로 새로운 세계적 문화교류 및 수용을 통한 문화융합이 이루어진다.

한류관광의 형태는 크게 3가지로 나누어진다.

첫째, 한류콘텐츠를 직접 한국에서 감상하기 위한 직접적 한류관광이다. 직접 공연, 콘서트 등을 관람하기 위해 한국을 방문하는 경우이다.

둘째, 드라마, 영화 등의 촬영장소를 방문하는 촬영지 관광이다. 이와 같은 경우는 한류콘텐츠나 스타를 직접 만나는 것이 아니기 때문에 간접적인 한류관광이라 할 수 있다.

셋째, 관광객들이 한류와 연관된 상품을 구매하는 파생적 한류관광이다. 파생적 한류관광은 한류스타처럼 멋있는 외모를 가꾸기 위한 성형 및 화장품 구매, 대장금 등의 영향으로 한국음식을 맛보기 위한 식도락 관광, 한류의 영향을 받은 학생들이 한국어에 대한 관심을 가지고 배우기 위한 유학 등의 다양한 형태로 나타난다.

한류관광의 체계적인 상품화는 대규모의 외래관광객을 유치하거나 시장의 상황을 한눈에 측정할 수 있는 좋은 도구가 된다. 한류관광의 상품화는 외래관광객을 유인하는 유통구조를 체계화할 뿐만 아니라 외국인들이 한국방문을 쉽게 하는 창구로 발전할 수 있다. 한류관광상품은 문화콘텐츠를 기반으로 이루어진

상품이기에 한국문화에 대한 외래 관광객들의 체험이 관광의 주목적이 되어야 한다. 따라서 K-POP 콘텐츠와 관광, 쇼핑을 연계한 맞춤형 공연관광상품기획과 K-POP문화가 밀집된 클러스터를 구축하여 시너지 효과를 발휘할 수 있도록 해야 한다.

한류관광의 경쟁력 창출을 위한 방안으로 K-POP을 통한 한류관광 활성화 방안은 다음과 같다.

첫째, 기존 K-POP과의 차별화를 통한 K-POP의 다양한 추구가 필요하다.

둘째, 유튜브, SNS등을 통한 바이럴 마케팅이 필요하다.

셋째, K-POP 전용 공연장의 설립 및 공연관광상품 개발이 필요하다.

넷째, 다양한 융·복합 콘텐츠의 개발을 통한 새로운 한류관광상품의 등장이 필요하다.

2) e-스포츠 관광 활성화

e-스포츠는 네트워크, 기타 영상장비 등을 이용해 승부를 겨루는 스포츠로 지적, 신체적 능력이 필요한 경기이다. 대회 또는 리그와 같은 현장참여, 중계 관전, 이와 관계되는 커뮤니티 활동 등의 사이버 문화도 e-스포츠 활동에 속한다.

e-스포츠는 인터넷환경, IT핀테크 시스템의 발달로 e-스포츠 산업이 급속도로 성장하고 있으며, 잠재력이 매우 높은 시장으로 해외기업들의 참가가 활발하다.

호주의 e-스포츠 산업의 규모는 2018년 기준 12억 6900만 미국달러로 현지 통신기술이 빠르게 발전하면서 유망산업으로 급부상 하였다.

New Zoo에서 발표한 보고서에 의하면, 글로벌 Top 5에 랭킹된 e-스포츠 강국은 중국, 미국, 일본, 한국, 독일의 순이다.

호주는 전체인구의 절반에 가까운 1240만명이 e-스포츠에 참여하고 있으며, 세계 14위 규모의 e-스포츠 시장을 보유하고 있다. 호주는 세계적인 스포츠 선진국으로서 자부심을 갖고 있으며, e-스포츠 분야에서도 신흥강국으로 떠오르

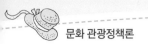
며 2017년부터 세계적인 규모의 e-스포츠 대회를 시드니와 멜버른에서 본격적으로 개최하고 있다.

삼성전자는 호주의 대표적인 e-스포츠 팀 중 하나인 Legacy E-sports를 후원하고 있다. 삼성전자 호주법인은 2018년부터 Legacy 팀과 파트너십을 맺고 오세아니아 프로리그 준비를 위한 부트캠프를 개최하는 등 현지에서 e-스포츠에 대한 인지도를 높이기 위해 노력하고, 2019년에도 재계약을 맺고 삼성SDS와 게임용 모니터를 제공하고 있다.

호주는 e-스포츠 산업을 육성하고 시장을 선점하기 위해 정부, 기관, 기업에서 발빠르게 움직이고 있다. 또한 세계적인 스포츠 강국으로 프로리그가 발달돼있고, 전통적인 스포츠 구단에서 e-스포츠팀을 인수하는 등 10년 이내에 대중적인 스포츠가 될 전망이다. 따라서 잠재력 높은 호주의 e-스포츠 시장에 국내기업의 적극적인 관심이 필요하다.

3) 코리아 브로드웨이 조성

브로드웨이Broadway는 뉴욕 맨허튼 남단의 배터리공원 북동단에서 시작하여, 바둑판 모양으로 배열된 거리를 비스듬히 가로질러 북으로 통하는 대로이다.

라임스퀘어를 중심으로하는 거리에는 뮤지컬을 비롯한 쇼 관련 극장이 많다. 특히 이 부근의 극장가만을 브로드웨이라고 부르기도 한다.

뉴욕의 브로드웨이에는 다양한 관광 콘텐츠들이 상당히 매력적이다. 브로드웨이에서 제일 먼저 떠오르게 하는 것은 브로드웨이 극장가이다. 매일 밤 화려한 의상과 조명, 매력적인 배우들은 관광객들을 유혹하고 있으며, 1년간 티켓 판매액만 1조원이 넘은지 오래되었다. 최근 위이드라는 공연은 1주간의 매출액이 30억원이 넘었다.

우리들이 알고 있는 브로드웨이 뮤지컬을 현지 종사자들은 투어리스트 뮤지컬 즉, 관광객들을 위한 엔터테인먼트라고 말한다. 낮 시간에는 뉴욕의 유명 관광지를 방문하고, 밤에는 하나라도 멋진 추억을 만들고 싶어 하는 관광객의 니즈에 맞춰 뉴욕의 밤 문화는 수십 년간 공연 비즈니스를 꾸준히 발전시켜 주요

산업원으로 자리 잡았다.

우리나라도 이제는 양적인 성장뿐만 아니라 질적인 성장이 절대적으로 필요한 시점이다. 한국의 브로드웨이 즉, 수익창출을 통한 좋은 인력창출, 선순환 구조를 위한 제안은 다음과 같다.

첫째, 공연 티켓의 정찰가가 정착되어야 한다.

둘째, 외국인 대상 마케팅을 하는 공연장들이 관객들의 편리성을 위해 밀접해 있어야 한다.

셋째, 공연 제작사들은 관객들이 만족할 수 있는 공연작품의 질을 유지하기 위해 통합티켓 판매장소가 필요하다.

넷째, 한국에서만 볼 수 있는 재미있고 감동적인 콘텐츠가 꾸준히 생산될 수 있는 지원이 필요하다.

4) 한류스타 연계관광상품개발

스타마케팅이란 스타의 대중적 인기를 상품, 서비스, 이벤트, 사회봉사활동에 연계한 마케팅 전략이며, 스타가 팬들에게 행사하는 카리스마 즉 상업적 잠재력을 활용하는 것이다.

대중스타를 기용한 관광지 마케팅은 영화, TV 드라마의 성공이 한국 혹은 한국의 특정 관광지에 대한 이미지 개선과 관심으로 이어지면서 관광지를 방문하는 결과를 가지고 온다. 다양한 한류스타 체험 관광은 충성도 높은 팬을 기반으로 하는 고품위 관광으로서 높은 고부가가치를 창출한다.

한류스타의 상품개발 형태는 다음과 같다.

첫째, 한류스타 대면형 관광상품을 개발해야 한다. 한류스타 대면형 관광상품은 한류스타를 직접적으로 볼 수 있는, K-POP 콘서트나 뮤지컬관람, 팬미팅 참석 등의 관광상품을 기획해야 한다.

둘째, 관람형 한류 관광상품을 개발해야 한다. 한류스타가 출연한 드라마나

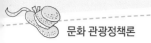
영화·예능 프로그램의 촬영지를 관광지로 만들어 상품을 판매하거나, 한류스타와 관련된 상시적, 비 상시적 전시회 등의 관광상품을 판매하는 것이다.

셋째, 체험형 한류관광상품을 개발해야 한다. 한류와 관련된 콘텐츠를 활용하여 체험활동을 할 수 있도록 구성된 것을 말하며, 한류체험 프로그램, K-POP 커버댄스 페스티벌 등을 기획하는 것이다.

한류 관광객들의 체험형 관광상품에 대한 욕구가 많아지면서, 민간기업과 공공기관에서는 한류를 체험할 수 있는 관광상품을 구성하거나 협력하여 개발·운영하고 있다.

한류관광객은 지속적으로 증가하고 있음에도 불구하고, 한류관광객이 즐길 수 있는 한류관광상품의 다양성은 부족하고 한정적이다. 또한 한류관광상품을 개발하기 위한 민관의 협력방안에 대한 장기적인 전략이 부재한 상황이다.

한류관광상품의 적극적인 개발을 위해서 민간이 주도하여 전략적이고 적극적인 상품개발이 필요하며, 공공기관에서는 상품개발을 적극적으로 할 수 있도록 필요한 제반사항을 조성해주는 것이 우선되어야 한다.

제3절 국외 주요국가의 스마트 관광 사례

1 공급자 측면에서의 스마트 관광사례

해외사례 선정기준 대상은 WEF World Economic Forum가 선정한 2013년 관광경쟁력 상위 25개국 중에서도 ICT 융합정책을 적극적으로 추진하는 국가이다.

해외사례 국가는 프랑스, 독일, 노르웨이, 스위스, 영국, 호주, 미국, 싱가포르, 홍콩, 일본 등이다.

표 10-1 관광경쟁력 상위 25개국 중 ICT융합 추진국가

순위	국가	관광경쟁력 지수	선정여부
1	스위스	5.66	O
2	독일	5.39	O
3	오스트리아	5.39	X
4	스페인	5.38	X
5	영구	5.38	O
6	미국	5.32	O
7	프랑스	5.31	O
8	캐나다	5.28	X
9	스웨덴	5.24	X
10	싱가포르	5.23	O
11	호주	5.17	O
12	뉴질랜드	5.17	X
13	네덜란드	5.14	X
14	일본	5.13	O
15	홍콩	5.11	O
16	아이슬란드	5.10	X
17	핀란드	5.10	X
18	벨기에	5.04	X
19	아일랜드	5.01	X
20	포르투칼	5.01	X
21	덴마크	4.98	X
22	노르웨이	4.95	O
23	룩셈부르크	4.93	X
24	몰타	4.92	X
25	한국	4.91	X

자료: WEF(World Economic Forum) (2013). The Travel & Tourism Competitiveness Index

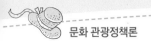

1) 관광 플랫폼

(1) 공공·민간, 다양한 전문가들의 협업을 위한 플랫폼 구축

① 프랑스는 관련 주체들의 형법과 콘텐츠 통합 및 공유를 지원한 'near bee'를 개발하였다. 'near bee'는 프랑스 관광 디지털 전략의 핵심 요소로서 다양한 정보를 제공하는 인트라넷과 멤버 간의 실시간 의사소통을 가능케 하는 디렉토리 서비스를 지원하고 있다.

② 영국은 NTO, 지자체, 사업자 등의 관광관련 주체를 연계시키기 위해 'England Net'을 구축하였다. 'England Net'은 영국 정부가 관광산업의 경쟁력을 제고시키기 위해 개발된 온라인 관광네트워크이다. 관광객은 'England Net'을 통해 질 높은 관광정보를 제공받을 수 있으며, 인간은 이를 통해 관광상품을 판매할 수 있다.

③ 호주는 호주 내 주 관광청들 간의 협업을 통해 호주 관광상품정보 통합 디렉토리 'ATDW The Australiian Tourism Data Warehouse'를 구축하였다. ATDW를 통해 호주 관광정보를 하나의 데이터베이스로 통합함으로써 관련기관은 따로 데이터베이스를 관리하지 않아도 되며, 여행사 및 관련기관은 추가적인 비용소모 없이 통합된 형식의 정보를 제공할 수 있다.

(2) 민간지원을 위한 예약 플랫폼 구축

① 프랑스는 'Gite de France'를 구축하여 예약 플랫폼을 제공할 수 있다. 'Gite de France'는 시골마을에 있는 농가를 관광객들에게 빌려주는 프랑스의 대표적인 민박 네트워크로서, 민박 시설에 대한 심사 및 품질관리, 교육서비스 등을 지원하고 있다.

② 노르웨이는 정부소유기업인 'Innovation Norway'의 'Visit Norway'를 통해 숙박, 항공, 자동차 렌트 등의 모든 예약을 인터베이스에서 제공하고 있다.

(3) 표준화를 위한 플랫폼 구축

① 스위스는 관광 웹사이트 통일성을 구축하기 위한 플랫폼을 개발하여 해외

지사들이 스위스 본사의 관광정보를 바탕으로 해당국가에 맞는 현지화 전략을 구사하였다.

② 싱가포르는 관광 콘텐츠 관리체계를 표준화해 관광 콘텐츠, 편집, 공유 등을 원활하게 하고 있으며, 필요시 즉각적인 출판, 온라인 배포가 가능한 체계를 구축하였다.

2) 관광 콘텐츠

(1) 관광 콘텐츠 수집 및 개발을 통한 공유

① 영국은 문화, 예술, 관광과 ICT 기술의 결합을 통해 다양한 콘텐츠를 개발하고 있다. 영국은 해리포터의 작가인 조앤, K. 롤링Joan, K. Rowling의 거주지역, 해리포터 소설의 배경지, 영화촬영지 등의 관광명소를 활용하여 관광 콘텐츠를 발굴하고, SW개발 등의 ICT 기술을 지원하고 있다.

② 싱가포르는 '한계가 있는 관광'의 일환으로 교육, 의료 서비스를 관광에 결합하여 국내·외 장애인과 고령자들을 대상으로 한 관광정보를 제공하고 있다.

③ 일본은 관광명소와 관광코스 개발을 위해 빅데이터 구축을 추진하고 있다.

(2) 인증제를 통한 콘텐츠 개발 및 제공

① 프랑스는 '장애인 이용이 가능한 관광시설 인증제' 추진을 통해 숙박시설이나 박물관, 유적지 등의 관광관련 분야 4,000여개 기관, 업체에 인증표시를 제공하고 있다.

② 독일 트레킹 협회는 1,300여개의 숙박시설에 '추천시설' 마크를 부여하고 호텔 공동포털을 통해 관련정보를 제공하고 있다.

(3) 모바일 앱 개발을 통하여 관광객에게 스마트 관광 서비스제공

① 주요 해외 10개국은 모바일 앱과 웹기반 앱개발을 통해 관광객에게 스마트 관광 서비스를 제공하고 있다. 모두 29개의 모바일 관광서비스모바일 웹 3개 포함를 제공하고 있으며, 스위스가 12개로 가장 많다.

표 10-2   주요 해외 국가의 관광플랫폼 및 콘텐츠 현황

국가	정보 서비스	지원체계
프랑스	플랫폼	공공과 민간, 다양한 전문가들을 위한 협업지원 플랫폼 구현, 시골마을에 있는 농가를 활용한 예약 플랫폼 제공
	콘텐츠	장애인 이용 가능한 관광시설 인증제, 숙박시설 인증제를 통한 콘텐츠 개발, 현지인 의견 수렴을 통한 콘텐츠 수집, 모바일 앱 개발
독일	플랫폼	현지인 의견 수렴을 위한 플랫폼 구축
	콘텐츠	숙박시설 인증제를 통한 콘텐츠 개발(독일 트레킹 협회) 모바일 앱 개발
노르웨이	플랫폼	모든 예약을 단일 인터페이스에서 제공하는 플랫폼 구축
	콘텐츠	모바일 앱 개발
스위스	플랫폼	해외지사별 웹사이트의 통일성 구축을 위한 플랫폼 구축
	콘텐츠	모바일 앱 개발
영국	플랫폼	관광관련 주체의 협력체계 구축을 위한 플랫폼 도입
	콘텐츠	문화, 예술, 관광과 ICT의 결합을 통한 다양한 콘텐츠 개발, 모바일 앱 개발
호주	플랫폼	호주 관광상품 정보 통합 디렉토리 서비스인 ATDW 구축
	콘텐츠	'꿈의 직업'추진을 통한 관광 콘텐츠 개발, 모바일 앱 개발
미국	플랫폼	미국의 박람회 참가기관과 해외 바이어간의 거래 편의를 위한 플랫폼 구축
	콘텐츠	포스웨어 모바일 앱을 통한 플랫폼 개발
싱가포르	플랫폼	지역/국가에 따른 표준화된 웹 콘텐츠 제공을 위한 플랫폼 도입
	콘텐츠	교육, 의료서비스와 관광의 결합을 통한 콘텐츠 개발, 모바일 앱 개발
홍콩	플랫폼	-
	콘텐츠	모바일 앱 개발
일본	플랫폼	-
	콘텐츠	관광명소와 코스개발을 위한 빅데이터 구축, 모바일 앱 개발

자료: 최자은(2013). 스마트 관광의 추진현황 및 향후과제, 한국문화관광연구원

2 수요자 측면에서의 스마트 관광

주요 해외 10개국의 대부분은 관광 전前 단계와 관광 중中 단계의 정보를 제공하고 있으며, 관광 후後 단계적인 정보를 제공하는 국가는 프랑스, 스위스, 미국, 홍콩 이다.

1) 관광 전(前) 단계

(1) 모바일 서비스 현황

관광 전前 단계에서 관광객들의 정보탐색은 구매전, 계획 정보탐색의 형식으로 이루어지며, 관련 정보 서비스 기능에는 관광정보 검색, 언어지원, 온라인예약, 가격비교, 엔터테인먼트 등이 있다.

관광정보 기능검색 기능에서 제공되는 정보는 주로 관광지역별 여행정보나 추천정보 풍경이나 음식, 이벤트나 축제 정보들이 대부분을 차지하고 있다.

노르웨이의 'Visit Norway'와 스위스의 '스위스 여행가이드', 싱가포르의 'Your Singapore Guide'는 온라인 예약 기능과 함께 가격비교 기능을 관광객에게 제공해 주고 있다.

2) 관광 중(中) 단계

(1) 모바일 앱 제공 서비스 현황

관광 중 단계의 정보 서비스를 제공하는 모바일 앱은 모두 28개 이며, 모두 관광 전 단계와 동일하에 관광정보 검색, 언어지원, 엔터테인먼트, 상황인식, 길 찾기 기능 등이 제공되고 있다.

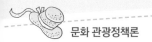

대부분의 모바일 앱 들이 위치기반 서비스를 활용하여 관광객이 희망하는 지역의 위치를 표시하고 관광객의 현재 위치를 바탕으로 해당 목적지까지 가는 길찾기 기능을 제공하고 있다. 또한 주변정보 제공 및 증강현실 서비스, 실시간 날씨 서비스 등 주변 정보의 실시간 정보를 제공하는 상황인식 기능을 모바일에서 제공하고 있다.

3) 관광 후(後) 단계

(1) 모바일 앱 제공 서비스 현황

관광 중 단계의 정보 서비스를 제공하는 모바일 앱에서는 관광객들의 정보탐색은 주로 관광 후 행동에 따른 정보탐색의 형식으로 이루어지고 있다.

관광 후 단계의 쌍방향 공유기능은 관광 후 친구나 모바일 앱 가입자들 간의 정보를 공유하는 것에 목적이 있다. 또한 관광 후 단계에서 쌍방향 공유기능은 관광객의 경험을 구전 커뮤니케이션의 용도로 활용할 수 있다.

(2) 해외 관광객을 위한 스토리텔링 서비스 및 관광 편의성제공

① 일본의 경우 스토리텔링 기반 동영상 관광 콘텐츠 제공 등 젊은 개별관광객을 집중 공략하고 있다.

② 몽골은 개별관광객 일정에 맞는 추천정보, 여행시간표 자동생성 및 SNS 연동기능 제공으로 관광객 만족도 및 홍보효과를 극대화하고 있다.

(3) 국내 관광 활성화를 위한 스마트기술의 활용과 서비스 적극개발

① 영국은 런던 관광 활성화를 위해 쇼핑, 관광, 관광지 등의 정보 및 숙박예약 등을 인터넷과 모바일을 통해 원스톱 서비스를 지원하고 있다.

② 싱가포르는 스마트 폰 기반 관광서비스인 'City Advantage' 서비스 제공은 소매업 정보와 할인 그리고 혜택정보 제공으로 관광지 주변 상권을 육성하는 데 도움이 되고 있다.

(4) 스마트 관광 신규 비즈니스 및 글로벌 기업의 출현

mtrip, World Travel Guides, Lonely Planet 등 전 세계 관광 콘텐츠를 담아 글로벌 정보서비스 체계를 선정하고 있다 _{Lonely Planet 서울 관광앱 약 7,000원에 판매}.

① 뉴욕 방문 관광객 활용 가능 앱 1,000여개로 서울의 10배에 달함.

② 사용자 중심의 소셜 네트워크 서비스를 통한 콘텐츠 축적 및 활용.

③ SNS기반의 여행사이트 Trip Advisor, 28개국 언어로 관광관련 정보제공.

④ Facebook, Twitter 등 SNS 활용하여 여행경험에 대한 정보공유의 활성화.

(5) 공공부문의 관광정보 인프라 정비와 개방정책으로 민간 활용 촉진

① 뉴욕시, 워싱턴 D.C. 등 공공정보의 적극적 공개를 통해 민간의 관광 어플리케이션 개발을 지원하고 있다.

② 루브르 박물관, 작품에 대한 정보를 스토리텔링 기반의 원천 콘텐츠 가이드 북 형태로 민간에 무상공개하고 있다.

세계의 대부분 국가들은 외래관광객을 유치하기 위한 매력적인 관광 콘텐츠 확충 및 편리한 한국관광의 스마트한 서비스 개발이 절실히 필요한 상황이다. 또한 국내 관광객을 위한 체험형 서비스 및 지역 균형 발전을 위한 스마트 관광 서비스의 제공이 필요하다.

 토의 내용

1. 스마트 관광에 대해 토의해 보세요.

2. 스마트 관광환경조성에 대해 토의해 보세요.

3. 스마트 관광 콘텐츠 개발과 투자에 대해 토의해 보세요.

4. 국외 주요국가의 스마트 관광사례를 공급자와 수요자 측면에서 토의해 보세요.

5. 한국과 관광선진국가의 스마트 관광정책에 대해 토의해 보세요.

6. 한국이 스마트 관광선진국이 되기 위한 관광정책방향에 대해 토의해 보세요.

문화 관광정책론

Chapter 11

DMZ 평화관광정책

제1절   DMZ 관광의 개념

　1 DMZ 관광

　2 DMZ 관광의 중요성

　3 DMZ 관광개발 계획

제2절   DMZ 관광정책 방향

　1 DMZ 관광특구 정책 방안

　2 DMZ 관광 활성화 정책 방안

　3 DMZ 관광의 장·단기 정책 제안

제3절   DMZ 관광개발 및 육성방향

　1 갈등에서 평화의 상징인 DMZ

　2 DMZ 평화개발의 실질적 효과

　3 DMZ 개발 방향성

제4절   DMZ 관광 프로그램 제안

　1 안보관광

　2 생태관광

　3 역사관광

　4 문화·레저 관광

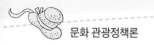

제1절 DMZ 관광의 개념

1 DMZ 관광

우리나라의 비무장지대DMZ는 총 992Km², 폭 4Km, 중간인 2Km 지점은 군사분계선이고, 남쪽으로 2Km떨어진 선이 북방한계선으로 남방한계선과 북방한계선 사이에 있는 지역이 한반도의 비무장지대이다.

관광 목적지로서 DMZ지역은 남북한 당사자 외 주변국 간의 이해관계가 복잡하게 얽혀 있는 전 세계 유일의 분단체험 지역이다. 또한 70여 년간 인위적인 출입통제가 만들어 낸 특별한 생태환경과 선사시대 이전부터 근대까지 풍부한 유산과 역사문화유적 그리고 스토리를 갖고 있는 장소이다.

DMZ 접경지역은 안보, 역사문화, 스포츠 등 다양한 자원을 보유하고 있다. 또한 DMZ는 천혜의 자연경관과 희귀 동·식물 및 어류가 서식하고 조류가 도래하는 자연 생태계의 보고라 칭할 수 있으며, 유일한 냉전의 흔적과 남북분단의 비극을 보여주는 안보 및 역사교육의 장으로도 그 가치가 크다.

DMZ관광은 DMZ와 관련된 유·무형의 관광자원을 포함하는 개념이다. DMZ는 지구상에서 유일하게 냉전의 흔적을 찾아볼 수 있는 곳으로 오랫동안 민간인통제 및 한국전쟁의 상징적인 요소 등으로 인해 관광자원과 전쟁의 비극을 느낄수 있는 안보 및 역사교육 측면에서 가치가 높다. 한국의 DMZ는 전쟁, 평화 그리고 분단·통일의 상징성뿐만 아니라 개발과 보존의 잠재성을 가진 천혜의 자원으로 DMZ는 지구상의 가장 위대한 환경과 관광의 관점에서 재조명 되어야 한다.

DMZ는 독특한 자연생태, 역사문화, 레저 등의 특성과 이를 활용한 관광자원개발 및 가능성이 매우 높은 관광 목적지이다. 2000년 남북 정상회담 이후 DMZ 접경지역 지자체에서는 관광객 유치를 위한 투자, 관광코스개발 등 다양한 노력을 기울이고 있다. DMZ는 기존 안보 관광자원과 천혜의 생태자원, 유일무이한 역사문화 등을 통해 세계적인 관광 목적지로서의 발전가능성이 매우 높다.

2 DMZ 관광의 중요성

비무장지대는 분단 이후 70여 년간 민간인의 접근이 통제·제한되었기 때문에 세계 어느 곳에서도 볼 수 없는 독특한 자연 생태계를 형성하고 있다.

민통선 내에는 국립공원과 비교해도 손색없는 관광자원을 비롯해 인문관광자원, 안보관광자원 등 다양한 관광자원을 보유하고 있다.

DMZ관광은 대중적이고 개방적이며 자유스러운 즐거움을 요구하고 있으므로, 안보적 속성인 비밀성, 통제성에 의해 조성된 유·무형의 문화, 사회, 생태자원을 관광상품화하여 관광객의 관광욕구를 충족시킬 수 있어야 한다.

3 DMZ 관광개발 계획

환경부에서는 DMZ관련분야에서 DMZ일원을 한반도의 동서생태 축으로 보존, 관리하기 위해 남북공동사업으로 비무장지대를 UNESCO 생물보전지역 지정을 추진하고 있으며, 비무장지대 일원에 환경 친화적인 평화도시 건설을 제시하고 있다.

행정안전부에서는 DMZ를 세계적인 '생태·평화벨트'조성사업에서 비무장지대 주변의 일정지역을 하나의 초 광역권으로 설정하고 생태자원의 우수성과 DMZ가 가지고 있는 평화의 상징성, 접근성, 생태·평화·경제적 잠재력을 활용한 DMZ일원을 세계적인 생태·평화의 상징적인 공간으로 육성하기로 결정했다.

향후 마련되는 종합계획은 다음과 같다.

첫째, DMZ 생태관광 벨트의 육성이다. DMZ에 존재하는 희귀생태자원과 문화유산을 세계 공동자산으로 활용하기 위해 DMZ일원을 '생물권 보전지역'과 '지오파크'로 지정하는 방안으로 추진하고 있으며, DMZ 대부분을 보전중심인 핵심지역으로 지정하여 경관가치를 제고하고 생태관광 프로그램 개발, 지역소득 창출에도 기여할 수 있도록 추진한다.

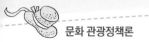
둘째, 세계 평화협력과 상징공간의 조성이다. DMZ를 국제사회가 참여하는 평화 상징공간을 중장기적으로 조성할 계획이다.

셋째, 동서-남북 간 교통 인프라를 구축하는 것이다.

넷째, 남북 간 교류협력지구를 조성하여 저탄소 녹색성장 지역을 조성할 계획이다.

제2절 DMZ 관광정책 방향

관광산업은 평화산업이며 관광교류는 국가 간 자유왕래를 통하여 적대감을 해소하고 상호이익증진과 신뢰구축에 가장 효과적인 수단이다.

관광상품의 홍보 및 판매, 관광 인력 양성, 관광인프라 투자 등 제반분야에서 남북한이 공동사업 및 분업을 효과적으로 전개하며, 남북한 모두가 만족할 수 있는 공동이익사업으로서 성공적으로 전개될 수 있도록 체계적 기획을 강구해야 한다.

1 DMZ 관광특구 정책 방안

DMZ는 한반도뿐만 아니라 세계적으로 유례가 없는 생명의 공간이자 역사의 공간이므로 접경지역과 DMZ개발에 대한 심도 있는 분석과 함께 정책이 수립되고 집행되어야 한다.

1) 관광특구 활성화를 위한 법적·제도적 개선

관광특구 활성화를 위한 가장 시급한 과제로 법적·제도적 개선이다.

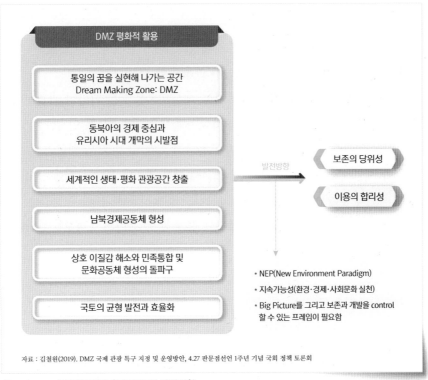

자료 : 김철원(2019). DMZ 국제 관광 특구 지정 및 운영방안, 4.27 판문점선언 1주년 기념 국회 정책 토론회

🔺 그림 11-1   DMZ 평화적 활용의의 및 발전방향

첫째, 해당 관광특구지역에 대한 출입국 절차를 완화 또는 간소화해야 한다. 관광특구에 대해서는 외래 관광객이 입국사증VISA없이 출입할 수 있도록 허용하고, 세관검사의 면제 또는 완화하여 출입국 및 통관절차를 간소화하는 것이다.

둘째, 외래관광객의 수송방법에 관한 사항이다. 해당 관광특구와 주변국한국·중국·일본 등 간의 항로개설, 관광객 수송을 위해 선박 및 항공기의 국적과 종류, 규모 등을 자세하게 명시해야 한다.

셋째, 휴대물품의 범위에 관한 사항이다. 휴대물품의 반·출입 범위를 구체적으로 명시하고 반·출입이 허용된 휴대물품에 대해서는 비과세하는 것이 바람직하다.

넷째, 관광객의 신변안전 보장에 관한 규정이 되어야 한다. 북한을 방문·출입하는 외래관광객의 신변안전 문제는 최우선적으로 다루어져야 한다.

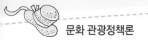

2) 해외연계 수송망 구축

북한의 관광특구를 통해 관광산업을 활성화시키기 위해서는 교통 및 운송 인프라를 정비·확충하는 것이 제일 시급한 과제라 할 수 있다.

북한의 추가적인 공항건설 및 항로개설, 해상운송을 위한 다양한 관광형태가 존재한다. 북한의 주요 운송수단중의 하나인 철도는 지리적으로 인접한 중국 및 러시아와 철도망이 연결되고 있다. 이를 통하여 여객 및 수출·입 화물을 수송하는 것이 가능하다. 북한의 노후화 된 노선에 대한 정비와 보수를 시행하여 전철화 및 복선화 등을 통해 효율성을 제고시키는 것이 시급한 과제이다.

금강산 관광의 육로개통을 하여 금강산 및 원산 등 북한의 동해연안 관광지에 대한 접근성을 강구해야 한다.

3) 관광상품의 공동개발

남북관광지 공동개발은 그 기본형태가 북한에서 개발대상지인 토지 및 개발에 필요한 노동력과 기초물자를 제공하고 한국은 자본과 기술을 제공하는 형태가 되는 것이다.

공동상품 개발의 유형에는 다음과 같다.

첫째, 지역여건에 부합하는 개발형이다. 북한지역의 낙후된 경제를 발전시키는 대안 중에서 가장 저렴한 비용을 투자하고, 최대한의 주민소득과 지역사회를 부강시킬 수 있는 관광개발은 북한의 백두산, 묘향산, 칠보산, 구월산 등의 명사지역에 자연관광상품을 개발하는 것이다.

둘째, 국토의 균형적 관리 측면에서의 개발로 통일시 현재의 북한 상황을 고려하여 국토의 균형적 관리측면으로, 시간·자본·노력을 최소화하여 개발을 해야 한다.

셋째, 남북 간 지역개발 수준의 차이극복을 위한 남북교류적 측면의 개발이다. 한국은 개발가능한 관광지가 필요하고 북한은 기술과 자본을 필요로 하고 있다.

넷째, 남북한 문화의 이질성 극복을 위한 관광개발이다. 남북의 전통 민속놀이

를 무용창작이나 음악창작에 접목시켜 예술로 승화·발전시킴으로써 무형의 관광상품화를 유도하는 것이다.

　다섯째, 북한지역 관광수용태세 정비형 개발이다. 관광수용태세는 관광의 기반시설과 숙박·위로시설로 구분된다. 관광기반시설과 숙박시설은 북한지역에 엄청난 고용창출 효과와 북한지역의 부가가치 증대에 기여하게 될 것이다.

　향후 DMZ 평화적 활용의의 및 발전방향은

- 통일의 꿈을 실현해 가는 공간
- 동북아의 경제중심과 유럽과 아시아시대 개막의 시발점
- 남북경제 공동체 형성
- 국토의 균형 발전과 효율화
- 상호이질감 해소와 민족통합 및 문화공동체 형성의 돌파구
- 세계적인 생태·평화관광 공간창출로 정립되어야 한다.

　무엇보다 '보존의 당위성'과 '이용의 합리성'의 철학이 담긴 NEPNew Environmental Paradigm가 적용되어 지속가능성환경, 경제, 사회문화을 실천하고 한반도 미래의 큰 그림을 그리면서 보존과 개발을 통제할 수 있는 프레임을 만들어야 한다.

2 DMZ 관광 활성화 정책방안

　DMZ 관광정책의 목적은 DMZ자원을 보전하면서 효율적으로 활용하여 세계적인 관광 목적지로 조성하는 것으로 국내·외 관광객 유치를 통하여 우리나라를 관광대국으로 발돋움시키기 위한 지렛대 역할을 할 수 있도록 해야 한다. 이를 위해서는 DMZ의 관광자원 현황과 잠재력, 여행사의 관광상품화 분석, 주민의식 및 관광객 행태분석을 종합하여 도출한 DMZ관광 활성화 정책방안은 다음과 같다.

첫째, 안보·전적지를 중시하던 편협한 안보관광 개념에서 세계유산의 가치를 지닌 DMZ자원을 적극 활용하여 DMZ의 세계적 명소화를 해야 한다. 이를 위하여 DMZ의 세계문화유산 등록, DMZ 내 유엔 환경기구 유치, 남북공동 생태계 및 문화유적 DB구축 등을 통해 세계적인 관심과 홍보를 유도할 수 있는 정책을 펼쳐야 한다.

둘째, DMZ의 지속가능한 관광개발을 위하여 대량관광이 아닌 전문적인 관광상품화가 필요하다. 개별 관광객FIT을 유치하여 환경오염을 최소화하고, 소규모그룹을 위한 DMZ전문 프로그램 개발을 위한 지원과 정책이 필요하다.

셋째, 지역밀착형 DMZ 체험관광을 육성 해야 한다. 지역주민 소득과 연계될 수 있는 다양한 주민참여 체험 프로그램 개발을 위한 주민교육과 지역 관광을 연계한 체류형 프로그램을 주민과 행정협력을 통해 적극적으로 개발해야 한다.

넷째, 외래관광객이 편리하게 관광할 수 있는 기초 편의시설 확충과 통역안내원 배치로 언어소통 원활, DMZ특화 음식점 및 숙박시설 확충 등이 필요하다. DMZ 관광을 시작하는 지역이나 중심 도시에 방문센터를 설치하여 국내·외 관광객들이 DMZ관련 모든 정보를 제공할 수 있어야 한다. 또한 DMZ 어플리케이션 앱을 활용하여 관광지 안내지도와 음식, 숙박 등을 제공할 수 있어야 한다.

다섯째, DMZ관광상품개발 및 홍보마케팅을 차별화해야 한다. 개별 여행객과 단체여행객은 선호하는 상품이 상이하고 지역별로 제공할 수 있는 관광자원이 다양함으로 이를 반영하여 관광객을 유치할 수 있는 차별화된 상품개발과 홍보마케팅 전략을 세워야 한다. 따라서 DMZ 홍보마케팅을 적극적으로 추진해야 하고, 다양한 관광상품과 프로그램 개발을 할 수 있는 정책제안이 필요하다.

3 DMZ 관광의 장·단기 정책 제안

1) DMZ관광의 단기 정책

(1) 국가적 정책차원

첫째, DMZ의 세계유산 지정을 위한 범정부적 협의체 구성이 필요하다. 이 협

의체에는 문화체육관광부, 환경부, 통일부 등을 포함하여 한국관광공사, 강원도, 경기도, 인천시 등 DMZ와 접경지역의 이해관계에 있는 단체들이 포함되도록 해야 한다. DMZ의 어느 지역까지를 세계유산으로 지정할 것인지에 대한 검토와 합의가 필요하다.

둘째, DMZ 관광을 보는 시각의 전환이 필요하다. 즉, DMZ는 지금까지 평화와 생태관광 측면만이 강조되어 왔으나, 남북협력을 위한 중요한 거점 관광지역으로 바라보아야 한다. 따라서 남북이 공동으로 관련 관광자원 발굴과 개발을 통하여 경제적 혜택을 공유해야 한다.

셋째, DMZ 관광 활성화를 위해서는 무엇보다도 관광으로 인한 지역소득 증대효과를 동시에 거두어야 하는 바, 지역 내 주민이나 관광관련 업체가 DMZ관광에 적극 참여할 수 있는 국가적 차원의 경제적 지원이 필요하다. 특히 접경지역의 주민이나 관광관련 업체는 영세하기 때문에 이들에게 세제지원 및 다양한 혜택을 부여해야만 지역 경제 활성화에 기여할 수 있다.

(2) 도·군 정책차원

첫째, 정부에서 추진 중인 6개 광역 관광개발 계획의 최종 마무리 단계인 DMZ 접경지역 평화관광벨트 조성에 대한 개발계획을 착수해야 한다.

둘째, 기존 안보관광지의 수요에 적합한 맞춤형 리모델링 사업이 필요하다. 이를 추진하기 위해서 도 차원에서 DMZ 관광자문 연구회 구성을 설립해야 한다. 연구회의 기능은 기존 안보관광지를 근간으로 한 DMZ 전문 관광상품개발, 지속적인 자원발굴과 스토리 만들기 등 DMZ 관광전문 해설사 육성을 위한 교육기능도 해야 한다.

셋째, 지역밀착형 DMZ 체험관광 프로그램 개발을 위해 군 차원에서는 접경지역 5개 군 연합으로 DMZ 관광 진흥협의회를 구성할 필요가 있다. 이 협의회에서는 각 지역에 적합한 관광객 타겟별로 DMZ 관광체험 프로그램을 개발하여 과학적인 홍보·마케팅을 해야 한다. 따라서 지방자치단체, 지역주민, NGO, 지역 관광관련 업체 등 이해당사자들의 참여가 이루어져야 한다.

2) DMZ 관광의 중·장기 정책

(1) 국가적 정책차원

첫째, DMZ 관광을 글로벌 차원에서 진흥시키기 위해 유엔환경기구 유치 등을 위해 국제적인 파트너십 프로그램 개발이 필요하다. 이러한 프로그램이 운영되면 유엔환경기구 유치에도 도움이 될 것이며, 세계유산 지정 못지않은 DMZ의 국제적 홍보효과도 클 것이다.

둘째, 남북협력 사업으로 구축된 DMZ 관광자원 DB를 근간으로 하여 남북 공동 DMZ관광을 적극적으로 추진할 필요가 있다. 즉 국가적 차원에서 남북이 함께 협력하여 금강산관광보다도 훨씬 가치가 높은 세계적인 명소로 발전시키기 위한 방안이 모색되어야 한다.

셋째, 금강산관광에 대응한 DMZ관광의 중심도시 육성이 필요하다. 이는 통일관광 특구의 조기 조성을 통해 중·장기적 관점에서 추진해야 한다.

(2) 도·군 정책차원

첫째, 강원도와 5개 군인제군, 양구군, 고성군, 화천군, 철원군은 앞으로 추진될 중앙정부의 DMZ 접경지역 평화관광벨트 조성계획에 기존 DMZ 및 접경지역의 관광개발 계획이 연계되어 보다 효과적이고 체계적인 DMZ 관광개발이 이루어질 수 있도록 적극적으로 참여해야 한다.

둘째, 도 차원에서 DMZ 관광에 대한 주민 교육과 자원봉사 활동 강화가 필요하다. 즉, DMZ 전문 관광안내시설이나 생태관찰시설 등이 조성되면 이를 운영하기 위해 전문 해설사 외에도 주민의 역할이 필요하기 때문이다. 특히 도 차원의 관광가이드 자격증제도 등을 도입하여 주민들이 DMZ 관광에 참여할 수 있는 기회를 제공해야 한다.

셋째, 군 차원에서 주민들이나 지역 관광관련 업체들이 DMZ 특화 음식점 및 숙박시설을 조성할 경우, 경제적 지원을 할 수 있는 제도 마련이 필요하다.

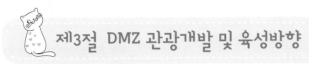

제3절 DMZ 관광개발 및 육성방향

관광개발은 자연적 조건과 인위적 조건이 잘 조화되는 지역에 관광시장을 갖게 되는데, 이러한 시장성을 갖게 하는 관광사업을 적극 진흥시키는 일이 중요하다.

1 갈등에서 평화의 상징인 DMZ

6.25 한국전쟁으로 폐허와 훼손된 DMZ 환경자원들이 자연적 전이과정을 거쳐 세계유일의 생태경관을 형성하여 자연친화적이면서 세계에서 유일한 환경의 보고로 세계가 인정하고 있다.

비무장지대를 평화적 교류협력의 장소로 활용하여 남북한뿐만 아니라, 세계적인 인적·물적 자원의 교류의 장으로 조성한다면 군사적 긴장관계는 완화되고 남북한 상호신뢰도 구축할 수 있다.

비무장지대는 우리 민족의 아픔이었으나 앞으로는 한민족의 동질성을 회복시켜 주는 역할을 담당할 수 있다.

2 DMZ 평화개발의 실질적 효과

DMZ 평화개발의 실질적 효과를 비무장지대는 정전협정에 의해 출입이 제한되는 지역으로 그동안 정책적 필요성에 의해 이용방안에 대해 검토된 적이 있었다.

따라서 정책적인 기대효과로는,

첫째, 현 정부의 100대 국정과제인 '비무장지대의 평화적 이용'에 대한 정책적 대안들을 제시함으로써 대북한 관련 정부의 국정과제 실천력을 제고할 수 있다.

둘째, 비무장지대의 희귀동식물 및 식생, 습지 등의 생태환경 관련 자료 축적

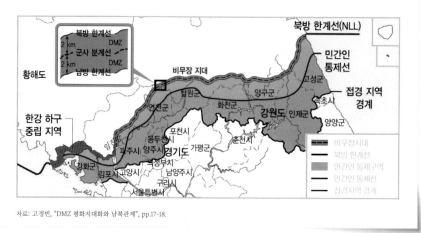

자료: 고경빈, "DMZ 평화지대화와 남북관계", pp.17-18.

⬆ 그림 11-2   한반도 DMZ 비무장지대 경계도

으로 세계적으로 다양한 생물종의 메카로 육성할 수 있다.

　셋째, 남북한 군사대치가 첨예한 비무장지대에 UN평화대학이나 환경기구 등을 유치하여 세계 평화의 상징적인 공간으로 육성할 수 있다.

　넷째, 비무장지대 내 궁예도성, 6.25전쟁 당시의 최대 전적지 등 역사·안보 유적지를 복원하여 후대에 역사교육의 장소로 활용할 수 있다.

3 DMZ 개발 방향성

　한반도 비무장지대의 개발을 위한 방안과 경제적 이용측면으로는 비무장지대 내 평화도시를 건설하여 대한민국과 북한의 경제적 협력에 기여함으로써, 한반도의 산업경제 발전에 크게 기여할 수 있을 것이다. 대표적으로 경제특구, 관광특구, 환경공단, 첨단연구시설 등을 건설함으로써 한반도의 경제력을 강화시켜 경제발전의 핵심으로 성장하는 것을 기대할 수 있다.

1) 평화적 개발

　비무장지대 내에 통일된 남북한 실험을 위한 통일마을을 건설하여 제3의 한

반도 정치체제 아래 통일을 위한 새로운 지평을 열어야 한다는 견해가 있다. 또한 비무장지대를 동아시아지역의 협력체제 구성에 중심적 거점으로 개발하고 동북아 지역이 안정을 도모하여 정치, 경제, 산업, 문화로의 확대발전에도 기여할 수 있다.

비무장지대의 평화적 이용은 북한의 존재가 요구되는 것이며, 거기에는 반드시 북한에게 이익이 되는 점이 있어야 한다.

2) 접경지역 관광자원 개발

비무장지대에 평화개발이 가능한 접경지역과 보전이 필요한 접경지역에 대한 설정이 이루어져야 한다. 따라서 그에 적합한 특성과 기호에 부합된 지역적 개발로 강도와 보전강도를 구분하여 자연환경을 훼손하는데 예방하여 친환경적인 계획과 추진 및 개발을 유도해야 한다. 또한 관광매력에 대해 직접적 효과의 극대화 차원의 비무장지대 민간인 통제선 접경지역과 인근지역에 관광자원 연계성 강화 및 접경지역별 자원의 수시적 보완을 제고해야 한다.

 제4절 DMZ 관광 프로그램 제안

DMZ에 가치 있는 관광자원으로는 안보관광, 생태환경, 역사관광, 문화·레저 관광 등의 자원으로 볼 수 있다.

1 안보관광

DMZ는 동서냉전과 남북대치 상황속에서 국가안보 측면에서 매우 중요한 장

소로 평가되었다. DMZ는 군사분계선을 중심으로 남북이 대치하고 있는 현실적인 분단의 현장과 동시에 긴장된 상황에서 독특한 분위기와 매력요인_{스릴, 호기심,} _{자유의 소중함, 즐거움 등}을 체험할 수 있는 장소이기 때문에 안보관광 목적지로서 가치가 높게 평가된다.

국방부는 안보관광지인 6·25전적지와 민간인 통제선 일대, 연평해전지 등의 전적 관광자원이 있는 곳에 미래 세대들이 역사_{안보}의식을 함양하는 장으로 이용하고자 조성한 관광지라고 정의하였다.

안보와 관광은 상호 이질적인 특성을 가지고 있으며 안보가 폐쇄적이고 통제적인 성격을 갖는 반면 관광은 개방적이고 충족시키는 수단으로써 상대영역을 이용할 수 있는 기능성을 가지고 있다.

안보영역은 집단구성원의 안보의식을 강화시키기 위한 수단으로서 관광적 속성인 자발성, 대중성, 대량성을 이용할 수 있으며, 관광영역은 안보적 속성인 비밀성, 통제성에 의해 조성된 관광미숙도가 높은 유·무형의 자원을 안보영역으로부터 제공받아 관광욕구를 충족시킬 수 있다.

안보관광은 안보영역의 목적인 안보의식을 강화시키고 관광영역의 목적인 관광객의 관광욕구를 충족시킬 수 있는 안보영역 내의 유·무형의 모든 자원을 관광상품화 한 것으로 관광객에게 안보상황에 대한 이해와 정신결속의 기회를 제공한다. 동시에 통제된 상황 하의 특수자원에 대한 탐방을 통하여 관광객에게 즐거움을 충족시키는 것이다.

안보관광자원이란 안보영역의 목적인 안보의식을 강화시키고 관광영역의 목적인 관광객의 관광욕구를 자원 활용과 관광관련 기능인 기반시설, 편의시설을 설치하여 관광행동을 실현시키는 일련의 과정이다.

DMZ 안보관광은 6.25참전용사들의 자긍심을 높이고 오늘날 청소년들에게 올바른 역사인식과 안보의식을 심어줄 수 있는 역사교훈 관광으로서 의미가 있다.

이러한 배경에서 정부차원의 관광상품개발이 활발히 진행되어 왔으며, 파주시, 철원군 등 지자체에서 안보관광상품을 운영하고 있다. 향후 이 지역이 남북교류와 통일에 대비한 평화지대로서 의미를 지닐 수 있도록 '한반도 생태평화 벨트 조성'사업을 추진하고 있다.

DMZ는 DMZ만의 독특성을 가진 관광상품으로서 의의가 높다. 안보전적지 관광자원은 한국전쟁 당시 만들어진 유물 임진강 자유의 다리, 경의선 기차, 장단면 사무소 등 과 흔적 그리고 전쟁이후 만들어진 상징물 등이 있다.

DMZ내 안보관광자원 인근에는 다양한 역사유적지와 생태체험 명소들이 있어 안보관광과 함께 생태관광, 역사관광이 가능하다.

2 생태관광

국제 관광기구인 ASTA는 생태관광을 'Eco tourism'이라는 용어를 공식적으로 사용하였으며, 생태관광의 목적을 '환경과 조화하는 여행' 즉, 자연과 환경을 파괴하지 않으면서 자연과 문화를 이용하고 즐기는 것을 목적으로 한다고 명시하였다.

환경부에 의하면, DMZ 일원에는 106종의 멸종위기 생물을 포함해 5,097종의 생물종이 서식하고 있다. 이는 대한민국 전체면적 중 약 1.6%에 해당하는 DMZ 일대에서 서식하고 있는 생물종이 대한민국 전 국토에서 서식하고 있는 멸종위기 종 43%, 전체 생물종의 13%에 해당되는 수치이다.

세계적인 희귀종으로 분류되어 국제적인 보호와 관심을 받고 있는 두루미는 세계의 약20%, 재두루미는 약 50%, 저어새는 약 90% 정도의 서식처를 DMZ 일원에서 제공하고 있어, 이곳을 생태계의 보고라 할 수 있다.

생태관광은 개인의 관광동기를 충족시키면서도 대상지의 자연환경은 물론 지역사회의 문화와 생활을 존중하면서 관광이 이루어져야 한다.

생태관광의 특징은 다음과 같다.

첫째, 생태관광은 자연에 바탕을 둔 관광이다. 생태관광은 속성상 자연에 의존하여 자연과 불가분의 관계를 가지는 것으로 생태 관광의 근본인 자연보호와 보전을 최우선으로 하고 있다.

둘째, 생태관광은 소극적 관광으로 자연의 재생, 회복기능을 무시하는 적극적

개발이 용인되지 않는 관광으로 최소한의 피해와 훼손만이 용인된다.

셋째, 생태관광은 교육적 관광으로 자연현장을 직접 찾아가서 체험하고 학술적, 교육적, 문화적 내용이 강조되는 관광으로 경제적, 시간적 여유가 있고 문화적 수준이 높은 층에서 주로 이용한다.

넷째, 생태관광은 사파리 형태의 관광으로 자연 속에서 새로운 것을 찾는 모험여행이다.

다섯째, 생태관광은 특별한 소재를 내용으로 하는 관광으로서 희귀한 관광상품을 대상으로 하기 때문에 차별성이 강조되어 전문분야로 자리 잡고 있다.

여섯째, 생태관광은 자연자원과 인문자원을 결합하여 지역사회에 기여할 수 있는 관광으로 자연자원에 바탕을 두고 있으며, 관광은 그 지역 고유의 문화유산, 생활 방식과 잘 조화를 이룰 수 있다. 즉, 지역사회의 전통문화와 자연자원이 잘 결합되어 발전할 수 있는 관광자원이다.

DMZ 일원 생태계가 세계적으로 주목받는 이유는 다음과 같다.

첫째, 남북냉전 상황 속에서 군사분계선을 따라 만들어진 선형의 생태지역임과 동시에 현재도 지속적인 전쟁의 위험 속에서 군사교란을 받으며 유지되고 있기 때문이다.

둘째, 전쟁의 폐허 속에서 수많은 멸종 위기종과 다양한 생물들이 서식공간을 만들어낸 아이러니하고 독특한 생태적, 환경적가치 때문이라고 할 수 있다.

DMZ 일원지역의 생태자원 보전 필요성과 가치는 이러한 특징적인 생태계를 만들어낸 냉전 상황과 군사대치 영향이라는 역사적 맥락이 함께 포함되어야 한다.

경기도와 강원도는 DMZ 관광의 중심지이다. 경기도는 DMZ일대를 병영·생태 체험관을 운영하며, 휴양시설을 갖춘 역사공원을 계획하고 있다. 경기도와 경기관광공사가 실시하는 DMZ 체험프로그램은 국내 최초로 유네스코, 문화체육관광부, 환경부의 인증을 모두 획득했다.

3 역사관광

DMZ 일원은 천혜의 자연환경과 유네스코의 세계 문화유산으로 지정될 수 있는 역사문화적인 가치를 지닌 곳으로 선사시대부터 삼국시대, 고려시대, 조선시대, 근대에 이르기까지의 풍부한 문화유적들이 산재해 있다.

DMZ 일원에서는 수많은 장터, 성터, 요새가 발견되고 있는데, 서부전선을 통하는 임진강 부근에서는 선사시대의 거주지와 무덤고인돌, 유적과 삼국시대의 성터가 발견되어 역사적 자원가치를 더하고 있다.

6·25 한국전쟁의 최대 전적지이기도 한 이 지역에는 한국군과 유엔군 그리고 북한군과 인민군 등 군대가 남기고 간 각종 전쟁도구와 흔적들이 남아있다. 또한 과거 고려시대의 궁예도성으로 대표되는 철원지역의 미 발굴 유적지와 임진강변의 문화유적들 그리고 근현대사의 흔적을 고스란히 간직하고 있는 철원 노동당사와 같은 건축물의 잔해들은 해방 후의 역사를 생생하게 보여주는 국내 유일의 증거물이 될 수 있다.

DMZ 일원에는 선사시대부터 조선시대까지의 국가지정 문화재가 존재하고 있다.

4 문화·레저 관광

DMZ 일원은 안보, 생태, 교육 분야의 상품개발안이 이루어져 있다. 그러나 힐링에 대한 관심과 자연친화적인 관광체험의 욕구가 증가되면서 DMZ 천혜의 관광자원과 레저가 결합된 상품이 등장하게 되었다.

상용화된 상품으로는 레저스포츠대회의 '통일길목 DMZ 트레킹', 화천시의 캠핑, 걷기, 자전거를 접목시킨 'DMZ 레저스포츠 대회'가 있고, 여행사와 지자체 협업상품인 'DMZ 철책선 걷기', 'DMZ 평화누리길 걷기', 남방한계선 철책선을 볼 수 있는 'DMZ 바이크 투어' 그리고 민통선을 달리는 'DMZ 마라톤 대회' 등이 있다.

2009년부터 개최된 DMZ 국제다큐영화제DMZ International Documentary Film Festival에서는 한국 최초로 DMZ를 배경으로 제작한 국내·외의 다양한 다큐멘터리 영화를 상영하고 있다.

이 영화제와 함께 경기도와 경기관광공사는 DMZ내 다양한 문화체험 프로그램을 포함하는 DMZ 다큐투어버스를 운영하고 있으며, 'DMZ 국제평화생명 축제', 파주 임진각의 '세계 평화콘서트', 'DMZ 평화통일 한마음 축제' 등을 개최하고 있다.

DMZ는 한반도 대표 관광지로서 사회, 역사, 안보, 문화, 경제, 생태환경 등 다양한 가치를 지닌 관광자원이다. DMZ는 세계적으로 보기 드문 자원으로서 DMZ라는 단어자체가 관광객을 끌어들일 수 있는 유인요소가 되기 때문에 장기적인 관점에서 DMZ는 국제적인 규모의 관광지로 발전될 수 있는 높은 자원적 가치를 지닌다.

토의 내용

1. DMZ 관광과 개발계획에 대해 토의해 보세요.

2. DMZ 관광정책 방향과 장·단기 정책제안에 대해 토의해 보세요.

3. DMZ 관광개발 및 육성방향에 대해 토의해 보세요.

4. DMZ 관광 프로그램 개발에 대해 토의해 보세요.

5. DMZ 관광자원에 대해 토의해 보세요.

6. 남북연계 관광개발에 대해 토의해 보세요.

7. DMZ 관광의 세계적인 우수성에 대해 토의해 보세요.

8. DMZ 관광의 내·외국인 관광객의 유치방안에 대해 토의해 보세요.

Chapter

12

한국의 관광
진흥개념과 정책

제1절 관광 진흥의 개념
　　1 관광 진흥법
　　2 관광 진흥계획
　　3 관광 진흥의 정책적 제언

제2절 관광산업지원 정책
　　1 관광산업 규제정책
　　2 금융 및 세제지원 정책
　　3 관광산업 일자리창출 방향

제3절 관광상품개발정책
　　1 관광상품의 특성
　　2 해외 관광패키지 공연상품 사례
　　3 관광상품개발
　　4 문화관광 축제 육성 및 개발
　　5 미래의 지속가능한 관광상품개발

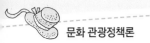

제1절 관광 진흥의 개념

1 관광 진흥법

관광 진흥법은 1975년 12월 31일 '관광산업을 건전하게 지도·육성함으로써 관광 진흥에 기여'할 목적으로 제정된 관광산업법을 기원으로 하고 있다.

1980년대에는 국내·외 관광환경의 변화에 따라 기존의 '관광산업'과 '관광단지개발 촉진법'이 폐지·통합되어 동법을 제정하였다. 이는 우리나라 관광행정의 환경이 변하는데 따른 입법이라 할 수 있으며, 관광산업의 양적성장뿐만 아니라 질적인 성장을 통한 진흥을 목적으로 한다.

경제의 급속한 발전을 통해 국민관광산업이 양적·질적으로 성장하기 시작하였고, '88 서울올림픽 개최를 앞두고 이를 대비하기 위한 관광수용태세를 정비하여, 장기적으로 관광산업의 진흥을 촉진하기 위해 제정하였다. 이후 1993년 12월 27일 외국인 관광객 유치촉진을 위해 관광특구를 지정·운영할 수 있도록 하는 등의 내용을 중심으로 개정하고 1994년 외화획득 및 외국인 관광객의 유치일환으로 카지노 업을 관광사업으로 규정하는 것을 주요 내용으로 개정하였다.

2004년 10월 16일, 외국인 관광객의 유치촉진을 위해 관광특구에 대한 지원 및 강화하여 2016년 8월 4일 개정안까지 22회에 걸쳐 현재에 이르고 있다.

2 관광 진흥계획

정부에서는 관광 진흥법 제42조 1항에 따라 관광개발기본 계획을 제2항에 따라 권역별 관광개발 계획을 수립하고 있다.

관광개발기본계획 수립은 관광지, 관광단지 등 관광자원 개발을 추진함에 있어 전국적이고 장기적인 안목에서 개발계획을 수립하여 국제 관광 여건변화, 국민관광 질적·양적 성숙 등에 원활히 대응할 수 있도록 하기 위함이다.

표 12-1 관광 진흥법의 배경 및 국제 관광 진흥관련 주요내용

구분	내용
제정일	1986년 12월 31일 (최근개정 2016년 8월 4일)
제정배경	관광사업법을 관광여건의 조성과 진흥에 기여하기 위한 관광 진흥법으로 그 제명을 변경하고 관광단지개발 촉진법을 폐지하여 그 내용을 이 법에 흡수·통합하는 한편, 현행 규정상 불합리한 제도나 행정절차를 보완하려는 것임.
주요내용	○ 의료관광의 활성화 지원 • 의료관광의 활성화를 위하여, 관련기관의 관광개발 진흥자금을 지원할 수 있는 근거를 마련 • 소비자의 보호 • 여행업자는 내국인이 외국여행을 할 경우, 여행자를 보호하기 위해 여행일정, 여행지 안전정보 등을 제공해야 할 의무가 있음 • 여행의 인솔자를 둘 수 있고, 여행인솔자는 일정한 조건을 충족하고 등록하여야 함 ○ 카지노업 • 외국인 관광객 유치활성화의 일환으로, 카지노업에 대하여 관광사업으로 새로 규정 • 카지노업을 운영하기 위해서는 일정기준 이상을 충족해야 하며, 주무부처에서는 신중한 검증을 통해 허가해야 함 • 주무부처는 카지노 사업자에 대한 관리·감독의 의무가 있으며, 사업자는 총 매출의 10%를 관광개발기금 납부 의무 발생 ○ 관광의 진흥과 홍보 • 외국인 관광객의 유치를 위해 관련 산업에 대한 정보의 수집·분석·배포 등을 통해 정보를 제공 • 이러한 정보의 객관적 근거를 마련하기 위해 관광통계를 작성할 수 있도록 규정 • 문화관광해설사제도의 법적근거를 마련, 외국인 관광객 편의를 제공하여 인바운드 관광의 촉진을 꾀함 ○ 관광특구 • 외국인 관광객의 유치촉진을 통한 관광 활성화를 위해 관광지의 개발을 통한 관광특구를 지정할 수 있도록 규정 • 시·도지사는 관할지역 자치단체에서의 관광특구 진흥계획 등을 평가하여 지원 또는 취소·권고 등의 조치를 취할 수 있음

표 12-2 10대 핵심 관광 트렌드

구분	핵심 관광 트렌드
1	중국, 한국관광 시장의 지형을 바꾸다
2	관광경계를 허물다
3	관광의 기본가치(NEW 3S: Safe, Sustainable, Social)존중여행확산
4	모바일이 주도하는 새로운 관광생태계
5	즐거운 불편함 OR(Outdoor Recreation)여행
6	지역의 숨겨진 매력(Hidden Jewels)을 찾아 떠나는 여행
7	여유로움과 행복을 추구하는 여행문화, 슬로우 트래블
8	스스로 결정하고 떠나는 DIY여행
9	관광의 新 소비층으로 부상하는 장년층
10	칩시크(Cheap Chic)를 추구하는 실속형 관광소비 정착

자료: 최경은, 안희자(2014). 최근 관광트렌드 분석 및 전망, p.147.

◎ 그림 12-1 관광 진흥 기본 계획 정책추진 방향 및 비전

표 12-3 과제별 주요 사업

추진전략	핵심과제	주요 사업
전략1. 여행이 있는 일상	**1. 생애주기별·계층별 관광지원**	
	① 생애주기별 관광지원 체계 구축 ② '관광교통패스' 도입 ③ 취약계층 관광지원	
	2. 휴가활성화 및 여행자 보호	
	(1) 휴가사용 및 국내 관광 활성화	① 휴일·휴가제도 개선 및 사용 유도 ② 가족휴가 활성화 기반 조성 ③ 국내 관광 활성화 캠페인 추진
	(2) 국내외 여행자 보호 강화	① 합리적인 관광상품 선택을 위한 정보제공 ② 여행 안전성 제고 ③ 여행 불편사항에 대한 사후관리를 통해 개선 추진 ④ 위기관리 체계 강화
전략2. 관광으로 크는 지역	**3. 지역 관광 역량 및 기반강화**	
	(1) 지역 관광 역량강화	① 지역 주도형 관광산업 생태계 조성 ② 관광개발 평가 및 환류기능 강화 ③ 관광 부작용 완화방안 마련
	(2) 지역 관광 품질향상	① 다양한 숙박 경험 제공 ② 수요자 중심의 안내체계 개선 ③ 지역 관광 서비스 품질개선
	(3) 지역 관광 접근성 제고	① 교통연계망 구축 ② 대중교통 이용 편의제고 ③ 대중교통 관광 활성화
	4. 지역 특화 콘텐츠 발굴	
	(1) 특색있는 관광자원 발굴	① 체계적 지역 관광자원 육성 ② 문화적 지역재생을 통해 도심관광 및 지역 경제 활 성화 지원 ③ 숨은 관광지 발굴 및 개방
	(2) 매력적인 지역 관광 콘텐츠 육성	① 세계적 문화 관광축제 육성 ② 테마별 관광 콘텐츠 발굴
	(3) 농·산·어촌관광 활성화	① 농촌관광 활성화를 통해 도·농 균형 발전 도모 ② 어촌마을 역량 강화 ③ 산림관광 생태계 조성 ④ 해양관광 활성화 기반 조성

추진전략	핵심과제	주요 사업
전략3. **세계가 찾고** **싶은 한국**	**5. 방한시장 전략적 다변화**	
	(1) 방한관광시장 관리 체계화 및 국가별 홍보·마케팅 효율화	① 특정국가 의존도를 낮추기 위한 새로운 시장전략 수립 ② 전략적 해외광고 및 계기별 교류행사 추진
	(2) 방한관광객 출입국 편의 제고	① 비자제도 개선 ② 출입국심사 간소화
	(3) 중국시장 질적 관리 및 고부가화	① 방한 중국시장 조기 안정화 ② 방한 중국 단체관광시장 대상 엄격한 質 관리제도 실시 ③ 개별여행객 유치 및 고품질 단체상품 개발·지원
	(4) 국가 간 관광교류 기반 조성	① 동북아 관광 활성화로 신시장 창출 ② 전략적 다자협력 및 한국형 관광개발 협력 모델 추진
	6. 방한시장 고부가화·고품격화	
	(1) 고부가 관광산업 지속 육성	① 한류 연계 관광상품 개발 ② 마이스 산업 유치 다양화 및 지원 확대 ③ 외국인환자 유치 확대 및 의료관광 신뢰도 제고 ④ 특색 있는 웰니스 관광 콘텐츠 개발 ⑤ 크루즈관광 고부가화 및 국적크루즈 취향 기반 조성 ⑥ 미리나 산업 육성 및 수요확대
	(2) 고부가 관광 신규영역 발굴	① 고급 관광시장 신규 육성
전략4. **혁신으로** **도약하는** **산업**	**7. 관광산업 혁신 생태계 구축**	
	(1) 사업 유형 공통지원 체계 구축	① 공공·민간 역할체계 수립 및 협업 강화 ② 관광기업 발굴·지원 ③ 일자리·기업지원 허브 조성 ④ 금융지원 및 인력양성 강화 ⑤ 공정한 산업 환경 기반 조성 ⑥ 관광 정보 측정 고도화를 위한 통계 개선
	(2) 사업유형별 특화지원	① 관광 콘텐츠 기업 지원 기반 조성 ② 관광플랫폼 활성화 ③ 스마트 관광 활성화

추진전략	핵심과제	주요 사업
	8. 관광산업 규제개선 및 성장지원	
전략4. 혁신으로 도약하는 산업	(1) 조기회복 및 기업애로 해소	① 관광호텔 부가세 환급제도 개선 ② 외국인력 고용 특례 ③ 관광기금 융자제도 개선 ④ 관광지·관광단지 개발절차 개선 ⑤ 관광특구 실효성 제고
	(2) 신산업 활성화를 위한 제도개선	① 승합차 운송서비스 확대 ② 공유 민박업 도입 ③ 지역상생 관광 활성화 규제 발굴·개선추진

자료: 관계부처 합동(2017.12.18.). 관광 진흥 기본계획

관광개발기본계획은 관광 진흥법 제49조, 제50조 1,2항에 규정된 법정 계획이자 관광자원 개발 분야의 근간이 되는 10년 중·장기 계획으로 관광개발의 미래 발전상을 제시하는 장기계획, 전국을 대상으로 하는 관광개발에 대한 종합계획, 권역별 관광개발 계획의 방향성을 제시하는 기본계획, 관광개발의 효율적 추진을 유도하는 전략계획의 성격을 지닌다.

관광개발기본계획은 관광개발의 비전 및 방향, 정책목표 및 수단을 제시하여 올바른 관광개발의 미래상을 실현하기 위한 선도적 역할을 하며, 전국 관광자원의 보호·개발·이용관리에 관한 포괄적이고 체계적인 전략을 제시하여 이에 대한 기본방향을 제시한다. 또한 관광개발기본계획은 5년마다 수립되는 지방자치단체의 권역별 관광개발 계획의 방향성을 제시하는 역할을 가진다.

관광 진흥 기본계획관계부처합동, 2017.12.18.은 경제적인 성과 중심에서 국민, 지역주민, 방한관광객 등 사람 중심의 관광정책으로 전환 노력하고 있다.

관광비전은 '쉼표가 있는 삶, 사람이 있는 관광'으로 설정하고, '국민들이 한 달에 한번은 여행을 떠날 수 있는 환경 조성' 및 '관광객들이 다시 방문하고 싶도록 매력적인 콘텐츠와 편의 제공'을 정책 방향으로 제시하였다.

관광 진흥의 추진전략은 여행이 있는 일상, 관광으로 크는 지역, 세계가 찾고

싶은 한국, 혁신으로 도약하는 산업 4개 부문, 부문별 8대 핵심과제 및 주요 사업을 [표 12-3]과 같이 제시하였다.

3 관광 진흥의 정책적 제언

1) 관광 진흥의 방향

첫째, 관광사업의 새로운 거버넌스를 구축해야 한다. 현재 관광 진흥법은 관광지, 관광단지 조성계획을 기초단체장이 추진하도록 하고 있기 때문에 국가차원의 통일적인 계획수립 및 추진이 필요하다.

둘째, 외래관광객의 출입 및 체류 확보와 신변안전보장이 확보되어야 한다.

셋째, 합리적인 분쟁 해결수단이 확보되어야 한다. 따라서 남북한 관계의 가변성을 극복하고 지속가능한 한반도 관광정책이 실효성을 거두고, 대한민국의 미래와 관광선진국의 새로운 판을 짜기 위해서 평화 경제 패러다임에 대한 이해와 공감대를 확대해 나가야 한다.

2) 관광 진흥의 형태와 형식

관광을 진흥시키기 위해서는 국제화, 지방화, 자율화 추세에 주도적으로 대응하고 정부주도의 관광개발 및 유치, 홍보활동의 중심에서 다음과 같은 형태와 형식으로 변화되어야 한다.

- 중앙정부, 지방정부, 공공기관, 민간공동 Joint venture으로 사업을 추진해 나가야 한다.
- 중앙과 지방정부는 상하의 관계가 아닌 협력관계로 발전시켜 나가고, 중앙정부는 지역의 균형적 발전을 위하여 투자 재원의 확충 및 지원관계로 전환 시켜야 한다.
- 관광산업도 보호의 중심에서 소비자에 대한 복지증진을 위한 제도개선 및

여건조성에 중점을 두어야 한다.

•연구 조사사업, 관광정보 및 국제협력에 정부의 역할이 강화되어야 한다.

 ## 제2절 관광산업 지원정책

1 관광산업 규제정책

정부규제는 기본적으로 국민의 기본권·재산권의 사회적 배분이다. 정부규제는 기업이나 개인이 보유하고 있던 권리관계의 변화를 초래하고, 이로 인하여 이익을 보는 집단도 있지만 손해를 보는 집단도 발생하기에 정부는 법적 강제력을 사용할 수밖에 없다. 정부규제는 인간의 행위를 통제하려는 정부의 노력으로 정의하였다.

경제적 규제는 정부가 시장에 직접 및 간접으로 개입하여 경제행위자들에게 비용이나 편익을 제공함으로써 의무를 부과하거나 행위를 제한하는 것이다.

사회적 규제는 노동·보건·위생·공해 등과 같이 간접적으로 경제활동과 관련 있는 제재를 의미한다. 특히 사회적 규제의 목적은 국민 삶의 질을 향상시키고, 인간의 기본적인 권리나 사회적 형평성을 증진시키려는 것이다.

규제정책에 있어서 협력 촉진적 규제집행을 위한 정책적 대안은 다음과 같다.

첫째, 관광산업을 육성 및 발전시키기 위해서는 관련 정부기관과 민간부문 등이 주도하여 국가성장 동력산업으로서 관광산업의 중요성에 대해 홍보하여 사회적 인식을 개선시켜야 한다.

둘째, 관광 진흥법과 제도 등을 개선하고 새로운 관광관련 법을 제정하는 것이 필요하다.

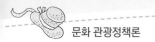

셋째, 소규모 자본 관광사업자에 대한 요건강화 및 규제강화와 정부차원의 금융, 세제상의 지원방안이 필요하다.

2 금융 및 세제지원 정책

조세지원이란 국가가 특정 정책목적을 달성하기 위해 세금을 경감하여 주는 행위를 말한다. 조세지원은 세제상 특별조치에 의해 주로 특정기업이나 특정한 산업에 대하여 조세부담을 경감하거나 면제하는 제도이다.

기업에 있어서 경영환경이란 기업 활동과 직·간접적으로 관련을 맺고 있는 기업 외부의 상황을 의미하며, 그 중에서도 기업 활동에 어떤 영향력을 미칠 수 있는 힘을 지닌 상황요인이다. 기업들의 경영환경이 개선되기 위해서는 많은 전략들이 세워져야 하지만 법·제도적 환경의 개선은 기업의 노력으로는 한계가 있으며, 제도개선에 있어 실질적인 주체인 공공기관의 의지와 노력이 필수적 요소로 작용한다.

정부가 기업들의 경영환경을 개선하기 위한 지원방안으로는 재정적 지원, 세제적 개선, 행정절차의 간소화, 그리고 지방 관광 행정기구의 최대 활용 등의 방법이 있다.

1) 재정적 지정방안

관광산업에는 자본의 영세성을 가지고 있는 기업들이 많이 있다. 따라서 외래 관광객들에게 홍보하고 상품을 국제화하기 위해서는 정부의 재정적 지원뿐만 아니라 해외 홍보, 마케팅에 많은 지원을 필요로 한다.

관광을 상품화할 수 있는 대상의 개발에 필요한 지방자치단체의 관광예산을 별도로 확보하는 한편 민자 확보를 유도하여 관광상품개발을 활성화시켜 나가야 한다. 또한 산업은행 및 중소기업은행과 같은 특수성을 가진 가칭관광은행을 설립하여 관광산업에 대한 자금지원으로 방한관광상품개발을 활성화시킬 필요가 있다.

2) 세제적 개선방안

타 기업에 비해 관광산업의 경제적 효과는 높은 외화소득과 고용효과 면에서 관련분야와의 승수효과 면에서 골고루 나타나고 있다.

관광외화 수입의 증대방안으로 외래관광객의 유치와 함께 체제기간 연장, 달러 소비의 유도 등을 적극적으로 전개하고자 할 때 정부는 정책적으로 관광산업에 대한 지원을 해야 한다.

한국관광상품의 해외 경쟁력 강화를 위해서는 신상품을 지속적으로 개발할 필요가 있고, 새로운 관광상품이 완전히 개발될 때까지는 일정기간 동안 세액감면 등의 혜택을 주어야 한다.

3) 행정절차의 간소화

정부의 국내 관광개발을 위한 행정절차의 복잡성은 오히려 관광발전을 둔화시켜 연쇄적으로 방한 관광상품개발에 많은 악영향을 미치게 된다. 따라서 방한 관광발전을 위해서는 개발된 관광지에 관광객이 쉽게 접근할 수 있는 인·허가를 비롯한 각종 행정적 절차를 간소화해야 한다.

4) 지방 관광 행정기구의 최대 활용

현재 우리나라의 관광관계 기구를 보면, 각 시도는 물론 군청에까지 관광과가 설치되어있는 곳이 많다. 이는 해당지역이 관광에 대한 제반업무를 담당하고 있지만 전문 인력 부족 등의 요인으로 그 기능을 다하지 못하고 있는 실정이다.

따라서 방한관광상품의 효율적 개발을 위해서는 각 시·도·군청의 관광관련 행정기구를 적극 활용하는 한편 전문 인력 보강을 구조적인 개선과 함께 관광자원의 정책적인 지원이 필요하다.

3 관광산업 일자리창출 방향

우리나라를 방문하는 외래관광객이나 국내를 여행하는 국내 관광객은 꾸준히 증가하고 있다. 이에 따라 관광객에게 서비스를 제공하는 관광사업체도 성장하고 있다.

관광산업은 인적서비스에 의존하고 있는 산업이어서 전통적으로 고용창출효과가 높은 산업이다. 국내·외 관광객의 관광수요가 증가하고 있는 상황에서 관광산업 활성화를 통한 일자리 창출에 집중할 필요가 있다.

1) 인적자원의 양적·질적 불일치 해소를 위한 산학연계 강화

관광분야 인적자원의 양적·질적 불일치를 해소하기 위해서는 관광기업이 기대하는 직무능력과 교육현장에서 가르치는 교육내용 간 연계가 강화되어야 한다. 이를 위해 관광산업 현장의 수요를 정규교육기관의 교육과정에 반영하기 위한 산학 간 공동사업을 추진해야 한다.

2) 관광산업의 고부가가치를 위한 핵심인력 육성

관광산업의 일자리 창출을 위해서는 노동수요를 유지하고 산업의 고부가가치를 유도하기 위한 접근이 이루어져야 한다. 관광산업의 수익구조를 커미션 기반형에서 가치창출 기반형으로 변화시키기 위한 영역에서 새로운 비즈니스 모델을 발굴하는 핵심인력 육성이 필요하다.

3) 관광산업과 타 산업 간 융·복합 영역의 경계분야 전문 인력 육성

관광산업의 패러다임 변화에 대응하기 위해서 동종·이종 산업 간 융·복합의 경계영역에서 시장의 수요가 발생하는 직업군을 파악하고 이를 육성하기 위한 기반을 마련해야 한다.

융·복합 영역의 경계분야 전문 인력 육성을 위해 산학 간 공동 교육과정 개발 및 맞춤형 교육을 운영한다. 예를 들면, 의료관광 분야에는 의료관광상품기획가,

의료관광시장분석 전문가, 산업관광분야에는 산업관광 전문안내사, 보상관광_{인센}티브투어 전문기획가, 생태·체험관광분야에는 생태·체험관광 전문안내사, 생태·체험 프로그램 기획가 등의 전문 인력을 육성해야 한다.

4) 지역 관광 경쟁력 강화를 위한 지역인력 육성

지역 관광 경쟁력 강화에 대한 요구가 증가하고 있는 상황에서 이와 연계한 영역에서 일자리 창출을 위한 사업모델을 발굴하는 것이다.

지역 관광 브랜드 전문가, 스토리텔러, 문화관광 축제기획가 등 지역출신 청년인력이 지역 관광영역에서 전문성을 발휘할 수 있도록 해야 한다.

제3절 관광상품개발정책

여가욕구 충족을 위해 관광상품은 짧은 여가시간에 맞춰 나가야 하는 동시에 다양한 형태의 여가활동 상품들이 등장하고 있다.

여가활동의 기본적인 경쟁력은 접근성이 얼마나 쉽고 편리 하느냐에 있다. 교통혼잡, 체증, 믿을 수 없는 교통시스템 등은 관광객 유치에 결정적인 걸림돌이 된다. 따라서 정부는 우선 교통서비스의 질을 높여야 한다.

이는 곧 관광상품의 질을 높이고 국내·외 관광객들의 재방문을 유도할 수 있는 결정적인 역할을 하게 된다.

1 관광상품의 특성

관광상품은 본질적으로 유형적 요소보다 무형적 요소가 더 많은 서비스 상품

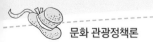

으로 세계적인 관광상품 특성을 가지고 있다.

유럽과 일본은 지역의 특성을 살린 문화, 역사, 환경, 상품들을 개발하고 있으며, 동남아 국가들은 문화의 다양성을 추구하는 상품들을 제공하고 있다. 또한 패키지 투어와 단체 관광보다 특정계층을 겨냥한 관광상품이 개발되고 있으며, 기존의 관광형태인 여러 가지 인센티브와 특전을 주는 등의 패키지 투어는 감소되고 있는 추세이다.

세계 관광시장에서는 전문화, 다양화, 전산화, 정보화, 수직적, 계열화되고 있는 특성을 보인다. 국내 여행시장에서도 세분화, 다양화, 여행상품 및 제도적 변화, 외국여행 업체의 국내시장 진입추세 등으로 내·외부적 여행시장 환경이 변하고 있다. 또한 전산화, 정보화와 소규모의 중소 기업형 위주의 경쟁이 치열해지고, 사적문화 및 자연경승, SIT특수목적관광상품, 생태관광 등 주제여행이 증가하는 특성을 보이고 있다.

국내·외 관광시장에서는 자국의 장점을 최대한 부각시키면서도 매력 있는 관광상품을 제공하여 더 많은 관광객들을 유치하기 위해 노력하고 있다. 우리나라의 경우도 그동안 위락단지 조성이나 기념품 개발, 전통문화의 관광상품화 등을 추진해 왔으나, 세계의 관광시장 흐름에 발맞춰 더욱 내실 있는 관광상품 개발이 요구된다.

관광상품은 일반제품에 비하여 매우 불리한 특성을 가지고 있으나 소비자가 감성적인 상품구매를 하는 경우가 많다.

2 해외 관광패키지 공연상품 사례

1) 북경 '금면왕조'

북경의 유명한 테마파크 '환락곡'에 위치하고 있는 대극장에서 공연하고 있다. 중국 고대 신화를 각색한 것으로 전쟁, 상전, 단조, 경전, 월하, 홍수, 제천, 환화의 8막으로 구성된 공연이다.

작품내용은 군대를 이끌고 온 남면 왕남자부족과 금면여왕여자부족은 전쟁을 치르게 되고 금면여왕은 포로가 된 남면왕과 그 부하들을 위해 축제를 열어주고

결국 두 왕은 사랑을 하게 된다. 하지만 이를 시기한 하늘이 홍수를 내려 금면 왕조는 멸망의 위기를 맞게 되고, 금면여왕은 스스로 거대한 돌이 되어 홍수로부터 나라를 구하고 죽는다. 금면여왕을 그리워하는 남면왕과 백성들 앞에 금빛 대양새로 변하여 금면왕이 나타나고 금면왕조의 번영을 영원히 지켜준다는 내용이다.

이 뮤지컬은 국내·외 유명한 감독, 편집, 악사, 미술, 불빛, 패션 등 당대최고의 전문가들에 의해 연출되었고, 중국 내 무용수가 주연을 맡아 매회 독창적이고 환상적인 무대를 선보인다.

2) 파리 '리도쇼'

세계 3대 쇼 중의 하나로 꼽히는 파리의 리도쇼는 프랑스 관광수입에 톡톡히 한 몫을 하고 있는 공연상품으로 1946년 시작된 유럽 최대의 카바레 쇼로 매일 밤 전 세계의 관객이 끊이지 않는 곳이다. 세계 각국의 엄선된 댄서가 출연하고 화려한 의상과 무대장치, 블루벨 걸스의 댄서 쇼와 웅장한 무대는 1시간 30분 동안 화려한 리도쇼 속으로 빨려들게 한다.

특히 무대가 갑자기 아이스링크로 바뀌기도 하고 인도의 한 지방으로 변하는 등 1시간 동안 23번의 무대가 요술을 부린다. 그리고 무희들이 쉴새없이 옷을 갈아입고 춤을 추고 막간마다 팬터마임, 아이스 쇼, 코미디, 마술 등 다양한 볼거리를 끼워 넣어 관객들을 사로잡는다.

리도쇼의 명성은 프랑스 파리를 찾는 관광객들에게 즐거운 볼거리와 아름다운 추억을 만들어 주고 있다.

3 관광상품개발

관광상품은 2가지 이상의 다른 종류의 인재와 요소가 결합되어야 상품요소가 인식되고 가치가 부여된다. 또한 소비자의 욕구를 충족시킬 수 있다.

관광상품은 관광소재attraction, 장소place, 공간space, 그리고 시간time으로 구성된다.

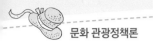

1) 생태관광상품

생태관광은 자연과 환경을 파괴하지 않으면서 생태계의 조화를 추구할 수 있는 형태로 경제적 효과와 환경보존의 역할을 수행하면서 관광객의 장기체재를 유도할 수 있는 특징을 갖고 있다.

우리나라의 생태관광상품화를 위한 개발로는 DMZ비무장 지대, 국·공립공원, 철새도래지, 동굴, 호수, 계곡 등 생태계 보존지역 등이 있다. 각각의 생태관광지별 마케팅 표적시장을 구분·설정하여 생태관광상품의 차별화를 하여 국내·외 관광객을 유치하기 위한 개발과 활발한 홍보활동이 필요하다.

2) 문화관광상품

문화관광은 문화적 동기를 갖고 전통과 현대의 다양한 문화를 적극적으로 체험하는 특정 관심분야이다.

3) 체험관광상품

체험관광상품은 관광소비자의 트렌드 변화에 대응하기 위한 상품개발로 소비자 만족도 제고, 한국적 문화의 소재에 기반을 둔 문화체험상품 개발, 체험 프로그램 확충 및 수용태세 강화정책이 필요하다. 또한 고품질 체험관광상품 개발을 위한 여행상품 품질관리 정책, 관광자원에 대한 해석과 스토리텔링을 강화하여 콘텐츠 개발과 체계적인 관리의 필요성이 있다.

4) 쇼핑관광상품

우리나라는 현재 동남아 국가의 관광객들의 쇼핑천국이 되고 있다.

유럽의 경우 21개 국가의 9만개가 넘는 상점들이 ETSEurope Tax free Shopping로고를 부착하여 쇼핑을 유도하고 있으며, 이는 쇼핑의 매출증대 일환으로 외래쇼핑객들에게 부가세를 환급해주는 정책을 실시하고 있다. 또한 유럽공동체의 관광정책을 이동의 자유와 유럽공동체 관광객의 보호로서 세관 통관절차의 간소화, 관광객들의 이익보호라는 차원에서 실시하고 있다.

5) 문화관광 축제

타 지역과의 차별화는 그 지역만이 가지고 있는 차별화된 아이디어와 유일한 콘텐츠 등으로 개최되어야 한다. 우리나라의 지역문화 축제에서도 함평 나비축제, 보령 머드축제, 부산의 세계 불꽃 축제 등 차별화된 축제행사를 진행하고 있다.

지역 문화 축제는 지역경제 활성화에 직접적인 도움을 주는 동시에, 지역민들에게는 지역에 대한 자부심과 긍정심을 가지게 되는 계기가 된다.

4 문화관광 축제 육성 및 개발

지역축제가 해당지역에 미치는 효과는 다양하게 나타난다. 지역축제가 개최됨으로 인해서 지역주민들의 의식함양과 연대감을 더욱 제고시켜 주면서 사회적, 문화적, 경제적으로 큰 활력과 함께 지역주민의 욕구를 충족시켜 줄 수 있다.

성공적인 문화관광 축제는 개최지역과 개최국의 지위를 향상시키는 역할을 한다. 축제는 국제적으로 혹은 지역적으로 개최지역을 노출시킬 수 있으며, 그 이미지를 고양시킬 수 있고 이를 통해 민간외교의 진흥에 기여할 수 있다. 또한 문화관광 축제로 인하여 얻을 수 있는 경제적인 효과로는 내·외국인의 관람객 증가로 인한 직·간접 소비지출에 따른 경제적 효과, 고용창출효과, 세수입 증대, 관광산업 발전 등의 효과가 있다.

관광기구와 정부기관은 모든 축제를 관광 매력물로 만들려고 노력할 필요가 있으며, 높은 수준의 운영체제와 상품가치를 가진 축제에 한정하여 집중 지원해야 한다.

정부는 매년 지역의 문화를 주제로 진행되고 있는 지역축제 중에서 가장 차별화되고 경쟁력이 있다고 평가되는 축제를 문화관광 축제로 선정하여 육성하고 있는데, 이러한 근본적인 목적은 다음과 같다.

첫째, 문화관광시대에 걸맞는 관광상품으로서 미래관광객을 유치하게 된다.

둘째, 수도권 중심의 관광에서 지방으로의 관광영역을 확대함으로써 균형적인 발전을 도모하여 삶의 질 향상을 가져오게 된다.

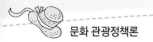

셋째, 비수기 관광 대책으로 활용할 수 있다.

넷째, 지역경제 활성화에 기여할 수 있다. 대표축제에 대한 관심은 정부차원에서도 이미 실시되어 1997년부터 매년 '문화관광축제'를 지정하여 지원·육성하고 있다.

이는 향후 성장가능성이 있는 축제에 선택적으로 집중·육성한다는 것으로 전반적으로 체질이 취약한 우리 지역축제의 현실에서 효과적인 방법일 수 있다.

1) 해외의 대표축제 개발 사례

(1) 캐나다

관광촉진과 개발을 담당하는 정부기관이 Tourism Canada를 포함한 많은 정부기관이 이벤트 관광을 촉진하는데 적극적이다. 캐나다 관광정부는 1985년 Tourism Tomorrow라는 전국적 관광전략을 수립하고 집중적으로 지역의 관광을 육성하였는데, 이벤트 부분에서는 메가 이벤트에 특히 집중하여 지원하였다.

캐나다에서는 이미 1989년 "Discussion Paper on a National Tourism Policy"라는 이름하에 관광에만 집중된 정부정책이나 프로그램이 개발되었다.

Ministry of Industry Science and Technology는 1980년대 말 몇 년 동안 지역축제를 육성하고 지원하기 위해 1,400만 달러를 사용하였다. 이러한 지원금의 대부분은 국제적 수준의 축제를 구성하고 패키지화하는데 사용되었다. 특히 캐나다는 많은 축제가운데 소수의 축제만을 집중 육성하는 정책을 수립하고 수행해오고 있다.

(2) 미국

미국은 다른 선진국에 비해 중앙정부 차원에서 관광개발과 정책에 대한 지원이 약하나, 주 정부차원에서 활발히 진행되고 있다. 미국의 모든 주는 관광을 촉진하는 관광관련 부서를 갖고 있으나, 이들은 관광개발의 공급면에 관여하지 않으며, 단지 민간부문이 주도하도록 강하게 독려하고 있다.

한편 대부분의 지역축제에 대한 지방정부의 지원은 출판물이나 참고자료, 지역축제 안내책자, 축제 일정안내지 등을 제작하고 제공하는데 집중되어 있다.

정부의 역할은 제한된 범위내에서 수행되고 있으며, 지속적인 형태의 축제계획이나 정책을 갖고 있지는 않다.

각 주 정부는 다양한 정도에서 관광으로서 축제를 강조하고 있으며, 단지 몇몇 정부만 축제를 전략적으로 접근하면서 집중 개발하고 있다. 축제개발에 가장 적극적인 대표적 주로서는 텍사스, 오클라호마, 뉴욕 등이 있다. 이들 정부는 주 차원 혹은 지역차원의 많은 축제협회를 재정적으로 지원을 하기도 하며, 몇몇 주 정부는 축제 기획자를 직원으로 고용하고 있기도 하다. 그러나 미국에서 축제의 경제적 지원은 공공기관 보다는 민간단체에서 지원하는 것이 훨씬 일반적이다.

5 미래의 지속가능한 관광상품개발

지속가능한 개발은 전 세계적인 패러다임의 변화로 인해 관광분야에서 지속가능한 관광이라는 개념이다. 관광의 지속적인 발전을 위해서는 환경이 중요하다는 관광과 환경의 불가분성을 강조하였다.

WTO는 미래 세대를 위한 관광기회를 보호하고 증진시키는 동시에 현 세대의 관광객 및 지역사회의 욕구를 충족시키는 것으로 문화의 온전성, 생태적 과정, 생물 다양성 그리고 생명 다양성 그리고 생명부양 체계를 유지하는 동시에 경제적·사회적·심미적 욕구가 충족될 수 있도록 모든 자원을 관리하는 것으로 지속가능한 관광을 정의하고 있다.

지속가능한 관광은 '자연 파괴적인 관광'에서 '친자연적인 관광'으로, '친자연적인 관광'에서 '자연보호를 연결시키는 관광으로 전환하도록 하는 것이다.

지속가능한 관광상품개발을 위해서는,
첫째, 관광으로 사람들이 자연과 조화롭고 건강하게 생산적인 삶을 영위할 수 있어야 한다.

둘째, 관광은 지구 생태계의 보존, 보호, 회복에 기여해야 한다.

셋째, 관광은 지속가능한 생산, 소비패턴에 기초해야 한다.

넷째, 관광, 평화, 개발 그리고 환경보호는 독립적이다.

다섯째, 관광서비스 교역에 있어서 보호무역주의는 철폐되어야 한다.

여섯째, 환경보호는 관광개발과정에서 절대적인 부분으로 여겨져야 한다.

일곱째, 관광개발과 관련된 문제는 지역수준에서의 계획결정과정과 주민들의 적극적인 참여로 다루어져야 한다.

여덟째, 국가는 관광객 또는 관광지에 영향을 줄 수 있는 자연재해를 경고해야 한다.

아홉째, 관광은 여성과 지역주민의 완전고용을 창출하기 위해 수용력을 적극 이용해야 한다.

열 번째, 관광개발은 지역주민의 정체성, 문화 그리고 관심을 인식하고 지원해야 한다.

문화관광 자원의 형태가 증가된다면 관광의 효과가 극대화 된다. 문화 관광정책의 근간은 문화적 유산의 보존과 전시에 있는데도 불구하고 지금까지는 소홀히 여겨왔다. 따라서 무분별한 개발은 피해야 하며, 천혜의 자연자원을 보유하고 있는 입지조건을 잘 활용한 자연 친환경적인 문화관광이 조성되어야 한다.

1) 관광상품 변화 분석

관광객의 여가욕구는 다양한 형태의 여가활동과 체험을 통한 관광상품을 짧은 여가시간에 즐길 수 있어야 한다. 따라서 도심에서 하루나 반나절에 즐길 수 있는 테마파크 등 해외여행을 대체할만한 상품들도 다양해지고 있다.

여가활동의 기본적인 경쟁력은 접근성이 뛰어나고 교통 혼잡, 체증, 불편한 교통시스템 등은 관광객 유치에 결정적인 걸림돌이 될 수 있다. 이에 따라, 정부와 지방자치 단체는 교통 시스템을 정비하여 관광객의 편리성과 접근성을 쉽게 하는 것이 중요하다.

(1) 미래의 관광상품

변화하는 시장에 효율적으로 대처하기 위해서는 다음과 같은 상품이 필요하다.

첫째, 좋은 환경 속에서 다양한 활동이 가능하고 독특한 매력을 지닌 해변이나 리조트. 접근이 쉽고, 즐거워야 하며, 집이나 사무실과의 연락이 쉬워야 한다.

둘째, 교통망 연결이 좋은 도시. 관광객 중심의 공항이 있어야 하고, 짧은 시간에 즐길 수 있는 문화, 오락, 쇼핑 등 매력적인 여건을 갖추어야 한다.

셋째, 모든 것을 잊어버릴 수 있는 곳. 뛰어난 환경, 조용한 휴식 공간, 문화시설이나 환경적 명소가 있어야 한다.

넷째, 테마파크. 교통망이 편리한 곳에 위치하고, 가족단위 관광객에 적합한 오락이나 여가활동을 즐길 수 있는 장소여야 한다.

다섯째, 크루즈. 관광과 가족 구성원 모두를 만족시키는 다양한 오락과 음식, 여가활동을 제공하는 크루즈 리조트가 되어야 한다.

(2) 시간과 돈

짧은 여가시간 동안 즐길 수 있는 매력적인 맞춤형 관광에 대한 수요가 많아지게 되며, 호화롭고 이국적인 휴가, 이동시간을 최소화하는 고품격 상품을 선호하게 될 것으로 예상된다.

은퇴층 내에서도 소득격차가 굉장히 크기 때문에 다양한 가격대의 상품이 필요하다. 반면에 소득이 많은 사람들은 패키지여행 보다는 주문형 상품을 선호하게 된다. 은퇴층을 겨냥해서 마케팅 전략을 개선해야 하고, 더 길게 여행을 유도할 수 있는 방안을 강구할 필요가 있다.

관광환경 변화는 미래관광발전에 긍정적인 영향을 미칠것이며, 그 내용은 다음과 같다.

첫째, 선진국의 사회, 경제발전은 국제여행과 국내여행의 장기적 발전전망을 밝게 해준다.

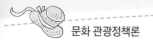

둘째, 여가시간의 증대, 가처분소득의 증가, 교육수준의 향상과 기술발달에 따른 나라와 국민들에 대한 인지도 증대는 여행을 촉진하는 중요한 요소로 작용할 것이다.

셋째, 선진국으로의 인구이동 증대는 관광부문에서 잘 활용해야 할 기본적 변화중 하나가 될 것이다.

넷째, 기술발달은 관광산업의 성장에 기회요인으로 작용할 것이고, 교통시설, 숙박시설은 더 효율적이고 안락해질 것이며, 이와 함께 환경보존의 필요성에 대한 인식도 증대할 것이다.

관광은 세계평화에 기여하고 세계의 이웃에 대해 배우고 이해의 폭을 넓히는데 도움이 되며, 세계인의 소통을 촉진하여 상호인정, 존중, 우호증진의 기틀을 구축함으로써, 세계를 더 풍요롭고 평화롭게 만들어 나갈 것이다.

UNWTO의 자료에 의하면, 인바운드 부문 세계 10대 관광대국인 프랑스, 미국, 중국, 스페인, 이탈리아, 영국, 터키, 독일, 말레이시아, 멕시코의 국가들은 다음과 같은 공통점을 가지고 있다.

첫째, 과거에 세계를 지배한 경험이 있거나 세계 정치, 경제, 문화의 중심국으로서 인지도가 매우 높다.

둘째, 역사와 전통이 깊고, 세계 문화유산 등 볼거리가 풍부하다.

셋째, EU 나 NAFTA와 같은 지역협력체가 구축되어 자본과 노동의 이동 등 인적왕래가 활발하다.

넷째, 지정학적으로 좋은 위치에 있거나 교통이 편리하고 접근성이 용이하다.

다섯째, 문화부문에 대한 투자가 많고 국민들이 친절하다.

여섯째, 국민들의 국내여행이 활발하다.

토의 내용

1. 한국의 관광 진흥계획과 정책적 제언에 대해 토의해 보세요.

2. 10대 핵심 관광 트렌드에 대해 토의해 보세요.

3. 우리나라 관광산업 지원정책에 대해 토의해 보세요.

4. 우리나라 관광산업 일자리창출 방향에 대해 토의해 보세요.

5. 우리나라 관광상품개발정책에 대해 토의해 보세요.

6. 미래의 지속가능한 관광상품개발에 대해 토의해 보세요.

Chapter

13

미래관광환경 변화와
관광정책 방향

제1절 미래관광의 환경 변화와 정책수요 전망

1 미래관광의 환경 변화

2 미래관광의 정책수요 전망

제2절 미래관광정책 환경 변화 및 전망

1 여건변화 분석

2 관광객 성향변화 분석

제3절 한국관광의 문제점 및 개선방안

1 정책방향 부문

2 마케팅 전략방향 부문

3 수용태세 개선 및 확충부문

제4절 미래관광의 정책 방향

1 대한민국 관광혁신 전략

2 경쟁력 있는 관광산업 생태계 구축

3 관광 콘텐츠 창조역량 강화

4 관광산업의 지속적 성장을 위한 인프라 조성

5 지역 관광 활성화를 위한 기반강화

제5절 4차 산업혁명시대의 관광정책

1 관광환경의 변화

2 4차 산업혁명시대의 관광산업

제6절 한국관광산업의 업그레이드 전략

1 미래 유망산업인 관광

2 미래관광의 7대 트렌드

3 한국관광산업의 업그레이드 전략

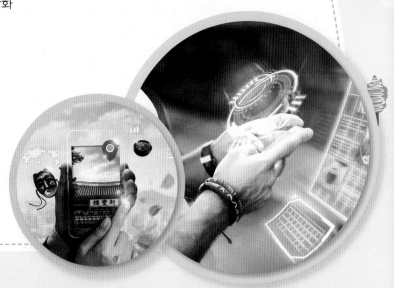

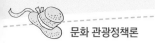

 ## 제1절 미래관광의 환경 변화와 수요전망

1 미래관광의 환경 변화

향후 관광시장은 동북아 시장을 중심으로 한 국제 관광시장의 지속적인 성장, 여가관광소비의 전 세계적인 확산, 관광소비경험의 다양화와 고도화 등이 예상된다. 반면, 주변국가 간 관광경쟁의 심화, 양적성장과 질적발전의 조화, 딜레마 확대 등이 심화될 것으로 예상된다.

관광수요는 라이프밸런싱 추구에 따른 관광수요의 확대, 여행의 일상화에 따른 고부가가치 여가관광시장의 확산 등이 예상되는 반면, 관광수요 다변화와 고도화에 대한 어려움과 관광정책 영역 확대에 따른 정책 조정의 어려움이 예상된다.

1) 미래 환경 변화와 관광산업

4차 산업혁명으로 인해 ICT 기반의 융합화·통합화·공진화·모바일화 사회가 도래하면서 일방향의 시스템 구조에서 쌍방향 플랫폼 환경으로 변하고 있다.

개별관광객이 75% 이상을 차지하는 모바일 퍼스트mobile first 환경에서 언제, 어디서나 편리하게 원하는 정보에서 예약까지 원스톱이 가능한 통합 관광 서비스 플랫폼 구축이 필요하다. 공급자와 소비자를 연결하는 플랫폼 서비스는 관광편의 증진뿐만 아니라 경제적 가치는 매우 크다. 구글77조, 페이스 북43조, 아마존33조, 에어비엔비30조, 네이버22조, 다음카카오7조, 배달의 민족3천억 등이 대표적인 예이다.

공급자공공·민간와 이용자관광객를 연결해 주는 공유형 관광플랫폼 기반 통합관광 서비스 체계를 구축하고 플랫폼 이용자들에게 다양한 관광편의 서비스를 제공한다.

표 13-1 미래 환경 변화와 관광산업 영향

분야		환경 분석
경제	기회	• 세계 경제의 동진현상 가속화에 따른 동북아 관광시장의 확대 • 서비스경제 및 스몰 이코노미의 중요성 확산과 관광산업 성장 가능성 • 산업간 융합의 가속화와 융합관광산업의 발달 가능성
	도전	• 자본주의의 위기와 양극화 심화 • 글로벌 경제의 리밸런싱 가속화에 따른 관광투자 위축 • 재정 건전성 문제 확산과 긴축의 역풍에 따른 관광투자 위축 • 전 세계적인 경제위기 전망에 따른 관광산업 위축
정치	기회	• 공생발전의 강조와 공정관광의 본격 추진 • 거버넌스형 정부 기능 강조와 관광 거버넌스 확대 필요성 • 한반도 주변 권력재편과 새로운 동북아 국제질서 확립
	도전	• 자본주의의 위기와 새로운 대안이념 모색 • 세계 주요국의 권력재편에 따른 정책추진 환경의 변화 • 남북관계 변화에 따른 남북관광교류의 추진 가능성 • 성장과 복지를 둘러싼 사회적 논쟁의 가속화
사회	기회	• 인구통계의 역동적 변화와 새로운 관광수요층 등장 • 소셜 네트워킹을 통한 사회적 관계의 무한 확장과 관광 마케팅 다변화 • 일과 삶의 균형 정책에 대한 사회적 요구 확산 • 국민여가시간 확대에 따른 관광수요 증대
	도전	• 복지담론 확산과 지속가능한 관광복지 추진 필요성 증대 • 관광소비 불균형 발생 및 복지관광에 대한 사회적 요구 증대 • 고령화 진전에 따른 관광부분의 대책 요구
문화	기회	• 융합형 관광 및 고부가가치 관광 수요 확대 • 삶의 질 향상을 위한 관광의 사회문화적 가치 확대 • 한류열풍의 확산과 한류관광객의 증가 • 아이디어 집약형 창조관광 발전 가능성 증대
	도전	• 급속한 관광트렌드 변화에 대한 관광산업계의 대응 요구 • 미디어 시장의 지형변화와 문화관광 마케팅 요구 • 사회적 관계의 팝콘화에 따른 감성관광상품 요구
기술·환경	기회	• 전 세계적인 녹색성장의 중시와 녹색산업의 부상 • 교통발달에 따른 고이동성 여가관광사회의 도래 • 환경친화적 관광문화 확산 및 수요증대
	도전	• 관광개발에 대한 부정적 인식 확산과 새로운 성장동력 확충의 딜레마 • 관광자원 개발에 따른 환경파괴, 탄소배출량 증대
관광시장	기회	• 동북아 중심의 국제 관광시장의 성장과 한국관광 시장 확대 • 여가관광소비의 확산 및 소비경험의 다양화
	도전	• 주변 국가간 관광경쟁 심화 • 양적 관광성장과 질적 관광발전의 조화 딜레마
관광수요	기회	• 여가 관광소비의 확대 • 고부가가치 여가관광시장의 확대
	도전	• 관광수요 다변화와 고도화 대응의 어려움 • 관광영역 확대에 따른 관광정책 조정의 어려움

자료: 심원섭(2012). 미래관광환경 변화 전망과 신관광정책방향, 한국문화관광연구원

2) 미래 환경 변화 전망

미래 관광산업을 둘러싼 경제 환경은 아시아와 주요 신흥시장의 부상, 글로벌 경제의 리밸런싱, 경제성장과 소득불균형에 따른 소득양극화의 심화, 신자유주의의 위기와 자본주의 4.0의 부상, 재정건전성 문제 확산, 자원 및 환경문제로 인한 경제 불안요인의 지속, 기술 및 산업융합 패러다임이 확산될 것으로 전망되고 있다.

첫째, 정치 환경으로는 공생 및 상생발전의 중요성 확산, 긴장된 남북관계의 개선, 에너지 자원의 부족으로 인한 국가 간 자원 확보 경쟁 심화, 거버넌스 환경 성숙 및 효율적인 정보로의 변화, 지자체 재정부실 등이 중요하게 부각될 것으로 예상된다.

둘째, 사회 환경으로는 다양한 가족의 탄생으로 인한 사회구성의 변화, 저출산 및 인구감소로 인한 생산력의 감소, 노령화 사회의 진전, 여성의 사회적 지위 확대, 다문화사회의 진전, 소셜 네트워크의 무한한 확장, 고용구조의 변화, 건강에 대한 관심 증대 등이 증가할 것으로 보인다.

셋째, 문화 환경으로는 문화예술의 시장적 가치 확대, 라이프 밸런싱을 위한 가치선택의 변화, 한류열풍의 확산, 창조산업의 발전과 부상, 미디어 시장의 지형 변화, 미디어 문화 마케팅의 확산 등이 전망된다.

넷째, 기술·자연 환경으로는 IT기술 발달에 따른 라이프 스타일의 변화, 교통 기술의 발달과 대중교통 체계의 혁신, 기후변화 위기에 따른 국제적 대응체계 강화, 녹색 산업의 부상, 그린경영의 중요성 등이 증대될 것으로 예상된다.

다섯째, 소비·공급 환경으로는 콘텐츠 소비 경험의 진화, 상품에 대한 소비자의 영향력 증대와 개별화·다양화된 시장, 소비자 지향 기업의 증가, 미디어에 의한 소비자와 시장의 연결, 소셜 네트워크를 활용한 마케팅 확산, 소셜 네트워크에 의한 혁신적 시장 확대, 윤리적 소비문화의 등장, 친환경적 소비의 진화 등이 예상된다.

미래의 관광환경은 신한류 열풍, 자본주의의 진화, SMART 기술 등 새로운 정책환경변화는 관광시장에 새로운 요구로 등장하고 새로운 정책수요 형성에 영

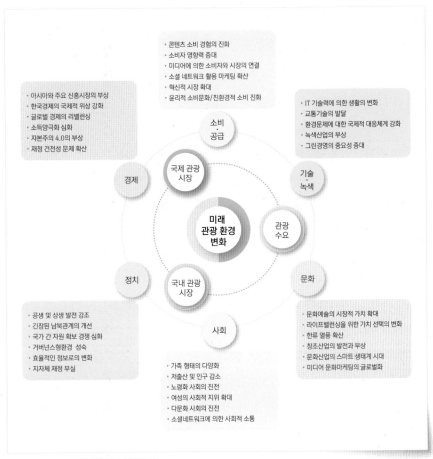

• 콘텐츠 소비 경험의 진화
• 소비자 영향력 증대
• 미디어에 의한 소비자와 시장의 연결
• 소셜 네트워크 활용 마케팅 확산
• 혁신적 시장 확대
• 윤리적 소비문화/친환경적 소비 진화

• 아시아와 주요 신흥시장의 부상
• 한국경제의 국제적 위상 강화
• 글로벌 경제의 리밸런싱
• 소득양극화 심화
• 자본주의 4.0의 부상
• 재정 건전성 문제 확산

• IT 기술력에 의한 생활의 변화
• 교통기술의 발달
• 환경문제에 대한 국제적 대응체계 강화
• 녹색산업의 부상
• 그린경영의 중요성 증대

소비
공급

국제 관광
시장

경제

기술
·
녹색

미래
관광 환경
변화

관광
수요

정치

국내 관광
시장

문화

사회

• 공생 및 상생 발전 강조
• 긴장된 남북관계의 개선
• 국가 간 자원 확보 경쟁 심화
• 거버넌스형환경 성숙
• 효율적인 정보로의 변화
• 지자체 재정 부실

• 가족 형태의 다양화
• 저출산 및 인구 감소
• 노령화 사회의 진전
• 여성의 사회적 지위 확대
• 다문화 사회의 진전
• 소셜네트워크에 의한 사회적 소통

• 문화예술의 시장적 가치 확대
• 라이프밸런싱을 위한 가치 선택의 변화
• 한류 열풍 확산
• 창조산업의 발전과 부상
• 문화산업의 스마트 생태계 시대
• 미디어 문화마케팅의 글로벌화

🔺 그림 13-1　미래 관광환경 변화요인

향을 미칠 것으로 예상되고 있다. 또한 고령화, 동북아 경제성장, 문화체험 확대, 아웃도어 레저시장의 확대, 산업간 융합 패러다임의 확산 등의 환경 변화는 향후 관광시장에 미치는 영향이 지대할 것으로 예상된다.

3) 환경 변화에 따른 정책 추진 방향

경쟁력있는 새로운 관광 콘텐츠 발굴 및 상품화, 국내 관광 활성화 및 내수관광 기반조성, 다양한 융합 관광요소 발굴의 필요성을 중요하게 인식해야 한다.

향후 관광정책은 건강한 관광산업 생태계 조성, 경쟁력 있는 관광 콘텐츠 발

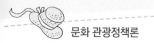

굴 및 육성, 새로운 융합관광요소의 발굴 및 육성, 국내 관광 활성화와 내수관광 기반 조성, 관광하기 좋은 국민관광여건 조성 등에 초점을 두고 추진해야 한다.

2 미래관광정책 수요전망

향후 관광산업을 둘러싼 주요 환경 변화 요인으로는 자본주의의 진화, 다문화 사회의 진전 가속화, 신한류 등으로 인한 스마트 관광의 진화 등이 예상된다.

미래의 관광정책은 양과 질의 동반성장이 강조되고, 국민 삶의 질 향상 요구에 대한 적절한 대응, 품격 있는 관광 콘텐츠 발굴 필요성 확대, 지역 간 불균형 해소 등 관광부문의 재분배 정책이 강조되어야 한다.

정책환경, 관광시장의 변화로 인해 유발되는 새로운 정책수요는 다음과 같다.

첫째, 관광수요의 양극화와 관광복지의 추구, 적극적인 관광향유에 대한 수요로 정부의 역할 재정립이 요구되며, 양과 질의 동반성장, 국민 삶의 질 향상 등에 대한 중요성 증대를 반영한 정책수요이다. 향후 정책수요는 관광을 통한 국민 삶의 질 향상, 양적성장과 더불어 질적 발전을 유도할 수 있는 관광정책의 고도화, 그리고 관광에 대한 다양한 국민의 요구에 대응한 정부의 역할 강화 및 재정립이 요구된다.

둘째, 관광수요의 양극화 및 융합형 관광산업의 등장, 감성, 체험 중시로 관광정책 영역의 다변화가 요구되며, 이는 품격 있는 관광 콘텐츠 개발과 소셜 투어리즘의 확대 등에 대한 정책수요가 중요시 된다. 향후 정책수요는 관광의 양극화에 대응한 균형정책, 융합관광산업 정책, 국민의 관광여건을 개선하는 사회관광, 한국적 관광 콘텐츠 발굴 등이 필요하다.

셋째, 융합형 관광산업 및 새로운 관광산업 영역의 등장으로 관광정책 추진체계의 재정비가 요구되며, 재분배 정책의 강화 등을 통하여 관광일자리 창출, 관광 인프라 조성 등의 정책이 요구된다. 향후 정책수요는 관광분야 신 성장 동력 확충을 통한 관광일자리 창출, 지역 및 내수 관광 활성화, 그리고 관광정책의 효율적 추진을 위한 추진체계의 정비 등이 요구된다.

 ## 제2절 미래관광정책 환경 변화 및 전망

현재 한국의 국제 관광객 규모는 2,000만명을 바라보고 있다. 내국인의 해외 관광은 여가시간 및 소득증대로 인하여 계속 증가할 것이며, 외국인의 방한여행 또한 한국의 경제성장, K-POP 한류의 급속한 확산, 한국관광의 전반적인 이미지 향상 등에 힘입어 지속하게 성장할 것이다. 하지만, 세계 관광시장의 앞날에는 많은 도전과 시련 그리고 기회가 공존하고 있다. 21세기의 관광환경은 기술발달, 환경오염, 세계화 등으로 인하여 큰 변화를 겪게 될 것으로 예상된다.

1 여건변화 분석

관광산업의 중요성이 증대함에 따라 문화 파괴, 환경훼손, 생활양식의 동질화 등 사회적 문제에 대한 관광의 책임이 화제가 되고 있다.

이런 현상은 관광의 발전에 제약요인으로 작용하거나 관광정책 결정자, 관광업계, 관광객들의 행동에 부정적 변화를 초래할 수도 있지만, 긍정적 시각에서 바라보면 관광이 사회발전에 적극 기여하고 지속가능한 방향으로 발전하도록 한다.

1) 정치적 환경

정치적 환경은 세계 각국의 다양한 정치적 변화로 인하여 관광산업에도 많은 영향을 주게 될 것이다.

북부 아프리카 및 중동의 민주화 운동으로 미얀마 등 동남아시아, 중남부 아프리카 등으로 전파되어 많은 지역에서 민주화된 국가들이 수립될 것으로 전망된다. 또한 국경이 없는 유럽의 출현은 자본과 노동력의 자유로운 이동을 촉진하며 그 여파가 세계 다른 지역에도 미치게 된다. 이러한 민주화 운동과 자유로

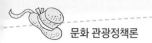

운 이동은 자아의식을 제고해서 해외여행을 촉진하는 역할을 한다.

또한, 자유화와 SNS를 통한 정보교류의 확산에 따라 사람들은 자신의 생활에 영향을 줄 정책결정에 더 적극적으로 참여할 것이다. 예를 들면, 지역주민들은 더 이상 기업들이 추진하려는 관광개발 계획을 그저 당연한 것으로 받아들이려 하지 않는다.

따라서 앞으로는 관광정책 담당자들은 관광개발과 관련된 비용대비 효과를 평가하는 과정에 해당 지역주민의 동참을 이끌어내고, 지역사회에 확실한 혜택이 돌아올 것이라는 확신을 심어주어야만, 지역사회의 지지 속에 관광개발을 순조롭게 추진할 수 있을 것이다.

2) 경제적 환경

규제완화, 사유화, 지역경제 통합, 글로벌 기업이나 다국적 기업의 출현과 같은 세계경제의 흐름은 지속될 것이다. 세계 경제는 미국과 유럽 선진국을 중심으로 위기를 맞고 있으나, 점차 긍정적인 방향으로 재편되어 성장의 발판을 마련할 것으로 보인다. 특히, 중국·인도·브라질 등 신흥국가들의 경제가 빠르게 성장하고 있어 미래에는 이들이 세계 경제의 중심으로 발돋움할 것으로 예상된다.

미국·독일·프랑스·영국·일본 등 기존의 경제 강국들도 낮지만 꾸준한 경제성장을 지속할 것으로 전망되어 세계 관광시장은 질적으로나 양적으로 더욱 팽창할 것으로 예상된다.

자유무역협정FTA의 가속화는 경제의 경계를 무너뜨려 글로벌화를 촉진하며, 세계 관광교류도 활발해질 것으로 예상된다.

3) 사회적·환경적 환경

지구 온난화에 따른 남극과 북극지역 빙하의 급격한 감소와 공장과 자동차에서 배출되는 이산화탄소 등 각종 매연으로 인해 인류의 건강은 물론 지구의 건강을 위협하는 심각한 요인이 되고 있다. 따라서 향후 관광지 개발시에는 환경적교류가 최우선 사항으로 다루어지며, 관광상품 개발시에도 관광객의 건강 및 관광지의 환경적 지속 가능성이 우선시 된다.

4) 인구구조 변화

UN에서 발표한 세계 인구는 2010년 6월 기준으로 약 69억명, 2020년에는 76억8천명, 2030년 83억명, 2040년에는 88억명에 이를 것으로 전망하고 있다.

인구의 고령화는 우리시대의 가장 두드러진 사회, 경제, 인구 통계학적 현상 중의 하나로 떠오르고 있다.

고령화에 대한 대책으로는 이주 노동인구를 확보하는 것이 현실적인 방안으로 제시된다. 이러한 변화는 단기적으로는 관광부문에 기회요인으로 작용하게 되며, 장기적으로는 부의 재분배와 지리적 인구분포에 변화를 가져오게 된다.

인구구조 변화에 따른 미래관광의 모습을 전망해보면 다음과 같다.

첫째, 미주 노동인구의 증가로 친지방문 목적VFR의 여행객이 지속적으로 증가할 것이다.

둘째, 주요 관광객 송출국의 인구 고령화는 관광 목적지 선점과 관광행동에 영향을 미쳐 많은 변화를 일으킬 것이다. 예를 들면, 꽉짜인 일정에 따라 움직이는 여행보다는 여유 있게 휴가를 즐기는 형태의 여행이 증가하고, 손주들과 여행하는 조부모가 증가할 것이며, 자신을 보호해 줄 수 있는 가족이나 친지와 함께 하는 여행이 증대할 것이다.

셋째, 미주 및 선진국의 의료수준 향상과 여성의 권리신장 및 여성고용의 증대로 노인 관광객과 여성관광객이 급속히 증가할 것이다.

5) 기후변화

기후변화는 관광시즌의 길이와 열기에 영향을 주게 될 뿐만 아니라 관광 목적지의 관리 및 운영, 환경지원, 환경여건, 관광객들의 의사결정에도 부정적 영향을 미치게 되면서, 관광부문의 비용 상승과 GDP에 대한 기여도의 하락을 가져오게 된다.

이산화탄소 저감 대책으로는, 에너지 사용량 감축, 에너지 효율제고, 재생에너지 활용증대, 이산화탄소 상쇄 프로그램 운영 등을 들 수 있다.

관광부문에서의 대책은 지구 환경개선에 기여하면서, 지속가능한 관광개발에

는 영향을 주지 않는 방향에서 수립되어야 한다.

기후변화가 여행패턴에 가져올 변화는 다음과 같다.

첫째, 목적이 뚜렷한 여행이 증가할 것이다. 기존의 즐기는 여행은 줄어들고, 여행자 자신의 욕구를 충족하면서 방문지와 그 지역주민들에게도 도움을 주는 뚜렷한 여행이 늘어날 것이다. 새로운 개념의 여행을 'Deep travel'이라고 하는데, 관광객용으로 포장된 겉핥기식의 문화 패키지 보다는 그 지역의 특성을 담은 구체적인 요소들을 깊이 체험해보려는 경향이 확대될 것이다.

둘째, 단거리 여행이 증가할 것이다. 기후변화로 인해 기존 유명관광지가 피폐해지고, 탄소배출에 대한 부담금 때문에 항공료가 인상됨에 따라 'Geo-local'성격의 여행, 즉 집에서 가까운 지역을 찾는 여행이 많이 늘어날 것이며, 결과적으로 해외보다는 국내여행이나 역내관광이 활발해질 것이다.

셋째, 대체 교통수단의 이용이 늘어날 것이다. 항공료의 인상으로 기차, 배, 자전거 등으로 즐기는 여유 있는 여행 즉, 'Slow travel'이 인기를 끌 것이며, 특히 고속철 운행, 편리한 연결망, 온라인 예약 등에 힘입어 기차여행이 크게 늘어날 전망이다.

넷째, 기후변화와 주변여건의 변화가 목적지의 관광정책에 변화를 가져다 줄 것이다. 기후변화는 관광객들의 목적지 선정과 방문시기 등에도 영향을 미치게 될 것이다.

다섯째, 여행상품의 지역 발전 기여도를 밝히는 시스템이 도입될 것이다. 식품에 청정, 국내산, 직송, 저탄소 등 여러 표기가 붙듯이, 여행상품에도 그 상품이 탄소배출뿐만 아니라 지역의 경제, 문화, 환경에 어떤 영향을 미치는지를 표기하는 시스템이 도입될 것이다.

6) 테러 및 위기관리 시스템

위협Threat과 위험Danger은 관광의 최대적이다. 테러리스트들이 관광 목적지를 노리는 이유는 다음과 같다.

첫째, 관광 목적지를 공격하면 그 국가경제 전체를 흔들 수 있다.

둘째, 관광은 홍보 지향적이어서 효과가 빠르다. 왜냐하면, 스포츠, 이벤트나 축

제 장소에는 언제나 언론매체가 있기 때문이다.

셋째, 박물관, 역사적 장소, 아름다운 자연풍광은 한 나라의 본질과 정신을 대표하기 때문이다.

넷째, 경찰이나 보안 전문가들이 관광지를 찾거나 행사에 참가하는 방문객들의 동기나 정체를 일일이 확인하기 어렵다.

따라서 관광업계는 보안 관리를 하나의 위기관리 시스템으로 재편하여 각종 재난에 철저히 대비할 필요가 있다.

2 관광객 성향변화 분석

1) 지식기반 사회출현

안목이 높고 세련된 관광객들은 개인적이고 독특한 경험을 주 내용으로 하는 특별관심 관광Special Interest Travel: SIT을 추구하게 될 것이며, 진정성 있고 상호작용적이며, 깊이 관여하는 고품질의 참여형 여행 경험을 통해서 자신의 삶이 풍성해 지기를 원한다.

지식기반 사회에서 가상현실Virtual Reality:VR은 기술의 발달로 관광지를 직접 가보지 않아도 실제로 방문한 것과 똑같은 느낌을 얻는 것이다. 이 뿐만 아니라 증강현실Augmented Reality:AR은 현실에 존재하는 이미지에 가상 이미지를 겹쳐 하나의 영상으로 보여주는 기술로서 가상현실보다 현실감이 뛰어난 것이 특징이다.

또한, 혼합현실Mixed Reality: MR은 완전 가상세계가 아닌 현실과 가상이 자연스럽게 연결된 스마트 환경을 사용자에게 제공하며, 풍부한 체험을 제공하는 것이다.

2) 안정 및 안보의 중요성 확대

테러나 보건상태가 취약한 지역은 관광기피 지역이 될 가능성이 높다. 테러는 국제여행을 억제할 수 있는 요소가 된다. 따라서 관광산업을 활성화하기 위해서는 안정과 안전을 강화하여 관광객을 보호할 수 있어야 한다.

3) LOHAS(Lifestyles Of Health And Sustainability)계층의 등장

현대의 사람들은 교육수준이 높고 건강에 관심이 많고 사회와 환경부문의 이슈를 인지하고 있는 계층이 증가하면서, LOHAS 계층이 미래의 고급 관광객으로 대우받게 될 것이다.

LOHAS 계층은 생태학적으로 지속가능하고 자신들의 윤리와 사회정의 기준에 부합하는 관광상품을 구매한다. 서구 국가의 경우, 성인인구의 5~30%, 미국 성인인구의 19%가 LOHAS 계층이다.

독일에서는 인구의 20%가 LOHAS 계층으로 대다수가 국내여행을 선호하면서 단기간 해변에서 휴가를 보내는 것이 주류를 이루고 있다.

4) Dark Tourism 의 등장

다크 투어리즘은 전쟁이나 학살처럼 비극적인 역사현장 이나 대규모 재난재해가 일어났던 곳을 돌아보며 교훈을 얻는 여행이다. 홍수, 지진, 토네이도, 허리케인 발생지는 위험하기 때문에 오히려 즐기는 사람들이 있다.

우리나라의 대표적인 다크 투어리즘 관광지는 DMZ 관광으로 외래관광객에게 DMZ는 세계에서 유일무이한 관광지로서 통일이 되면 세계 유명관광지로 각광받을 수 있다.

5) 여가시간과 여가활동의 다양화

최근 주 52시간 근무제가 차츰 정착하게 되면서 여가시간이 많아지고, 유급휴가나 공휴일의 증가로 인해, 사람들은 많아진 시간을 관광이나 여가활동을 하는데 많은 소비를 하고 있다. 따라서 사람들은 점점 가치가 있으면서 개성 있는 상품과 서비스를 찾게 될 것이며, 생활수준의 향상으로 여가활동이 다양해짐에 따라 여가활동 공급자 간의 경쟁도 치열해지고 있다.

6) 관광의 핵심은 서비스에서 체험으로 변화

여행경험이 많은 관광객들은 과거처럼 단순한 관광상품이나 서비스를 구매하기 보다는 시간과 돈에 걸맞는 익스트림 스포츠나 전혀 색다른 문화 또는 다양한 고품격의 관광을 체험하기를 바라고 있다.

7) 다양성을 추구하는 관광

인류는 각기 자신의 독특한 정체성identity을 보존하려하기 때문에 하나의 지구촌이라 해도 다양한 문화가 늘 존재하기 마련이다. 즉, 관광을 통해 타문화를 경험한다고 해서 동화하기 보다는 오히려 자기문화의 정체성을 발견하게 된다.

따라서 앞으로는 문화적 특성과 개성을 갖춘 관광지가 경쟁력 있는 관광 목적지로 부상된다.

 제3절 한국관광의 문제점 및 개선방안

1 정책방향 부문

1) 한국관광에는 장기종합계획이 없으며, 정책목표는 양적목표와 경제적 측면 중심으로 되어 있고, 관광정책은 인바운드 관광중심으로 추진되고 있다.

세계 관광시장이 지속적으로 성장하고 있으며, 관광환경은 급속하게 변하고 있다. 따라서 시대적 흐름에 효율적으로 대응하고 시장선점을 위한 경쟁에서 앞장서기 위해서는 지속가능한 관광정책이 필요하다.

현재 우리나라 관광정책 체계에는 '관광산업 선진화 전략'과 '제3차 관광 진흥

5개년 계획' 그리고 '제3차 관광개발 기본계획 수립' 등이 진행되고 있지만, 모든 부문을 포괄하는 장기적인 종합계획이 부족하다.

한국문화관광연구원 조사결과, '안정적이고 예측 가능한 관광정책, 계획 및 관리'의 중요성이 인정되었다. 따라서 모든 관광관련 관계자들이 공유하고 활용할 수 있는 한국관광 장기종합계획이 시급하다.

한국관광정책목표 중에서 양적목표는 누구나 쉽게 이해할 수 있고 달성여부를 예측할 수 있으며, 그 목표달성이 관광산업 발전과 직결되도록 구성되어 있으나, 질적 목표는 아직 부족한 부문이 많은 것으로 파악된다.

2) 1회성 이벤트나 성과위주의 정책

전국적으로 수많은 축제와 국내·외 행사가 개최되고 있으나, 아직도 많은 프로젝트가 이벤트 위주로 추진되는 경향이 짙고, 행사자체의 성공에만 집중한 나머지, 사후관리가 미흡한 경우가 많다. 따라서 지속적이고 효율적인 관광정책을 세우기 위해서는 일본이나 중국 관광객 위주의 홍보에서 다양한 국가 관광객 유치를 위한 홍보사업, 고품격 관광상품개발 그리고 언어소통과 이정표 개선 등의 정책을 수립하는 것이 필요하다.

문제점에 대한 개선방안으로는 한국관광 장기종합계획을 수립하여 안정적이고 예측 가능한 관광정책을 추진해 나가야 하며, 양적 목표와 경제적 측면 중심으로 되어있는 관광정책 목표에 질적 목표와 사회적측면의 목표를 세워야 한다.

관광정책 수립할 때 고려할 사항으로는,

첫째, 복지사회, 균형발전, 공정사회 등 국가가 추구하는 기본방향에 부합해야 한다.

둘째, 경제측면 뿐만 아니라 국가 이미지향상, 건강한 사회형성, 고령화 사회 대비책 강화 등 다방면의 국가적 해결을 위한 참여방안을 고려해야 한다.

셋째, 관광정책 수립시에는 국내·외 환경 변화와 경쟁국의 동향을 고려하고, 공급자 입장과 소비자 입장에서도 검토해야 한다.

관광은 한 국가나 사회가 발전하는데 중요한 기능과 역할을 하고 있다.

국내·외 관광객의 한국여행 만족도, 평균체재일, 재방문율, 지방 방문율 등의 목표를 지속적으로 관리하는 보다 적극적인 정책목표를 설정해야 한다.

관광은 우리사회의 튼튼한 기초를 다지는 기능과 역할을 통해 국가의 모든 부문이 골고루 발전할 수 있는 기반을 조성하고 있다. 또한 관광은 지역 균형 발전, 고령화 시대에 대한 대비, 공정사회 실현 등 여러 가지 사회적 이슈를 원활하게 해결하는데 도움이 되는 효율적인 수단이 된다.

관광정책의 비전과 목표의 범위를 넓히면서 관광의 국가와 사회발전에 대한 기여도를 객관적이고 구체적으로 제시함으로써, 국민과 정책결정자들이 관광의 중요성에 대해 새롭게 인식하도록 해야 한다.

2 마케팅 전략방향 부문

1) 안정적 유치시장 확보전략의 미흡

관광객을 유치하기 위해서는 시장 다각화를 통해서 안정적 유치시장을 확보함으로써 경제 불안, 경기침체, 국제정세변화 등의 환경악화에도 일정규모 이상으로 유지해야 한다. 따라서 주력시장, 신흥시장, 잠재시장별로 구체적인 마케팅 전략을 적극적으로 마련해야 한다.

안정적 유치시장 확보에 대한 개선사항으로는 주력시장 집중관리, 신흥시장 및 잠재시장 선정 등을 통해 안정적 유치시장을 확보해 나가야 한다.

(1) 주변국 관광시장 집중 공략

한국은 이웃에 중국과 일본이라는 거대시장을 가지고 있어서 경쟁국들에 비해 유리한 위치를 점하고 있다. 방한 중국인 관광객 수는 매년 큰 폭으로 증가하고 있으며, 중국은 아직도 가능성이 얼마든지 있는 시장이라고 볼 수 있다.

(2) 유치시장의 다각화

관광객 유치시장을 다각화하고 신흥시장을 선점해야 한다. 구미 관광객들은 체류 기간이 길어 관광외화 수입증대에 기여하며, 세계 여론을 주도하므로 국가 이미지 제고에도 큰 도움이 된다. 하지만 원거리 시장이라서 유치활동이 성과를 거두려면 지속적인 투자가 필요하다. 인도, 중동, 남미 등 신흥시장과 잠재시장을 겨냥하며 마케팅 거점을 확보하는 등의 유치기반 조성에 신경써야 한다.

2) 개별관광객(FIT) 유치증대와 만족도 제고 대책 미흡

온라인이나 SNS등의 이용증대로 관광정보 획득이 용이해짐에 따라, FIT 관광객들이 지속해서 증가하고 있으므로 체계적인 대책이 필요하다.

FIT는 주로 친구나 동료, 인터넷을 통해 여행정보를 입수하고, 35.4%가 혼자 여행하며, 최근 3년간 4회 이상 방한 비율이 13.9%로 단체여행객보다 월등히 높고, 체류기간 역시 9.6일로 단체여행객보다 길다. 지출경비와 만족도도 단체 여행객보다 높은 양질의 관광객이다.

개별관광객FIT에 대한 대책추진 사항으로서는 개별관광객 대책을 유치증대 뿐만 아니라 만족도 제고 측면에서도 체계적으로 추진해야 한다.

FIT란 여행사의 도움 없이 스스로 항공권, 숙박, 현지 교통편 등을 예약하고 여행일정을 준비하는 완전 자유 개별여행객이다. FIT는 항공권과 호텔만을 여행사나 항공사에 의뢰하는 에어텔 패키지+패키지투어의 절충형 여행객, 배낭 여행객, 소규모 SITSpecial Interest Travel 여행객, DIY형 상품이용 여행객 등 그 범위가 넓고 성격 또한 다양하므로 이를 감안한 대책을 추진할 필요가 있다. 또한 다양한 방안들을 추진하여 FIT의 한국관광에 대한 만족도를 꾸준히 높여 나감으로써, 구전에 의한 실질적인 한국관광 이미지 확산, 재 방문률 제고, 외래객 유치증대를 이루어내야 한다.

3) 한류관광 소재활용 미흡

한류는 한국관광 역사 이래 최대의 관광소재임에도 불구하고, 이를 체계화하

고 관광상품화 할 것인지에 대한 고민과 노력이 부족하다.

한류관광은 관광객 유입과 관광수입 뿐만 아니라 국가 이미지를 세계 곳곳에 무료로 홍보하는 효과가 있으며, 그 가치는 돈으로 환산할 수 없는 엄청난 가치가 있다.

'한류'를 관광소재 활용에 대한 개선사항으로는, 세계인들의 관심이 집중되고 있는 한류를 관광소재로 최대한 활용해야 하며, 한류가 지속적으로 확산되도록 관광부문에서도 지원을 해 나가야 한다.

한국 드라마와 K-POP이 전 세계적으로 폭발적인 인기를 끌면서 한류열풍이 확산되고 있다. 또한 한국인과 한국어, 문화, 음식 등 세계인들의 관심이 높아지고 있다. 따라서 한류상설 공연, 전시장을 만들어 방한 관광객들에게 다양한 프로그램을 쉽게 체험할 수 있는 기회를 제공하는 등 한류를 한국관광 발전에 최대한 활용하려는 노력을 해야 한다.

4) 온라인·SNS 관광 마케팅 활용 부족

Social media 와 Mobile technology는 미래 관광산업의 모습을 바꾸게 될 것이다. IT기술은 하루가 다르게 발전하고 있는 반면에 IT강국인 한국의 관광정책에 대한 노력이 매우 부족하다.

온라인 및 SNS 활용 미흡에 대한 개선사항으로는 양질의 콘텐츠 제공, 신뢰도 제고, 고객층 확보 등을 통해 한국관광 홍보 및 마케팅에 온라인과 SNS 활용을 확대해 나가야 한다. SNS를 이용한 마케팅 영역을 선점하기 위해서는 투자를 확대해야 하는데, 소비자들의 선택의 폭이 워낙 넓기 때문에 고객층을 확보하기 위해서는 철저한 마케팅 노력이 필요하다. 따라서 콘텐츠가 좋은 애플리케이션을 개발하고 정보의 신뢰도를 최대한 높여야 한다. 또한 타겟을 세분화하고 중점 타겟을 설정해서 집중적인 마케팅 활동을 실시해야 한다.

SNS 마케팅과 관련한 향후 정책 방향은,

첫째, 국내·외 관광블로그, 트위터를 활용해서 관광정보의 생산·가공·배포 주기를 단축하는 등 관광소재 및 상품에 대한 실시간 국내·외 홍보를 강화해야 한다.

둘째, 국내·외 파워 네티즌을 활용하여 관광 UCC를 확충하고, 이들의 자발적 바이럴 마케팅 효과로 인터넷을 통해 정보가 재확산 되도록 유도해야 한다.

셋째, 스마트기기의 보급이 확산됨에 따라 개개인의 스마트 서비스 이용이 증가하고, SNS 시장이 지속적으로 성장할 것이며, 개별관광객도 계속 증가할 것이다. 새롭게 등장하는 스마트 기기를 이용한 맞춤형 관광서비스 개발에 더 많은 노력을 기울여야 한다.

3 수용태세 개선 및 확충부문

1) 지방 관광 활성화의 수용태세 부족

서울과 수도권의 관광객 수용능력은 이미 한계상황인 반면에, 지방은 수용태세 문제로 인하여 분산유치 여건이 미흡하다.

수도권 집중현상을 해결하고 지방 관광을 활성화하기 위해서는 독특하고 다양한 관광자원을 체험할 수 있는 기회제공과 숙박, 교통체계, 서비스 등의 해결이 시급하다.

지방 관광 활성화의 수용태세 부족에 대한 개선방안으로는, 서울집중현상이 심각하므로 지방 관광 활성화를 서둘러야 하며, 우리 국민들의 국내여행 활성화 등을 통해 수용태세를 지속적으로 개선해 나가야 한다.

지방 관광을 활성화 하려면, 서울로부터 연결되는 교통망, 현지 교통망, 안내체계, 숙박시설, 음식점, 쇼핑, 관광지, 서비스, 환대마인드 등 하드웨어와 소프트웨어 부문에서의 수용태세 개선과 함께 관광상품을 다양화하는 등 질적 개선을 추진해야 한다. 특히, 많은 국민들이 국내여행을 하면서 식당, 숙박업소, 쇼핑업소 등에서 부당한 대우를 받는 경험을 가지고 있는 것으로 나타나 관광객 접점에서의 서비스 개선이 시급하다.

수용태세 개선은 우리 국민들의 국내여행 활성화를 함으로써 전반적인 수용태세가 자연스럽게 개선되도록 유도하고, 여기에 외래관광객에게 필요한 것에는 부분적으로 개선해 나가는 것이 현실적인 방안이다.

2) 관광상품의 고품격화 체계의 부족

질적인 측면에서는 양적성장을 따라가지 못하고 저가상품이나 저가 이미지로 인해 관광이 국가브랜드를 저해하는 장애요인이 되고 있다. 따라서 한국관광상품의 고품격화를 지속적으로 추진하여 소비자들의 선택의 폭을 넓혀 주어야 저가상품을 억제하고 저가 이미지도 개선해 나가야 한다.

관광상품의 고품격화 체계의 부족에 대한 개선 사항으로는, 관광상품의 고품격화 추진을 통해 한국관광의 전반적인 이미지와 만족도를 높이고, 저가 이미지에서도 벗어나야 한다.

고품격 상품이란 외국인에게 자신 있게 추천할 수 있는 상품으로서, 고가상품과는 다소 의미가 다르다. 하지만, 대체로 콘텐츠가 좋으면 가격도 자연스럽게 올라가게 된다. 저가상품은 어떠한 방법을 쓰더라도 근절할 수가 없으므로, 가격대별로 다양한 상품을 출시하여 소비자들이 알아서 선택하도록 하는 것이, 저가상품을 억제하고 소비자들의 불만도 줄여 나가는 것이 현실적인 방안이 될 수 있다.

한 가지 유의해야 할 점은, 고품격 상품은 통상적으로 초기에는 판매가 부진하여 짧은 시간에 성과가 나오는 것을 기대하기 어렵기 때문에, 사업이 어느 정도 자리를 잡고 성과를 낼 때까지 꾸준히 투자를 해야 한다.

3) 출입국 절차의 간소화 추진 미흡

미래에는 국경이 없어지는 경향으로 진행되고 있다. 전 세계가 하나의 블록내에서 인구이동이 용이해지게 되면서, 이동의 자유가 모두의 기본권이 될 것이다. 다양한 국가의 관광객 유입에 많은 영향을 줄 수 있다.

마케팅 전략 부문의 문제점에 대한 개선방안으로는,
- 주력시장 집중관리, 신흥시장 및 잠재시장 선점 등을 통해 안정적 유치시장을 확보하는 것이 중요하다.

• 개별관광객 대책을 유치증대할 뿐만 아니라 만족도 제고 측면에서도 세계적으로 추진해야 한다.

• 세계인들의 관심이 집중되고 있는 한류를 관광소재로 최대한 활용해야 하며, 한류가 지속적으로 확산되도록 관광부문에서도 지원을 해 나가야 한다.

• 양질의 콘텐츠 제공, 신뢰도 제고, 고객층 확보 등을 통해 한국관광 홍보 및 마케팅에 온라인과 SNS 활용을 극대화해야 한다.

SNS 마케팅과 관련한 향후 정책방향으로는,

첫째, 국내·외 관광 블로그, 트위터를 활용해서 관광정보의 생산, 가공, 배포주기를 단축하는 등 관광소재 및 상품에 대한 실시간 국내·외 홍보를 강화해야 한다.

둘째, 새롭게 등장하는 스마트기기를 이용한 맞춤형 관광서비스 개발정책을 강화해야 한다.

 제4절 미래관광의 정책 방향

향후 관광정책 방향은 문화와 콘텐츠가 살아 숨쉬는 관광, 산업고도화로 새롭게 도약하는 관광, 관광수출과 내수관광이 조화되는 관광, 국민 모두가 즐기는 관광이 되어야 한다. 이러한 정책방향은 문화를 통해 관광 콘텐츠의 다양성을 확보하고, 산업고도화를 통해서 관광산업의 경쟁력을 강화하고, 관광수출 확대와 내수관광발전의 조

화를 도모함과 동시에 관광을 통해 국민 삶의 질이 개선되는 관광복지국가를 실현하는 관광정책의 방향을 설정해야 한다.

1 대한민국 관광혁신 전략

우리의 향후 관광정책은 혁신적으로 바뀌어야 하며, 관광경제 패러다임의 변화가 필요하다. 따라서 대한민국 관광에 혁신전략이 필요하며 이는 지역혁신, 콘텐츠혁신, 그리고 산업혁신을 위해 노력해야 한다.

첫 번째, 지역혁신이다. 무분별한 관광지 개발과 비슷비슷한 관광 콘텐츠는 더이상 경쟁력이 없다. 각 지역이 고유의 특징을 살려 차별화된 관광 콘텐츠를 보유한 관광지로서 자리매김해야 한다. 지역 관광 거점육성을 위해서는 선택과 집중이 필요하다. 지역의 의견과 특성을 충분히 반영하여 고유성을 살릴 수 있도록 지역이 주도하고 정부가 지원하는 추진체계를 실행해야 한다.

두 번째, 콘텐츠 혁신이다. 매력 있는 관광 콘텐츠 육성을 위해 집중적으로 투자할 필요가 있다. 전 세계는 한국의 고유한 콘텐츠인 K-POP, 드라마, 문화, 음식 등의 콘텐츠에 많은 관심을 가지고 있다. 우리만이 가지고 있는 고유의 자원을 활용하여 한국에서만 경험할 수 있는 특별한 경험을 제공할 수 있어야 한다. 또한 전 세계 유일한 분단지대인 비무장 지대를 걷고, 철거한 GP를 활용한 문화예술 작품을 감상할 수 있다면 누구에게나 잊지 못할 경험이 될 것이다.

세 번째, 산업혁신이다. 새로운 환경 변화에 발맞춰 경쟁력을 갖춘 국내 관광기업을 육성해야 한다. 인공지능AI, 사물인터넷IoT, 빅 데이터Big Data, 모바일Mobile 등 지능정보 기술과 관광 콘텐츠를 융합한 플랫폼 구축과 이에 바탕을 둔 관광상품의 개발전략을 육성해야 한다. 또한 타 분야와의 융합으로 새롭게 관광산업에 등장하는 신규업종에도 투자 전략을 적극적으로 계획하고 지원해야 한다.

따라서 혁신을 위한 관광수요도 더욱 확대해야 한다. 동남아, 인도시장 개척을 위한 노력과 동시에 제1시장인 중국의 개별관광객 유치를 확대해야 한다.

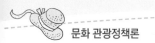

2 경쟁력 있는 관광산업 생태계 구축

관광산업의 지속적 성장을 위해서는 경쟁력 있는 관광산업 생태계 조성이 시급한 과제이다. 이를 위해 추진해야할 정책방향은 다음과 같다.

첫째, 매력적인 관광산업 투자환경 조성이 요구된다. 최근 경제위기로 인해 관광산업에 대한 투자가 부진할 것으로 예상됨에 따라 관광산업에 대한 투자여건을 개선하기 위한 종합적인 대책수립이 필요하다.

둘째, 관광산업 생산성 확대를 위한 관광산업 지원정책을 강화할 필요가 있다. 관광산업의 영세성, 높은 인적의존성 등으로 인해 다른 산업에 비해 노동생산성이 매우 열악한 수준이다. 관광산업의 생산성 및 경쟁력 강화를 위한 정부의 지원정책을 강화해야 한다.

셋째, 관광산업의 혁신역량이 열악하므로 산학협력을 통한 발전역량을 축적하는데 힘써야 한다.

넷째, 관광산업은 복합 산업적, 연계 산업적 특성이 매우 강하기 때문에 다양한 분야와 융합발전을 이룰 수 있도록 해야 한다.

다섯째, 고부가가치형 관광상품 개발을 위한 종합적인 육성대책이 필요하다.

3 관광 콘텐츠와 창조역량 강화

한국관광의 질적 발전을 추진하기 위해서는 관광경쟁력의 핵심요소인 관광콘텐츠를 지속적으로 발굴·육성해야 하며, 창조경제 시대에 관광산업의 지속가능한 산업생태계를 구축하기 위한 정책방향은 다음과 같다.

첫째, 우리만의 차별화된 관광상품 경쟁력을 확보하기 위해서는 한국고유의 문화자산에 바탕을 둔 문화관광상품개발이 요구된다.

둘째, 기존 전통적인 관광산업의 지속적인 육성과 함께 아이디어 기반형 창조관광 비즈니스에 대한 육성전략을 마련하여, 새로운 창업과 일자리 창출의 성장동력으로 활용하는 것이 필요하다.

셋째, 관광산업은 공급되는 노동의 질이 서비스의 질과 직접적인 연관이 있다는 점에서 한국관광의 질적 도약을 위해 전문화된 인적자원 육성이 필요하다.

4 관광산업의 지속적 성장을 위한 인프라 조성

관광수용태세를 비롯한 관광 인프라의 정비 및 확충을 위해 추진해야할 정책방향은 다음과 같다.

첫째, 외래관광객 2천만 시대의 조기진입 이라는 양적성장 목표와 관광을 통한 국민 삶의 질 개선이라는 질적 성장목표를 달성하기 위해서는 새로운 관광인프라의 확충 및 지속적인 정비가 필요하다.

둘째, 관광수용태세에 대한 개념과 정책영역을 명확히 하여 중·장기적인 정책로드맵을 가지고 추진해야 한다.

셋째, 최근 외래관광객의 급격한 증가로 서울과 수도권의 숙박시설 부족으로인해 불만이 고조되고 있다. 향후 숙박시설의 공급확대와 함께 다변화하는 정책이 지속적으로 추진되어야 한다.

넷째, 외래관광객의 초성장시대로 진입하기 위해서는 중국, 일본뿐만 아니라동남아시아 등 전략시장유치 여건을 강화하는데 정책 역량을 기울여야 한다.

5 지역 관광 활성화를 위한 기반강화

지역의 관광 활성화를 위해서는 지역의 관광여건이 개선되어야 하고, 관광을통한 내수경제 활성화에 도움을 줄 수 있어야 한다. 따라서 추진해야 할 정책과제는 다음과 같다.

첫째, 지역 관광 활성화를 위해 수요여건을 조성하고 공급역량을 강화하는 등지역의 내수관광 활성화기반을 마련해야 한다.

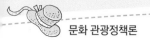
둘째, 수도권의 관광수용태세는 전반적으로 많이 개선되고 있으나, 지방자치단체의 지역의 관광수용 태세는 여전히 미비한 상태이다. 따라서 이에 대한 종합적인 대책 마련이 필요하다.

셋째, 우리나라는 부산, 제주, 경주 등 몇몇 도시를 제외하고 세계적인 관광도시가 부족하다. 따라서 지역 관광거점으로서 지역 중소도시의 관광도시화를 위한 체계적인 육성이 시급하다.

넷째, 지역별로 지역의 특화요소와 결합한 관광산업을 진흥시킬 수 있는 지역 관광산업 육성정책 마련이 필요하다.

다섯째, 지역 관광을 발전시키기 위해서는 핵심주체의 형성과 역량강화가 필수이다.

따라서 지역 관광발전을 위한 주체형성 전략으로서 지역 관광 거버넌스 구축이 시급하다.

제5절 4차 산업혁명시대의 관광정책

4차 산업혁명은 디지털 혁명에 기반을 두고 물리적 공간, 디지털적 공간 및 생물학적 공간의 경계가 없어지는 융합의 시대가 이루어지는 것이다.

우리의 생활과 산업 전반에 인공지능AI, 사물인터넷IoT, 빅 데이터 등으로 대표되는 신기술이 상호 융합되어 새로운 부가가치 상품과 서비스를 만들어 내고 있으며 관광부문도 예외는 아니다.

현재는 가상현실VR 체험이 가시화되고 있으며 증강현실AR도 함께 발달하고 있다. 또한 가상현실과 증강현실을 결합한 혼합현실MR이 관광 분야로 활성화될 전망이다. 4차 산업혁명 시대에도 관광부문의 일자리는 크게 영향을 받지 않을 것

으로 예상된다. 2015년 영국의 BBC가 만든 웹사이트에서 로봇이 당신의 직업을 대체할까?의 설문조사에서 다음과 같은 결과가 나타났다.

레저 및 여행서비스 직업군은 로봇의 대체가능성이 35%이며, 전체 직업군 365개중 217위이다. 여행대리점은 26%로 231위이며, 호텔과 숙박경영의 경우에는 대체 가능성이 0%로 거의 없어 365위를 차지하고 있는 것으로 분석되었다.

1 관광환경의 변화

1) 관광환경의 변화

관광환경은 시대와 환경의 변화에 따라 지속적으로 변화되고 성장할 수 있어야 한다. 이처럼 관광환경은 경제적 환경, 사회적 환경, 정책적 환경에 의하여 변화하는 것이 당연하다.

(1) 경제적 환경

4차 산업혁명시대 진입으로 인해 세계 각국은 산업 경제 전반에 걸친 생산·소비 구조의 변화로 산업생태계가 고도화되고 있다. 따라서 가치와 감성 지향, 창조성을 중심으로 산업 간 융합을 통해 새로운 부가가치를 창출하는 '융합의 시대'로 바뀌고 있다. 융합은 기술발달, 시대적·사회적 환경 등에 따라 지속 확장될 것으로 예측된다. 우리나라 경제는 저성장이 고착화되는 경기침체로 인해 내수경제 활성화를 위한 새로운 신성장 동력이 필요하다. 특히, 관광분야에서는 기존의 전통관광산업·융합관광산업을 넘어 관광산업 고도화가 필요한 시점이다.

전 세계적으로 관광산업은 경제효과, 고용효과, 수출효과, 투자효과 등 경제전

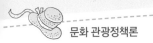

반에 걸쳐 그 위상이 지속적으로 확대되고 있다. 따라서 서비스산업의 고용과 부가가치 비중이 커지면서 경제에 미치는 영향이 확대되는 서비스 경제화가 활성화 되고 있다.

UNWTO2016는 국제 관광시장은 꾸준히 증가할 것으로 전망되고 있으며, 향후 2030년까지 경제성장을 견인하는 주요 요소가 될 것으로 예상하면서 국제 관광객 수는 2030년에는 18억명에 이를 것으로 전망하고 있다. 특히 중국, 동남아시아 등 아시아 태평양 지역의 시장 비중이 확대되고 있어 우리나라의 적극적이고 선제적인 대응이 요구되고 있다. 관광은 전 세계 GDP의 10%, 일자리의 1/11, 수출액의 7%를 차지하고 있으며, 경제적 비중 역시 꾸준한 증가를 보이고 있다.

(2) 사회적 환경

사회적 환경으로는 디지털로 인한 관광산업의 가속화, 다양한 라이프 스타일의 등장, 그리고 사회적 불안요소가 증가하면서 관광산업에 많은 영향을 미치고 있다.

현대사회는 정보 및 지식에 대한 수요 증가, 디지털 기술의 발전디지털화·모바일화, 네트워크화 발전 등에 따라 관광 및 여행 산업에도 변화가 가속화되고 있다.

전자상거래 규모가 급속하게 성장하면서 지식, 정보, 예술, 문화 등 콘텐츠의 중요성이 증대됨에 따라 경험의 가치연결 시스템의 구성요소로서 문화와 관광의 중요성이 부각되고 있다.

다양한 라이프 스타일의 등장으로 인해 저출산·고령화로 인한 인구구조 변화와 전통적인 가족개념의 변화에 따른 다양한 소비계층이 등장하면서 '일과 삶의 균형', '여가중시', '가족중심', '개인중심'등 새로운 가치관이 부각되고 있다.

1인 가구 수는 꾸준히 증가하여 2015년 기준 500만 가구를 넘어섰으며, 그 비중은 2025년에는 30%를 돌파할 것으로 예상된다. 1인 가구의 사회경제적 영향력이 확대됨에 따라 관광산업의 관점에서 이들이 부상하는 여가문화 향유 및 새로운 소비주체로 주목받고 있다.

사회적 불안요소 증가로는 脫세계화·新지역화, 국제테러, 기후변화 등으로 인해 국제 정치·경제·사회적 불안요소 급증 및 안전에 대한 관심이 증대되고 있다.

따라서 정신적 안정과 휴식, 건강을 지향하는 치유관광_{의료관광, 헬스관광, 농촌관광, 생태관광 등}이 등장하고 있다.

(3) 정책적 환경

정책적 환경에서는 양보다는 질 중심, 관광 콘텐츠의 융·복합화, 관광혁신 정책 강화에 대한 내용은 다음과 같다.

세계 각국은 관광산업의 지속적 성장을 위해서 양 중심의 관광정책에서 질 중심의 관광정책으로 전환하고 있다. 이에 대한 주요 관광정책으로는 관광상품 및 시설의 품질 개선 등 질 중심의 관광정책 추진강화, 가치 중심 관광산업 육성을 위해 고부가가치 비즈니스를 발굴하기 위해 추진하고 있다.

관광 콘텐츠의 융·복합화 확산으로 경쟁력 강화를 위해 융·복합기반 관광 콘텐츠 육성 추진 및 신성장 관광분야 육성정책, 선진화된 관광품질관리 등의 정책이 확산되고 있다. 주요 관광정책으로는 새로운 융·복합 관광분야 발굴 및 상품화 추진, 융·복합 관광상품개발, 자연·문화에 기반한 콘텐츠 관광상품개발, 관광품질개선 및 관리정책 등을 추진해야 한다.

관광선진국의 관광혁신 정책의 예를 들면, 일본은 관광을 기간산업으로 육성하기 위한 중장기 액션플랜을 추진하고 있다. 미국은 외래관광객 유치 확대와 일자리 창출을 위한 중장기 관광계획을 발표하였다. 그리고 호주는 Tourism 2020을 목표로 숙박시설, 일자리, 항공수용력, 온라인 서비스 등 6대 중장기 발전계획을 수립하였다.

4차 산업혁명시대에 대비한 정부의 관광정책을 다음과 같이 대책을 세워야 한다.

첫째, 4차 산업혁명시대 대비 관광종합계획이 수립되어야 한다. 제조업 대비 서비스 업 비중의 증가가 두드러지게 나타날 것이라는 점에서 관광산업의 역할이 확대되어야 한다. 단기적으로는 ICT와의 융합을 통한 관광산업 콘텐츠를 개발하되 중·장기적으로는 미래형 인재양성 및 일자리 발굴, 연구개발 투자 확대에 주력해야 한다.

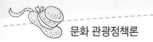

둘째, 중앙과 지방정부, 관광전문기관, 관광업계간 튼튼한 공조체계를 구축해야 한다. 우리나라는 한국관광공사에서 관광 빅 데이터 분석, 연결, 공유를 위한 기본적인 역할을 담당하게 하고 국가 소유의 데이터를 모든 수요자가 사용할 수 있도록 개방해야 한다.

셋째, 4차 산업혁명시대에 관광산업이 대응하기 위해서는 발 빠른 공진화共進化 노력이 필요하다. 무엇보다 새로운 기술을 기존 관광산업으로 접목시키는 플랫폼을 구축할 필요가 있다. 한국관광공사가 스마트 관광 통합 플랫폼의 구축에 주력하는 것도 시의적절 하다. 정부와 관광기업간의 중간지원기관들을 집합시켜 왕성한 서비스 기술을 발굴·개발하는 혁신지원시스템이 모색돼야 한다. ICT 분야의 중소기업, 소상공인, 청년 사업가, 창업자 등을 규합하여 관광부문으로 더 끌어들여야 한다.

넷째, 4차 산업혁명에 대응한 관광정책의 방향은 새로운 고객가치의 창출과 품질개선에 두어야 한다. 단순한 관광정보 서비스 전달에 그치지 않고 여행 전체를 편안하게 만드는 ICT 연계 고객맞춤형 여행서비스를 창출하는데 초점을 두어야 한다. 또한 여행의 전 과정을 상호 연결하는 ICT플랫폼을 구축하여 여행 시 겪게 되는 불편과 애로사항을 발굴·해소하고 여행의 품질을 혁신시키는 계기로 삼아야 한다. 미래학자 피터 슈워츠는 '미래는 준비하는 자의 것이고, 성공은 실천하는 자의 것'이라고 했다.

2 4차 산업혁명시대의 관광산업

4차 산업혁명의 특징인 초연결성, 초지능화, 융합화로 신규 비즈니스 창출등을 포함한 관광산업의 구조, 관광객의 소비행태, 관광객의 정보탐색 등에서 변화가 나타나고 있다. 또한 디지털 혁신으로 에어비앤비, 익스피디아 등 플랫폼 및 공유기반의 신규관광 비즈니스가 성장하고 있다. 에어비앤비는 공유기반의 숙박 플랫폼으로 관광객과 현지주민의 연결성을 숙박을 통해 강화하고 있으며, 익스피디아는 글로벌 온라인 여행사OTA로 정보통신 기술을 활용해 실시간 숙박 및 투어예약 서비스 등을 제공하고 있다.

표 13-2 4차 산업혁명으로 인한 관광산업의 변화

구분	내용
공급자 측면	• 디지털 플랫폼의 중요성이 강조되며 플랫폼 및 공유기반 신규관광 비즈니스의 창출과 성장, 정보통신 기술 활용으로 인한 운영변화로 일자리 이동
관광객 측면	• 초 연결을 통해 오프라인과 온라인에서의 제한 없는 경계로 관광상품 및 서비스 구매가 가능하고, 데이터 기반의 관광경험 증가, 관광 정보원천의 다양화
관광관련 기술측면	• 관광객들의 의사소통, 구매, 여행하는 방식 등의 변화 • 관광관련기술: 와이파이 연결, 인공지능, 사물 인터넷, 가상현실 및 증강현실, 웨어러블 기기, 음성인식 기술, 블록체인, 리뷰사이트, 통역서비스

자료: 전효재·한희정(2018). 4차 산업혁명에 따른 미래관광 일자리 창출방안연구, 한국문화관광연구원

관광산업 성장에 있어서도 모바일 인터넷의 진보, 새로운 기술의 활용증가, 인공지능의 진보, 빅 데이터 이용가능성의 증대, 클라우드 진보기술 등이 주요 트렌드로 파악된다. 관광산업에서 기술의 활용비율은 IoT95%, 앱 및 기반시장95%, 빅 데이터 분석89% 등이 80% 이상의 비율로 나타나고 있다.

관광기업에서의 기술활용의 증대를 통한 경쟁력 확보를 위해서도 관련 역량 및 트렌드 이해도 강화와 투자증대 등에 대한 정책이 필요하다. 이러한 변화의 영향요인은 규제, 시스템, 인프라, 직업 및 직무역량 등이 있으며, 4차 산업혁명에 대응하기 위해서는 [표 13-4] 관점에서의 접근이 필요하다.

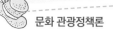

 표 13-3 4차 산업혁명 기술과 관광산업 분야별 변화

구분	핵심 기술	내용
여행업	가상 여행보조 서비스 제공	• 인공지능 기능을 탑재한 가상 컨시어지 모바일 여행사 Pana는 여행 옵션 및 효율적인 예약 방법으로 응답 • 향후 여행에 대한 가격알림, 자동 체크인 등의 추가기능
	맞춤형 트립스 앱 개발	• 200개가 넘는 관광 목적지에 대한 가이드 및 개인별 구글 히스토리를 기반으로 레스토랑이나 행선지 등을 맞춤형으로 추천하는 구글 트립스 앱 개발
	챗봇 서비스	• 인공지능 기술을 활용한 챗봇 시스템의 웹사이트 구현으로 관광객 문의사항을 처리함
호텔업	VR경험 객실 서비스	• 메리어트 호텔에서는 객실 내 엔터테인먼트 옵션으로 VR 룸서비스 제공
	호텔용 IoT전원 자동화	• CytexOne은 호텔시스템에 IoT기술을 적용하여, 환기, 조명, 점유감지 및 엔터테인먼트, 미니바 등 서비스에 대한 진단 및 예측을 원격 모니터링에 의해 감시
	IoT 기반 플랫폼	• IoT 플랫폼 전문 기업과 사물인터넷(IoT)을 기반으로 하는 호텔 전용 플랫폼 '스마트 스테이(Smart Stay)' 공동 사업추진
	인공지능 안내 서비스 로봇	• IBM과 제휴해 미국전역에 있는 호텔체인에 인공지능을 갖춘 고객 안내 서비스 로봇 도입 추진
	인공지능 로봇	• Henn-Na Hotel은 인공지능 로봇을 직원으로 배치 • 기능성 드로이드를 호텔에 배치 수하물, 로커 운반 및 룸서비스 제공
유원 시설업	VR 테마파크	• 중국 구이양에 VR 및 기타 기술을 활용한 테마파크를 개장하여 과학기반 VR 경험을 제공
	웨어러블 기기	• 디즈니는 웨어러블 기기인 매직밴드로 디즈니 호텔 체크인, 어트랙션 체크인, 음식 및 상품구입비 청구
카지노	로봇 딜러	• 카지노 딜러 대신 카드의 용량을 제한하는 로봇 딜러 배치, 향후 인공지능 로봇딜러 개발 발표
항공업	개인 맞춤형 데이터 허브	• Qantas항공은 고객 데이터 플랫폼 기업인 Umbel과 협력을 통해 개인맞춤형 데이터 허브 구축
	안내 로봇	• 네덜란드 항공사 KLM은 암스테르담 공항에서 환승 승객을 게이트로 이동시키는 업무를 지원하는 로봇 가이드배치
	3D 프린팅 기술	• 에어버스는 툴링, 프로토 타입제작, 항공기 부품 제작에 3D프린팅 기술 적용

구분	핵심 기술	내용
항공업	IoT 이용 수화물 추적	• IoT 이용한 앱의 모바일 탑승권 링크를 통한 수화물 추적
	블록체인기반 로열티 프로그램	• 싱가포르 항공사는 블록체인 Cryptocurrency 기반의 로열티 프로그램을 위해 디지털 지갑 앱 출시 예정

자료: 전효재·한희정(2018). 4차 산업혁명에 따른 미래관광 일자리 창출방안연구, 한국문화관광연구원

 표 13-4 관광산업의 디지털 전환의 주요 요인

구분	내용
규제	• 일반적으로 혁신은 새로운 규제 및 정책의 수립보다 더 빠르게 진행됨 • 그러나 혁신의 촉구나 저해는 규제 및 정책에 따라 다르게 나타남
시스템	• 관광기업의 변화속도는 새로운 시스템의 도입 여부가 중요함
인프라	• 무형의 자산(비즈니스 모델)이 중심이지만, 물리적 자산의 품질을 제고하기 위한 디지털 기술, 물리적 인프라의 투자가 중요함
직업 및 직무 역량	• 관광종사자에게 디지털 관련 등 기존 산업에서 요구되는 역량과 다른 역량을 요구하며, 새로운 유형의 직업이 창출될 것임 • 자동화로 인한 고용의 변화, 디지털 경제에서의 관광산업 인력양성, 디지털화로 인한 유연근무에 대한 종사자 보호 등에 대한 방향설정이 필요함

자료: 전효재·한희정(2018). 4차 산업혁명에 따른 미래관광 일자리 창출방안연구, 한국문화관광연구원.

 제6절 한국관광산업의 업그레이드 전략

1 미래 유망산업인 관광

고용 없는 저성장 시대에서 고용을 촉진하기 위한 대안은 관광산업이 유일하다. 세계적으로 관광산업은 빠른 속도로 성장하면서 글로벌 경제를 견인하고 있

다. 세계의 관광산업 규모는 2010년 5조 7,000억 달러에서 2020년 11조 1,000 억 달러로 향후 10년간 6.9%의 증가가 예상된다.

세계 관광산업에서의 고용규모는 2011년 2억 6,000만명에서 2021년 3억 2,000만명으로 증가할 것으로 전망하고 있다. 따라서 관광산업은 고용없는 저 성장시대에서 고용창출의 유력한 대안산업으로 전망하고 있다.

한국의 관광지출 10억원당 유발되는 취업자 수는 22.9명으로 산업평균인 13.4 명의 2배 수준으로 나타났다. 그리고 관광산업의 외화가득률은 82.4%로 제조업 56.3%와 산업전체 평균 67.4%를 크게 앞서고 있는 것으로 조사되었다.

〈북유럽의 신흥 관광강국 스웨덴〉

스웨덴의 관광산업은 철강, 자동차 산업 등 전통기간산업과 더불어 국가 핵심 산업으로 부상하고 있다. 2008년 관광수입은 141억달러로 스웨덴의 전통기간산 업인 철강산업 수출액117억 달러을 추월했고, 16만개의 일자리를 창출했다.

스웨덴 관광산업이 급성장한 이유로는
- 북유럽 변방이라는 지리적 단점을 재해석하여 다른 지역과 차별화된 신비로 운 곳으로 마케팅
- 청정자연의 매력 등을 꼽을 수 있다.

(자료: 스웨덴 관광청 홈페이지)

2 미래 관광의 7대 트렌드

교통·통신 등 관광산업을 둘러싼 환경이 변화하는 가운데 관광 수요자와 공 급자, 제도가 상호작용하며 관광 트렌드 변화를 유발하고 있다.

수요자인 관광객은 일과 삶의 균형 추구로 인한 여가시간의 증가와 소득수준 향상 등으로 관광수요가 증가하고 유형도 다양화되고 있다. 공급자인 관광업계는 여행사, 호텔 등 차별화된 관광상품 설계, 마케팅 강화 등 치열하게 경청하며 변화 하는 수요에 대응하는 자세를 가져야 한다. 정부는 도시 경쟁력을 제고 하여 지역 경제 활성화 등을 위해 관광산업을 지원하고 미래 성장 동력으로 육성해야 한다.

1) Culture : 대중문화 관광

(1) 미디어의 발달로 문화 확산 속도가 빨라짐에 따라 건축물, 고미술품 등 전통 문화 유산뿐만 아니라 대중문화도 관광의 주요 콘텐츠로 부상하고 있다.

① 세트장, 촬영지 등을 관광상품화하는 '영화 관광Film induced Tourism' 인기
- 요르단의 고대 도시 페트라는 1989년 영화〈인디아나 존스〉촬영지로 유명해지며 연간 100만명의 관광객이 방문하는 명소가 되었고, 당시 1요르단 디나르에 불과하던 입장료가 90배 이상 폭등하였다.

② 현지를 직접 방문해 현대문학 및 대중음악 작가의 흔적과 작품배경을 돌아보고, 콘서트를 관람하는 등의 대중문화 관광상품이 등장하고 있다.
- 소설 〈빨강머리 앤〉의 배경인 캐나다의 프린스 에드워드 섬은 연간 100만명 이상의 관광객이 찾는 문학관광 명소로 알려져 있다.
- 로큰롤 황제 엘비스 프레슬리는 미국 멤피스의 자택 그레이스랜드의 관광수입 등으로 〈포브스〉가 발표한 유명인 사후소득 순위 1위를 차지하였다.

(2) 각국은 대중문화를 관광산업 육성을 위한 주요 수단으로 활용하고 있다.

- 영국은 세계 각국의 공연예술가에게 자유로운 표현의 장을 제공하는 에딘버러 축제를 관광상품화 하고 있다. 매년 8월에 개최되는 에딘버러 축제에는 2만명 이상의 공연예술가 외에도 대중문화 관련 업계 종사자와 250만명 이상의 관광객이 방문하고 있다.

2) Edutainment : 체험학습 관광

여가의 가치가 증대되면서 색다른 체험을 통해 자기계발을 추구하고자 하는 관광객 대상의 교육관광 콘텐츠가 확산되고 있다.

최근에는 어학, 기업연구 관광, 체험형 수학여행 등과 같은 교육관광의 비중이 증가하고 있으며, 체험을 통해 자연스럽게 배우는 학습 캠프와 홈스테이 프로그램의 선호도가 높다. ALE는 일본과 미국 학생이 서로의 언어와 문화를 배우는

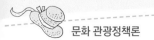

홈스테이 프로그램인 '일본 캠프Japan Camp'를 운영하고 있다.

다양한 경험이나 모험에 도전하는 활동적 성향의 관광객인 '트라이투어슈머Trytoursumer'가 증가하고 있다. 스카이다이빙, 번지점프, 열대우림체험 등 모험 레포츠 향유가 관광의 주목적으로 부상하고 있으며, 관광지의 특색있는 삶과 문화를 직접 체험해볼 수 있도록 지방자치 단체와 주민이 직접 기획·개발하는 여행상품도 등장하고 있다. 폴리네시아 문화센터는 하와이, 뉴질랜드, 이스터 섬 등지의 지역 원주민과 함께 생활하며 그들의 삶을 체험해보는 프로그램을 개발하고 있다.

〈미국의 역사를 체험하는 수학여행, WOWWonders of Washington〉

청소년이 국회의원과 파트너십을 이루어 미국의 역사, 정치, 문화를 학습하는 민주시민 교육 프로그램

- 2~6일 동안 일체의 강의 없이 워싱턴 DC의 국회의사당, 최고법정, 국회도서관 등을 탐방하고 느끼는 체험 위주의 프로그램
- 연간 3만명 이상이 방문하는 새로운 교육 여행 콘텐츠로 각광

<자료: WOW 홈페이지>

3) Soul : 마음 치유 관광

신체뿐만 아니라 마음과 영혼을 치유하는 명상관광Meditation Tourism이 새롭게 등장하고 있다. 고도의 스트레스에 시달리는 현대인이 자기 수양 목적으로 명상관광을 즐기고 있다. 대표적 명상상품인 요가는 금융위기 이후 시장이 더욱 확대되어 2011년 美요가 시장 규모가 65억달러에 육박하고 있다. 요가와 함께 명상관광의 효시 상품인 아시아의 템플스테이는 내국인 전용에서 국제 상품으로 발전하고 있다.

명상을 테마로 한 휴가상품이 확산되고, 순례여행에 대한 관심도 재부상하고 있다. 케냐, 탄자니아 등 아프리카에서는 사파리에 요가 프로그램을 결합한 '요가 사파리Yoga Safari'상품을 경쟁적으로 출시하였다. 또한 미국의 '존 뮤어 트레일', 스페인의 '카미노 데 산티아고'등 기존 도보트레킹 코스가 성찰을 테마로 한 순례상품으로 재인기를 얻고 있다.

〈영혼을 치유하는 '오쇼 국제 명상 리조트'〉

인도 봄베이 인근 뿌네에 위치한 명상 리조트로 매년 100개국에서 약 6만명이 방문하고 있다.

- 본래 명칭은 오쇼 명상공동체Osho International Meditation Commune였으나, 일반 관광객의 방문이 늘어나면서 2002년 리조트로 변신하였다.
- 16만m² 규모의 자연친화적 리조트로 설계되었으며 명상, 요가, 테라피, 심리 치료 등 심리적 안정을 위한 프로그램을 제공

<자료: 오쇼 홈페이지>

4) Smart: 스마트 관광

웹, SNS, 스마트폰 등을 통해 일상정보를 생활에 적극 활용하는 '스마트 라이프'가 관광소비 플랫폼과 행태를 변화시키고 있다.

개인 관광시 가장 큰 장애가 되는 의사소통, 현지정보 확보 등의 문제를 모바일 기술을 이용해 해결하고 있다. 또한 소비자의 정보획득 능력이 높아짐에 따라 차별적 경쟁우위를 확보하기 어려워진 업계와 각국 정부는 관광·IT컨버전스 서비스 개발에 매진하고 있다. 호주 관광청은 관광정보 조회와 여행준비를 용이하게 해주는 스마트 앱'Oz Planner'를 개발하여 외국 관광객을 유인하고 있다.

SNS와 스마트 폰을 고객과의 소통을 위한 플랫폼으로 활용하고 있다. 싱가포르 공항은 'iCHANGI'라는 앱을 통해 비행기 출도착 시간, 출구 정보, 주차장 위치, 부대시설, 쇼핑 정보 등을 제공하고 있다.

5) Dream: 꿈을 파는 관광

개인이 실현할 수 없는 것으로 여겼던 '꿈'들이 현실로 구현되며 관광시장에 새로운 자극을 제공하고 있다. 우주여행, 심해탐험 등 극소수 고객을 상대로 개인의 꿈을 실현해주는 이색 서비스가 등장하고 있다.

여러 글로벌 대기업 CEO가 이용하며 화제가 된 '꿈의 관광' 등장 이후 다양

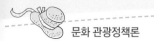

한 이색 서비스가 출시되며 새로운 틈새시장을 형성하고 있다.

남극이나 북극 등 극지탐험의 꿈을 실현시켜주는 이색 상품이 잇달아 출시되며 일반 고객을 유치하고 있다. 시카고 소재 관광회사 폴라 익스플로러는 아문젠의 남극 정복 100주년을 기념한 '남극탐험 스키 프로그램'을 5만 달러에 판매하고 있다.

휴가기간 동안 평생 꿈꾸던 직업을 체험해보는 '보케이션 베이케이션Vocation Vacation' 프로그램도 대성황이다. 미국의 보케이션 베이케이션은 2003년부터 아나운서, 소믈리에, 디자이너 등 200여개의 직업 체험 프로그램을 600~2,000달러에 제공하고 있다.

6) Fair: 모두를 위한 관광

여행이 자기 만족적인 소비가 아니라 지역주민과 그 공동체에 도움이 되는 방향으로 변화해야 한다는 인식이 확산되었다. 소비적 여행이 남기는 환경오염, 문화 훼손, 관광업 종사자의 인권침해, 왜곡된 관광문화 등에 대한 반성에서 공정여행이 시작되었다. 나의 즐거움을 위해 자연과 사람을 파괴하는 여행 대신 현지의 경제·환경·문화를 존중하고 보호하며 내가 성장하는 여행방식을 위한 것이다.

공정여행은 1980년대 후반부터 관광의 새로운 가치로 주목받기 시작하였으며, 미국 공정여행의 시초는 남미에서 커피와 카카오 농사를 돕는 자원봉사 활동을 겸하는 '글로벌 익스체인지'였다.

7) China: 관광의 핵심고객 중국

중국경제 성장과 소득증가로 중국인의 해외 관광이 늘어나고 지출액도 커짐에 따라 중국인 관광객이 세계 관광업계의 핵심고객으로 부상하고 있다.

각국과 주요 기업은 중국인 관광객 유치를 위해 규제 완화, 대형 리조트를 비롯한 관광지 개발과 對중국 마케팅 강화 등을 추진하고 있다. 유럽 항공사는 중국 노선을 확대하고 서비스 개선등에 주력하고 있으며, 에어프랑스는 모든 중국 노선에 중국인 승무원을 배치하고 기내식으로 중국 음식을 제공하고 있다.

3 한국관광산업의 업그레이드 전략

향후 한국의 관광산업은 신한류, IT 등의 강점을 활용해 트렌드 변화의 기회를 포착해야 한다. 미래 트렌드를 고려하여 강점 활용과 약점 보완의 전략을 마련해 한국관광산업의 수준을 업그레이드할 필요가 있다.

한국의 강점을 활용해 트렌드에 부합하는 다양한 상품을 개발하는 것이다. 예를 들어, 신한류, IT, 정신문화, 교육 등의 강점을 관광과 융·복합한 상품을 개발하고, 지리적 이점을 활용해 중국인 관광객 유치 전략을 마련해야 한다. 또한 질적 경쟁력을 확보하고 이미지를 개선하는 등 한국관광산업의 약점을 극복해 지속 성장을 추구하면서, 저가관광 문제를 해결하고, 불친절·무질서·관광지 폭리 등 한국관광산업의 부정적 이미지를 개선하는 전략을 마련해야 한다.

1) 융·복합 상품 개발

신한류, 교육, 전통문화 등 한국의 강점 문화자원을 관광과 융·복합하여 한국관광만이 제공할 수 있는 차별화된 콘텐츠를 발굴하는 것이다. 예를 들어, 드라마에서 K-POP으로 아시아에서 구미로 확대되고 있는 신한류 테마를 관광상품화하고, 한국의 경제성장 경험을 활용한 교육관광 콘텐츠를 개발하여 중국, 동남아시아, 북아프리카 등 신흥시장 관광객을 공략해야 한다. 자연과의 조화와 사색을 중시한 한국의 전통 구조물을 정적인 명상의 기회를 제공하는 콘텐츠 소재로 활용하는 것 또한 방법이다. 그 예로 정자, 연못, 수목, 괴석이 어우러진 정원미학의 정점이자 유네스코 세계문화유산으로 등재된 창덕궁 후원이 관람코스로 운영중이다.

또한, 스마트폰, 위치기반서비스, 가상현실 등 차세대 IT와의 컨버전스로 다양한 관광경험을 제공하고 서비스의 질적 수준도 제고하는 것이다. 따라서 정부는 관광활동의 편의성을 제고할 수 있는 '스마트 관광' 인프라를 구축하는 것으로 부산, 제주, 충북 등은 언제, 어디에서나 관광지, 숙박 및 음식, 지리정보 등을 활용할 수 있도록 하는 'U-Tourpia 사업'을 추진하고 있다. 또한 관광자원을 3D

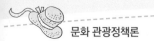

그래픽스, 동영상 등으로 디지털화하여 가상현실 전시 등 새로운 형태의 관광 콘텐츠 개발에 활용하고 있다.

2) 관광상품의 고급화

저가 상품의 박리다매 전략을 지양하고 고부가 관광상품을 제공하는 고급화 전략을 도입해야 한다. 출혈경쟁을 유발하는 패키지형 단체 관광을 지양하고 소수 고객을 대상으로 고급화된 서비스를 제공하는 것이다. 고객이 자신의 취향과 여행 콘셉트에 따라 상품설계에 직접 관여할 수 있는 맞춤형 관광상품을 개발해야 한다.

'꿈을 실현한다'는 관광 트렌드에 부응해 국내·외 VIP고객을 발굴하고 이들의 수요에 기초한 명품 상품을 개발하는 것으로, 전문 업체를 활성화시켜 해외 VIP의 인바운드 관광수요를 확대하고, 국내 관광자원을 고객의 '꿈'과 연계하는 명품 프로그램을 개발해야 한다.

3) 착한 관광 주도

녹색관광, 공정관광 등 환경을 보호하고 윤리적 소비를 하는 '착한관광'을 확산하여 한국관광의 이미지를 제고시켜야 한다. 기후변화 등 세계 관광산업에서 논란이 되고 있는 과제 해결에 한국이 선도적 역할을 담당해야 한다.

현재 해외여행 중심으로 기획되고 있는 공정여행 상품을 국내의 생태관광, 도보관광, 자전거관광, 농촌관광 등에 접목해 지역경제 활성화에 기여할 수 있는 관광을 주도하는 것이다. 정부는 공정관광상품을 판매하는 기업에 대해 인센티브를 제공하고 상품에 대해서는 인증제를 추진해 공정관광상품의 확산을 유도해야 한다.

토의 내용

1. 미래관광의 환경 변화와 정책수요에 대해 토의해 보세요.

2. 미래관광정책의 환경 변화 및 전망에 대해 토의해 보세요.

3. 한국관광의 각 부문별 문제점과 개선방안에 대해 토의해 보세요.

4. 미래관광의 관광정책 방향에 대해 토의해 보세요.

5. 4차 산업혁명시대를 준비하는 관광정책에 대해 토의해 보세요.

6. 4차 산업혁명기술과 관광산업 분야별 변화에 대해 토의해 보세요.

7. 한국관광산업의 업그레이드 전략에 대해 토의해 보세요.

1. 관광정책

관광정책은 관광을 담당하는 국가 또는 지방자치 단체 등이 관람의 진흥을 위해 관광자와 관광기업을 지원하거나 규제하는 행동계획이다.

2. 관광전문가

관광전문가는 관광분야에 2년 이상 근무한 경력을 가진 6급이사 공무원, 공기업에서 과장급 이상으로 2년이상 근무한자, 관광관련 학계에서 학사학위 이상의 자격을 가지고 2년 이상 근무한자와 관광기업에서 5년 이상 근무한자를 말한다.

3. 인식

인식이란 사물을 분별하여 판단하고 지각하는 작용을 말한다.

4. 정부 관광조직

정부관광 조직이란 관광 진흥을 위해 관광정책을 결정하고 이를 집행하는 문화관광부 관광국과 한국관광공사의 조직을 말한다.

5. 관광공무원

관광공무원이란 관광 진흥을 위해 관광정책을 결정하고 집행하는 업무를 담당하는 문화 관광국과 지방자치단체에 소속된 집단 또는 개인을 말한다.

6. 관광행정

관광행정은 관광 진흥을 위해 관광정책을 결정하고 이를 집행하는 활동을 말한다.

7. 관광조직의 이해관계자

관광조직의 이해관계자는 관광공무원, 관광관련 단체(관광협회, 학회, 교육기관) 관광자, 관광기업 경영자, 관광기업 종사자를 말한다.

8. 행정전문가

행정전문가는 행정 분야에서 4년 이상 근무한 경력을 가진 6급 이상 공무원과 학사학위 이상의 자격을 가지고 행정하계에서 4년이상 근무한 자 및 행정학 석사학위 이상의 자를 말한다.

9. 국민관광

국민관광이라 함은 내국인의 관광으로서 내국인의 국내 관광과 내국인의 국외 관광으로 구분하며, 자력으로 관광에 참여할 수 없는 계층을 위한 복지관광이 포함된다.

10. 국제(외래)관광

국제 관광은 관광자가 국경을 넘어가는 것이며, 한국민의 국외 관광과 외국인의 국내 관광(외래 관광)으로 구분할 수 있다.

11. 관광개발

관광개발이란 관광산업의 진흥을 촉진하고 관광자의 관광과 휴양을 위하여 각종 관광시설을 설치하는 행위를 말한다.

12. 관광산업

관광산업이란 관광자를 위하여 운송, 숙박, 음식, 운동, 오락, 휴양 또는 용역을 제공하거나 기타 관광에 부수되는 시설을 갖추어 이를 이용하게 하는 업을 말한다.

13. 관광법규

관광법규란 관광과 직접 관련이 있는 관광기본법, 관광 진흥법, 관광 진흥 시행령, 관광 진흥 시행규칙 등을 말한다.

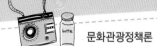

- 강관보(2000). 지방정부의 관광정책 평가에 관한 연구 제주도 관광정책을 중심으로. 경남대학교 대학원. 박사학위논문.
- 고석면·이재섭·이재곤(2001). 관광정책론, 대왕사.

   _____ (2018). 제4판 관광정책론, 대왕사.
- 관광정책국·관광산업정책관(2018.1.), 2018 관광부문 재정집행계획.
- 관계부처 합동(2018.7.11.). 지역 관광 활성화 방안.

   _____(2017.12.18.). 관광 진흥 기본계획.

   _____(2019). 대한민국 관광혁신전략, 확대국가 관광전략회의.
- 국정기획자문위원회(2017.7.), 문재인정부 국정운영 5개년 계획.
- 권순 (2004). 관광정책론. 백산출판사.
- 김광근 외(2007). 최신관광학, 백산출판사.
- 김건오(2017), 관광 진흥법 일부개정법률안(염동열의원 대표발의) 검토보고, 국회 교육문화체육관 광위원회.
- 김명수(1993). 공공정책평가론, 박영사.
- 김명수(2007). 관광정책 결정과정과 성과인식에 따른 지방정부의 역할연구, 경기대학교 박사학위논문.
- 김병용(2012). 관광학원론, 한올출판사.
- 김상태·류광훈·전효재·조아라·정광민(2016), 관광 진흥5개년계획 수립을 위한 기초 연구. 한국문화 관광연구원.
- 김성일·박석희(2001). 지속가능한 관광, 일신사.
- 김성일 외(2001); 강신겸 외(2004). 지속가능한 관광실태 및 성공조건, 관광연구 논총.
- 김성혁·오재경(2013). 최신 관광사업개론, 백산출판사.
- 김영성 외, (1998). 행정학원론, 대영문화사.
- 김재화(1999). 관광개발에 있어 지방정부의 역할 조정과 참여에 관한 연구.한양대 지방자치대학원 석사학위 논문.

- 김중규(1995). 현대행정학(상), 서울법학원.
- 김철원(2018), 지역 관광 경쟁력 진단 방안 및 활용 전략, 한국관광정책, 71, 54-59.
  _____(2019). DMZ국제 관광특구 지정 및 운영방안, 4.27 판문점선언 1주년 기면 국회 정책 토론회.
- 김태진(2010). 지방자치단체의 관광정책에 대한 이해관계자의 신뢰가 수용에 미치는 영향, 제주대학교 박사학위논문.
- 김태훈(2019). 지역 관광 활성화에 미치는 영향요인에 관한 연구, 경희대학교 박사학위논문.
- 김황탁(1999). (2000). 한국관광정책 개선방안연구, 경기대학교 대학원 박사학위논문.
- 김향자(2005). 관광환경 변화에 따른 국제 관광정책 방향, 한국관광정책, 23-30.
- 김향자·최자은(2017). 지역 관광자원 개발방향 연구Ⅱ.
- 김혜인·허은영(2016). 문환관광정책 국제협력연구 증진을 위한 조사, 한국문화관광연구원.
- 나라장터(www.g2b.go.kr), 통합 검색 중 관리운영계획 검색.
- 문화체육관광부(2011). 제3차 관광개발기본계획.
  _____(2014). 2013년 기준 관광동향에 관한 연차보고서.
  _____(2016). 문화관광산업 경쟁력 강화회의.
  _____보도자료(2016.12.26.). '대한민국 테마여행 10선'
  _____(2017). 2016년도 관광동향에 관한 연차보고서.
  _____(2018), 제5차 관광 진흥 5개년 계획 수립 연구.
  _____(2019). 사람이 있는 문화, 함께 행복한 문화국가, 2019년 업무계획.
- 문화체육관광부 보도자료(2016.12.26.), '대한민국 테마여행 10선', 이제 시작합니다!
- 미래관광발전포럼(2017.6.), 관광 진흥 중장기정책 방향(2018~2022) : 관광정책의 확장과 전환.
- 박영제·강인호·김영규(2017). 관광여가론, 한올출판사.
- 박주영(2015). 관광부문 제3섹터 현황진단과 정책방향에 관한 기초연구, 한국문화관광연구원.
- 배복환(2005). 한국관광정책의 발전방안연구, 연세대학교 석사학위논문.
- 서용우(2013). 파주지역 축제와 연계한 DMZ관광 활성화 연구, 중앙대학교 대학원 석사학위논문.
- 송기문·신성아·서헌(2014). K-POP을 통한 한류관광 활성화방안, 관광레저학회,26(3), 63-76.
- 심원섭(2010). 최근 관광트렌드 변화와 향후 정책방향, 한국문화관광연구원.
  _____ (2011). 관광정책 추진체계 개편방안연구, 한국문화관광연구원.
  _____ (2011). 해외 관광정책 추진사례와 향후 정책방향, 한국문화관광연구원.

_____ (2012). 미래 관광환경 변화 전망과 신 관광정책 방향, 한국문화관광연구원.

• 심진범·김지선(2018). 2018 인천점검, 도약을 위한 제언, 관광정책분야, 인천연구원.

• 이봉희(2006). 강원도 DMZ 관광 활성화 방안연구, 강원발전연구원.

• 이연택(2003). 관광정책론, 서울: 일신사.

• 이인배(2003). 지방이 선도하는 지역 관광의 활성화 방안, 충남발전연구원.

• 이준형, 임경환(2000). .21세기 지방정부의 역할에 관한 소고. 지방정보연구 4 권 2호 (9-27).

• 이중오(2007). 정책갈등의 원인에 대한 인지차이, 전북대학교 박사학위논문.

• 이지선(2010). 커뮤니티 관광개발과 이해관계자간 협력관계, 석사학위논문.

• 이훈·황영주(2017). 지속가능한 관광을 위한 관광 콘텐츠 개발방식. 『한국관광정책』, 67, 35-31.

• 이희찬(2017.6.), 새로운 관광산업정책의 방향, 웹진 문화관광, 한국문화관광연구원.

• 안범용·이미순·정익준(2012). 관광학원론, 학현사.

• 안영훈(2014). 국가정책으로서 관광정책의 정치적 의미와 기능, 경기대학교 박사학위 논문.

• 인천연구원(2018). 2018 인천점검, 도약을 위한 제언 관광정책 분야. 2018년도 기획 연구과제.

• 전효재·한희정(2018). 4차 산업혁명에 따른 미래관광 일자리 창출방안연구, 한국문화관광연구원.

• 정기순(2018). 관광개발 활성화 방안에 관한 연구, 전주대학교 박사학위논문.

• 정병국(2011). 스마트 관광 활성화 계획, 문화체육관광부.

• 정유리·강신겸(2016). 도시관광기관간 협력적 거버넌스 분석을 위한 탐색적 연구, 『한국외식산업학회지』,12(2), 67-78.

• 조민구(2015). 여가정책의 효과성 제고를 위한 여가활동 영향요인의 실증적 연구, 서울시립대학원, 박사학위논문.

• 조아라·이성택(2016). 한일국제 관광정책분석, 한국문화관광연구원.

• 조창현(1996). 지방자치론. 박영사.

• 주영민(2011). 한국 관광산업의 업그레이드 전략, 삼성경제연구소.

• 최경은·안희자(2014). 최근 관광트렌드 분석 및 전망, p.147.

• 최자은(2013). 스마트 관광의 추진현황 및 향후과제, 한국문화관광연구원.

• 최진우(2010). 외국의 문화 관광정책 및 행정체계연구, 한국문화관광연구원.

• 하인수·권혁률(2006). 관광일반론, 대왕사.

• 한국관광공사(1986. 12). 정부관광기구의 기능과 역할.

_____ (1995). 외국 NTO 관광 진흥전략.

　　_____(1997). OECD가입 시장개방이 관광산업에 미치는 영향 및 대응방안.

　　_____(2003). 국가별 최신 기본시장정보 및 NTO 현황.

　　_____(2005). 공사·지방 관광공사의 전략적 협력관계 수립연구.

　　_____(2016). 지역 관광 질적향상을 위한 정책사업 계획수립.

　　_____(2018). 공공기관, 국민곁으로.

• 한국관광정책(2019). 스마트관광, 2019 Spring No.75, 한국문화관광연구원.

　　_____(2019). 관광경제 패러다임 변화와 정책방향, 2019 Summer, No.76. 한국문화관광연구원.

• 허범, (1998). 공공행정의 새로운 지도이념과 지도력, 한국행정학회, 서울고시원.

• 홍주민(2012). 한국관광의 중장기적 발전방안에 관한연구, 경희대학교 석사학위논문.

• Andriotis, K.(2001). Tourism Planning and Development in Crete: Recent Tourism Policies and Their Efficacy. Journal of Sustainable Tourism, 9(4), pp. 298-316.

• Beaumont, N. & Dredge, D.(2010). Local tourism governance: a comparison of three network approaches, Journal of Sustainable Tourism, 18(1), 7-28.

• Bramwell, B. & Meyer, D.(2007). Power and tourism policy relations in transition. Annals of Tourism Research, 34(3), 766-788.

• Butler, R. W.(1975). Tourism as an agent of social change. Tourism as a Factor in Regional and National Development. Occasional Paper4. Department of Geography, Trent University, Peterborough,

• Dredg. D.(2004). Policy networks and the local organization of tourism, Tourism Management, 27, 269-280.

• Dredge, D., & Jenkins, J.(2007). Tourism Planning and policy. Brisbane: John Wiley & Sons.

• Friedmann, J.(1992). The politics of an alternative development, Blackwell, Oxford.

• Goeldner, C. R., & Ritchie, J. R. B. (2006). Tourism principles, practices, philosophies (10ed.)., John Wiley & Sons Inc.

• Goss, S.(2001). Making local governance work. N.Y.: Palgrave.

• Harvey Amstrong & Jim Taylor(1985). Regional Economics and Policy. (New York: Philip Allan). pp.250-253.

• ICCA(2012~2016), ICCA Statistics Report Country & City Rankings.

- Pforr, C.(2006). Tourism policy in the making: An Australian network study. Annals of Tourism Research, 33(1), 87-108.
- Sautter & Leisen(1999). Managing Stakeholders: A Tourism Planning Model.
- Span, K., Luijkx, K., Schols, J. & Schalk, R.(2012). The Relationship between Governance roles and Performance in local public interorganizational networks: A conceptual analysis, The American Review of Public Administration, 42(2): 186-201.
- UNWTO(2016), Tourism Highlight 2016 Edition.
- Wang, D., & Ap, J.(2013). Factors affecting tourism policy implementation: A conceptual framework and a case study in China. Tourism Management, 36, 221-233.
- WEF(World Economic Forum) (2013). The Travel & Tourism Competitiveness Index.

- 관광지식정보시스템 tour.go.kr
- 나라장터 홈페이지 www.g2b.go.kr
- 한국관광공사 홈페이지 kto.visitkorea.or.kr
- http://www.tour.go.kr/
- http:// www.visitkorea.co.kr/

문화 관광정책론

찾아보기

㉠

- 가변성 / 4
- 가상현실 / 377
- 가족 문화 활동 지원정책 / 205
- 가치 배분성 / 5
- 가치 지향성 / 3
- 각국의 정부지원 사례 / 83
- 강변, 녹색 스마트 관광서비스 / 301
- 개발 / 45
- 개발도상국 / 46
- 거버넌스(governance) / 9
- 거버넌스 관점 / 204
- 거버넌스적·융합적 추진 / 147
- 거점 관광개발 / 240
- 경제적 영향 / 241
- 경제적 환경 / 374
- 경제협력개발기구(OECD) / 39, 48
- 계획기능 / 251
- 계획성 / 191
- 고부가가치 관광산업 육성 / 140
- 고품격 상품 / 385
- 고품격의 관광 / 379
- 공공시설·주택·교통·관광부 / 87

- 공기업의 기능 / 46
- 공동상품 개발 / 328
- 공사 / 46
- 공연상품 사례 / 356
- 공유형 관광플랫폼 / 368
- 공익성 / 12, 191, 269
- 공정여행 / 402
- 공진화 / 394
- 관광 3법상의 권한사항 / 113
- 관광가치의 창조 / 197
- 관광강국시대 / 106
- 관광개념 / 8
- 관광개발 계획 / 244
- 관광개발과 환경보호 / 224
- 관광개발기본계획 / 245, 349
- 관광개발 영향 개념 / 241
- 관광개발 유형 / 240, 245
- 관광개발의 개념 / 240
- 관광개발의 영향 / 240
- 관광개발의 의지 / 223
- 관광개발정책 / 21, 249
- 관광개발정책의 수용태도 / 252
- 관광개발정책의 필요성 / 251

• 관광객 만족도 / 33
• 관광객 보호 / 50
• 관광객 서비스 / 45
• 관광객 성향변화 분석 / 377
• 관광객통계 / 71
• 관광거점도시 육성 / 226
• 관광경쟁력 강화 사례 / 98
• 관광계획의 차별성 / 224
• 관광과 휴양의 가치 / 187
• 관광관련 중앙정부의 역할 / 189
• 관광관련 지방정부의 역할 / 190
• 관광규제 합리화 / 224
• 관광기반시설의 다양화 / 170
• 관광 기본법 / 109
• 관광기본법의 정신 / 263
•「관광기본법」제12조 / 245
• 관광대상 창조형 / 246
• 관광 마케팅 정책 / 21
• 관광 마케팅·홍보 / 196
• 관광명품 브랜드 개발 / 163
• 관광부국시대 / 106
• 관광브랜드 / 156
• 관광브랜드 개발전략 / 162
• 관광브랜드는 대표성 / 157
• 관광브랜드는 매체성 / 157
• 관광브랜드는 부가가치성 / 157
• 관광브랜드는 신뢰성 / 157
• 관광브랜드는 정체성 / 156
• 관광브랜드는 지속가능성 / 157
• 관광브랜드는 희소성 / 157
• 관광브랜드의 특징 / 156
• 관광브랜드의 파급성 / 157

• 관광브랜드의 효율성 / 158
• 관광 브랜드 전략 / 155
• 관광브랜드 차별화 / 163
• 관광비전 / 349
• 관광사업진흥법 / 106
• 관광산업 경쟁력 강화 / 224
• 관광산업 규제정책 / 351
• 관광산업 기능 / 196
• 관광산업 기반조성 / 49
• 관광산업 밸류 체인 / 231
• 관광산업 생태계 구축 / 388
• 관광산업 선진화 원년 / 113
• 관광산업의 촉진 / 189
• 관광산업 일자리창출 방향 / 354
• 관광산업 자원 / 222
• 관광산업정책 / 21
• 관광산업 지원정책 / 351
• 관광산업진흥법 / 106
• 관광상품개발 / 357
• 관광상품개발정책 / 355
• 관광상품 변화 분석 / 362
• 관광상품의 고급화 / 404
• 관광상품의 공동개발 / 328
• 관광상품의 특성 / 355
• 관광상품정책 / 21
• 관광서비스 기반구축 / 140
• 관광서비스의 고급화 / 225
• 관광서비스의 공급 / 189
• 관광선도 모델 / 203
• 관광수요 / 151, 368
• 관광수요 관리정책 / 266
• 관광 수용태세 / 197

• 관광시설 / 247
• 관광시스템 / 218
• 관광시장의 다변화 전략 / 166
• 관광 안전권 / 266
• 관광, 여가환경의 변화 / 186
• 관광영역 / 336
• 관광예산 / 184
• 관광위원회 / 48
• 관광의 브랜드화 / 156
• 관광의 행정과 경영 / 197
• 관광 이해관계자 / 212
• 관광 인력 / 247
• 관광인프라 / 246
• 관광인프라 개선 / 246
• 관광 인프라의 공급 / 189
• 관광인프라의 구성 / 247
• 관광인프라의 유형 / 248
• 관광입국시대 / 106
• 관광자문위원회 / 80
• 관광자원 / 243, 248
• 관광자원 개발 / 243
• 관광자원 개발의 유형 / 244
• 관광자원의 테마화 / 228
• 관광자원통계 / 71
• 관광자원 확정단계 / 27
• 관광 전(前) 단계 / 317
• 관광정상회의 / 42
• 관광정책 개발 요소 / 193
• 관광정책 거버넌스 / 9
• 관광정책 결정과정 / 25
• 관광정책 결정단계 / 26
• 관광정책 목표의 구체화 / 28
• 관광정책 변화 / 132

• 관광정책 실현 활동단계 / 27
• 관광정책심의회 / 79
• 관광정책의 감독·통제단계 / 27
• 관광정책의 개념 / 6
• 관광정책의 결정 / 22
• 관광정책의 결정과정 / 23
• 관광정책의 글로벌화 / 146
• 관광정책의 능률성 / 32
• 관광정책의 대안 탐색 / 26
• 관광정책의 목표 / 16
• 관광정책의 목표설정 / 26
• 관광정책의 방향 / 191
• 관광정책의 수용 / 29
• 관광정책의 수용성 / 30
• 관광정책의 여건변화 / 191
• 관광정책의 유형 / 20
• 관광정책의 의제설정 / 25
• 관광정책의 이념 / 11
• 관광정책의 이해관계자 / 213
• 관광정책의 지속가능성 / 145
• 관광정책의 집행 / 27
• 관광정책의 집행기관 / 29
• 관광정책의 집행단계 / 27
• 관광정책의 체계 / 19
• 관광정책의 추진방향 / 132
• 관광정책의 특성 / 10
• 관광정책의 필요성 / 14
• 관광정책의 현황분석 / 25
• 관광정책의 형성 / 22
• 관광정책의 형평성 / 33
• 관광정책의 환경 변화 / 192
• 관광정책의 효과성 / 32
• 관광정책지침 개발단계 / 27

• 관광정책 집행기관의 성격 / 28
• 관광정책 집행 요건 / 28
• 관광정책집행의 요소 / 28
• 관광정책 집행의 자원 / 28
• 관광정책 추진 개선방안 / 145
• 관광정책 추진전략 / 139
• 관광정책 패러다임 / 134
• 관광정책 패러다임의 변화 / 134
• 관광정책 평가 / 30
• 관광정책 평가기준 / 32
• 관광정책 평가의 목적 / 31
• 관광정책 평가의 필요성 / 31
• 관광정책 환경 / 192
• 관광 중(中) 단계 / 317
• 관광지 개발 / 243
• 관광지 브랜드 / 156
• 관광지식정보시스템 / 71
• 관광지의 유형화 / 197
• 관광 진흥 5개년 계획 / 112
• 관광 진흥개발 기금법 / 116
• 관광 진흥계획 / 344
• 관광 진흥 기본계획 / 349
• 관광 진흥법 / 344
• 관광 진흥의 개념 / 344
• 관광 진흥의 방향 / 350
• 관광 진흥의 정책적 제언 / 350
• 관광 진흥의 추진전략 / 349
• 관광 진흥의 형태와 형식 / 350
• 관광청 / 79
• 관광 콘텐츠 / 158, 315
• 관광 콘텐츠 개발 투자 / 308
• 관광 콘텐츠 공유 유통 통합시스템 / 302
• 관광특구 활성화 / 326

• 관광 편의성제공 / 318
• 관광품질관리 / 18
• 관광 플랫폼 / 314
• 관광행위 / 196
• 관광행정 / 60
• 관광행정의 기능 / 195, 221
• 관광행정조직 / 60, 220
• 관광행정조직의 기능 / 63
• 관광행정조직의 특성 / 62
• 관광행정 체계 / 62
• 관광 혁신전략 5대 과제 / 154
• 관광홍보 / 48
• 관광환경의 변화 / 391
• 관광환경의 조성 / 17
• 관광환경 조성 / 193, 218
• 관광 후(後) 단계 / 318
• 관광흥국시대 / 106
• 관람형 한류 관광상품 / 311
• 관련 지역정책의 통합 / 183
• 교통편 활용형 / 246
• 구겐하임효과 / 215
• 국가 관광위원회 / 87
• 국가 관광이미지 홍보 / 48
• 국가 이미지(브랜드)전략 / 163
• 국내 관광 공급기반 / 266
• 국내 관광정책 / 12
• 국내 여가환경의 변화 / 280
• 국내여행 지원 / 153
• 국내여행 활성화 추진 / 153
• 국내·외 여가정책 현황 / 278
• 국민관광의 이념 / 262
• 국민관광의 정책방향 / 265
• 국민관광의 정책 방향과 대안 / 264

- 국민관광의 특징 / 263
- 국민관광의 효과와 중요성 / 264
- 국민관광정책 / 22
- 국민관광정책의 개념 / 262
- 국민관광정책의 현황 / 263
- 국민관광지를 개발 / 109
- 국민관광 촉진 / 262
- 국민관광 행복지수 / 266
- 국민여가 활동의 활성화 / 288
- 국제 관광연맹(IUOTO: International Union of Official Travel Organization) / 38
- 국제 관광의 기본방향 / 169
- 국제 관광의 해 / 107
- 국제 관광정책 / 14, 21
- 국제 관광정책사례 / 171
- 국제 관광정책의 방향 / 164
- 국제 관광 진흥의 기본방향 / 108
- 국제 관광 진흥정책 / 168
- 국제 관광통계 / 71
- 국제 관광협력 증진 / 141
- 국제 관광홍보 / 49
- 권역별 관광개발 계획 / 245
- 글로벌 관광중심지 / 165
- 금융 및 세제지원 정책 / 352
- 기획 / 45
- 기후변화 / 375
- 김대중 대통령의 관광정책 / 118
- 김영삼 대통령의 관광정책 / 117
- 꿈을 파는 관광 / 401

ㄴ

- 남북 간 교류협력지구 / 326
- 남북관광 교류협력사업 / 112

- 남북관광지 공동개발 / 328
- 남북협력 사업 / 332
- 내나라 여행운동 / 266
- 노무현 대통령의 관광정책 / 119
- 노태우 대통령의 관광정책 / 117
- 뉴욕의 도시브랜드 / 159

ㄷ

- 단거리 여행 / 376
- 대면형 관광상품 / 311
- 대안관광 활성화 / 229
- 대안의 선택 / 25
- 대안의 작성 / 24
- 대중문화 관광 / 399
- 대중문화 관광상품 / 399
- 대체 교통수단 / 376
- 대한관광협회중앙회 / 107
- 대한민국 관광혁신 전략 / 387
- 대한민국 테마 여행 10선 / 203
- 덴마크(코펜하겐)의 도시브랜드 / 161
- 도시마케팅 / 158
- 도시브랜드의 결정요소 / 159
- 도시브랜딩 / 159
- 독일의 국제 관광정책 / 175
- 독일의 여가정책 / 284
- 디지털 투어리즘 / 294
- 뚜벅이길 안내 / 306

ㄹ

- 랜드마크 / 163
- 로하스 / 265
- 로하스형 국민관광정책 / 265

ㅁ

• 마음 치유 관광 / 400
• 마케팅 전략방향 부문 / 381
• 마케팅 전략 부문 / 125
• 명상관광 / 400
• 모두를 위한 관광 / 402
• 모바일 서비스 / 317
• 모바일 퍼스트 / 368
• 모험관광 / 82
• 목적 지향성 / 5
• 무인관광 해설사 / 306
• 무형의 관광 인프라 / 249
• 문재인 정부의 관광정책 / 121
• 문제의 인식 / 24
• 문제 지양성 / 5
• 문화관광상품 / 358
• 문화관광 축제 / 359
• 문화관광 축제 육성 및 개발 / 359
• 문화관광 콘텐츠 산업육성 / 229
• 문화·레저 관광 / 339
• 문화성 / 269
• 문화유산 관광 / 183
• 문화체육관광부 / 64
• 문화체육관광부 산하기관 / 66
• 문화체육관광부 실국 / 65
• 미국관광청 / 79
• 미국여행 촉진정책 / 81
• 미국 우주관광 사례 / 82
• 미국의 관광조직 / 79
• 미국의 국제 관광정책 / 172
• 미국의 복지관광정책 / 269
• 미국의 여가정책 / 282
• 미국재발견 정책 / 81

• 미래 관광의 7대 트렌드 / 398
• 미래관광의 정책 방향 / 386
• 미래관광의 환경 변화 / 368
• 미래관광정책 수요 / 151
• 미래관광정책 수요전망 / 372
• 미래관광정책 환경 변화 및 전망 / 373
• 미래 관광환경 변화요인 / 371
• 미래(목표) 지향성 / 3
• 미래 유망산업인 관광 / 397
• 미래의 관광상품 / 363
• 미래의 관광정책 / 372
• 미래의 관광환경 / 370
• 미래의 지속가능한 관광상품개발 / 361
• 미래형 관광도시 / 141
• 미래형 관광레저 도시 / 141
• 미래 환경 변화 / 369
• 미래 환경 변화와 관광산업 / 368
• 미래 환경 변화 전망 / 370
• 민주성 / 12, 269

ㅂ

• 박정희 대통령의 관광정책 / 115
• 발아기 / 113
• 방미촉진정책 / 81
• 방한관광 수요 확대 / 152
• 방한관광 해외광고 / 153
• 방한 및 국내 관광수요 확대 정책 / 152
• 변화 지향성 / 4
• 보케이션 베이케이션 / 402
• 복지관광의 개념 / 267
• 복지관광의 이념 / 268
• 복지관광정책 / 267
• 복지관광정책개발 / 268

- 복지관광정책 사례 / 269
- 복합형관광 / 136
- 부탄의 지역 관광정책 / 217
- 북경 '금면왕조' / 356
- 브랜드로서의 관광상품 / 162
- 브로드웨이 쇼 / 159
- 비무장지대 / 324
- 비무장지대의 평화적 이용 / 333
- 비자면제 프로그램 / 81
- 비자제도 완화 / 152
- 비토 서비스 / 304

ㅅ

- 사회·문화적 영향 / 242
- 사회적·환경적 환경 / 374
- 산업혁신 / 387
- 산학연계 강화 / 354
- 새로운 관광발전 모색 / 133
- 새로운 관광정책 수요 / 151
- 새로운 관광정책체계 / 146
- 새로운 관광정책 추진방향 / 135
- 새로운 정책수요 / 372
- 생물권 보전지역 / 325
- 생산적·창의적 여가인식 / 287
- 생애설계 / 287
- 생애주기별·계층별 여행 지원 / 153
- 생태관광 / 337
- 생태관광상품 / 358
- 생태관광의 특징 / 337
- 생활의 질(quality of life) / 16
- 생활의 품질관리 / 16
- 선진국 / 47
- 선진국의 관광행정 / 171

- 성과위주의 정책 / 380
- 성장기 / 115
- 세계 10대 관광대국 / 364
- 세계 10대 관광산업 경쟁력 / 99
- 세계 관광기구(UNWTO) / 38
- 세계의 도시 관광브랜드 / 158
- 세제적 개선방안 / 353
- 소비자권리 보장시책 / 266
- 소비자 보호청 / 87
- 쇼핑관광상품 / 358
- 수단 지향성 / 5
- 수용태세 개선 및 확충 / 384
- 수용태세 개선 및 확충부문 / 127
- 스마트 관광 / 294, 304
- 스마트 관광 거버넌스 / 302
- 스마트 관광사례 / 312
- 스마트 관광서비스 고도화 / 301
- 스마트 관광 서비스제공 / 315
- 스마트 관광 안내기반 구축 / 302
- 스마트 관광의 발전 / 298
- 스마트 관광의 역할 / 296
- 스마트 관광지도 / 305
- 스마트 관광 콘텐츠 / 304
- 스마트 관광환경 조성 / 299, 300
- 스마트기술의 활용 / 318
- 스마트 라이프 / 401
- 스마트 신 한류 / 300
- 스마트 투어리즘 개념도 / 295
- 스마트 트래블 3.0 / 301
- 스위스의 복지관광정책 / 271
- 스타마케팅 / 311
- 스토리텔링 서비스 / 318
- 스페인 관광공사 / 91

• 스페인 관광청 / 91

• 스페인은 관광산업 / 91

• 스페인의 관광정책 / 91

• 스페인의 국제 관광정책 / 175

• 스페인의 지역 관광정책 / 215

• 스포츠 여가국 / 286

• 스포츠 제2의 길 / 284

• 시장다변화 전략 / 165

• 신관광정책방향 / 369

• 신남방정책 연계 / 152

• 신흥시장을 선점 / 382

• 싱가포르의 도시브랜드 / 160

• 쌍방향 플랫폼 환경 / 368

◎

• 아시아 스마트 관광영토 / 302

• 아시아 스마트 관광존 / 302

• 아시아·태평양경제협력체(APEC) / 39

• 아시아·태평양관광협회(PATA) / 40

• 안보관광 / 335

• 안보관광자원 / 336

• 안보영역 / 336

• 안정 및 안보의 중요성 / 377

• 여가 공간관리 시스템 / 288

• 여가관광정책 / 273

• 여가관련 행정체계 / 278

• 여가관리사 제도 / 281

• 여가정책 / 273

• 여가정책 영역 / 273

• 여가정책의 개념 / 273

• 여가정책의 목적과 의의 / 274

• 여가정책의 목표와 방향 / 280

• 여가정책의 역할 / 277

• 여가정책의 추진방향 / 279, 281

• 여가정책의 필요성 / 275

• 여가활동의 다양화 / 378

• 여건변화 분석 / 373

• 여행 바우처 제도 / 112

• 역대 대통령과 관광정책 / 115

• 역사관광 / 339

• 연계 교통망 확충 / 171

• 연극 프로젝트 / 206

• 영국 관광공사 / 84

• 영국(런던)의 도시브랜드 / 161

• 영국의 관광정책 / 84

• 영국의 국제 관광 / 84

• 영국의 여가정책 / 281

• 영화 관광 / 399

• 영화진흥위원회 / 66

• 영화 프로젝트 / 206

• 예약 플랫폼 / 314

• 오쇼 국제 명상 리조트 / 401

• 외국의 지역 관광 현황 / 215

• 우주관광 / 82

• 워크 라이프 밸런싱 / 151

• 유럽 전후복구정책 / 81

• 유치시장의 다각화 / 382

• 유 투어리즘 / 294

• 유형적 관광 인프라 / 249

• 융·복합 관광산업육성 / 230

• 융·복합 관광산업의 육성전략 / 231

• 융·복합 상품 개발 / 403

• 융합중심의 관광정책 / 136

• 이명박 정부의 관광정책 / 120

• 이탈리아의 국제 관광정책 / 177

• 인구구조 변화 / 375

• 인문관광자원 활용형 / 246
• 인프라 조성 / 389
• 입법기능 / 251

ㅈ

• 자연 관광자원 활용형 / 246
• 자율성 / 191
• 재원조달 / 208
• 재정기능 / 251
• 재정적 지정방안 / 352
• 적정성 / 191
• 전두환 대통령의 관광정책 / 116
• 전략적인 해외홍보 / 141
• 전문 인력 육성 / 354
• 전자여행허가 / 81
• 전통문화를 체험 / 167
• 전통적 관광개발 / 258
• 접경지역 관광자원 개발 / 335
• 정보의 수집 / 24
• 정부 관광기구(NTO)의 설립 / 43
• 정부 관광기구의 기능 / 44
• 정부 관광기구의 역할 / 46
• 정부 관광기구의 역할변화 / 48
• 정부 관광기구의 운영 / 50
• 정부 관광기구의 조직 / 52
• 정부 관광행정 기관 / 64
• 정책(policy) / 2
• 정책 관점 / 204
• 정책로드맵 / 169
• 정책방향 부문 / 124, 379
• 정책의 성격 / 3
• 정책의 특성 / 4
• 정치·경제·사회적 여건 / 28

• 정치(권력)성 / 4
• 정치적 환경 / 373
• 제3차 관광개발 기본계획 / 149
• 제도와 관련법규의 개선 / 208
• 조사 / 46
• 조사통계 / 71
• 조세지원 / 352
• 조정기능 / 251
• 조정자로서의 역할 / 50
• 주민참여의 성공요건 / 219
• 주변국 관광시장 집중 공략 / 381
• 주(州)의 관광행정 / 80
• 중국관광산업 발전계획 / 96
• 중국 관광협회 / 95
• 중국 국가 여유국 / 95, 96
• 중국의 관광정책 / 95
• 중국의 지역 관광정책 / 216
• 중국·일본·중화권 시장 / 152
• 중앙정부의 관광정책 / 190
• 중·장기 관광정책 / 165
• 증강현실 / 377
• 지명도 활용형 / 246
• 지방 관광산업에 대한 기대 / 185, 187
• 지방 관광정책 / 187, 198
• 지방 관광 행정기구의 최대 활용 / 353
• 지방 관광 활성화 / 384
• 지방시대의 관광정책 / 184
• 지방시대의 의의 / 182
• 지방자치 / 198
• 지방자치단체 관광정책 / 186
• 지방자치단체 관광정책의 역할 / 187
• 지방자치단체의 경쟁력 / 196
• 지방자치단체의 관광정책 / 190

- 지방자치단체의 관광행정 / 186
- 지방자치단체의 역할 / 188
- 지방자치시대의 관광 / 198
- 지방자치시대의 관광정책 / 191
- 지방자치의 본질 / 187
- 지방자치제도 / 182
- 지방자치제와 관광산업 / 182
- 지방정부의 역할과 과제 / 182
- 지속가능한 개발 / 253
- 지속가능한 관광 / 254
- 지속가능한 관광개발 / 185
- 지속가능한 관광개발의 기준 / 255, 256
- 지속가능한 관광개발의 원칙 / 254
- 지속가능한 관광개발의 특징 / 256
- 지속가능한 관광개발정책 / 253
- 지속가능한 관광상품개발 / 361
- 지속가능한 관광실천 / 255
- 지속가능한 관광자원 개발 / 228
- 지속가능한 관광정책 수립 / 182
- 지식기반 사회출현 / 377
- 지식기반 조직체계 / 208
- 지역거점 관광도시 육성정책 / 226
- 지역 관광개발 / 201
- 지역 관광개발 패러다임 / 232
- 지역 관광 거점 / 207
- 지역 관광산업 / 185
- 지역 관광의 중요성 / 199
- 지역 관광 이해관계자 / 212
- 지역 관광 이해관계자의 역할 / 212
- 지역 관광 인력자원 / 266
- 지역 관광자원 개발방향 / 233
- 지역 관광자원 개발 전담조직 / 234
- 지역 관광 자율체계 / 299

- 지역 관광정보 시스템 구축 / 229
- 지역 관광 활성화 / 200, 389
- 지역 관광 활성화 관점 / 204
- 지역 관광 활성화 방안 / 209
- 지역 관광 활성화 방향 / 207
- 지역 관광 활성화와 관광정책 / 200
- 지역 관광 활성화 요인 / 203
- 지역 균형 발전 / 19
- 지역단위 관광공사 / 85
- 지역문화관광개발 / 183
- 지역별 특화관광산업 / 207
- 지역별 특화된 관광자원 / 140
- 지역산업 활용형 / 246
- 지역성 / 13, 191
- 지역의 관광 활성화 / 184
- 지역의 내수관광 기반 / 207
- 지역의 이미지 / 196
- 지역인력 육성 / 355
- 지역주민의 참여 / 194
- 지역주민 참여와 관광개발 / 218
- 지역특화 문화자원의 관광상품화 / 227
- 지역혁신 / 387
- 지오파크 / 325
- 진흥 / 45
- 질적 관광 / 232

ㅊ

- 차별화된 관광상품개발 / 167
- 착한 관광 주도 / 404
- 참여성 / 191
- 창의적인 여가 / 287
- 창조역량 강화 / 388
- 체험관광상품 / 358

- 체험학습 관광 / 399
- 체험형 스마트 관광서비스 / 304
- 체험형 한류관광상품 / 312
- 총체적 환경 / 198
- 촬영지 관광 / 308
- 출·입국 제도개선 / 171
- 출입국 편의 향상 / 152
- 치유관광 / 393
- 친환경적 관광개발의 정책 / 228

ㅋ

- 캐나다의 국제 관광정책 / 173
- 캐나다의 여가정책 / 283
- 커뮤니티 관광개발 / 212
- 코리아 브로드웨이 조성 / 310
- 콘텐츠 혁신 / 387

ㅌ

- 태국의 국제 관광정책 / 177
- 테러 및 위기관리 시스템 / 376
- 테마 관광상품 개발 / 170
- 테마·체험형 관광자원 개발 / 228
- 통일길목 DMZ 트레킹 / 339
- 통제 및 조정 / 46
- 통합 관광 서비스 플랫폼 / 368
- 투자환경 조성 / 222
- 트라이투어슈머 / 400
- 트레블 테크 / 231
- 특별관심 관광 / 377

ㅍ

- 파리 '리도쇼' / 357

- 파생적 한류관광 / 308
- 평화적 개발 / 334
- 포괄성 / 5
- 포용적 관광성장 정책 / 142
- 품질 관광 / 232
- 프랑스 관광공사 / 87
- 프랑스의 관광정책 / 86
- 프랑스의 관광정책 동향 / 90
- 프랑스의 국제 관광정책 / 176
- 프랑스의 복지관광정책 / 270
- 프랑스의 여가정책 / 285

ㅎ

- 한국관광공사 / 67
- 한국관광공사의 주요사업 / 67
- 한국관광산업의 시대별 변화 / 107
- 한국관광산업의 업그레이드 전략 / 403
- 한국관광의 문제점 / 379
- 한국관광의 문제점 및 개선사항 / 123
- 한국 관광이미지 홍보·마케팅 / 170
- 한국관광정책 변화 / 114
- 한국 관광정책의 변천 / 106
- 한국문화관광연구원 / 70
- 한국방문의 해 / 112
- 한국영상 자료원 / 66
- 한국의 복지관광정책 / 272
- 한국의 여가정책 / 278
- 한국 콘텐츠 진흥원 / 66
- 한국형 여가교육 / 287
- 한류관광 / 308
- 한류관광상품 / 308
- 한류관광상품 확대 / 308

• 한류관광 소재 / 382
• 한류관광의 형태 / 308
• 한류관광 활성화 / 309
• 한류스타 연계관광상품개발 / 311
• 한류스타의 상품개발 / 311
• 한반도 생태평화 벨트 조성 / 336
• 해외 관광 마케팅 / 141
• 해외연계 수송망 구축 / 328
• 해외의 대표축제 개발 / 360
• 해외 홍보 / 49
• 핵심인력 육성 / 354
• 행정절차의 간소화 / 353
• 협력적 네트워크 구축 / 183
• 형성기 / 114
• 형평성 / 13, 191, 269
• 형평성의 원칙 / 33
• 호주의 여가정책 / 285
• 호주의 지역 관광정책 / 216
• 혼합현실 / 377
• 홍콩의 도시브랜드 / 160
• 확충기 / 114
• 환경 변화에 따른 정책 추진 방향 / 371
• 환경적 영향 / 242
• 황금계획 / 284
• 효율성 / 12, 191

Ⓐ
• ASA / 41
• ASEAN+3NTO / 41
• ASEAN / 41
• ASTA / 41
• ATDW / 314

Ⓓ
• Dark Tourism / 378
• Deep travel / 376
• DMZ 개발 방향성 / 334
• DMZ 관광 / 324
• DMZ 관광개발 계획 / 325
• DMZ관광상품개발 / 330
• DMZ관광의 단기 정책 / 330
• DMZ 관광의 중요성 / 325
• DMZ 관광의 중·장기 정책 / 332
• DMZ 관광정책 방향 / 326
• DMZ 관광특구 정책 방안 / 326
• DMZ 관광 프로그램 / 335
• DMZ 관광 활성화 / 331
• DMZ 관광 활성화 정책방안 / 329
• DMZ 국제다큐영화제 / 340
• DMZ 레저스포츠 대회 / 339
• DMZ 생태관광 벨트 / 325
• DMZ 안보관광 / 336
• DMZ의 세계유산 지정 / 330
• DMZ의 세계적 명소화 / 330
• DMZ전문 프로그램 개발 / 330
• DMZ 체험관광 프로그램 개발 / 331
• DMZ특화 음식점 / 330
• DMZ 평화개발의 실질적 효과 / 333
• DMZ 평화적 활용 / 327, 329
• DMZ 환경자원 / 333

Ⓔ
• Eco tourism / 337
• EDITIISMD 계획 / 93
• England Net / 314

- ESTA / 81
- ETS / 358
- e-스포츠 / 309
- e-스포츠 관광 활성화 / 309

F
- FIT / 382

G
- Gite de France / 314
- Green economy / 124

H
- HOTEL OK 계획 / 93

I
- ICT융합 추진국가 / 313
- ILAM / 281
- ISPAL / 281

L
- LOHAS 계층 / 378

N
- NASD / 281
- near bee / 314
- NEP / 329
- NTO / 43

R
- REKA의 주요기능 / 271

S
- SNS 마케팅 / 383

T
- TURCENTRAL 계획 / 93
- TURINTER 계획 / 93
- TURISCA 계획 / 93

U
- U-Tourpia 사업 / 403

W
- WEF / 99
- WOW / 400
- WTTC / 42

.
- 4차 산업혁명 / 230
- 4차 산업혁명시대 / 390
- 10대 관광권역 / 203
- 10대 핵심 관광 트렌드 / 346
- 21세기의 관광환경 / 373
- 1950년대 관광정책 / 106
- 1960년대 관광정책 / 106
- 1970년대 관광정책 / 107
- 1980년대 관광정책 / 109
- 1990년대 관광정책 / 111
- 2000년대 관광정책 / 111

문화 관광정책론

저자 소개

|박영제|

- 계명대학교 대학원 관광경영학 박사
- 수원대학교 대학원 호텔관광경영학 석사
- 용인대학교 호텔관광경영학 학사
- 미국 University of Nevada, Reno 대학원 과정

경력

- 호텔 신라 서울 근무
- 부산 코모도 호텔 근무
- 호텔 신라 서울 서비스 교육센터 수료
- 국립경상대학교 평생교육원 문화관광해설사 강사
- 한국국제대학교 산학 협력단 연구원
- 현) 계명대학교 외래교수
  - 대한관광경영학회 이사
  - 한국 관광학회 특별회원

저서

- 환대산업 서비스경영, 한올 출판사
- 관광여가론, 한올 출판사
- 호텔경영론, 한올출판사

주요논문

- 「세계적인 컨벤션행사 유치를 위한 컨벤션 목적지 브랜드경험의 만족과 도시 미지 형성에 관한 연구」
- 「영화 또는 드라마속의 PPL이 호텔브랜드 이미지와 만족도에 관한 연구」
- 「간접광고에 노출된 호텔브랜드가 기업이미지와 고객선호도에 미치는 영향」
- 「간접광고가 호텔레스토랑 브랜드 이미지와 만족도에 미치는 영향 연구」
- 「호텔마케팅 커뮤니케이션이 브랜드 인지도, 이미지, 충성도에 미치는 영향」
- 「커피전문점의 문화마케팅활동이 브랜드 이미지와 재 구매의도에 미치는 영향」
- 「피자전문점의 물리적환경이 서비스품질과 행동의도에 미치는 영향」
- 「한국형 호텔 브랜드 자산평가 가치 척도 개발」 외 다수.

|우경진|

- 세종대학교 호텔관광경영 박사
- 휴스턴 주립대학 호텔 MBA 석사
- 한양대학교 정치외교학·교육학 학사

경력

- 대우개발·힐튼호텔 기획실 과장·홍보실장
- UILV 호텔경영학과 교환교수
- 현) 수원대학교 교수
  - 문화콘텐츠 디자인연구 소장
  - 수원·화성융합문화센터장

저서

- 환대산업입문, 피앤씨 미디어 2019 외 10편

주요 논문

- 고령시대 호텔의 기능 확장에 관한 연구, 융합관광콘텐츠연구 제6권 2호, 2021
- 평생교육 기관으로서 대학연계 은퇴자커뮤니티에 대한 수요자 인식 조사, 우경진·전영미, 열린교육연구 제28권 제2호, 91~113, 2020
- 럭셔리 관광시장의 동향과 시사점, 수원대 논문집 제 33호, 2019
- 한국 복지관광의 개선분야 중요도 인식에 관한 탐색적 연구, 융합관광콘텐츠연구 4권, 2018.06
- 지역축제 참여요인과 사회적 자본 간의 관계 연구: 2017 화성 전곡항 뱃놀이 축제 참가자를 중심으로, 호텔경영학연구 2017.12
- 자유학기제 청소년 진로체험 만족도와 재참여 의도에 관한 연구, 수원대논문집 2017.10
- 청소년 여가활동 실태와 정책 제언: 화성시를 중심으로, 융합관광콘텐츠연구 3권, 2017.06
- '문화가 있는 날'만족도와 재참여 의도에 관한 연구, 수원대 논문집 2016.10

문화 관광정책론

초판 1쇄 인쇄 2021년 3월 5일
초판 1쇄 발행 2021년 3월 10일

저   자 박 영 제 · 우 경 진
펴 낸 이 임 순 재
펴 낸 곳 (주)한올출판사
등   록 제11-403호
주   소 서울시 마포구 모래내로 83(성산동, 한올빌딩 3층)
전   화 (02)376-4298(대표)
팩   스 (02)302-8073
홈페이지 www.hanol.co.kr
e - 메 일 hanol@hanol.co.kr
I S B N **979-11-6647-045-5**